한국 장로교의
뿌리를 찾아서

한국 장로교의 뿌리를 찾아서

Looking for find roots of Presbyterian churches in Korea

최상순 편저

"우리는 그리스도 안에서 하나이다."
(We are one in Christ)

책 표지 로고(Logo) 설명

1) 로고(Logo) 가운데 소용돌이 모양의 세 개는 겸손, 진리, 삼위일체를 의미한다.
   ① 겸손(謙遜, Humility)은 신구약 성경을 일관하고 있는, 신자가 가질 가장 기본적인 덕목의 하나로, 인간이 하나님 앞에서 반역자로서의 책임을 통감하고 두려움으로 하나님의 긍휼을 구하는 일이다.
   ② 진리(眞理, Truth)는 하나님의 의지의 나타나심과 그리스도와 그 복음을 일컫는다.
   ③ 삼위일체(三位一體, Trinity)는 우리 기독교의 가장 기본적인 신앙고백중 하나로, 하나님은 그 본성에 있어서는 하나이시지만 하나님 안에서 세 위격(Persona, 즉 아버지와 아들과 성령)이 있음을 뜻한다.

2) 이제 이 모든 것이 십자가를 중심으로 하나되는 모습을 표현하고 있다(우리는 그리스도 안에서 하나다: We are one in Christ).

3) 원 속의 숫자 1907은 한국 최초로 목사안수를 위해 만들어진 장로교 조직인 '독노회(獨老會)'가 세워진 때를 가리킨다. 그리고 1912는 독노회가 부흥·발전하여 조선예수교장로회 총회가 만들어진 해를 뜻한다. 또 1949는 1938년 27차 총회에서 신사참배 가결로 일본 우상 앞에 절하면서 조직이 변체되고 신앙적 정절이 훼절되는 그때 끝까지 신사참배를 거부하고 조직과 신앙의 정절을 가슴에 안고서 감옥에 간 이들이 있었는데, 그들 중 출옥한 이들이 독노회를 다시 복구시킨 해를 일컫는다.

4) 1907년의 독노회 설립 정신은 "우리는 그리스도 안에서 하나다: We are one in Christ)"로 교단이 지은 죄를 우리 모두 함께 회개하고 하나가 되자는 의미를 담고 있다.

5) 대한예수교장로회 총회(독노회)는 오직 그리스도 안에서 1교단 다체제를 미래상(未來像)으로 제시한다.

"그 중에 십분의 일이 아직 남아 있을지라도 이것도 황폐하게 될 것이나 밤나무와 상수리나무가 베임 하여도 그 그루터기는 남아 있는 것같이 거룩한 씨가 이 땅의 그루터기니라 하시더라"(사 6:13).

머리말(권두언)

　한국 장로교는 선교 2세기를 맞아 인류 역사의 한 페이지를 장식하면서 나름 힘차게 달려 왔다. 그간 한국 장로교는 수많은 역경 속에서도 그 맥을 잇기 위한 노력과 희생, 헌신을 아끼지 않았다. 그럼에도 불구하고 오늘날 우리 한국 장로 교회는 선진들의 헌신적인 노력을 잊어버리고 교회 기득권을 가진 교권주의자들과 일부 기독 역사학자들의 편견적 과오로 인해 왜곡된 역사 전개 서술의 아쉬움을 지니고 있다.

　역사는 엄연한 사실로만 전해져야지, 왜곡된 자기 편견의 도구로 전해져서는 결코 안 된다. 그러기에 양심 있는 수많은 역사학자들과 증언자들의 역사적 사실에 대한 기술은 오늘을 살아가는 이들에게 커다란 유산이 되고 있다.

　물론 인간이 하는 일에 완전함이란 없다. 그래서 필자는 그 중에도 부족함이 있는 부분을 재고증(再考證)하고, 일부에서는 문장을 그대로 옮길 정도로 사실에 충실한 편집과정을 거치게 되었다. 무엇보다 한국 장로교의 뿌리와 맥을 바로 세워야 하기에 그동안 필자가 참여했던 각 과정을 가필하면서 본서를 편저(編著)하게 되었다. 보다 구체적으로는 장로교의 신학적 원리로서 성경적 배경과 역사성을 찾아 보았으며, 또한 장로교의 전래과정과 토착화 과정을 확인 전달하고자 노력했다.

　장로 교회란 장로회(Presbytery)라는 정체(政體)인 단어에서 이루어진 말로, 실제 성경에 장로 교회(Presbyterian Church)란 말은 없다. 고로, 장로 교회가 하나님께로 인도하는 바른 안내자의 역할에 충실해야 한다는 의미에서 세계 어디에서도 그 유래를 찾아 볼 수 없는 한국 장로교의 정체성에 초점을 두고 본서의 제목을 정한 것이다.

　이 책은 저자(著者)가 한 사람이 아니라 수많은 학자들의 집필과 증인(證人)들의 증언(證言)에 의해 필자가 주도해 온 사실들을 모아 편저(編著)한 것이다. 일부는 선행 집필자들의 자료를 재구성 및 고증(考證) 편집한 것임을 밝혀둔다.

2018. 12. 25.
최상순 목사

차례

제 1 장 복음을 통한 장로 교회
I. 장로교(長老教)란(What is Presbyterian Church)? ⋯ 8

제 2 장 복음과의 접촉
I. 복음(福音:Gospel)과의 접촉(接觸) ⋯ 11
II. 한국 가톨릭 교회의 수난 ⋯ 27

제 3 장 한국 장로교의 기초작업
I. 한국의 프로테스탄트(Protestant)와의 접촉 ⋯ 34
II. 우리말 성서번역판이 우리 손에 들어오기까지 ⋯ 42
III. 한국 교회의 기초작업과 선교사들의 입국 ⋯ 46

제 4 장 한국 장로교의 선교 활동
I. 우리나라에서의 선교활동의 시작 ⋯ 52
II. 우리나라에서의 선교정책(宣教政策)과 지역분할(地域分轄) ⋯ 61

제 5 장 고난속에 부흥하는 한국 장로교
I. 한국 장로 교회 행정의 체계화 ⋯ 73
II. 한국 장로교의 대부흥(1907년의 대부흥) ⋯ 84
III. 한일합방 전후의 고통들 ⋯ 90

제 6 장 신사참배 반대운동과 장로교의 변체

I. 일제의 박해(迫害)와 기독교의 투쟁(1936-1945년) … 100

II. 조선예수교장로회 27차 총회 … 110

III. 훼절(毀折)된 장로교속의 신사참배 반대운동 … 114

IV. '일본기독교조선장로교단' 으로의 변체(變體) … 120

제 7 장 해방 후 한국 장로 교회

I. 8·15 해방과 교회의 재건 … 126

II. 장로 교회와 신학교의 여러 문제들 … 138

III. 한국 장로교의 신학사상(神學思想) … 146

IV. 한국 장로 교회의 분열(分裂)과 합동운동 … 151

V. 남한에서의 장로 교회 연합(聯合)운동 … 160

제 8 장 한국 장로교가 해야 할 일

I. "한국 기독교 과거사(過去事) 청산(淸算), 어떻게 할 것인가?" … 166

II. 한국 장로교의 뿌리를 찾아 정화(淨化)와 일치(一致)를! … 177

III. "신사참배 회개 발의 실천 및 주기철 목사 파면 무효화 선언"

-당시 선포되었던 전문(全文)을 그대로 옮김- … 193

제 9 장 장로교는 하나가 되어야 한다

I. 한국 장로 교회 분열(分裂)의 극복(克復)과 일치(一致)에 의한 선교(宣敎) … 306

II. 교단(敎團) 교파(敎派)를 초월(超越)한 연합운동(聯合運動史)

〈후암동교동협의회, 厚岩洞敎洞協議會〉 … 326

제1장 복음을 통한 장로 교회

I. 장로교(長老敎)란(What is Presbyterian Church)?

'모든 신자들'이라는 말은 곧, '교회'를 뜻한다. 두세 사람이 모인 곳에 계신 주님, 그 주님이 계시는 곳이 교회가 되는 것이다. 교회란 말은 헬라어로 '에클레시아(ejkklhsiva)'인데 이는 '만남, 회합, 회중'을 뜻하며 예수님께서 이 땅에서 딱 두 번 사용하신 것으로 나온다.

"또 내가 네게 이르노니 너는 베드로라 내가 이 반석 위에 내 교회를 세우리니 음부의 권세가 이기지 못하리라"(마 16:18). "만일 그들의 말도 듣지 않거든 교회에 말하고 교회의 말도 듣지 않거든 이방인과 세리와 같이 여기라"(마 18:17). 즉, 교회는 '하나님의 백성들의 모임' 또는 '기독교인들의 사회'다.

교회는 새 이스라엘의 핵심이다. 하나님은 자기 백성 이스라엘에게 구원(救援)의 하나님으로서 역사(役事)하시며 그들의 삶 속에 나타나셨다. 그런데 이스라엘은 "남은 자(Remainder : 왕하 19:31 남은 자는 예루살렘에서부터 나올 것이요 피하는 자는 시온 산에서부터 나오리니 여호와의 열심이 이 일을 이루리라 하셨나이다 하니라)"를 통하여 구원될 것이라는 것이다.

이 남은 자나 피하는 자는 모두 하나님의 은총을 입은 자들이다. 곧 예수 그리스도께서 제자들을 부르심으로 제자가 형성된 것이다. 이 모임은 곧 교회를 의미하며 곧 우주적 사명을 지닌다. 그러므로 교회는 남은 자들을 통해 새 이스라엘의 핵심을 이루는 것이다. 그래서 교회는 메시아성을 띠고 있는 것이다.

그리고 '사도'는 예수로부터 부르심을 받은 그의 제자들을 뜻한다. '부르심(God's calling)'이란 말은 구원에 참여하기 위해 소집된 자들을 말한다. "너는 두려워하지 말라 내가 너를 구속하였고 내가 너를 지명하여 불렀나니 너는 내 것이라"(사 43:1). 그래서 교회는 성령의 본거지요, 그리스도께 충성하는 기관이요, 하나님의 말씀의 현장인 것이다.

이렇게 교회가 형성되다 보니 그 교회를 이끌어나갈 일꾼들이 필요했다. 장로에 대해서는 산헤드린의 역사적 기원에서 찾아볼 수 있는데, 산헤드린이란 말은 헬라어 '수네드리온(sunevdrion)'에서 왔지만 원래는 아람어에 기인한다. 이 말은 의회(議會 또는 공회) 또는 재판 법정의 구실을 하는 유대인의 종교적 최고회의를 뜻하고 있다(민 11:16~17; 마 5:22, 10:17절 등).

이 회(會)의 처음 시작은 장로 70인과 모세, 총 71인으로 구성되어 회집된 종교적 최고회의였다. 신구약 성경 여러 곳에서 종교 지도자들이 성전(71명)이나 회당(23명)을 중심으로 활동한 것을 볼 수 있다. 신약 교회에 있어 사도행전 11장까지는 장로(Older men = Elder)가 공직에 임하는 장면은 전혀 없었다가 사도행전 11장 마지막 절(30절)에서 장로가 바울과 바나바에 의해 공직 수행의 임무를 맡은 것이 나온다. 이때부터 장로들이 사도들의 이름과 함께 나타나기 시작한다.

이렇게 하여 장로직에 의한 교회 활동이 초대 교회로부터 이어 오면서 영적 공직성을 가지는 가운데 장로교가 태동하게 된다. 장로의 역할에 대해 베드로전서 5장 2절에서는 "너희 중에 있는 하나님의 양 무리를 치되 억지로 하지 말고 하나님의 뜻을 따라 자원함으로 하며 더러운 이득을 위하여 하지 말고 기쁜 마음으로 하라"고 말하고 있다. 장로직에는 다스림과 가르침의 양면성이 있음을 나타내는 것이다.

장로 교회 행정기구의 모체는 '장로회(Presbytery)'이다. 이러한 조직속에 오늘의 장로교가 태동하여 발전해 왔는데 우리나라에서는 목사와 장로가 함께 모여서 교회 일을 의논해서 감당하는 조직으로 이루어져 왔다. 그리고 장로 교회 행정기구의 특색은 당회, 노회, 대회, 총회로 구분하고 있으나 엄격히 말하면 장로교의 기본 행정기구는 당회(堂會)와 노회(老會)이다.

장로 교회의 중심 신학사상은 어디까지나 교회 정치(장로) 체제에서 기원된 교회에 있으므로, 교리적인 면에서는 로마 가톨릭 교회(Roman Catholic Church)의 교리를 떠나 개혁 교회의 신학사상에 바탕을 두고 있다.

그러나 개혁 교회의 모든 신학사상이 곧 장로 교회의 중심 신학사상은 아니다. 칼빈을 중심으로 한 개혁자들이 신약성서에 나타난 교리들을 분석하고 종합한 신학이 장로 교회의 신학사상인 것이다. 즉, 예수 그리스도와 사도들이 보여 준 교회관에 입각한 특성이 우리의 특성이요, 그들의 우주적 신학이 우리의 우주적 신학이 되는 것이다.

개혁자들이 주장한 다섯 가지 슬로건(Slogan)을 지적해 보면 첫째, Soia Fide(솔라 피데: 오직 믿음만으로) 둘째, Sola Gratia(솔라 그라티아: 오직 은혜만으로) 셋째, Sola Scriptura(솔라 스크립투라: 오직 성경만으로) 넷째, Solo Christo(솔로 크리스토: 오직 그리스도만이) 다섯째, Soli

Deo Gloria(솔리 데오 글로리아: 오직 하나님께만 영광)이다.

여기에는 개혁자 루터(Martin Luther, 1483.11.10~1546년)나 쯔빙글리(Vlrich Zwingli, 1484~1531년), 성 어거스틴(St. Augustine, 354~430.8.28)의 신학사상도 녹아 있다. 이 다섯 가지 신앙적 사상을 칼빈(Jean Calvin. 1509.7.10 ~ 1564.5.27)은 특별히 더 주창하였다. 이 내용들은 결국 교회의 본질을 되찾자는 말이기 때문이다.

이와 같은 슬로건(slogan) 속에서 지역적으로는 스위스, 네덜란드의 고이센, 프랑스의 위그노, 오스트리아와 영국의 청교도, 스코틀랜드의 장로교를 중심으로 하여 개혁의 바람이 힘차게 일었다. 후스, 루터, 쯔빙글리, 칼빈과 같은 개혁자들의 전통신앙 사상에서 오늘의 장로교 교단이 생기게 된 것이다.

교단적 개혁을 해나가는 가운데 1598년, 프랑스에서는 신교도들에게 예배의 자유를 허락하는 '낭트칙령(The Edict of Nants)'이 선포되고 영국에서는 피 흘림이 없었던 시민혁명이라고 할 수 있는 명예혁명(1688년)이 일어나므로 신앙적 개혁은 더욱 힘을 얻게 되었다.

이와 같은 개혁의 틀속에 칼빈의 사상을 확립시켜 준 사람은 스코틀랜드 출신의 존 낙스(John Knox, 1505~1572년)였다. 존 낙스는 스코틀랜드의 귀족들과 함께 신앙고백서를 만들어 발표하고 오늘의 장로교(長老敎)란 체계를 확립 발전시켜 지금에 이르게 한 장본인이다.

- (『장로교회사』, 오덕교, 합동신학교출판부 그리고 각종 '장로 교회사'에서 편집 정리함)

제2장 복음과의 접촉

I. 복음(福音:Gospel)과의 접촉(接觸)

1. 성령(聖靈 : The Spirit of the Lord)은 바울의 아시아 선교를 막고 그를 유럽으로 향하게 했다.

예수님께서 승천하신 후 무리가 기도하는 중에 예수님의 말씀하신 대로 성령님이 임하심으로 예루살렘을 중심으로 하여 복음이 활발하게 전파된다. 그러나 사도행전 기록에 의하면 "그날에 예루살렘에 있는 교회에 큰 박해가 있어 사도 외에는 다 유대와 사마리아 모든 땅으로 흩어지니라"(행 8:1)라고 나온다.

이로 말미암아 신앙의 증인들은 복음을 들고 흩어지게 되었고 선교의 중심지는 마침내 예루살렘에서 수리아 안디옥으로 옮겨 갔다. 소아시아를 중심으로 바울은 제1차, 제2차, 제3차 선교여행을 통해 하나님의 뜻을 진행시키는 귀한 사역을 해왔다. 그런데 사도행전 16장 6~7절을 보면 "성령이 아시아에서 말씀을 전하지 못하게 하시거늘 그들이 브루기아와 갈라디아 땅으로 다녀가", "무시아 앞에 이르러 비두니아로 가고자 애쓰되 예수의 영이 허락하지 아니하시는지라"고 나온다.

바울사도 일행은 "무시아를 지나 드로아로 내려갔는데"(행 16:8), "밤에 환상이 바울에게 보이니 마게도냐 사람 하나가 서서 그에게 청하여 이르되 마게도냐로 건너와서 우리를 도우라 하거늘"(행 16:9) "바울이 그 환상을 보았을 때 우리가 곧 마게도냐로 떠나기를 힘쓰니 이는 하나님이 저 사람들에게 복음을 전하라고 우리를 부르신 줄로 인정함이러라"(행 16:10)고 했고, 이에 순종하여 복음전도의 사역은 아시아에서 유럽으로 향하게 되었다.

2. 인간의 의지(意志)는 동양(東洋)으로 역행(逆行) 하였다.

초기 기독 교회사나 다른 문헌에 의하면 예수의 제자들이 예루살렘을 떠나 선교에 집착할 때에 대부분 동방으로 향하였던 흔적이 많이 남아 있다. 가령 마태는 시리아 주변을 돌면서 복음을 전하였고, 가나안 사람 시몬은 인도에서, 도마는 수리아를 거쳐 인도에서, 요한은 소아시아의 에베소에 영주하면서 복음을 전하였다.

특히, 에뎃사(Edessa:터키의 동남부)를 중심으로 발전한 기독교는 헬라의 문화권 밖에 있어서 시리아 문화를 배경으로 하는 동양 기독교의 발상지가 되었다. 이 동방기독교는 네스토리우스(Nestorianism)파로 콘스탄티노플 총대주교(總大主敎) 네스토리우스의 교설(敎說)을 신봉하여 431년 에페소스공의회에서 이단으로 선고받은 후, 451년 칼케돈공의회에서 재차 단죄받은 집단이다. 이 파의 일부는 중국으로 향하여 A.D 635년에 페르시아(앗시리아) 사람 아브라함(阿羅本 혹은 Alopen)이 당나라 수도인 장안(長安, 지금의 서안)에 경교(네스토리우스교가 동양에 전래된 이후 붙여진 명칭)의 교회인 대태사(大泰寺) 혹은 파기사(破欺寺)를 세우게 되었다.

그 당시의 기념비가 1625년 중국 서안(西安)에서 발견되었으며, 그 모조 비석이 우리나라 금강산 장안사(長安寺) 뜰에서도 1917년에 발견되었다. 1595년 이탈리아 예수회 소속 선교사로 명(明)나라에 왔던 마테오 리치(Matteo Ricci) 역시 흩어져 있던 동방기독교의 흔적들을 찾아보고 경교(景敎)가 성행했던 사실을 증명(證明)하기도 하였다.

이러한 사실은 우리나라와 당시 중국과의 정치적 관계에서 우리 선조들이 당(중국)을 통하여 기독교인과 접촉했을 가능성을 예시하고 있다.

3. 먼 훗날 역사는 서양(西洋)에서 동방(東方)으로: 화란(네덜란드) 기독교인과의 접촉

콜럼버스(Christopher Columbus)가 아메리카 대륙을 발견한 것이 1492년이었다. 당시 유럽 사람들은 서방으로 항해(航海)하여서 아메리카 대륙을 발견하게 된 것이고, 이후 동방으로도 항해(航海)가 계속되었다.

특히, 기독교 선교와 식민지 문화를 위해 아메리카 서쪽으로 또는 아프리카 남단을 통과하여 동쪽으로 항해(航海)하는 나라들이 계속 생겨났는데 1627년에는 화란(네덜란드) 사람 벨트브레(박연, 朴淵, J.J.Weltevree)가 홀란디아호 선원으로 아시아에 왔다가 태풍에 밀려 제주도 해안에 표류한 사건이 있었다. 이때 관헌에게 3명이 붙잡혀 서울로 호송되었는데, 그들은 이후 조선에 귀화하여 훈련도감에 배속되어 무기를 제조하는 일을 담당하게 되었다.

조선 인조 14년, 병자호란(丙子胡亂, 1636년 12월) 때는 병사로 출전하기도 하였는데, 2명은 전사하고 박연(朴淵/朴燕)은 조선의 관리로 지내면서 포로가 된 왜인들을 감시 및 통솔하는 역할을 맡기도 하였고, 명나라에서 들여온 홍이포(紅夷砲:명나라 때 네덜란드의 대포를 모방하여 만든 중국의 대포)의 제조법(操作法)을 조선군에게 지도하기도 하였다.

박연은 우리나라에서 일생을 마쳤는데 후일 1989년 12월 9일 박연의 출생지인 네덜란드 드레이프(De Rijp)시에서는 그의 업적을 기리기 위해 축소 제작한 풍차와 박연 동상을 한국에 기증함에 따라 서울시가 1991년에 이것을 어린이대공원에 설치하였다. 그리고 그의 고향인 네덜란드 암스테르담 북쪽 드레이프(De Rijp)에도 그를 기리는 기념비가 세워졌다.

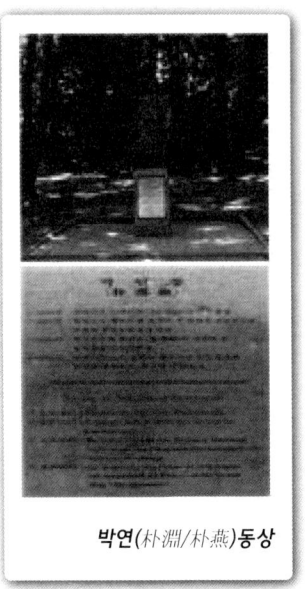

박연(朴淵/朴燕)동상

박연은 1653년, 헨드릭 하멜(Hendrik Hamel) 일행이 제주도에 표착하였을 때 제주도로 내려가 통역을 맡았고, 그들을 서울로 호송하는 임무를 담당하기도 했다. 하멜(Hamel) 일행 36명은 제주도에 표류하며 박연의 통역을 받으면서 13년간이나 억류되어 있다가 그 가운데 8명이 탈출하여 일본을 거쳐 자기나라로 되돌아 갔다.

그 하멜이 자기 나라에 귀국하여 우리나라를 유럽에 처음 소개하게 되었는데, 그는 자신의 표류기인 「제주도 난파기」와 「조선국기(朝鮮國記)」란 책에 우리나라의 사정과 위치와 풍속을 소개하고 있다. 그 책 속에 우리나라 이름을 'Coeree'라고 표기하였다(코리아라는 어원을 보면, 고려-> Couray -> Coreia 포르투칼어), Coeree(화란어), Corea(영어), Coree(불어)로 변하고, 다시 대한제국 때 Korea로 바뀌게 된다).

제주 용머리 해안에 있는
하멜(Hamel) 기념비

1980년에는 한국과 네덜란드의 공동출연(共同出捐)으로 남제주군 안덕면 사계리 산방산 해안에 네덜란드 선원들과 하멜이 표류 상륙한 곳으로 추정되는 곳에 기념비를 세웠다. 그리고 이 표류기를 우리 글로 옮긴 역사가인 이병도(李丙燾) 박사는 그들은 '프로테스탄트(Protestant)'였다고 주석을 달았다.

4. 로마 가톨릭 교회(Roman Catholic Church) 신자와의 접촉

① 일본 침략자들을 통한 복음의 접촉

최근 일본 역사가들의 고증(考證)에 의하면 일본의 문화, 문물, 종교(불교) 등이 모두 우리나라에서 전해졌고, 우리의 선민(先民: 고구려, 신라, 백제) 등을 통해 계승 발전되었다고 전한다. 그런데 역사적으로는 일본의 위정자들이 그들의 야욕을 채우기 위해 수없이 우리나라를 침범해 왔으며 그들의 습관적 야욕은 지금도 멈추질 않고 있다.

1592년(선조 25년) 임진년에 일어난 임진왜란은 우리의 문화유산들이 송두리채 일본에 도적맞는 때이기도 했다. 그러한 일본과의 전쟁 상황에서 그 일본을 통하여 로마 가톨릭(Roman Catholic) 신자가 처음으로 우리나라에 발을 디디었다는 사실은 매우 아이러니(Ironical)하다.

조선을 침략해 온 제1군단장 고니시(小西行長)는 일본예수회(Society of Jesus)의 신자(信者)였다. 그가 인솔한 왜군이 서울에 입성할 때는 십자기를 앞세우고 행진했다고 한다. 고니시(小西行長, こにし ゆきなが)는 1594년에 포르투갈 신부인 그레고리 세스페데스(Gregorio de Céspedes)를 종군 신부로 초청해 조선 침략에 활용하였다. 그것은 우리 민족에게 복음을 전하려는 게 아니라 일본군의 야만적이고 포악한 습성을 종교 심리를 확대 역이용하는 행위였다.

세스페데스는 12월 28일 조선에 도착하여 고니시(小西行長)가 진지를 쌓고 있는 경남 웅천(熊川)에서 종군 신부로 활동하게 된다. 그러면서 일본군이 추위속에서 굶주려가며 전쟁에 임하고 있다는 사실과 우리 포로의 참상 그리고 죽어가는 아이들에 대한 비참한 상황을 예수회(Society of Jesus) 본부와 포르투갈 정부에 보고하였다. 뿐만 아니라, 일본군들이 우리 포로들을 포르투갈 사람에게 노예로 매매하는 상황도 기록하였다. 실제로 이때 우리의 동족 수만 명이 노예로 남양(南洋)과 유럽으로 팔려 나갔다고 한다.

세스페데스에 대한 기록을 보면 그는 포르투갈의 가톨릭 신부였는데 제수이트(예수회) 선교사로 일본에서 선교사업에 힘쓰다가 1592년(선조 25)에 임진왜란이 일어나자 지휘관이었던 고니시(小西行長)의 초청에 의해 1594년 성탄절을 전후하여 종군 신부의 자격으로 조선에 들어오게 되었다.

사실상 조선에 제일 먼저 들어온 서양인 신부였던 세스페데스는 전쟁으로 인한 혼란 때문에 우리나라에서 선교활동은 하지 못 하고 왜병들이 조선인에게 행하는 횡포를 꾸짖기도 하고 조선의 고아들을 돌봐 주면서 종군생활을 하다가 1595년 봄, 일본으로 되돌아 갔다.

일본에 돌아 간 그는 조선에서 잡혀 간 전쟁포로들 중 노예가 되어 남양(南洋:태평양의 적도를 경계로 하여 그 남북에 걸쳐 있는 지역을 통틀어 이르는 말)으로 팔려가는 남녀 2천여 명을 구출하여 영세(세례)를 주고 가톨릭 신도로 만들었다고 한다.

도요토미(豊臣秀吉)의 뒤를 이은 도쿠가와 막부(德川幕府) 시대에서는 가톨릭 박해가 가장 심하게 행해졌다. 도쿠가와 시대에 수많은 천주교인들이 죽음을 당했다고 한다. 세스페데스 신부는 일본에서 선교활동을 계속하다가 1611년 나가사키(長崎)에서 죽어 장사되었다.

② 제수이트(예수회:Society of Jesus)

천주교 안에 '예수회'라는 단체가 있는데 이는 1534년 성 이그나티우스 데 로욜라(Ignatius de Loyola)가 '영신수련(靈神修練)'을 위해 1540년에 로마 교황청으로부터 정식인가를 받은 단체다.

6세기 유럽에서는 종교개혁이 일어나 신교와 구교간의 갈등이 심화되어 가톨릭의 교세는 위축되기에 이르렀다. 이때 예수회는 이러한 가톨릭의 위기를 회생시키기 위해 반성과 혁신을 주장하면서 크게 확장되었다.

예수회의 설립목적은 하나님의 은총으로 회원 자신뿐만 아니라 이웃의 구원과 사랑을 실천하는 것이다. 그리고 행동양식은 영성수련을 통해 가난하고 겸손하신 그리스도를 인격적으로 만나고 무조건적으로 따르는 전적인 자기헌신과 영적 태도를 추구했다.

예수회(Society of Jesus)가 아시아에 진출한 것은 1542년 프란시스 사비에르가 포교활동을 위해 인도를 거쳐 일본으로 건너간 것과 1583년 마테오 리치가 중국으로 건너간 데서 그 연원을 찾는다. 마테오 리치(Matteo Ricci)는 중국에 머물면서 중국인들에게 포교의 목적으로《천주실의(天主實義)》를 저술했다. 천주실의는 한문으로 저술한 천주교 교리서인데 그 뜻은 '하나님에 대한 참된 토론'이라고 해석할 수 있다.

총 8편 174항목으로 구성되어 있는 이 책이, 조선에도 전해지면서 사실에 입각하여 진리를 탐구하려는 태도의 실천방안인 '실사구시(實事求是)'의 꿈을 가진 이들에게 많은 관심의 대상이 되었다. 이로 인해 조선후기에 천주교(天主敎, Catholic)와 함께 실학운동(實學運動)이 펼쳐지게 된다.

한편, 예수회는 중국의 고위층을 대상으로 포교활동을 펼치며 공자와 조상숭배를 인정하는 유교(儒敎)친화적인 입장을 보였다. 그런 덕분에 중국 내에서 선교활동이 수월하였으나 이와 같은 태도에 대해 로마 교황청과 마찰이 발생하게 됐다. 로마 교황청은 예수회의 유화적 입장을 철회하도록 하였고, 청나라 조정은 한때 중국 내 모든 선교사를 추방하고 가톨릭 포교활동을 금지시키기도 했다.

이 예수회가 한국에 들어 온 것은 1954년이며, 1960년 4월에 서강대학교, 1962년에는 광주가톨릭대학교, 1974년 수원에 '말씀의 집' 등을 설립하며 그 기반을 이어가고 있다.

③ 이수광(李睟光)과 그의 저서 《지봉유설(芝峯類說)》

조선시대 문화 백과사전의 효시라 평가받은 《지봉유설(芝峯類說)》의 저자 이수광(李睟光, 1563~1628년)은 조선중기의 학자이자 정치가로, 그리고 후대에는 실학의 선구자로 인정받고 있는 인물이다. 1628년 12월 26일자 《인조실록》에 실려 있는 이수광의 '졸기(卒記:인물이 사망한 뒤 기록한 평가)'를 보면, 그의 인물 됨됨이가 잘 나타나 있다.

이수광은 좋은 가문에서 태어났지만, 이에 기대지 않고 실력으로 입신양명한 인물이었다. 그는 외모가 옷을 감당하지 못할 듯이 유약하나 매우 과묵한 인물이었고, 몸가짐은 단정하고 엄숙하였으며, 음악과 여색, 이욕(利慾:사사로운 이익을 탐내는 욕심)에 대해서도 담담하여 그리 관심을 갖지 않았다.

또한 편당 짓는 것을 싫어하고 담백하였으며, 권위적인 것과는 거리가 먼 인물이었다. "벼슬살이 44년 동안 여러 차례 변란을 겪었음에도 흠결이 없어 칭찬하지 않은 이가 없었다."고 실록 편찬자가 평한 것으로 보아 이수광은 지성과 함께 인품도 갖춘 훌륭한 인물이었음을 짐작할 수 있다.

이수광은 왕족의 후예로 태종과 후궁(효빈 김씨) 사이에서 태어난 경녕군(敬寧君) 이비(李𧘍, 1395?~1458년)가 그의 선조이다. 왕족의 후손들이 그렇듯이 이비의 후손들 역시 벼슬길이 막혀

거의 100년간 평민처럼 살아야 했다. 이비의 후손이 벼슬길에 오르게 된 것은 이수광의 부친인 이희검(李希儉, 1516~1579년)에 이르러서였다. 이희검은 삼사(三司), 다시 말해 언론을 책임진 사간원, 사헌부, 홍문관 등 청요직을 두루 거친 인물로 선조(宣祖)의 절대적인 신임을 바탕으로 호조, 병조, 형조판서를 지냈으며 청백리로도 유명한 인물이었다.

청백리 혈통을 이어받은 이수광의 모친은 유씨부인으로 세종대 청백리 정승으로 유명한 유관(柳寬, 1346~1433년)의 후손이다. 동대문 밖 지금의 창신동에 있던 유관의 집은 비가 오면 물이 새는 남루한 초가집이었다. 담장도 없었던 이 집은 비가 오면 유관이 우산을 들고 비를 막았다는 일화가 전해진다.

유씨부인이 유관의 후손이었던 것이 인연이 되어 이희검은 유씨부인을 아내로 맞이하게 됐다. 사실 유씨부인은 이희검이 두 번째로 맞은 부인이다. 일찍이 이희검은 강호덕의 딸을 아내로 맞이했는데 일찍 요절하고 말았다. 그 후 다시 유씨부인과 결혼하여 그 사이에 1남 4녀를 두게 되었다.

이수광은 부친의 임지였던 경기도 장단에서 태어났으나, 유년시절은 유관이 살았던 '비우당(庇雨堂)'에서 보냈다. 비우당은 '겨우 비나 피할 수 있는 집'이라는 뜻으로, 이수광이 임진왜란 때 불타 버린 것을 재건축한 뒤 지은 이름이었다. 이수광의 호인 '지봉(芝峯)'은 집 부근에 있는 상산(商山)의 한 봉우리 이름에서 따온 것으로, 그가 자랐던 비우당은 바로 지봉 아래에 위치하고 있었다. 이수광은 외가 5대조인 유관과 부친의 영향을 받아 청백리 정신을 늘 자랑으로 여기고 그 유지를 이어갔다.

어린시절부터 신동 소리를 들으며 자란 이수광은 16세에 초시(初試) 합격을 시작으로 20세에 진사시를 거쳐, 23세에 대망의 문과 시험에 합격했다. 벼슬길에 들어선 이후로는 출세가도를 달렸다. 승문원을 시작으로 예문관, 성균관, 사헌부, 사간원 등 요직을 거쳐 28세의 나이에 병조좌랑이 되고, 문장력을 인정받아 임금의 교서를 짓는 '지제교(知製敎)'를 겸직하였다. 그야말로 조선시대 문관의 전형적인 엘리트 코스를 밟은 것이다.

이수광은 명나라에 사신으로 왕래하면서 서양의 문물을 접하였고 이때의 기록을 토대로 《지봉유설》(경기도 기념물 제 49호, 경기 양주시 장흥면 소재)을 집필, 서학을 소개하고 실학의 선구자가 되었다.

이수광이 살아간 시대는 내우외환이 극심했던 시기였다. 이 때문에 30세가 되던 1592년 이후로 그의 삶은 결코 평화롭지 못했다. 임진왜란의 참상을 경험하며 정치인으로서 뼈아픈 반성을 해야 했고, 전쟁이 끝난 뒤에는 광해군대의 정치적 혼란이 그를 정치에서 멀어지게 만들었다. 출세가도를 달렸던 선조(宣祖)임금 때와는 달리 광해군과는 사이가 좋지 못해 자주 정치적 부딪힘을 겪었다.

당색을 멀리하며 중도의 입장을 취했던 이수광은 광해군이 생모인 공빈김씨를 공성왕후로 승격시키자 예의에 어긋난다며 홀로 반대의견을 냈다. 이 일을 계기로 이수광은 광해군과 사이가 점점 멀어져 갔다. 결국 이수광은 1614년 영창대군이 죽임을 당하는 '계축옥사'가 일어나자 미련 없이 관직을 버리고 비우당에 은거하며 두문불출하였다. 이때 그의 나이 51세였다.

광해군은 대사성의 벼슬을 내리며 회유했으나, 그는 끝내 거절했다. 그의 명저《지봉유설》은 비우당으로 은퇴한지 1년만인 1614년(광해군 6년), 그의 나이 52세에 완성된 것이다. 《지봉유설》은 우리나라 최초의 문화 백과사전으로 평가받는 책이다. 이 책은 비우당으로 은퇴한지 1년만에 편찬된 것으로 보이나 실은 오랜 준비기간을 걸쳐 만들어진 것이다.

좀더 상세히 말하자면 세 차례에 걸친 명나라 사행 경험과 평생 동안 수집해 온 국내외 다양한 자료들을 바탕으로 체계적으로 정리하여 편찬한 것이 바로 《지봉유설》인 것이다. 이는 이수광의 독서량과 부지런함이 뒷받침되었기에 가능한 일이었다.

20권으로 이루어져 있는 이 책에는 천문·지리·역사·정치·경제·인물·시문·언어·복식·동식물 등 방대한 주제를 바탕으로 3,435 항목에 달하는 사전적 지식이 망라되어 있다. 최초의 백과사전적 저술이라는 체계적 특성 외에도 등장하는 이름만 2,265명에 달하는 실로 방대한 책이다.

1616년 4년간의 칩거 끝에 이수광은 중앙관직 자리로 복귀하지 않고 지방관이 되어 전라도로 내려갔다. 순천부사가 되어 지방에 내려간 이수광은 선정을 베풀어 백성들의 칭송을 받았다. 3년간의 순천부사 임기를 마친 뒤 57세의 나이로 서울에 올라온 뒤로는 중앙정계와 멀리하며 수원에서 학문에만 매진했다.

이수광이 다시 재기한 것은 광해군과 대북(大北) 세력이 실각한 1623년이었다. 이수광은 인조반정 후 다시 관직에 복귀하여 도승지·대사헌·이조참판·이조판서 등을 지내다 1628년 66세를 일기로 세상을 떠났다. 묘소는 경기도 양주 장흥면에 있다.

이수광은 안동 김씨부인과의 사이에 2남 1녀를 두었는데 장남 성구는 문과에 급제하여 영의정까지 올랐고, 차남인 민구는 대사성까지 올랐다. 두 아들이 고관을 지냈던 탓에 이수광의 문집인 《지봉집》은 1633년에 순탄하게 간행될 수 있었다.

《지봉유설》에는 <조완벽전(趙完璧傳)>이라 불리는 개인의 전기가 실려 있다. 그 내용은 대충 이렇다. 경남 진주의 선비였던 조완벽은 스무 살이 되던 해인 1597년, 정유재란의 발발과 함께 일본에 포로로 끌려 갔다. 그렇게 일본에서 노예생활을 하던 중 한문을 읽을 줄 안다는 이유로 일본인 무역 상인에게 다시 팔려 갔다.

베트남 무역을 독점하고 있던 주인의 배를 타고 조선인 최초로 베트남에 가게 된 조완벽. 그는 여기서 조선의 문인, 지봉 이수광의 시(詩)가 베트남 선비들 사이에서 유행하고 있다는 사실을 알게 되었다. 훗날 무사히 고국으로 돌아 온 조완벽은 베트남에서 이수광의 시가 유행하고 있다는 사실을 전했다.

조선후기 저술의 특징 중 하나는 '유서(類書:중국의 백과전서를 말함)'라 불리는 백과전서류가 편찬되었다는 점이다. 조선에서의 그 효시는 물론 이수광의 《지봉유설》이다. 실학을 본격적으로 연구하기 시작한 1930년대 국학자들은 이수광을 실학의 선구자로 인식했다. 이수광은 "학문을 하는 사람은 모름지기 실천에 힘써야지 입으로만 떠들어서는 안 된다"고 말했다. 실천과 유용성에 학문의 가치를 둔 것이다.

《지봉유설》은 이수광이 세 차례에 걸친 중국 사신에서 얻은 견문을 토대로 목판본 20권 10책으로 1614년에 간행되었다. 여기에는 조선의 일은 물론 중국·일본·안남(安南:베트남)·유구(流球:오키나와)·섬라(暹羅:타이)·자바(爪哇)·말라카(滿刺加) 등 남양 제국과 멀리 프랑크(佛狼機)·잉글리시(永結利) 같은 유럽의 일까지도 소개하여 한민족의 인생관과 세계관을 새롭게 하는 데 이바지하였다.

당시의 학자 김현성(金玄成)은 이 책의 제문(題文)에서 "…위로는 천시(天時)를 밝히고 아래로는 인사(人事)를 말함에 의리(義理)의 정미(精微)와 문장의 득실(得失)을 보이며, 곤충초목에 이르기까지 모아 남김이 없이 파헤쳐 읽는 사람으로 하여금 총명(聰明)을 계발하게 하고, 지려(智慮)를 진익(進益)하게 하니, 마치 귀머거리에게 세 귀가 생기고 장님에게 네 눈이 얻어짐과 같아 탄복하지 않을 수 없다…"고 하였다.

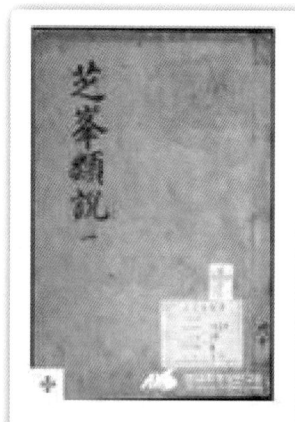

이수광의 '지봉유설'

《지봉유설》의 내용은 권1에 천문(天文)·시령(時令)·재이(災異), 권2에 지리(地理)·제국(諸國), 권3에 군도(君道)·병정(兵政), 권4에 관직(官職), 권5에 유도(儒道)·경서(經書), 권6에 경서, 권7에 경서·문자(文字), 권8~14에는 문장(文章), 권15는 인물·성행(性行)·신형(身形), 권16은 언어(言語), 권17은 인사(人事)·잡사(雜事), 권18은 기예(技藝)·외통(外通), 권19는 궁실(宮室)·복용(服用)·식물(食物), 권20은 훼목(卉木)·금충(禽蟲) 등으로 분류되어 있으며, 총 3,435항목에 이른다.

16세기 말부터 17세기 초에 살았던 이수광은 조선인이 아니라 바로 세계인이었다. 《지봉유설》 권2의 제국부 <외국>조에는 안남(베트남)으로부터 시작하여 진랍국(캄보디아), 회회국(아라비아), 불랑기국(포르투갈), 대서국(이탈리아) 등 유럽 나라들에 대한 정보까지 소개되어 있다. 그는 3차례에 걸친 명나라 사행을 통해 신간서적 및 세계정보를 입수했고 이를 기록해 둔 것이다. 《지봉유설》에는 예수회 선교사인 마테오 리치와 함께 천주교 교리서인 《천주실의》가 최초로 소개되어 있다. 17세기 초 서양의 종교와 문물은 중국에 온 마테오 리치에 의해 본격적으로 중국을 비롯한 조선에 소개되기 시작했다.

이수광은 1590년과 1597년, 1611년에 각각 중국에 다녀왔는데, 이 시기는 마테오 리치의 본격적인 동양 선교 시기와 맞물린다. 이수광은 《천주실의》 외에도 1602년에 마테오 리치가 만든 <곤여만국전도>가 이듬해 조선에 전해졌다는 사실을 《지봉유설》에 밝혀 두었다. 둥근 구형의 지구에 5대륙을 그린 <곤여만국전도>는 동아시아의 세계관을 바꿔 놓은 세계지도이다.

명나라 수도 연경에서 이수광은 동남아에서 온 사신들과 더불어 서양 선교사들과도 만났다. 이들과의 만남을 통해 그는 외국 문물을 객관적으로 이해했고 포용했다. 중국 속의 조선이 아닌 세계 속의 조선, 그리고 그 속에서 자신이 태어나 살고 있는 조선을 자각한 것이다.

(출처: 『한국민족문화대백과』, 한국학중앙연구원; 두산백과사전)

④ 마태오 리치(Matteo Ricci)와 그의 저서 《천주실의(天主實義)》

마테오 리치(이탈리아어: Matteo Ricci, 중국어: 利瑪竇, 1552. 10. 6~1610. 5.11일)는 로마 가톨릭 교회의 사제이자, 중국을 비롯한 아시아 대륙에 기독교 신앙을 정착시킨 이탈리아 출신 예수회 선교사이다.

호(號)는 서강(西江), 청태(淸泰)·존칭은 태서유사(泰西儒士)이다. 또 다른 중국식 이름은 '이

마태오 리치(Matteo Ricci)

천주실의(天主實義)
-우리 천주님은 즉, 상제님이다.

마두'(利瑪竇)', 별호는 서방에서 온 현사(賢士)라는 뜻의 서태(西泰:서강 청태의 줄인 말), 마테오(Matteo)는 그의 세례명이다. 그는 많은 책을 저술했지만 그 대표작은 《천주실의(天主實義)》이다.

천주교는 처음에 천주학으로 우리나라에 소개되었다. 중국에 서학(西學)이 들어와 한창 마태오 리치가 저술한 《천주실의(天主實義)》라는 책이 유명할 당시, 우리 선조분들도 그 책을 접하고는 큰 관심을 가졌다. 천주실의(天主實義)는 모두 8편으로 나뉘어 174항목에 걸쳐 서사(西士 : 서양학자)와 중사(中士 : 중국학자)가 대화를 통하여 토론하는 형식으로 꾸며진 가톨릭 교리서이며, 호교서(護敎書)이다.

중사(中士)는 중국 사람을 대변하는 박학다식의 학자이고, 서사(西士)는 가톨릭 사상과 스콜라철학을 겸비한 서양학자로 저자 자신을 나타내는 것이다. 이 책은 전자의 입을 빌려 전통 유학 사상과 불교·도교를 논하게 하고, 후자가 스콜라철학과 선진공맹(先秦孔孟)의 고전을 들어 천주교의 교리를 펴고, 그 사상을 이론적으로 옹위(擁衛)하는 형식을 취하고 있다.

대화형식을 빌려 진술된 문장은 사서육경과 그밖의 경전을 적절하게 인용하여 유교적 교양을 바탕으로 천주교의 입장을 이해하도록 유도하고 있다. 유교서뿐만 아니라 불교·도교서도 자주 활용하여 견강부회(牽强附會)하지 않고 차근차근 타이르듯이 이끌어, 듣는 사람으로 하여금 승복하지 않을 수 없게 꾸며져 있다.

이 책을 통해서 마태오 리치가 중국 학예(學藝)에 얼마나 통달하였는가를 엿볼 수 있는데 책에서 마태오 리치는 고어(古語)를 구사하고 성어(成語)·성구(成句)는 가급적 오랜 원형을 찾아 사용하였고, 고사(故事)의 내력을 광범위하게 활용하고 있다.

이 책을 편술한 시기는 1593(선조 26)~1596년으로 보이나, 정식간행된 것은 저자가 북경(北京)에 거주하게 된 뒤인 1603년의 일이다. 그 뒤 제2판이 발리니아니(Valignani, 范禮安) 신부에 의해 광둥성(廣東省) 사오저우(韶州)에서 간행되고, 1607년 쟝수성(江蘇省) 저장(浙江)에서 이지조(李之藻)에 의해 제3판이 발간되었다.

'천주실의'라는 책 이름은 'De Deo Verax Disputatio'를 번역한 것으로, 직역하면 '하나님에 대한 참된 토론'이라는 뜻이다. 내용은 천주교 신앙의 모든 문제를 다루지 않고 몇 가지 중요한 교리, 특히 본질적 문제만을 다루어 마침내 신앙과 계시에 도달할 수 있도록 이론을 폈고, 이를 인간의 이성과 자연적인 식견으로 입증하며 전개해 놓았다.

상권의 제1편에서는 인간 지능을 설명하고, 인류의 공통사상과 운동력과 질서의 논증으로 신의 존재를 증명하는 한편, 인간은 신과 그 속성(屬性)에 대한 소극적 인식을 가졌음을 논하였다. 제2편에서는 불교·도교를 논박하고, 유교에 대하여는 제1질료(第一質料)라 할 태극설(太極說)을 제하고는 대체로 찬동하는 논리를 폈다. 실체(實體)와 우연을 설명하면서 신은 모든 완전성을 지닌 실체임을 역설하고 중국 고대사상에서의 상제(上帝)의 성격을 11종의 중국 고대문헌을 들어 설명하고 있다.

제3편에서는 천국의 필요성을 말하고 식물의 생장력, 동물의 감각력, 인간의 지적 영혼(知的靈魂)의 차이를 명확히 규정하고 그것의 단성(單性)·영성(靈性)·불멸성(不滅性)을 논증하고 있다.

제4편에서는 중국 고전에서 예를 지적해 가며 고대신령(古代神靈)에 대한 신앙을 논증하여 인간 영혼이 신령하다는 것을 지적하고 능과 불능의 차이를 보여 주고, 악마와 지옥의 기원에 대한 범신론적 일신론(汎神論的 一神論)을 논박하였다.

하권의 제5편에서는 윤회설의 창시자가 피타고라스(Pythagoras)이며 불교가 그것을 채용하여 윤회설을 중국에 전한 것이라고 하고, 만물이 모두 인간을 위하여 창조된 것이므로 불교에서 살생을 금함이 옳지 않음을 밝혔다. 그리고 그리스도교의 재계(齋戒:마음과 몸을 깨끗이 하고 부정(不淨)을 멀리하는 일)의 동기와 본질을 설명하였다.

제6편에서는 참된 뜻에서의 소망과 두려움의 정당성을 밝히고 그것은 사후(死後)의 상벌로만 옳게 실현됨을 강조하고 지옥·천국 및 연옥에 관한 교리를 설명하며 이에 대한 비방을 논증적으로 반박하였다.

제7편에서는 천주에 대한 인간성과 선악, 자유의지와 인간의 목적을 설명하고, 천주에 대한 사랑과 이웃에 대한 사랑을 주축으로 하는 그리스도교설을 펴 하나님에 대한 신앙은 가장 확실한 지식이고, 사랑은 가장 고귀한 덕행임을 설명하고 종교적 무관심주의의 오류를 갈파하였다.

제8편에서는 유럽의 관습과 천주교 성직자들의 독신제를 설명하고, 중국에서의 잡다한 종교생활을 개탄하면서 중국 고대는 사정이 달랐음을 밝히고 있다. 끝으로, 원죄(原罪)를 말하고 천주강생(天主降生)과 신법공포(神法公布)를 설명하고, 진리의 생활을 원하는 사람은《천주교해략 天

主敎解略, Doctrina Christiana》으로 공부하고 천주교에 귀의하여야 한다고 결론짓고 있다.

이상의 내용을 요약하면 첫째, 우주만물에는 창조주와 주재자가 존재하여 끊임없이 만물을 안양(安養)하고 있으며, 둘째, 인간 영혼은 불멸한 것으로 후세에 각자의 행실에 따라 상선벌악(賞善罰惡)의 응징이 있음을 밝혔다. 셋째, 불교의 윤회설을 배격하고 오로지 사랑의 그리스도교 신앙만이 구원을 가져다 주는 것이고, 중국 고경(古經)에 이미 이와 같은 가르침이 밝혀져 있으니 공부하고 귀의하여야 한다는 것이다.

이 책은 동북아시아 유교 전통사회에 가톨릭 신앙을 심어준 책이며, 중국 고대사상과 서구 윤리사상의 습합논리(習合論理)의 첫 작품이었고, 동양 문화권에 그리스도교 가치체계를 첨가하는 시발을 이룬 점에서 사상사·문화사적으로 중요한 가치를 지니고 있다.

조선후기《천주실의》에 담겨져 있는 천주교 교리를 이해·소화하여 마침내 천주교 신앙에 도달하게 된 학자들도 있었다. 이벽(李檗)·권철신(權哲身)·권일신(權日身)·정약종(丁若鍾)·정약용(丁若鏞)·이승훈(李承薰) 등이 천주교 신앙 실천운동을 일으켜, 1784년(정조 8) 조선천주교회를 창설하게 된 데에도 이 책이 결정적 영향을 주었다.

한자로 엮어진《천주실의》는 일반 대중에게는 가까이 하기가 매우 어려웠다. 이에 따라 한글 번역본이 나왔는데, 18세기 중엽의 한글 고사본(古寫本)이 현재 많이 발견된 상태다. 이 책은 사상적으로 서양 그리스도 사상과 동양 유교사상의 융합, 습합(習合)된 문헌이라는 점에서 종교사뿐만 아니라 사상사적으로도 중시되는 문헌이다.

필자는 이 사상(思想)이 조선 중·후기에 숭유사상(崇儒思想)의 정치이념이 아닌 실학사상[1]이 정치사상으로 실천되었다면, 우리나라는 하나님의 사상에 의해 영원한 생명을 가지는 선진국가로 한발 빠르게 발전할 수 있었을 거라고 생각한다.

그러나 이 기회를 놓치고 말았고 결과는 수많은 순교자를 내는 사화(士禍:선비들이 정치적 반대파에게 화를 입는 일)로 발전하게 된 것에 아쉬움을 금치 못 한다.

(출처:『한국민족문화대백과』, 한국학중앙연구원; 두산백과사전)

---

[1] 實學思想:17세기 중엽 이후에 성리학의 공리공론에 반대하여 종교·정치·경제적 현실 문제와 과학, 기술, 역사, 문학, 풍습과 같은 우리 문화에 대한 광범위한 연구를 통하여 당시 조선의 변화와 개혁을 주장하던 새로운 사상 조류

⑤ 중국을 통해서-1636년의 병자호란(丙子胡亂)

1636년에 병자호란(丙子胡亂)이 일어났다. 누루하치(Nurhachi, 努爾哈赤)는 만주족의 한 갈래로 여진족을 정벌한 후 중국의 명(明)나라를 멸망시키고 청(淸)나라를 세웠다. 청(淸)나라는 10만 대군을 이끌고 우리나라에 쳐들어 와 우리 조정(朝廷)에 항복을 청하였으나 명(明)나라에 대한 사대주의(事大主義) 정신에 매몰되어 있던 조선조정은 청에 대한 비하와 야만성에 맞선 항쟁에 나서게 된다.

결국 인조(제16대)는 남한산성으로 몽진(蒙塵)을 가서 항쟁을 하나 오래 버티지 못 하고 그곳에서 나와 삼전도(三田渡:서울특별시 송파구 삼전동)에서 청군에 항복했으며, 인조의 맏아들인 소현세자(昭顯世子)가 인질로 청(淸)에 끌려가는 수모를 겪게 된다. 이로 인해 소현세자(昭顯世子)는 볼모로 청에 잡혀가 있으면서 가톨릭 신부 아담 샬(Adam Schall, 1591.5.1~ 1666.8.15일)을 만나 기독교와 서양문물에 대한 깊은 교제의 시간을 갖게 된다.

당시 청(淸)에 와 있던 아담 샬은 중국 이름으로 탕약망(湯若望)이었으며 독일예수회 신부였다. 그는 1622년 중국으로 건너와 활약한 선교사로 천문, 역법에 밝아 월식을 예측하여 명성을 얻었다. 그의 주요 저서로《시헌력(時憲曆)》과《숭정역서(崇禎曆書)》가 있다.

'시헌력(時憲曆)'이란 태음력(太陰曆)에 태양력(太陽曆)의 원리를 적용하여 24절기의 시각과 하루의 시각을 정밀하게 계산하여 만든 역법이다. 그리고《숭정역서(崇禎曆書)》는 서양 천문학의 백과전서라고 할 수 있는 책이다.

한편 청(淸) 나라에 볼모로 가 있던 소현세자(昭顯世子)는 아담 샬과 친분을 맺어 천문서적·과학서적·천구의(天球儀) 등을 선물로 받고 서양문물에 관한 이해를 높이게 되었다. 두 사람은 서로의 거처를 방문하며 대화를 나누었고 서신을 주고받기도 하였다.

아담 샬 신부는 조선 고위층과도 접촉함으로써 장차 조선을 선교의 거점을 삼으려는 고등정책도 가지고 있었다. 그러나 소현세자(昭顯世子)가 귀국하여 얼마 되지 않아 세상을 떠나므로 그의 계획은 뜻을 이루지 못 하고 만다.

⑥ 우리 학자(學者)들 스스로 입교하였다

　이수광(李睟光, 1563~1628년)은 조선중기 때의 학자이자 정치가이며, 후대에는 실학의 선구자로 인정받은 인물이다. 그는 그의 저서《지봉유설(芝峰類說)》에서 마태오 리치(Matteo Ricci)의《천주실의(天主實義)》-한문으로 저술한 천주교 교리서로 '하나님에 대한 참된 토론'이라는 뜻이며, 8편 174 항목으로 구성되어 있다-를 소개하였으며 유교학자와 논쟁까지 하였다.

　이수광(李睟光)의 '지봉유설(芝峰類說)'은 조선중기 백과사전적 저서로서 고서(古書), 고문(古聞)에서 뽑은 세상에 알려지지 않은 좋은 소문이나 이야기의 기이한 일을 기술한 기사일문집(奇事逸聞集)이다.

　이 책은 348명의 저서를 참고했으며, 3,435항목을 25부문으로 분류하여 182항목으로 나누어 실용, 실리추구의 정신과 실증정신, 민본정신 등 무실(務實:참되고 실속 있는)의 정신을 가진 책으로, 당시 공리공론(空理空論:실천이 따르지 않는 헛된 이론)만 일삼던 학계에 새로운 바람을 일으키게 했다. 또한 당시 중국을 통해 알려지기 시작한 서구 문물과 가톨릭을 소개한 점에서 선구자적인 저작이었다 할 수 있다. 20권 10책. 목판본으로 되어 있다.

　그 후 1784년에는 우리 정부가 파송하는 사은사(謝恩使:조선시대 중국 명나라와 청나라에 보냈던 답례 서신) 수행원의 아들인 이승훈(李承薰)이 북경에서 로마 가톨릭 신부와 접촉하여 영세를 받았다(1784년 2월, 영세명 베드루로 우리나라 최초의 천주교 세례교인이다).

　북경에서 돌아온 이승훈은 1785년 그의 동지인 정약용(丁若鏞) 형제들과 권철신(權哲身) 형제 등과 함께 김범우(金範禹)의 집에서 교회를 시작하여, 주일마다 미사(Missa)를 드렸는데 지금의 명동성당이 자리하고 있는 바로 그곳이다.

Ⅱ. 한국 가톨릭 교회의 수난

1. 최초의 순교자(殉敎者)

이승훈에게 세례를 받은 김범우는 1785년, 서울 진고개(명동)에 있는 자신의 집(지금의 명동성당)에서 이벽, 이승훈, 정약전, 정약용 등 남인 학자들과 예배를 드리다가 당국에 발각당하게 된다. 이때 양반 신분의 이들은 훈방을 받았으나, 중인(통역관)인 김범우는 외국 종교를 전파한 죄로 투옥되어 모진 고역을 당하고, 마침내 충청도 산골로 유배되어 수주일만에 세상을 떠나고 만다. 우리나라에서 최초의 천주교 신자가 순교한 것이다.

김범우   이승훈
(천주교 최초의 세례교인)

2. 신해교난(辛亥敎難)

신해교난은 1791년(정조 15)에 일어난 최초의 천주교도 박해사건으로, 조선(朝鮮) 22대 정조(正祖) 신해(辛亥)년에 진산(珍山:전라북도 정읍시 진산동)에서 윤지충(尹持忠)과 권상연(權尙然)이 기독교 신앙을 보수한다고 해서 제사를 폐(廢)하고 조상의 신주(神主)를 불사르게 되었는데, 이 사건은 조야(朝野)에 큰 물의를 일으키게 되어 "패륜의 도(道)는 나라의 기강을 깨치고 백성을 미혹한다"고 해서 멸기난상(滅紀亂常)의 죄목으로 참형되는 최초의 교난(敎難)으로 이어지게 되었다.

그 당시 재상인 채제공(採濟恭)을 중심한 신서파(信西派:서학(西學)의 신봉(信奉)을 묵인한 세력)와 홍낙안(洪樂安)을 중심으로 한 공서파(攻西派:서학을 배척하던 세력)의 대립이 있었는데, 공서파에서 윤지충(尹持忠) 사건을 들어 정론(廷論)을 시끄럽게 하였다.

남인학자들이 김범우의 집
(지금의 명동성당)에서 예배드리는 장면

그러나 정조가 채제공에게 윤지충의 사건을 맡겨 선처의 길을 취하였으나 공서파의 강경한 논조에 의해 윤지충을 처형하게 되었다. 그리고 이승훈(李丞熏)도 예산 쪽으로 정배(定配,귀양,유배) 보내었으며, 홍문관(弘文館)에 소장되어 있던 많은 수의 서양 책들을 불태워 없애는 일까지 있었다.

3. 신유교난(辛酉敎難)

　신유교난은 1801년(순조 1)에 발생한 조선의 천주 교회 박해사건이다. 시파·벽파[2]의 정치 투쟁에서 시파의 제거를 오랜 숙원으로 한 벽파가 천주교 탄압을 명분으로 일으킨 사건이다.

　서학에 대하여 온건한 태도를 취하던 채제공(蔡濟恭)이 1799년에 세상을 떠나고 현군인 정조(正祖)도 다음 해에 서거하자 정세는 역전되었다. 11세에 등극한 순조(純祖)의 섭정으로 들어 앉은 순조의 증조대비, 곧 정순왕후(貞純王后)는 본래 영조(英祖)의 계비로서, 사도세자(思悼世子)의 문제가 났을 때 궁중을 살벌하게 만들었던 김구주(金龜柱)의 누이동생이었다. 그는 사도세자 문제로 시파와 벽파로 나뉘어 혼란을 겪을 때 언제나 벽파 편에 서 있던 인물이다.

　그런데 신서파의 대부분인 남인(南人)은 시파, 곧 사도세자를 동정하는 무리였다. 이로 인해 정조는 그의 친부였던 사도세자를 생각해서 인정상 시파에 끌렸으며, 기독교에 대해서도 관대하였다. 정조가 죽은 후 순조가 즉위하자 영조의 계비였던 정순왕후는 안동(安東) 김씨의 세도(勢道)와 서인(西人)의 힘을 배경으로 하여 1801년 1월 11일에 채제공의 관직을 사후(死後) 박탈하고 서학(西學)을 박멸하라는 교서를 내렸다.

다산 정약용

　특히, 5가작통법[3]의 법을 만들어 서로 감시, 보고 함으로써 서학의 뿌리를 뽑으려는 정책을 썼다. 이렇게 해서 이가환(李家煥), 권철신(權哲身)이 혹형으로 옥사하였고, 이승훈, 최필공(崔必恭), 정약종(丁若鐘)이 참수당했으며, 정약용(丁若鏞)은 전라남도 강진으로 유배되었다. 한편, 우리나라에 잠입하여 선교하던 중국인 주문모(周文謨) 신부는 자수하였으나 군법에 의해 처형당했다.

---

2) 時派·僻派 : 조선 영조 때 장헌세자의 폐위와 사사(賜死)를 둘러싸고 분열권 파당으로, 뒤주 속에서 굶어 죽은 세자를 동정하는 입장이었던 파를 시파(時派)라고 하는데 대부분 남인계통 이었다. 또 세자를 공격해서 뒤주 속에서 굶어 죽게 하는데 동조하며 합리화하려고 했던 파를 벽파(僻派)라고 하며 주로 노론(老論)을 주창했다.

3) 五家作統法 : 조선시대 다섯 집을 1통으로 묶은 호적의 보조조직으로 1485년(성종 16) 한명회(韓明澮)의 발의에 따라 채택되어《경국대전》에 올랐는데, 이에 의하면 한성부에서는 방(坊) 밑에 5가작통의 조직을 두어 다섯 집을 1통으로 하여 통주(統主)를 두고, 방에 관령(管領)을 두고 조직하였다.

4. 황사영 백서사건(黃嗣永 帛書事件)

백서사건은 1801년(순조 원년), 천주교도 황사영이 북경에 있던 프랑스 선교사에게 보낸 편지로 인해 발생한 사건이다.

황사영

황사영 백서

황사영(黃嗣永)은 정약전(丁若銓)의 사위로, 주(朱) 신부로부터 신앙을 사사(師事)받으며 세례를 받은 신자(信者)이다. 그는 박해가 심해지자 고향 창원을 떠나서 충청도 제천으로 피신해 있었으며, 그를 찾아 온 황필(簧必)과 모의하여 조선 교회를 구할 계략(計略)을 꾸미었다.

그리하여 길이 62Cm, 폭 38Cm가 되는 흰 비단에 1만 3천 자의 가느다란 글씨를 써 주(朱) 신부의 순교와 교난을 자세히 기록하고, 그 대책을 북경 주교에게 보내기로 하였다.

그러나 그것을 갖고 중국으로 가려다가 황해 앞바다에서 포졸들에게 발각되어 전서역(傳書役)의 황필 등이 잡혀 서울로 압송되고, 황사영도 9월 제천에서 체포되었다. 그리하여 그 백서(帛書)의 내용이 문제가 되게 된 것이다.

첫째 부분에서는 당시 조선의 정치적 기상도와 교난을 자세히 보고했으며, 둘째 부분에서는 조선의 경제적 빈곤에 대해 언급하며 경제원조를 요청하였으며, 셋째 부분에서는 서구 기독교 국가들의 선박에 군사 5,6만 명을 이끌고 조선에 와서 왕에게 서교(西教)를 용납하도록 요청해 달라는 것이었다. 특히, 마지막에 가서는 조선이 망하여 없어져도 성교(聖教)의 표는 남아 있어야 할 것이라는 극단의 표시도 있었다.

이렇게 해서 황사영은 대역모 반역 죄인으로 몰려 1801년 11월에 27세의 나이로 참형(斬刑)을 당했고, 그의 가산은 몰수되고 그의 모친은 거제도에, 그의 처는 제주도에, 그의 자녀들은 추자도에 각각 유배되었으며, 이 사건으로 3백여 명이 순교의 피를 흘리게 되었다. 그 백서는 의금부에 보관되어 있다가 1894년경에 민덕효(閔德孝, Mutel) 주교에게 입수되어 현재 로마 교황청에 보관되고 있다.

5. 기해교난(己亥敎難)

1839년 헌종 5년에 우의정 이지연(李止淵)은 조선시대의 주자학(朱子學)에 반대되거나 위배되는 학문을 사학(邪學, 요상하고 간사한 학문)이라 일컬었는데, 조선중기에는 양명학(陽明學)을, 후기에는 천주교나 동학을 가리켜 사학의 무리라고 박멸하도록 주장했다.

그리하여 정약종의 아들 정하상(丁夏祥) 등 30여 명이 참형을 당하였고, 1835년 이래 밀입국하여 포교하던 모방(Maubant), 암베루(Imbert), 샤스땅(Chastan) 등 3명의 프랑스 신부가 새남터에서 군문효수(軍門梟首:목을 베어 군문에 매달던 형벌)의 극형을 받았다. 그 후 그들의 유해는 노고산(老姑山)에 안장되었으며, 그곳에 지금 서강대학교가 자리하고 있다.

그런데 정하상(丁夏祥)은 우리나라 최초의 호교론(변증론)인 《상재상서(上宰相書)》를 발표한 사람이다. 첫 부분에서는 교지를, 둘째 부분에서는 기독교의 변호론을, 셋째 부분에서는 기독교 신자도 왕의 적자(赤子)임을 말하며 온정을 호소하였다.

'상재상서(上宰相書)'란 '재상(宰相)에게 올리는 글'로 기해박해(己亥迫害) 때에 박해의 주동자인 우의정 이지연(李止淵)에게 가톨릭 교리의 정당성을 알리고자 작성한 글이다. 이는 일종의 신앙고백서라고도 볼 수 있는데, 당시 천주교도들의 신앙을 이해하는데 중요한 자료가 되고 있다. 정하상은 북경을 두 차례나 왕래하였으며, 그의 선교사 파송을 요청하는 편지가 1827년에 홍콩에서 라틴어로 번역되어 로마 교황청에 전달되었다.

그 결과 1831년 9월에, 그레고리 16세 교황은 한국 교구를 중국 교구에서 독립시켜 독립교구로 설정 발표하였다. 이것은 우리나라가 독립주권 국가임을 인정하는 외교적 문서로도 볼 수 있다.

6. 한국인 최초의 신부(神父)와 병인교난(丙寅敎難)

김대건(金大建)은 한국인 최초의 신부이자 첫 순교자이다. 김대건은 1821년 8월, 충남 내포(현재의 강진군 우강면 신종리)에서 태어났으며, 모방(Maubant) 신부에게 발탁되어 16세에 중국 마카오에서 유학을 하였다.

김대건 신부

그가 신부 서품(敍品)을 받은 것은 1845년 8월 17일이었다. 김대건은 그해 9월에 순교자 암베루 주교의 후임으로 임명된 한국 제3대 주교인 페레울(Jean J. Ferreol) 주교와 함께 강경을 거쳐 서울에 잠입하였다.

김대건은 외국인 신부의 입국안내를 수행하기 위해서 마포강을 떠나 황해도 연안을 답사하려다가 연평도에서 군교(軍校:군대의 장교)에게 잡혀 서울로 압송되었다. 그러나 그를 심문하던 관헌들이 그의 사람됨과 총명함, 그리고 지도(地圖) 작성을 비롯한 재질이 뛰어난 것을 발견하고서 그에게 관용을 베풀어 개종을 종용하였다.

그런데 이 무렵에 프랑스 함정 3척이 충청도 앞바다에 닻을 내리고 모방 신부 등의 처형을 힐문하는 서한과 아울러 이듬해에 재차 올 것을 통고하는 일이 있었다. 여기에서 정론(廷論)은 악화되었고, 당시의 영의정 권돈인(權敦仁)의 주장에 의해 1846년 9월 15일 김대건(金大建) 신부에게 사형선고가 내려졌다. 다음 날 그는 새남터에서 칼을 여덟 번 맞고 목이 떨어져 순교하였다. 그의 나이 25세였다.

그 후 1866년 병인교난(丙寅敎難 또는 병인사옥, 丙寅邪獄)이 일어났는데 이때 조선의 가톨릭 교회는 엄청난 타격을 당하였다. 이는 조선(朝鮮) 고종(高宗) 3년 병인(1866년 丙寅)년에 천주교도들을 박해한 사건으로 러시아로부터 통상(通商) 요청(要請)을 받았을 때, 대원군(大院君)이 천주교(天主敎)를 이용하여 프랑스의 힘을 빌리려 하다가, 뜻대로 안 되자 서양(西洋) 학문(學問) 배척(排斥)의 명을 내리고, 교도(敎徒)인 남종삼(南鍾三), 홍봉주(洪鳳周) 와 프랑스 선교사(宣敎師) 베르네 등을 죽이고 팔도에 영을 내려 교도(敎徒) 6,000여 명을 학살(虐殺)한 사건이다.

이때 주로 천주교도들이 처형된 곳은 한강철교가 있는 새남터와 지금의 절두산과 서소문 밖에서였다. 새남터를 사남기(沙南基)라고도 하는데 지금의 신용산(新龍山) 철교와 인도교 사이 이촌동(二村洞)에 있는 곳이다. 이곳에 1956년 천주교도 순교자 기념탑이 세워졌고, 1983년 한국순교복자(殉敎福者)성직수도회에 의해 지하 1층, 지상 3층으로 된 순한국식 건물양식으로 기념 성당이 세워졌다.

새남터 기념성당(지금의 이촌동)

서울시 마포구 합정동에 위치한 절두산은 누에가 머리를 치켜들고 있는 모습을 닮았다 해서 잠두봉이라 했는데, 1866년 병인양요 때 대원군이 수많은 천주교인들을 잡아다가 처형하면서 이후부터 절두산이라 불리게 되었다. 이곳에 순교 기념 성당과 각종 순교 기념물이 있다.

절두산(마포구 합정동)

서울시 중구 중림동(서소문)에 위치한 약현성당은 103위 순교 성인 중 44위가 순교한 조선시대 처형장으로, 한국에 천주교가 들어와 박해를 당할 때마다 이곳에서 많은 사람들이 처형당하였으니, 1801년 신유박해부터 1866년 병인박해까지 처형된 순교자 중 문헌에 기록되어 있는 수만 100명이 넘는다.

약현성당(중구 중림동)

제3장 조선에서의 장로교의 기초작업

I. 조선의 프로테스탄트(Protestant)와의 접촉

1. 성경의 전파와 칼 귀츨라프

귀츨라프
Karl Gützlaff

로버트 모리슨(중국명 마리쑨, Robert Morrison, 1782. 네덜란드, 01.05~1834. 08.01일) 선교사는 중국 최초의 기독교 선교사로 화란계 목사였다. 그는 1807년 9월에 중국 선교사로 파송을 받았으며, 1813년에는 중국어 신약성서를 보급하기에 힘썼다. 그는 중국을 거쳐서 우리나라 혹은 일본에 선교를 떠나는 선교사들에게 중국어 성경을 알선해 주었다.

1832년 7월에는 화란계 독일 선교사 칼 귀츨라프(Karl A.F.Gutzlaff, 1803.7.8~1851.8.9일) 목사가 모리슨 목사에게 받은 한문 성경을 들고 우리나라 장산곶과 군산만에 상륙하여 약 40일간 우리나라 사람들을 접촉하며 전도하였다.

그는 1803년 프러시아(Prussia:유럽 동북부와 중부에 있었던 지방을 지칭) 태생으로서, 당시 경건주의 교육을 받고 1826년 선교사로 임명되어 1831년~1851년 사이에 중국 마카오로 갔다. 그는 그곳에서 태국어로 성경을 번역하였고, 1837년에는 일본어로 요한복음과 서신서를 번역하였다.

이후 1832년 7월 17일에는 충청도 홍천으로 넘어 가 그와 동행한 이들이 서울에 와서 통상교섭을 하고 있는 동안 그곳 주민들과 한문 성경을 통해 우리말로 주기도문을 번역하였다. 세종대왕이 훈민정음을 반포한지(1446년에 반포) 386년만의 일이었다.

네덜란드(화란)에서 파송한 선교사 칼 귀츨라프는 통상관계와 상관없이 우리나라 서해안에서

40일간의 체류를 끝내고 제주도를 들르고 일본을 거쳐 임지로 돌아갔다. 그가 조선을 떠나면서 남긴 기록 가운데 이런 구절이 있다. "한국에 뿌린 하나님의 진리가 결코 실패로 돌아가지 않으리라고 나는 확신한다." 그가 전한 복음의 씨앗이 그때 그곳에서 싹이 트고 열매를 맺지는 못 하였지만 그는 이미 한국 교회의 성장을 내다보며 한국을 떠난 것이었다.

특히, 그가 전수한 감자 재배법은 오늘날도 활용되고 있는 것으로, 귀츨라프 선교사는 우리 민족에게 영의 양식인 성경과 더불어 육의 양식인 감자를 선물한 고마운 선교사로 남아 있다.

2. 우리나라 최초의 기독교 순교자 토마스 선교사
(Robert Jermain Thomas, 최난헌, 崔蘭軒, 1840.9.7.~1866.9.2일)

1866년은 병인교난으로 많은 천주교인들이 학살당한 해이다. 이 병인교난은 대원군의 심경변화로 일어난 천주교 탄압 사건이었다. 그 당시 우리나라 정세는 외세에 위협을 받고 있던 때였으므로 대원군(大院君)은 천주교인이었던 김기호, 홍봉주가 한·영·불 동맹으로 러시아의 남하정책을 막자는 건의도 호의로 받아들일 용의가 있었다. 그래서 천주교인 남종삼(南鐘三)을 접견하고 의논도 하였었다.

토마스
(Robert J.Thomas) 목사

그뿐만 아니라, 민비도 비밀리에 베루네 주교에게 프랑스와의 교섭을 맡아 달라고 암시했었다. 고종(高宗)의 유모인 박 씨도 독실한 신자로 마르다라는 영세명까지 받은 상태였다. 그만큼 대원군이나 민비가 천주교에 호의를 보내던 시절이었다.

그런데 당시 주교인 베루뉘(Simon F. Berneux)는 천주 교회가 정치와 접촉하는 것을 극히 꺼려했으며, 조선과 프랑스 정부와의 접선을 반대하는 태도를 취했다. 이런 점으로 대원군(大院君)은 천주교인을 믿을 수 없게 되었고, 천주교를 서학, 혹은 사교(邪敎:그릇된 교리로 사회에 해를 끼치는 요사한 종교)라고 반대하는 국내 여론도 참작하여 천주교를 탄압하기 시작했다.

그리하여 남종삼(南鐘三)을 비롯하여 베루뉘(Simon F. Berneux) 주교 등 3명의 선교사가 체포되어 개종을 권유받았으나 그들은 거부하여 결국 서울 새남터에서 참형을 당했다. 이 병인교난을 비롯한 여러 교난에 의해 희생된 교인 수가 6천여 명이라고 하며, 박은식(朴殷植)이 저술한 〈한국통사〉에는 12만 명으로 간주하고 있다. 특히, 난을 피해 산간벽지로 들어간 이들은 화전민이나 독장이로 전락하여 생계를 유지해 갔다고 한다.

이 난을 피해 리델(Ridel, 이덕아) 신부 등 2명의 신부가 충청 해안으로 빠져 중국으로 탈출하였다. 그리하여 북경에 있던 프랑스 공사와 인도지나(인도차이나의 음역) 함대 사령관에게 한국 출병을 요청하였다.

얼마 후에 프랑스 함대는 리델 신부와 한국인 신자 몇몇을 동승시켜, 강화도에 접근하여 사고

(史庫)를 소각하는 등의 만행을 자행했다. 이에 대노한 대원군은 프랑스 함대가 깊숙이 들어 왔던 양화진 강가에서 "서양 오랑캐가 더럽힌 땅을 서양인의 피로 씻으리라"는 결의를 갖게 되었다.

이러한 정세 아래 있던 우리나라에 복음을 들고 들어와서 순교한 최초의 프로테스탄트 선교사는 토마스(Robert J. Thomas, 崔蘭軒) 목사였다. 그는 영국 스코틀랜드 웰스 출생으로 에딘버러 뉴칼리지에서 신학을 마치고, 1863년 6월 4일 하노버교회에서 목사안수를 받았으며, 런던 선교회가 파송하는 선교사로 임명받아 중국으로 파송되었다.

1863년 12월에 중국 상하에 파송된 그는 이듬해 5월에 아내를 잃고 북경으로 임지를 바꾸었다. 그리고 1865년 9월 4일부터 13일까지 우리나라 서해안을 거쳐 갔으며, 다시 백령도에 들러 옹진 부근의 여러 섬을 전전하며 복음을 전했다. 2개월간 체류하면서 우리말도 배우고 한문 성경을 전한 일도 있었다. 그는 목사의 아들로 어학에 재능이 있었다고 한다.

이후 다시 북경으로 돌아가서 북경 주재 영국 스코틀랜드성서공회 총무인 윌리암스(Williams) 선교사 집에서 리델(Ridel, Félix Clair) 신부와 한국인 신자 김자평(金自平) 등을 만나 병인교난의 박해상황을 들을 수 있었다. 모험심이 강한 토마스 목사는 그런 상황 가운데 한국 선교에 더욱 강렬한 의욕을 갖게 되었다. 이와 같은 의욕을 갖고 있었기에 그가 쓴 한국 선교의 필요성을 강조한 서신 백여 통이 아직도 런던 교회에 보관되어 있는 것이다.

한국 선교에 불타 있던 토마스 선교사에게 한국 전도의 기회는 의외로 빨리 찾아 왔다. 당시 산동성 지프(芝罘)에 조선의 병인박해시 요행히 살아난 프랑스 신부 세 명이 있었는데, 그 중 한 명인 리델(Ridel, 이덕아) 신부가 토마스 선교사를 찾아 온 것이다.

당시 리델 신부를 통해 프랑스 신부 아홉 명이 살해된 사실이 로마에 보고되었으나 프랑스 정부는 한국의 침공을 허락하지 않았고 이때 리델 신부는 미국의 상선 제너널 셔먼호(General Sherman號)가 한국으로 향한다는 것을 듣고 토마스에게 통역을 부탁하며 함께 가자고 제의한 것이다.

그러자 토마스는 "나는 목사이지 군인이 아니다. 조선에 포문을 열 목적으로 출동하는 함대에 동승할 수 없다."고 밝혔고, 리델은 계속해서 토마스를 설득했다. 그리하여 그들은 1866년 8월 21일(고종 3), 미국 상선 제너럴셔먼호(General Sherman號)를 타고 대동강을 거슬러 올라가 평양에서 통상을 요구하였다. 그런데 이 통상요구는 정상적인 무역을 위한 상(商)행위가 아닌, 약탈성의 침략행위와 같은 것이었다.

미국상선 제너럴셔먼호
(General Sherman號)

조선시대 바다에 나타난
이양선(異樣船)의 모습

이때 선주 프레스톤은 선원들을 갑판 위에 불러 모으고 전투태세를 명령했다(당시 상선에도 보신용으로 전투준비가 되어 있었다). 난데없이 무장을 갖추라는 말에 토마스는 프레스톤에게 항의했고, 둘은 의견대립을 보였다.

그 사이 셔먼호는 서서히 대동강 어귀에 닿아 가고 있었다. 셔먼호가 대동강 어귀에 그 웅장한 모습을 나타내자 예상했던 대로 평양성은 발칵 뒤집혀졌다. 이양선(異樣船:우리나라 배와 모양이 다르다 해서 이양선이라 했다)이 조선을 침공해 왔다는 것이었다.

당시 평안도 관찰사 박규수(朴珪壽, 1807~1877년)는 전군의 경계와 출동태세를 명령하고 이양선의 내항 목적과 동태를 살피게 했다. 사태가 이렇게 되자 셔먼호의 선주 프레스톤은 불안을 느끼기 시작했고, 이때 토마스는 다시 한 번 그에게 충고했다.

그러자 프레스톤은 겉으로는 토마스 선교사의 말에 동의하는 듯 보였으나 무장 선원들을 그대로 둔 채 협상을 해볼 심산을 가지고 고자세로 통상을 요구하였다. 이때 박규수는 '우리 조선은 이양선(異樣船)과 교역을 국법으로 금하고 있으니 다시 돌아가기를 바란다는 뜻을 전하려고 중군(中軍) 이현익(李玄益)을 셔먼호에 보내게 된다.

이때 프레스톤은 나룻배를 타고 온 이현익을 배에 감금하고 일제히 사격을 명령했다. 박규수는 다시 서윤과 신태정을 셔먼호로 보내어 이현익의 석방을 요구했다. 그러나 프레스톤은 이들마저 감금시키고 만다. 이후 셔먼호는 만경대(萬景臺) 앞의 섬 두루도(豆樓島)에 닻을 내리고 오만불손한 기세로 육지에 올라가 조선의 관군과 민간인을 20명이나 살해하게 된다.

이렇게 되자 이양선(異樣船)을 쳐부수자는 소리가 조선 관군과 민간인들에게서 터져 나오기 시작했다. 이 사실을 보고받은 평양감사 박규수는 분노에 사로잡혔으나 감금당한 종군 이현익과 서윤 신태정의 신변을 생각해 참아야 했다. 이때 박춘권(朴春權)이 박규수의 허락을 받고 홀홀단신으로 나룻배를 타고 셔먼호를 향해 갔다. 배에 오른 박춘권은 조그만 상자에 폭탄을 담아 프레스톤을 위협하였고, 결국 프레스톤은 인질들을 석방했다.

그러나 프레스톤의 만행은 끝나지 않았다. 프레스톤은 셔먼호를 돌려 후퇴하는 모습을 보이더니 엉뚱하게도 양각도(兩江道) 하구에 정박을 시켜 민간인들을 닥치는 대로 살해했다. 박규수(朴珪壽)는 결국 군사적인 방법을 취할 수밖에 없었다. 그는 이양선 폭파명령을 내렸고 명령을 받은 관군들은 셔먼호를 일제히 공격하기 시작했다. 이에 토마스 선교사는 프레스톤을 설득하였고, 프레스톤은 후퇴명령을 내렸다. 그러나 때는 이미 늦은 상황이었다. 셔먼호는 더 이상 대항할 능력이 없었다. 화력이 바닥난 것이었다. 조선관군들의 이양선을 불태우라는 소리가 지축을 흔들었다.

이때 뱃머리를 돌려 하류로 돌아나가던 셔먼호는 쑥섬이 있는 모래톱에 좌초되고 말았고, 이에 박규수는 철산부사(鐵山府事) 백낙연(白樂淵) 등과 상의하여 화공(火攻)작전을 펴서 셔먼호를 불태워 버린다. 이 사건은 이후 신미양요(辛未洋擾:1866년 제너럴셔먼호(號) 사건을 빌미로 조선을 개항시키려고 무력침략한 사건)의 발단이 되었다.

셔먼호가 불에 타고 있을 때 토마스(Thomas) 선교사는 관군에 의해 끌려 나오게 되었고, 이 상황에서도 토마스 선교사는 한문 성경을 가슴에 안고서 자기를 죽이려는 사람들에게 성경을 나누어 주면서 복음을 전하다가 장엄하게 최후를 마쳤다. 그의 나이 27세 때였다.

먼 훗날인 1927년 5월 8일, 쑥섬에서 토마스 선교사 순교 기념예배가 거행되었고, 그곳에 기념예배당이 건축되었다.

① 최치량(崔致良, 1854~1930년) 장로

1883년 12월에 토마스(Robert J. Thomas, 1840년~1866년) 선교사가 중국 상하이에 파송되는데, 그때 그의 나이 24세였다. 당시 그는 아내가 출산하다 죽는 가슴 아픈 사건을 겪어야 했다. 하지만 슬픔도 잠시 그는 조선에서, 가톨릭 신자들이 핍박을 받는다는 소리를 듣고 조선으로 선교 방향을 돌리게 된다.

토마스 선교사는 1866년, 드디어 미국의 상선 제너럴셔먼호를 타고 조선으로 향하게 된다. 그러나 조선의 쇄국정책에 의해 배는 대동강에서 불타 버리고 토마스 선교사는 조선의 민관군에게 붙잡히게 된다.

토마스(Robert .Thomas) 선교사(1840 - 1866)

대동강에서 순교한 토마스 목사를 기념해 세워진 기념 교회

그때 토마스 선교사는 12살 난 최치량(崔致良)이란 소년에게 한문 성경 3권을 주게 된다. 그리고 토마스 선교사는 자기를 붙잡은 박춘권(朴春權)에게도 예수의 복음을 전한다. 그러나 성난 민관군에 의해 토마스 선교사는 결국 순교당하고 만다. 한국 최초의 기독교 순교자였다.

이후 장성하여 평양 장대현교회 설립에 큰 공을 끼치게 되는 최치량(崔致良, 1854~1930년)은 평안남도 평양에서 출생하였는데, 일찍이 부모를 여의고 어느 상점 점원으로 살면서 생계를 이어갔다. 12살 최치량은 당시 토마스 선교사에게 건네 받은 성경책 3권을 두려워하여 이를 영문주사(營門主事) 박영식(朴永植)에게 주고 만다.

박영식은 성경을 가만히 두지 않고 모조리 뜯어다가 방벽에 도배하였는데, 훗날 최치량은 박영식의 집을 사서 이집을 여관으로 만든다. 일설에 의하면 여관을 이용한 많은 사람들 중에 여관 방벽에 도배된 성경을 읽고 그리스도인이 된 사람이 여럿 있었다고 한다.

그 중 한 사람이 바로 토마스 선교사를 죽인 박춘권의 조카 이영태(李榮泰)였다. 그는 벽에 도배된 성경을 읽고 감동을 받아 그리스도를 영접하고 진실한 교인이 되었다. 그리고 그는 평양 숭실전문학교를 졸업한 후 미국 남장로교회 선교사 레널즈(W. Reynolds, 李訥瑞, 이눌서)의 조사(助事)가 되어 한국인 성서번역 위원의 한 사람으로 성서번역에 큰 공헌을 하게 된다.

그때 또 다른 선교사 마펫(Samuel A. Moffett, 馬布三悅)과 그래함 리(Graham Lee, 이길함)가 이 여관에 머무르게 되었는데, 그날 그들이 묵는 방벽에 도배지로 사용된 성경을 보고 그 내막을 여관 주인인 최치량에게 묻게 되었다.

이로 말미암아 최치량과 박영식은 마펫에 의해 세례를 받고 예수님을 영접하게 되었으며, 그 후 이 여관은 교회로 변모되었는데 바로 평양 최초의 교회인 '널다리교회'였다. 이 교회는 이후 장대재교회가 되었고, 다시 장대현교회(章臺峴敎會)로 이름이 바뀌었는데, 1907년 평양 대부흥이 시작되는 모체가 되었다. 그리고 최치량은 훗날 장대현교회의 장로가 되어 충성스럽게 하나님을 섬긴 한국 교회사의 한 인물로 남게 된다.

이처럼 평양을 복음의 도시로 만들고 부흥시킨 주역은 마펫과 그래함 선교사였지만, 토마스 선교사의 순교의 피가 이 모든 일의 밑거름이 된 것이다.

② 박춘권(朴春權:1839~1920년) 장로

　박춘권의 출생지는 정확히 알 수 없으며, 후에 장로교 교인이 되고 장로의 반열인 영수(領袖)의 자리에까지 올라간 인물로 남아 있다. 처음 그는 무관으로 평양 중군(中軍) 이현익(李玄益)의 부하였고 1866년(고종 3년) 7월, 미국 상선 제너럴셔먼호 사건 때 억류된 중군장(中軍長) 이현익(李玄益)을 구출하게 된다.

　그는 용맹스러운 무인으로 오위장(五衛將)과 안주우후(安州虞候)라는 벼슬을 지내기도 했다. 그는 6척 장신에 기골이 장대하고 힘이 세었으며, 제너럴셔먼호(General Sherman號)를 화공(火攻)작전으로 불태우는 데 큰 공을 세웠다. 당시 제너럴셔먼호의 선원들은 대부분 불에 타 죽었고, 몇 사람만이 피신했지만 곧 체포되어 참수를 당하였는데, 그 중에 토마스 선교사가 포함되어 있었던 것이다.

　일설에 의하면 토마스 선교사가 참수당하기 전에 한문 성경을 당시 지휘관이었던 박춘권에게도 건네 주었다 한다. 그 뒤 박춘권은 교회의 종소리를 들으면서 서양의 한 청년의 죽음에 감동을 받고, 성경을 읽으며 세월을 보냈다고 한다.

　그리하여 박춘권이 60대의 노인이 되었을 때, 그는 평양에서 선교하고 있던 목사 마펫에게 자신의 죄를 고백하고 1899년, 세례를 받았다. 몇 해 뒤에는 교회의 집사가 되고, 이후 안주교회의 장로가 되어 남은 생애를 기독교 사업에 바쳤다고 한다.

출처: 김광수, 『한국기독교인물사(韓國基督敎人物史)』,
기독교문사, 『마포삼열박사전기(馬布三悅博士傳記)』,
대한예수교장로회총회 교육부

Ⅱ. 우리말 성서 번역판이 우리 손에 들어오기까지

1. 존 로스(John Ross) 목사와 맥킨타이어(John Mcintyre)의 한국 전도 이전의 배경

토마스 선교사가 북경에 있을 때에 한국인 천주교 신자였던 김자평(金子平) 등을 만나게 되었다. 토마스 선교사는 매우 반가운 가운데 그들과 성경을 토론하면서 그들이 신자(信者)임에도 성경에 대해 무지(無知)한 사실에 놀라게 되었다.

그럴 수밖에 없었던 것은 우리나라에 천주교 신부가 들어오기 시작한 것은 1794년 주문모(周文謨) 중국 신부를 비롯하여, 1835년의 프랑스의 모방(Maubant)신부, 이후 암베루(Imnert) 신부 등이었다.

당시 우리나라 학자들이 중국에서《천주실의, 天主實義》(마레오 리치 저)란 책자를 가지고 들어와서 천주교가 어떠어떠하다는 것을 짐작만 했지 교리와 신앙의 기초가 되는 성경은 보지도, 읽지도 못 한 상황이었다. 다만 영세를 받고 영세명을 얻으면 십자상이나 염주를 얻어 목에 걸고 다니는 것으로 신자인 증거를 보일 뿐이었다.

이러한 가톨릭 교회의 선교방법과는 달리 프로테스탄트 선교사들은 성경을 준비하여, 그것을 직접 전달하면서 복음을 전하는 선교방책을 취했기에, 이후 복음의 씨앗이 사람들 마음속에 뿌리깊게 심겨지고 마침내 30배, 60배, 100배의 결실을 맺는 결과를 가져오게 되었다.

2. 존 로스(John Ross) 목사와 맥킨타이어(John Mcintyre) 목사의 성경번역과 전도

한국 기독교 역사에서 빛나는 업적을 남긴 인물로 존 로스(John Ross) 목사와 그의 매부인 맥킨타이어(John Mcintyre) 목사가 있다.

존 로스(John Ross) 목사는 글래스고대학교와 에든버러의 신학교에서 수학하고, 1872년 맥킨타이어(John Mcintyre) 목사와 함께 스코틀랜드 장로교회 연합선교회 소속의 선교사로 당시 만주 우장(牛莊)으로 가서 개척 전도를 하였다.

존 로스(John Ross)목사

이들은 중국인들을 상대로 전도하면서 이곳으로 이주해 오는 조선인들에게 전도하려고 노력하였다. 이들은 토마스 목사가 조선 전도를 이루지 못 한 것을 원통히 여겨 그 뜻을 계승한다는 의미에서 조선의 인접지와 만주를 선교구역으로 삼은 것이었다.

존 로스 목사의 가족

그들이 두만강가 북쪽에 위치한 간도지방에 갔을 때는 조선인 농민과 우국지사들을 만날 수 있었고, 그들에게 복음을 전할 수 있었다. 1873년의 일이었다. 1874년에는 다시 고려문(우리나라 국경 도시인 의주(義州)에서 약 48Km 떨어진 곳에 있는 마을)을 방문하면서 서북 청년 백홍준(白鴻俊)과 이응찬(李應贊), 이성하(李成夏), 김진기(金鎭基) 등을 만났다. 이들은 장사를 위해 그곳에 갔다가 존 로스 목사를 만나 우리 말과 우리 역사를 배우겠다는 약속하에 계약관계를 맺고 우장(牛莊)으로 가서 활동하게 되었다.

로스 목사는 이들과 함께 1874년에 《한영입문》이란 책을 저술하였고, 우리 말 성경번역에 착수하였다. 특히, 1881년에 우장에 가서 장질부사를 앓고 있는 의주 청년 서상륜(徐相崙)을 간호하여 건강이 회복되자 서상륜 역시 먼저 와서 사역하고 있던 서북 청년들과 함께 성경번역에 힘을 쏟게

최초의 성경 매서인
서상륜과 서경조 형제

된다.

1882년 가을에는 '누가복음' 3천 부를 인쇄하기에 이르렀고, '요한복음'도 번역하였다. 이어 1883년에는 '마태복음', '마가복음', '사도행전'도 인쇄하였다.

그리하여 만주 봉천에 인쇄소를 설치하고 우리 글 자모를 모두 새겨서 복음서들을 출판하는 동시에 이 복음서들을 국내로 옮겨 전파하려는 계획을 실현하였다.

서상륜을 통해 복음서 6,000권을 인천으로 보낼 때는 그만 압수를 당하고 말지만, 당시 외교세관 고문으로 있던 독일인 묄렌돌프(P.G von Molendorf)의 도움으로 무사히 되찾아 전파할 수 있었다.

이와 같이 로스 목사는 우리 글 성경을 번역 출판하여 우리 민족에게 복음의 진수(眞髓)를 전하려고 노력했으며, 1887년에는 신약전서인 《예수셩교젼셔》를 출판하기까지 하였다. 이것은 최초의 장로교 선교사 언더우드가 내한한지 2년만의 일로, 언더우드가 아직 성경 번역에 착수하기 이전에 이루어진 일이다.

한국어 최초의 성경 존 로스역

우리나라 최초의 성경

3. 이수정(李樹廷, 1842~1887?)의 성경번역

만주에서 로스 목사와 맥킨타이어 목사가 조선인들에게 전도하고 성경을 번역하고 있는 동안, 일본에서도 조선 선교를 위한 준비작업이 있었다. 이수정이라는 청년은 1881년, 한국 정부의 신사유람단(紳士遊覽團: 선진문물시찰단)으로 도일(渡日)하여 일본 각계를 시찰하던 중 농학계의 권위자이며 신실한 신자였던 쯔다(津田仙) 박사를 만나 그에게 전도를 받고 그리스도인이 되는 사건이 있었다.

당시 이수정은 '산상보훈'이 적힌 족자를 보고 큰 감명을 받았고, 쯔다 박사의 소개로 알게 된 야스가와(安川亨) 목사의 지도를 받아 기독교 진리를 공부하게 되었다. 또한 야스가와 목사의 소개로 미국 장로교 선교사인 녹스(George W. Knox) 목사와 감리교 선교사인 매클레이(Robert S. Maclay) 목사와 친교를 맺고, 1883년 4월 29일에 일본 동경 노월정(露月町)교회에서 세례를 받았다.

이수정 초상화

그리고는 미국성서공회 총무 루미스(Henry Loomis) 목사의 권고로 성경을 한글로 번역하기 시작하여, 1884년에 '마가복음' 한글판을 발행하였다. 또 한국에 선교하여 줄 것을 선교사들에게 간청하여 선교의 새로운 준비작업이 진행될 수 있었다.

1883.4.29. 이수정(뒷줄 가운데)
왼쪽, 세례 준 녹스선교사
오른쪽, 문답자였던 야스키와 목사

이수정이 번역한 성경 '마가복음'을 1885년에 입국한 장로교 언더우드(Horace Grant Underwood) 목사와 감리교 아펜젤러(Henry Gerhart Appenzeller) 목사가 국내로 가지고 온 것은 우리나라 선교역사에 유례가 없는 사건으로 기록되어 있다.

-출처: 김광수, 『사도행전』; 민경배, 『한국 기독교회사』; 김태진 역, 『하멜 표류기』, 서해문집; 『장로회신학대 100년사』, 예수교장로회 연감(1934년판); 이호운, 『한국교회 초기사』; 김양선, 『한국기독교사』; 서명원, 『한국교회 성장사』

Ⅲ. 한국 교회의 기초작업과 선교사들의 입국

　복음(福音, The Gospel)의 접촉을 통해 새로운 사상에 대한 자각들이 일어나자 신앙을 통한 민족의 갱생과 개인의 구원을 이루자는 주장들이 구한말(舊韓末) 곳곳에서 일어나기 시작했다. 만주에서의 전도 운동과 성경 번역, 일본에서의 성경 번역 사업 등이 조선 선교를 위한 준비과정이 되었고 조선 교회는 선교사들의 입국과 활동을 통해 기초를 잡으며 복음사역에 활기를 띠기 시작했다.

1. 한국 선교운동(宣敎運動)의 시작-약가방 속에 든 성경책

　조선(朝鮮) 정부는 외국과의 개항(開港)을 통해 각종 조약을 체결하였다. 쇄국정책을 고수하던 대원군은 하야(下野)하고 민비를 중심으로 한 민씨 일파가 정권을 잡은 후 새로운 정책을 쓰게 되었다.

　조선 정부는 1876년에 강화도조약(江華島條約)을 체결하여 일본과 우호관계를 맺고 통상을 하게 되었다. 물론 일본의 강요에 못 이겨 맺은 조약이었지만 이것은 장차 조선이 다른 외국과의 관계를 수립하게 만드는 큰 계기가 되었다.

　그 당시의 한국 실정은 수구파(守舊派)와 개화파(開化派)의 투쟁으로 나라가 안팎으로 어려움을 겪고 있었는데, 그 대립은 1882년의 임오군란(壬午軍亂)을 거치며 조선의 국력이 쇠약해지고 국가 기강이 바로 서지 못 하는 결과를 낳고 말았다. 미국은 1882년(고종 19)에 한국과 한미통상조약을 체결하였고, 그 후 영국, 독일, 러시아 등과도 계속 조약을 체결하였다.

　미국에서 선교 준비 운동이 일어나고 있을 때에 중국에서도 조선 선교를 위한 준비작업이 진행되고 있었다. 이때 호러스 알렌(Horace Newton Allen, 1858. 4. 23~1932. 12, 安連)이라는 의료 선교사이며, 외교관이 중국에서 활동하고 있었다.

　그는 미국 오하이오주 델라웨어에서 출생하였으며, 1881년, 오하이오 웨슬리언대학 신학과와 마이애미 의과대학을 졸업하고 1883년 10월 11일, 중국 상하이에 가서 미국 북장로교 외지 선교부 소속 의료 선교사로 활동하게 되었다. 그러다가 친구 헨더슨 박사(Dr. Henderson)의 권유로 선교지를 조선으로 변경하기로 결심하고 1884년 6월 22일 선교 본부의 허락을 받았다.

알렌은 1884년 9월 14일에 상하이를 떠나 9월 20일에 제물포에 도착하였고, 9월 22일에 서울에 도착하여 미국 공사관 공의(公醫)로서 봉사하게 된다. 뒤이어 그는 영국, 청국, 일본 공사관 공의(公醫)와 세관(稅關), 의사(醫師)로 활동하게 된다. 그는 의료 선교사이니만큼 의술을 통해 사회봉사를 하며 복음전도를 할 수 있는 유일한 위치에 있었다.

1884년 12월 4일에 갑신정변(甲申政變)이 일어나서 당시 수구파의 지도자들이 피해를 입었는데, 그 중 민영익(閔泳翊)이 중상을 입어 생명이 위독하게 되었다. 당시 장안(長安)의 유명한 한의(韓醫) 14명이 불려와서 그를 치료하였으나 아무도 지혈(止血)을 할 수 없었다. 그때 멜렌도르프(P.G von Molendorf)의 연락을 받고 온 알렌(Allen)이 그를 치료하였고, 완쾌시킬 수 있었다. 이로 인해 알렌의 서양의술이 인정받게 되었고, 알렌은 궁정 의사, 즉 어의(御醫)로 임명받게 된다.

알렌 선교사
(Horace N. Allen)

알렌의 의술이 널리 알려지자 많은 환자들이 몰려 왔으나 자기 집에서 치료하는 데 한계가 있어 병원설립을 계획하게 되었고, 알렌은 이 계획을 미국 대리공사 폴크(Foulk)에게 말하여 고종에게 근대식 병원 설립을 건의하였다.

고종이 이를 윤허하여 설립된 것이 바로 1885년 2월에 설립된 '광혜원(廣惠院)이'다. '광혜(廣惠)'는 '널리 은혜를 베푼다'는 뜻으로 일반 백성의 질병을 치료하는 일을 담당하였으며, 한국 최초의 서양식 국립 의료기관으로 기록되게 된다. 광혜원은 지금의 종로구 재동 (현 헌법재판소 자리)에 위치하였다.

알렌 부부

광혜원은 최초의 신식 의료기관으로 발전하면서, 1885년 6월에 입국한 의사 헤론(Heron)과 함께 의료 활동을 통한 간접 전도를 확산시켰다. 당시 정부는 광혜원 규칙을 제정해 국립병원으로서 원장격인 광혜원당랑(廣惠院堂郞)을 두어, 알렌에게 이 사무를 맡겼다. 이외에 병원 운영을 맡을 관리와 사무를 맡아 보는 직원을 두며 조직을 갖추었는데, 의사 알렌을 제외하고는 모두 한국 관리로 구성되었다.

처음세워진 광혜원(제중원)
현재 서울 종로구 북촌로 15(재동)
헌법재판소 자리

복원된 광혜원(제중원) 건물(왼쪽)과
옛날 서울역 근처에 있던
세브란스병원(오른쪽)

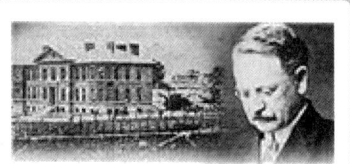

초창기 세브란스 병원과
사업가 세브란스

광혜원은 개원(開院) 1개월 12일만인 1885년 3월 12일, 통리교섭통상사무아문[4]에 계(啓:임금에게 올리는 서식의 한 가지)를 올려 제중원(濟衆院)으로 이름을 바꾸게 된다. 의료 선교사 헤론이 의료활동에 가세했지만 제중원을 찾는 환자수와 업무량을 감당하기엔 역부족이었다.

그러다 1886년에 여의사 앨러스(A.J. Elless)가 오면서 부인부(婦人部)가 설치되고, 이듬해 정부의 후원으로 홍영식(洪英植)의 집(지금의 을지로 입구 한국외환은행 본점 위치)으로 병원을 옮기게 된다. 고종은 제중원의 의료 활동을 높이 평가하여 알렌과 앨러스에게 당상관(堂上官:정3품 이상의 벼슬이며, 요즘으로 치면 차관급 이상의 위치나 서울시장, 도지사 정도의 위치) 품계(品階:옛 벼슬아치의 등급)를 내리기도 했다.

---

4) 統理交涉通商事務衙門:1882년(고종 19) 12월 4일 외교통상사무를 관장할 목적으로 통리아문을 확충개편하여 만든 중앙관청

2. 선교사들의 정식 입국

알렌(Allen)이 의료 선교사로 선교를 감당하기는 하였지만, 정식으로가 아닌 의료활동을 통한 간접 선교였다. 이후 선교의 사명을 띄고 정식으로 입국한 최초의 선교사는 1885년 4월 5일, 부활주일 아침에 제물포에 상륙한 장로교 선교사 언더우드 목사와 감리교 선교사 아펜젤러 목사 부부였다.

① 언더우드(Underwood. Horace Grant, 元杜尤, 1859~1916년) 목사는 영국 런던에서 출생하였으며, 미국으로 이주하여 1881년, 뉴욕대학교를 나와 1884년, 뉴브런즈윅신학교를 졸업하였다. 그는 1885년 4월 5일, 미국 북장로교 선교사로 공식 파송을 받아 감리교 선교사인 아펜젤러와 함께 조선에 입국하였다.

언더우드는 선교활동을 위해 1년간 의학공부를 하여 광혜원에서 진료와 간호를 담당하게 되었고, 제중원 산하 의학교에서 물리, 화학을 가르쳤다. 1886년에는 고아들을 모아 고아원(후일 경신학교가 됨)을 설립하였고, 1887년에는 벽지(僻地) 전도를 시작하였다.

1889년에는 제중원 여의사였던 릴리어스 호턴(Lillas Horton)과 결혼하였는데, 건강이 악화되면서 미국으로 잠시 돌아갔다가 1892년, 다시 조선으로 돌아와 병든 환자와 고아들을 돌보는데 헌신하였다.

언더우드 선교사

언더우드는 1897년, 서울에 새문안교회를 설립하였고, 1889년에는 기독교서회(基督敎書會)를 창설하였다. 그리고 성서번역위원회를 조직하여 회장 등을 역임하며 성서의 번역사업을 주관하는 한편, 1890년에 《한영사전》, 《영한사전》을 출판하고, 1897년에는 주간지 〈그리스도

1887년, 언더우드의 사저이며
새문안교회 첫 번째 예배당

신문〉을 창간하기도 했다.

1900년에는 기독청년회(YMCA)를 조직하였고, 1915년에는 자신이 설립한 경신학교(儆新學校)에 대학부를 개설하여 교장으로 취임하여 연희전문학교로 발전시켰다. 그러다 1916년, 신병으로 귀국하여 애틀랜틱 시티에서 사망하였다. 언더우드 목사는 이처럼 한국 개화기에 종교, 정치, 교육, 문화 등 다양한 분야에 많은 공적을 남겼다.

② 아펜젤러(Appenzeller. Henry Gerhard, 1858.2.6~ 1902.6.11일) 목사는 펜실베이니아 주(州) 손더튼 출생으로 본디 장로교 신자였는데, 1876년 감리교로 교단을 옮겼다. 아펜젤러는 1882년, 펜실베이니아 주 프랭클린 앤드 마샬대학을 거쳐 그해 뉴저지 주 드류신학교를 졸업했다.

그러다 1884년 미국 감리회 해외선교부의 한국 선교 결정에 따라 1885년 4월 5일, 한국에 입국하여 한국선교회 및 배재학당을 설립했다. 1887년에는 한국선교부 감리사로 있으면서 학교와 병원을 통한 복음전도 활동에 힘썼다.

아펜젤러 선교사

지금의 정동에 있는 제일감리교회

같은 해 10월 29일에는 서울에 벧엘예배당(지금의 정동제일교회)을 설립했으며, 1888년에는 언더우드, 존스 등과 함께 지방을 순회하면서 전도활동을 벌였다. 1890년에는 한국성교서회(韓國聖敎書會)를 창설하여 1892년, 회장직을 맡는 등 성서번역 사업에 크게 기여하였다.

1895년에는 월간지 〈한국휘보, The Korean Repository〉의 편집 일을 맡았으며, 1897년에는 한국말로 된 최초의 종교 신문인 〈죠션크리스토인회〉를 창간하여 선교사업 외에 민족 계몽운동에도 조력했다.

그러다 1902년(광무 6년) 목포에서 열리는 성서번역자 회의에 참석하러 가던 중 아펜젤러가 탄 배가 군산 앞바다에서 일본 상선과 충돌하며 익사해 사망했다. 이후 아펜젤러의 큰 아들이 배재학교 교장을, 큰 딸이 이화전문학교 교장을 역임하게 됐다.

3. 선교 자유는 교회(教會)에서부터!

1882년 한미조약에 의해 양국간 학생들의 내왕이 허락되었고, 비로소 우리나라 청년들이 기독교 국가에서 유학할 수 있는 길이 열리게 되었다. 1884년에 체결된 한영·한독조약에서는 외국인들이 자기들의 거주지에서 신교의 종교의식을 거행하는 것이 인정되었다. 이것이 우리나라 영토 안에서의 기독교의 공식 예배가 허락된 시초이다.

1886년에 체결된 한불조약에서는 프랑스가 조선에 교회(教會)를 만들어도 된다는 조문이 삽입되었다. 이미 많은 동족 신부를 희생시킨 프랑스 정부가 그들의 순교의 피를 헛되이 하지 않기 위해 지혜롭게 선교 자유의 길을 뚫기 시작한 것이다.

이와 때를 같이 하여 미국 선교사들도 프랑스인과 같이 포교권이 보유되어 있다고 주장하였고, 우리 정부는 프랑스 정부에 해석을 요망하였다. 프랑스는 조약 제9조 2항을 들어 "교회(教會)란 기독교의 교리와 의식 등을 가르칠 수 있다"고 해석을 보내 왔다.

이에 우리 정부에서는 오랫동안 금지되어 온 서교(기독교)의 교육을 어쩔 수 없이 인정하게 되었고, 포교가 공식적으로 인정되게 되었다.

제4장 한국 장로교의 선교활동

I. 우리나라에서의 초기 선교활동

1. 의료(醫療) 선교 활동의 성과

앞서 밝힌 바와 같이 의료 선교는 알렌의 입국을 통해 시작되었는데, 알렌이 고종의 궁정 의사가 됨으로써 큰 효과를 거두게 되었다. 광혜원(廣惠院)을 통한 진료사업은 우리나라 사회 각층에 복음의 씨앗을 뿌리는 촉진제 역할을 했다.

메리 스크랜톤에 의해 세워진 우리나라 최초의 여성을 위한 시병원 (서울 정동. 민간병원의 시초이다)

한편, 감리교 소속의 의사 스크랜톤(William Benton Scranton, 1856~1922년)은 1887년 6월 15일에 이화학당이 있었던 정동에 병실 5개가 있는 병원을 완성하였는데, 고종황제는 그 병원 이름을 시병원(施病院:가난한 사람들에게 은혜를 베푸는 병원이란 뜻)이라 명하였다. 그래서 이 병원은 왕립 양호원(養護院)과 비슷한 성격을 가지게 되었다.

1887년에는 최초의 여자 병원이 설립되고, 여의사 메타 하워드(Meta Howord)가 와서 책임을 맡았다. 이처럼 얼마 되지 않은 기간 동안 우리나라에서의 의료 선교는 큰 발전을 이루었고, 각 계층에 복음을 전하는 통로가 되었다.

이렇게 한국 선교 초기, 왕실 병원이었던 제중원(濟衆院)과 윌리암 스크랜톤이 세워 민간병원으로 운영했던 시병원(施病院) 등의 의료 선교 사역에 의해, 장로교인 남대문교회와 감리교인 상동교회, 동대문교회가 설립되는 선교역사가 나타나게 되었다.

2. 교육(敎育) 선교의 시작

초기선교는 의료 선교와 아울러 교육 선교로 이루어졌다. 선교사들은 교육을 통해 새 문명을 접하게 하였고, 기독교의 복음을 전하는 계기를 마련했다.

① 한국에 처음으로 여자 학교가 세워진 것은 1885년 의사의 아들이었던 윌리엄 B. 스크랜튼과 함께 입국한 메리 스크랜튼(Mary F. Scranton) 여사에 의해서였다. 스크랜튼 여사는 1886년(고종 23)에 한국 최초의 여성 교육기관인 이화학당을 설립했다.

이는 당시의 한국 상황에 비추어 볼 때 매우 혁신적인 일이었다. 남존여비(男尊女卑) 사상이 강했고, 여자에게는 이름도, 교육도, 인권도 필요없다고 여겨지던 시대에 여자 학교의 설립은 경이적인 것이었다.

이화학당의 설립자 메리 스크렌톤

스크랜튼 여사는 해외 여성 선교부에서 파견되어 온 여성 선교사로 서울 황화방(皇華坊: 조선시대 초기부터 있던 한성부 서쪽에 있는 9방 중의 하나로 지금의 중구(中區) 정동(貞洞)을 뜻함)에 '이화학당(梨花學堂)'을 설립한 뒤 제1대 당장(교장)이 되었다.

당시 교육이념은 '기독교 교육을 통하여 한국 여성들을 더 나은 한국인으로 양성하는 것', 즉 한국인의 긍지와 존엄성을 회복시키고 진정한 한국인을 육성한다는 것이었다.

처음 설립된 이화학당 (지금의 정동)

고종황제는 이를 귀하게 여겨 이듬해인 1887년 2월, 외아문(국내외의 군국기무(軍國機務)를 총괄하던 관청)을 통해 '이화학당(梨花學堂)'이라는 교명과 현판을 하사하였다. 이는 조선의 사액서원(賜額書院: 국가로부터 학교 운영에 필요한 모든 것을 지원받을 수 있는 권리와 권위를 가진 서원)에 비견되는 것으로서, 이화학당이 국가로부터 공식적인 인정을 받은 최초의 근대식 여학교임을 의미했다.

이화학당(梨花學堂) 현판

초기 이화학당 학생들

시병원 관련사진 1930년
〈더 코리아 미션 필드〉5월호에 게재

이화학당(梨花學堂: 현재의 이화여자고등학교 및 이화여자대학교의 전신)의 설립은 오늘날 대한민국 여성들의 정체성 확립에 크게 기여하게 되었다.

한편, 그녀의 아들 윌리엄 스크랜턴(William B. Scranton 1856.5.29~1922년)은 미국 북감리교 의료 선교사로 1856년 미국 코네티컷 주(州) 뉴하벤에서 태어났으며, 1878년, 예일대학교를 졸업하고 1882년에 뉴욕의과대학을 마치고서 개업을 하였다.

그러다 1884년에 목사가 되었고, 1885년에 의료 선교사가 되어 어머니인 메리 스크랜톤과 아내와 함께 아펜젤러 목사 부부를 따라 오다가 일본에 몇달 머물면서 박영효에게 우리말을 조금 배워 두 달 후에 조선에 들어 왔다.

그런 윌리엄 스크랜턴은 제중원에서 의사로 잠시 근무하다가 사임하고, 1886년에 자신이 직접 시병원(施病院)을 인수하여 원장이 되었다. 이어 동대문에 부인과 전문병원인 보구여관(保求女館)을 설립하였고, 시병원(施病院)을 확장 이전하여 상동병원(尙洞病院)으로 개칭하였다.

그는 의료사업에 힘쓰는 한편, 성서한역(聖書韓譯)통일회 회장을 역임하면서 성서번역 사업에도 공헌하였다. 1907년부터 의료사업에만 종사하다가, 일본으로 건너가 고베(神戶)에서 사망하였다.

② 배재학당(培材學堂)은 1885년 8월 3일, 미국의 감리교 목사인 아펜젤러가 서울에 세운 한국 최초의 근대식 중등 교육기관이다. 그 명맥은 오늘날 배재중·고등학교 및 배재대학교로 이어졌다.

고종 22년(1885) 7월에 아펜젤러 목사가 서울에 들어 와, 1개월 먼저 와 있던 스크랜톤의 집 한 채를 빌려 두 칸짜리 방의 벽을 헐어 조그마한 교실을 만들었고, 동년 8월 3일, 이겸라(李謙羅), 고영필(高永弼)이라는 두 학생을 얻어 수업을 시작하니, 이것이 한국 근대학교의 시초가 된 것이다. 1886년 6월 8일에 고종은 그곳에 '배재학당(培材學堂)'이란 교명과 액(額:현판)을 내리었다.

1889년 당시 서울의 정동
(사진의 가운데 동그라미속의 건물이 배재학당이다

아펜젤러는 펜실베이니아 주(州) 손더튼 출생으로 원래는 장로교 신자였는데, 1876년에 감리교로 옮겼다. 그는 1882년, 펜실베이니아 주 랭카스터의 프랭클린 마샬대학(Franklin and Marshall College)을 거쳐 뉴저지 주 매디슨의 드류대학 신학부를 졸업하였다.

그런 뒤 1884년(고종 21)에 미국감리교선교회에서 한국 선교사 임명을 받고 갓 결혼한 아내 엘라와 함께 1885년 초에 한국으로 들어 왔다. 그리하여 한국선교회를 창설하고 배재학당(培材學堂)을 설립하였는데, 그는 그동안 암기 위주였

1889년에 아펜젤러가 세운 배제학당

던 한국의 교육방식을 이해중심적인 교육방식으로 고치는 데 크게 공헌했다.

아펜젤러는 이후 1902년(광무 6), 목포(木浦)에서 열리는 성경번역자 회의 참석차 배를 타고 가다 군산 앞바다에서 충돌사고로 익사하고 말았다.

③ 언더우드(Horace Grant Underwood, 元杜尤, 1859~1916년) 목사는 1885년, 정동에 있는 자기 집에 붙어 있는 건물에서 고아원을 시작하였는데, 이것이 오늘날 경신중·고등학교와 연세대학교의 모체가 되었다. 선교사들은 이처럼 입국하자마자 교육사업을 시작하였는데, 이는 한국 선교사업의 새로운 양상을 보여 주는 것으로서 큰 의미를 지닌다.

언더우드는 1885년 말부터 고아원 운영에도 관심을 가지고 1886년 2월 14일, 미국공사관을 통해 정부에 설립허가 신청서를 제출하여 김윤식(개화파의 한사람으로 당시 독판교섭통상사무(督辦交涉通商事務)를 관장함)의 승인을 얻어냈다. 그리하여 고아원 원장을 조선인이 맡고 언더우드는 실제운영을 맡게 되었다.

언더우드학당
(경신학교, 훗날 경신중고등학교와
연세대학으로 발전한다)

고아원 학생들 중에는 우사 김규식(尤史 金奎植)이 포함되어 있었다. 그는 후에 미국 버지니아 주에 있는 로녹대학(Roanoke College)에서 유학하고 돌아 와 언더우드의 비서로, 새문안교회의 장로로, 경신학교의 교사로, YMCA의 지도자로 활동하였고, 중국 망명 후에는 독립운동가로도 활약하다가 해방 후 입법위원 의장까지 역임하였으나 한국전쟁기에 납북되었다.

언더우드는 또한 1915년 3월 5일, 자신을 교장으로 하여 미국 북장로교, 감리교, 캐나다 장로교 등 각 선교부와 연합으로 서울 종로에 있는 기독교청년회관에서 60명의 학생으로 경신학교 대학부를 시작하였는데 이는 이후 연희전문학교의 모체가 되었다.

언더우드는 또한 어학에도 관심이 많아 다방면의 사전편찬을 주도했다. 당시 <한-영문법>이란 책을 출간하였는데 첫 부분은 문법 주석이었고, 둘째 부분은 영어를 조선말로 번역한 것으로 도합 총425면의 책이었다. 이어 두 번째 책으로 1890년, 일본 요코하마에서 <한영자전>을 간행하기도 했다. 언더우드는 또한 콜레라 퇴치 운동과 <그리스도신문> 발행, YMCA 조직을 이끄는 데도 힘썼다.

3. 속속 입국하는 각 교파(敎派) 선교사들

미국의 북장로교와 북감리교 선교사들이 들어 와서 의료, 전도사역을 시작한지 몇해 되지 않아서 여러 나라, 여러 교파의 선교사들이 속속 우리나라로 들어 왔다. 그것을 연대별로 살펴보면 다음과 같다.

① 호주 장로교회:1889년 10월에 호주 선교사 데이비스(J.H.Davies) 목사와 그의 여동생 메리(Mary)가 내한하였다. 데이비스 목사는 한문 성경과 전도책자와 키니네(퀴닌:키나나무 수피에 함유된 키나알칼로이드의 대표적인 것) 등의 약품을 가지고서 남한 전도여행을 떠나 충청·경상도를 거쳐 부산까지 도착했다. 그러나 폐렴과 마마를 앓다가 1890년 4월, 세상을 떠나고 말았다.

그 후 메케이(J.H. Mackay) 부부와 맨저서(B. Manzies), 페리(Ferry) 등 4명이 파송되어 부산을 근거로 한 선교활동을 진행하였다. 그럼으로써 후일 경상남도가 호주장로회의 선교구역으로 정해지게 되었다.

② 독립전도단:캐나다 토론토대학교의 YMCA에서는 평신도 선교사로 게일(James Scarth Gale, 奇一, 1863~1937년) 박사를 우리나라에 보냈는데, 그는 1889년 12월 15일에 우리나라에 와서 1890년 3월까지 서울에 머물렀다.

그는 우리나라 전역을 여행하며 10여 년의 시간을 담아 '코리안스케치(Korean Sketches-현암사서 번역 출간)' 라는 제목으로 미국, 영국, 캐나다에서 책을 출간하였다. 그 후 1897년에는 미국에서 목사안수를 받았고, 1898년에 함경도가 캐나다 장로교의 선교지역으로 결정됨에 따라 서울로 다시 돌아 와 새롭게 선교를 시작했다.

게일은 1900년에 연동교회(蓮洞敎會) 선교사로 임명되어 연동교회 초대목사로 지내고, 연동여학교를 설립하는 등 교육사업에도 힘썼다. 이후 서울을 중심으로 이상재, 이승만 등의 지식인들과 밀접한 교우관계를 맺어 그들을 그리스도교로 개종시키는 데 주력했으며, 1904년에는 교육협회를 설립하기도 했다.

게일은 우리보다 먼저 우리 말을 연구한 학자이자 고전 번역가로서, 서구가 아닌 조선의 시선에서 한국학을 개척한 학자였다. 게일은 언어와 문학에 탁월해 우리 말을 빠르게 익혀 성서를 한글로 번역한데 이어 한국 최초의 '한영사전'을 만들고 「천로역정」과 찬송가를 우리말로 번역했다.

'갓(God)'을 '하나님'이란 표기로 정리한 것도 바로 게일이다. 그는 또 「구운몽」, 「심청전」, 「홍길동전」과 조선시대 야담집인 「천예록」 등을 영어로 번역해 영국 런던에서 발간하기도 했다.

기일(J.S Gale, 奇一) 선교사
'갓(God)'을 '하나님'이란 말로
처음 표기하신분

그는 말하기를 "조선은 실로 동양의 희랍이라고 말하고픈 나라로, 일찍이 고대 유사 이래 온갖 문화를 창조했으며, 세계에서 으뜸가는 바가 있었습니다. 우선 문학의 측면에서 살펴보자면 서양을 떠들썩하게 했던 셰익스피어는 지금으로부터 300여 년 전, 조선으로 말하자면 임진란 이후의 인물이지만, 조선에는 이미 그보다도 1,000여 년 앞서 신라 최치원(崔致遠, 孤雲)의 문학이 당나라에 들어가 측천무후[5]를 꼼짝 못하게 하였고 고구려 광개토왕 비문과 같은 것은 그 웅도거업(雄圖巨業)은 접어두더라도, 단순히 문장 그것만 놓고 보더라도 천고의 걸작이며, 그 사상, 그 문물제도에서 보아도 조선과 같이 발달한 곳은 없었습니다."라고 하였다.

한국 고전에 매료된 그는 조선을 동양의 그리스로 칭송했으며, 특별히 고려의 문신 이규보를 좋아해 그의 무덤까지 찾아 갔고, 40년의 한국생활을 접고 떠날 때 《동국이상국집》을 갖고 갔다고 전해진다.

③ 캐나다 장로회 : 캐나다 사람으로 독자적으로 한국에 와서 황해도 송천에서 선교하다가 순교한 매켄지(W. J. Mckenzie 1861~1895년) 이후 캐나다 장로교 총회는 구례선(Robert Grierson) 목사 부부와 부두일(W. R. Foote) 부부를 한국 선교사로 임명했다. 이들은 1898년 9월, 한국에 도착하여 매켄지가 선교하던 황해도 송천 지역을 거쳐 함경도 원산 지역으로 올라가

---

5) 則天武后 : 당나라 고종황제의 황후였지만, 황태자들을 연이어 폐위시키고 스스로 황제가 된 여성으로 주(周)나라를 세워 15년 간 중국을 다스림

선교하였다. 그 후 함경도는 캐나다 장로교의 선교구역으로 지정되었다.

④ 영국 성공회 : 영국 해군 군목으로 있던 코르프(C.J. Corfe) 신부가 한국 감독으로 임명되어, 1890년 9월 30일에 서울에 도착하였다.

⑤ 미국 남장로회 : 1892년 2월 7일, 7명의 선교사를 보냈는데 테이트(L. B. Tate, 崔義德)와 그의 누이 메티(Mattie S Tate) 양. 정킨(W. M. Junkin, 全緯廉), 이눌서(李訥瑞, Reynolds) 목사 부부와 데이비스(Linnie Davis) 양, 볼링(Miss Pasty Bolling) 양이 그들이었다. 이들은 내한하여 전라도를 선교구역으로 정했다.

⑥ 침례교 : 1890년 12월 8일, 침례교 선교사 펜위크(Malcolm C. Fenwick)가 인천을 통해 조선에 들어 왔다. 당시 펜위크는 철물상을 운영하던 평범한 상인이었고, 신학을 알지도 못 하는 무학(無學)인이었는데 28세 나이에 평신도 선교사로 자원하게 되었다. 그리하여 서양 사람이 없던 소래(인천광역시 남동구 논현동 111~200)에서 1년간 우리말을 배우며 선교사역을 시작하게 됐다.

이즈음에 미국 보스톤 클라렌돈침례교회 엘라 팅 기념선교회(Ella Thing Memorial mission)에서 폴링 목사(Rev. & Mrs. E.C. Pauling), 스테드만 교사(F. W. Steadman) 부부, 갈다라인(Miss Amanda Gardeline) 양과 엘머(Miss Arma Ellmer) 양을 조선에 파송하였는데, 이들은 충청북도 강경에 주재하며 사역을 진행했으나, 재정이 어려워지자 원산에 선교부를 두고 있던 펜위크에게 사역지를 넘기게 되었다.

⑦ 미국 남감리교-윤치호(尹致昊)의 간청으로 1896년 8월에 리드(Dr.C.F. Reid, 李德) 목사가 내한하여 선교를 시작했는데, 당시 중국 선교구역의 선교사로 임명되어 있었으나 다음 해 5월에 독립하여 리드 목사가 한국 초대 감리사가 되어 인천 송도(松都)에 선교부를 설치하였다.

이후 리드 목사는 고양읍에서 24명의 어른과 3명의 유아에게 세례를 주었고, 6월 21일에는 자신의 사택에서 예배를 드렸는데, 이날 윤치호가 설교를 맡게 되었고, 그곳은 훗날 광화문교회가 되었다.

⑧ 헬라정교회: 러시아 영사가 내한함에 따라 영사관 내에서 예배가 시작되었으며, 1900년에 정식으로 선교사가 입국하였다. 그러다 노일전쟁(1904년) 때에 잠시 철수하였다가 강화조약이 체결(1905년)되어 다시 입국하여 선교활동을 하였다. 러시아혁명(1917년) 후에는 미국 헬라교회 관구에 속하게 되었으나 한인 교인들이 교회를 잘 유지해 내려 오고 있다.

헬라정교회는 1982년과 1983년에 각각 부산과 인천에 성당을 설립하여 1994년 현재, 전국에 5개의 성당과 1개의 수도원을 두고 있으며, 사제 6명에 총교인 2,000여 명(남 800명, 여 1,200명)의 교세를 유지하고 있다. 한국 정교회는 현재 콘스탄티노플 총대주교청에 속해 있으며, 뉴질랜드 관구장의 관장 아래 있다.

⑨ 그밖의 교파들: 1904년에는 제7일 안식일 예수재림교 선교사가 내한하였으며, 1907년에는 동양선교회, 곧 성결교 선교사가 파송되었는데, 길보륜 선교사가 3대째 선교를 지속했다. 끝으로 1908년에는 구세군도 조선에서 선교사업을 시작하였다.

Ⅱ. 우리나라에서의 선교정책(宣敎政策)과 지역분할(地域分轄)

1. 당시 우리나라의 주변 정세

1884년, 갑신정변은 개화파의 계획이 3일만에 수포로 돌아감으로써, 이를 지원하던 일본의 세력이 쇠퇴하고 청국의 세력이 강하게 되는 결과를 만들었다. 또한 얼지 않는 항구를 찾아 남하정책(南下政策)을 펴던 러시아도 이 기회에 한국과 통상조약을 맺게 됐다.

그 결과 한국의 집권층은 친일, 친청, 친노파 등으로 나뉘어졌고, 세금에 의한 탐관오리들의 행패가 극심해졌다. 이들의 행패를 견디다 못 한 전봉준 등이 동학란(東學亂, 1893년~1894년)을 일으켰으나 실패로 돌아가게 되고, 그 결과로 청일(淸日)전쟁[6]이 발발해 우리나라는 폐허화되고, 청의 종주권(宗主權)이 퇴각하여 일본이 강성하게 되었다.

결국, 일본은 조선의 정치에 간섭하여 자기들의 계획대로 모든 것을 움직이려 하였고, 1895년 8월 25일에는 민비를 살해하는 '을미사변(乙未事變)'을 일으켰다. 그리고 김홍집(金弘集) 내각이 급진적인 개혁을 단행하자 민심이 크게 소란해지고 여러 곳에서 의병이 일어났으며, 친노파에 의해 고종이 러시아공사관으로 피신하는 '아관파천(俄館播遷)'이 일어났다. 1896년 2월 11일의 일이었다. 일본과 러시아가

청일전쟁 직전 일본군의 제물포상륙

한국을 가운데 두고 서로 반목이 계속되다가 결국 러일전쟁(1904~1905년)이 일어나 우리나라 땅은 더욱 황폐해졌다.

청일전쟁과 러일전쟁의 승리로 일본의 조선에 대한 압력은 더욱 심해졌다. 일본은 1905년에는 을사조약(乙巳條約)으로 우리나라의 외교권을 박탈하고, 1910년(융희 4) 8월 29일에는 한일합방(韓日合邦)조약으로 한국의 통치권(주권)을 강제로 빼앗아 갔다. 우리나라에 치욕적인 사태가 벌어진 것이다.

---

6) 1894년 6월~1895년 4월 사이에 청(淸)나라와 일본(日本)이 조선의 지배권을 놓고 다툰 전쟁인데 일본이 메이지유신(明治維新)을 성공시킨 이후 근대화를 이루며, 제국주의적 대외진출을 도모한 전쟁이다.

2. 순회전도(巡廻傳道)의 시작

1883년 5월 16일에 세워진 우리나라 최초의 기독교회인 소래교회

1988년 총신대 양지캠퍼스 구내에 복원된 소래교회 모습

언더우드(Underwood, Horace Grant, 元杜尤, 1859년~1916년) 선교사

선교사들이 이 땅에 들어온 초기에는 그 수도 적고 한국에 대한 열성도 극히 적어서 서울을 중심으로 한 활동만 펼쳤으나, 이후 차차 선교영역을 확장할 필요를 느끼게 되었다.

1887년 가을에는 언더우드 선교사가 처음으로 개성, 소래교회[7](또는 솔내교회, 송천교회, 松泉敎會), 평양, 의주 등지를 순회하며 약품과 성경을 나누어 주며 복음을 전파하였다. 이 여행은 소래에 있는 교인들의 초청에 의한 것으로 비로소 소래교회에서 우리나라 최초로 세례가 베풀어졌다.

그 당사자는 노춘경(盧春京)으로 그는 원래 유학자(儒學者)였으나 기독교 성경을 읽으면서 교리에 감화되어 1886년 7월 11일, 언더우드 목사에게 세례를 받았다.

1889년 봄에 언더우드 목사는 결혼하여 부인과 함께 탐험여행으로 신혼여행을 떠나게 된다. 그들이 여행한 곳은 개성, 소래, 평양, 의주 등지였는데, 그 기간 동안 약 600여 명의 병자를 돌아보면서 열심히 복음을 전했다.

언더우드 목사는 선교사로 파송되기 전 1년간 의학을 공부한 바 있었고, 그의 부인은 8세 연상인 릴리아스 호톤(Lillios S. Horton)으로 여 의사(醫師)였다. 이들은 1889년 4월 27일에 의주(義州)에 도착하였는데, 그곳에는 세례받기를 원하는 사람이 100명이나 되었다 한다.

당시 한국 정부는 세례 베푸는 것을 금하였기에 언더우드 목사 부부는 이들을 데리고 압록강을 건너 만주(滿洲) 쪽으

---

7) 1883년 황해도 장연군 대구면 송천리에 세워진 우리나라 최초의 교회

로 가서 33명에게 세례를 베풀고, 성찬 예식을 가졌다. 그래서 오늘날 이 사건은 '한국의 요단강 세례'라 불린다.

1888년에 아펜젤러 목사는 동료 목사와 함께 강원도 원주지방과 경상도의 대구와 부산지방을 순회전도하였다. 한편, 한국이 결코 잊어서는 안 될 선교사 중의 한 사람으로 마펫이 있는데, 그는 1889년, 맥코믹신학교(McCormick Seminary)를 졸업하고 한국 선교를 자원하여, 1890년에 내한한 후 1893년까지 서울에서 활동하였고, 1893년 이후에는 평양에서 선교활동에 힘썼다.

1901년에는 평양 장로회신학교를 설립하고 초대교장에 취임하였고, 숭실중학교와 숭실전문학교의 교장도 역임(1918~1928년)하며 우리나라의 근대화 교육에 많은 힘을 쏟았다.

언더우드 선교사는 1889년 3월 14일 릴리아스 호톤(Lillias Horton)과 결혼하였다. 호톤은 우리나라 최초의 여자 서양 의사이며 1888년 3월에 우리나라에 왔다. 사진 왼쪽 세 번째와 다섯 번째가 신랑 신부이며 그 주변의 사람들은 상인들이다.

그러다 1912년, '105인 사건'으로 한국의 애국지사들이 투옥되자, 매큔(尹山溫), 에비슨 선교사 등과 함께 이 사건이 사실무근의 날조사건이며, 고문 등 비인도적 방법이 자행되고 있다며 당시의 조선 총독 데라우치 마사타케(寺內正毅)에게 항의하고, 미국의 장로회 본부에 일제의 만행을 보고하여 국제여론을 환기시키는 데 힘썼다.

마펫 목사는 서울을 중심으로 선교지 안착을 위해 열정적인 답사(踏査) 선교를 하면서 답사(踏査) 선교 범위를 넓히는 가운데 1891년, 게일(James Scarth Gale, 奇一) 목

사무엘 마펫 선교사
(Samuel A. Moffett, 馬布三悅, 1864~1939)

사와 함께 평양(平壤), 의주(義州), 만주(滿洲)의 봉천(奉天)까지 전도여행을 하게 된다.

마펫 목사는 만주와 북부지방을 여행하면서 전도의 중심지로 평양이 아주 중요한 위치에 있음을 깨닫고, 1893년 가을부터 평양에 주재하면서 전도를 하기 시작했다. 그는 1888년 동기생이자 후에 한국 선교의 동역자가 된 윌리엄 베어드(William M. Baird, 배위량), 사무엘 기포드(Daniel L. Gifford, 기보와)와 함께 맥코믹신학교(McCormick Seminary) 출신이었다.

1900년 초 대동강의 모습

맥코믹신학교는 많은 한국선교사를 배출했는데, 1892년에 졸업생 그레함 리(Graham Lee, 이길함), 사무엘 무어(Samuel F. Moore, 모삼열), 스왈른(William L. Swallen, 소안론)이 서울과 평양에서 활동했고, 1895년에 아담스(James E. Adams, 안의와), 1900년에 번하이젤(Charles. F. Bernheisel, 편하설), 1901년에 블레어(William N. Blair, 방위량)와 바레트(William M. Barrett, 박위렴), 1902년 클락(Charles A. Clark, 곽안련) 선교사 등이 내한하여 한국 선교에 결정적인 영향을 미쳤다. 이처럼 한국 기독교의 초기 선교와 신학사상 형성에 맥코믹 신학교 출신들이 많은 영향을 끼쳤다.

마펫 목사는 평양을 중심으로 서북지방의 놀라운 교회 성장에 기초를 놓은 인물이다. 마펫 목사는 평양이 아직 외국인에게 개방된 곳이 아니어서 선교사의 접근이 어렵지만, 만주에서 오랫동안 활동한 존 로스(John Ross)의 영향을 받은 권서인(勸書人, colporteur, bookseller)들이 사역하고 있는 지역이라 새 선교지부로 가장 적합한 곳이라 여겼다.

마펫은 한국에 도착하자마자 1890년에 아펜젤러와 헐버트를 동반하여 서울을 떠나 처음으로 평양에 도착했는데, 그것이 그의 한국에서의 1차 전도여행이었다. 그는 철도가 없던 당시에 말을 타고 6일간이나 여행을 해야 했는데, 마침 우기라 황주(黃州)에서 강을 건너다 홍수로 불어난 물에 빠져 익사할 뻔하기도 했다.

어렵게 평양에 도착한 마펫은 2주일을 체류하며 복음을 전했는데, 그가 투숙한 여관은 대동강변에서 순직한 토마스 선교사와 깊은 관련이 있는 곳이었다. 당시 평양군영(平壤軍營)의 주사(主事)였던 박영식(朴永植)이란 사람은 토마스 선교사가 뿌린 한문 성서를 최치량이란 어린 소년에게서 얼떨결에 받아 자기 집 방벽을 도배하는데 써버렸는데, 이후 최치량이 이 집을 사서 여관을 만들었던 것이다. 그 최치량은 이후 예수를 믿고 마펫의 돈독한 동역자가 되었다.

마펫의 2차 전도여행은 1891년 2월부터 5월까지 약 3개월간의 긴 여정이었는데 마펫은 게일과 서상륜과 함께 서울에서 출발해 평양과 의주를 거쳐 중국 봉천에 도착했다. 마펫은 봉천에서

존 로스(John Ross)를 만나 평안도 북부와 중국 국경지역에서 이루어진 그의 사역에 대해 듣게 되었다.

스코틀랜드 장로교회 소속 선교사로 1872년, 중국 만주로 파송받았던 존 로스는 이성하(李成夏), 백홍준(白鴻俊), 서상륜(徐相崙) 등과 함께 성경을 우리말로 번역하고 국내로 성경을 반포한 한국 기독교 출발의 핵심인물이다.

여행을 마친 후 마펫은 의주지역에서 복음을 자유롭게 전할 수 있고, 이미 신자 공동체가 형성되어 있다는 이유로 그곳에 선교지부를 설치할 것을 선교본부에 건의하기도 했다. 마펫은 이후 중국 봉천을 떠나 함흥과 원산을 거쳐 다시 서울로 돌아왔지만 여전히 서북지방을 수시로 방문했고, 마침내 1893년 평양에 가옥을 구입하고 선교지부를 설치하는 데 성공했다.

마펫의 초기 평양 선교는 결코 순탄치 않았다. 조사(助師)[8] 한석진을 통해 평양에 가옥을 구입했으나 강제로 퇴거당하기도 했고, 한석진이 제임스 홀의 조사(助師) 김창식과 함께 체포를 당해 고문과 사형의 위협을 받기도 했다.

그러나 얼마 후 1894년에 일어난 청일전쟁은 역설적으로 평양 선교의 문을 여는 기회가 되었는데, 전쟁으로 폐허가 된 평양에서 마펫은 제임스 홀과 함께 본격적인 선교사역을 시작할 수 있었다. 마펫은 1893년 6월, 한석진과 최치량 등 교인 4~5명과 더불어 판동(板洞) 널다리골에 있는 최치량이 몇년 전에 소유했던 여관집을 사서 예배를 드렸는데, 이것이 평양 최초의 교회인 '장대현교회'의 출발점이 되었다.

마펫은 이후 22명으로 구성된 학습반을 만들어 성경을 가르쳤고, 그로부터 3개월 후에 일곱 명을 뽑아 평양에서 최초의 성찬식을 거행했다. 신도의 수가 늘어나 1899년에는 장대현(章臺峴)에 새로 예배당을 세우고, 마펫이 제1대 담임으로 섬겼다. 장대현교회는 이후 남대현교회, 사창골교회, 산정현교회 등으로 분립 개척되었다.

교회가 성장하고 교역자 양성이 시급해지자 마펫은 평양 서문 밖에 6천여 평의 부지를 마련하고 평양신학교를 설립해 한국 신학교육의 기틀을 마련했다. 1901년 가을, 장대현교회 장로 방기창과 김종섭 두 사람으로 시작된 평양신학교는 1907년에 최초로 7인의 졸업생을 배출하였고, 1909년에는 재학생이 130명에 이를 정도로 성장하게 되었다.

---

8) assistant: 여기서의 조사란 감리교 초창기에 있어서 일종의 구역회장 역할을 한 사람으로 순회 설교가들이 이 직을 맡았고 웨슬리를 돕는 사람들이란 뜻에서 조사(助師)라 했다.

마펫은 1904년, 평양신학교 초대교장으로 부임해 24년간 교장으로 섬겼다. 마펫은 또한 1903년에 숭의여학교를 세웠고, 1918년부터 10년간 숭실중학교와 숭실대학의 교장으로도 섬겼다. 그런데 교장직에 취임한 지 1년이 못 되어 3·1 만세운동이 일어나 기독교 학교 운영에 어려움을 당했다. 특히, 총독부는 성경 과목을 폐지할 것을 강요했는데, 마펫은 성경만은 가르쳐야 한다고 끝까지 주장했다.

1930년에는 마펫의 선교 40주년을 기념해 제18회 장로교 총회가 '마펫 목사 선교 40주년 사업회'를 발족했고, 1935년에는 한국인의 헌금으로 '마포삼열기념관'을 평양신학교와 서문밖교회 사이에 세웠다. 그리고 현재 광나루 장로회신학대학교 구내에 마펫기념관이 재건되어 있다.

이처럼 마펫은 1890년, 26세의 나이로 미국북장로회 선교사로 내한하여, 1936년까지 46년 동안 한국에 머물며, 평양을 중심으로 수많은 교회와 학교를 세웠고, 평양 장로회신학교를 설립하여 길선주(吉善宙), 한석진(韓錫晋), 김익두(金益斗), 주기철(朱基徹) 등 8백여 명의 목사를 배출해 냈다.

마펫은 일제의 암살 음모가 있어 1936년에 다시 돌아올 것을 기약하며 잠시 미국으로 귀국하였는데, 결국 돌아오지 못 하고 1939년 미국에서 별세했다. 그리고 "나의 유해를 한국 땅에 묻어 달라"는 마펫 목사의 유언에 따라 2006년 5월 9일, 67년만에 장로회신학대학교의 교정으로 이장되어 그의 기념관과 함께 그의 일생의 실천적 신앙의 삶을 후배요, 제자들에게 교훈하고 있다.

3. 장로교의 선교구역 협약(協約)

앞에 기술한 것과 같이 한국에 여러 교파가 계속하여 들어오자 선교부 사이에는 불필요한 마찰이 생기기 시작했다. 따라서 이러한 마찰을 피하고 어떻게 하면 서로 협동하여 선교할 수 있느냐 하는 문제가 제기되었다. 서로 독립하여 독자적인 활동을 하고파 하는 선교부가 있는가 하면 협동하기를 원하는 선교부도 있었다.

1893년 1월 28일에 장로회를 채용(採用)하는 선교공의회(The Council of Missions Holding the Presbyterian Form of Government)가 조직되었는데 보통 선교사공의회(宣敎師公儀會)라고 불렸다. 여기에는 미국 북장로교·남장로교, 캐나다 장로교, 호주 장로교선교부가 가입하였다.

이들은 선교구역을 차츰 조정하였는데 미국 남장로교에서는 전라도와 충청도를, 북장로교에서는 종전에 선교사업을 하던 지방을 계속하고, 캐나다 장로교는 함경도 지방을, 호주 장로교는 낙동강 이남에서 선교하기로 했다.

1892년, 북장로교선교부와 북감리교선교부가 선교구역 문제로 협의하여, 인구 5,000명 이상의 도시에는 두 선교부가 같이 활동하고, 그보다 적은 곳에서는 먼저 활동한 선교부가 활동을 지속하기로 약속했다.

4. 장로교의 선교정책(宣敎政策)-네비우스(Nevius) 방법

여러 교파들이 한국에 모여 들자 여기에 따른 선교정책의 수립이 필요하게 되었다. 그리하여 한국에 주재하고 있던 선교사들은 중국 산동성 지역의 미국 북장로교 선교사 존 네비우스(John Nevius, 1829~1893년)를 초청하여 두 주간 선교정책 세미나를 개최하였는데, 그때 네비우스가 소개한 선교정책을 1893년에 조직된 선교사공의회에서 수정·보완한 것을 '네비우스 방법'이라 한다.

네비우스가 소개한 이 선교정책을 클라크(Charles Allen Clark)는 "자력전도(自力傳道, Self-propagation), 자치제도(自治制度, Self-government), 자급운영(自給運營, Self-support)" 등으로 요약했는데 이 정책의 중심이념은 피선교지 교회가 외국인 선교사에게 의존하지 않고, 자립적으로 발전해 가도록 유도함으로써, 능력 있고 강인한 교회로 키워가자는 것이었다.

물론 이 선교정책은 네비우스 선교사의 독창적인 것은 아니고, 영국 국교회 성직자로 선교협회 서기로 재직했던 헨리 벤(Henry Venn)이 실시한 '3대 자급원리(三大 自給原理, Three-self Principle)'에 근거한 것이었다.

여기서 삼자원리(三自原理)란 선교지의 교회들이 "독립적으로 행정(Self-governing)"하고, "자급자족(Self-supporting)"하며, "자체적으로 선교(Self-propogating)"하는 교회로 발전시켜야 한다는 것이었다. 19세기 말의 선교는 대개 이런 방향으로 움직여가고 있었고, 네비우스도 그런 영향을 받은 것이었다.

네비우스는 중국 산동성에서 이 정책에 근거하여 선교를 실시하면서, 동양인의 사고와 풍습에 맞도록 수정·보완하였고, 이것을 「중국보(中國報)」라는 논문으로 발표한 일도 있는데, 내한한 선교사들은 대개 이 논문을 읽고 있었기 때문에 그를 강사로 초빙한 것이었다.

네비우스 방법의 원칙들을 요약하면 다음과 같다.

① 자급전도 방법이 있는데 믿는 자가 각자 처해 있는 곳에서 그리스도를 위한 사역자로 일하고 이웃에게 그리스도를 증거하며, 생계문제는 자기 스스로 담당하게 한다.

② 자치 교회 방법으로는 교회정책과 교회 기구를 발전시키되 토착 교회의 능력이 닿는 한도 내에서 발전시키는 것을 말한다.

③ 자립선교 방법으로 교회 자체가 인적 자원이나 경제적 능력이 구비될 때는 보다 유망한 인력을 뽑아 대외적인 전도활동을 하게 하는 것이다.

④ 자립보급, 즉 모든 교회 건물은 그 교회의 교인들(Congregation)에 의해 장만되고 교회가 조직되자마자 전도인의 봉급을 지급하기 시작한다.

⑤ 체계적인 성경 연구와 모든 활동에서 성경의 중심성을 관철한다. 성경 연구는 반드시 여러 명이 함께한다.

⑥ 성경의 교훈에 따라 엄격한 생활훈련과 치리를 한다.

⑦ 다른 교회나 기관과 협력하여 일치의 노력을 계속하며 최소한도 다른 기관과는 지역을 피차 뜻에 맞게 분할하여 전도한다.

⑧ 지역과 프로그램의 분할 이후에는 피차 절대 간섭하지 않는다.

⑨ 그러나 경제나 그 이외의 문제에 있어서는 항상 넓게 피차 돕는 정신을 가져야 한다.

이와 같이 요약할 수 있는 네비우스(Nevius)원칙은 강력한 자립성과 광범위한 순회 선교, 그리고 성경에 대한 강조가 그 중심을 이루고 있다. 이것은 현세도피적이며, 은둔적인 강조가 아니라 일상생활에서의 평범한 방법을 통해 생활하며 전도하는 것을 주제로 하고 있는 것이 그 특색이다.

선교공의회에서는 이 원칙을 연구하며 한국 교회에서의 적응성을 연구했는데, 이 공의회에서는 앞에서 밝힌 바와 같이 피차 마찰 없이 선교활동을 하기 위하여 선교지역 분할(Comity Arrangements)을 하였고, 네비우스 원칙을 토대로 하되 몇 가지 핵심적 원칙을 첨가하여 한국의 선교정책을 수립하였다. 이들이 수립한 핵심정책은 다음과 같다.

① 상류 계급보다는 근로 계급을 상대로 해서 전도하는 것이 좋다.

② 부녀자에게 전도하고 소녀들을 전도하는데 특별히 힘을 쓴다.
가정 주부들, 곧 여성들이 후대의 교육에 중요한 영향을 끼치기 때문이다.

③ 기독교 교육은 시골에서 초등학교 정도의 교육을 경험함으로써 크게 효력을 낼 수 있다.
그런고로 이런 학교에서 젊은이들을 훈련하여 장차 교사로 내보내도록 한다.

④ 장차 한국인 교역자도 결국 이런 곳에서 배출될 것이다. 이 점을 유의하고 있어야 한다.

⑤ 사람의 힘으로만 개종시키는 것이 아니다. 하나님의 말씀이 하신다.
따라서 될 수록 빨리 안전하고도 명석한 성경(번역된 성경)을 이들에게 주도록 해야 한다.

⑥ 모든 종교 서적은 외국말을 조금도 쓰지 않고 순한국말로 쓰여지도록 해야 한다.

⑦ 진취적인 교회는 자급(自給)하는 교회가 되어야 한다. 선교사의 도움을 받는 사람의 수는 될 수록 줄이고, 자급하여 세상에 공헌하는 개인을 늘려야 한다.

⑧ 한국의 대중들은 동족의 전도에 의해서 신앙하게 되어야 한다. 따라서 전도를 우리 자신이 나서서 하는 것보다는 전도자의 교육에 진력해야 한다.

⑨ 의료 선교사들은 환자들과 오래 친숙하게 지냄으로써, 가르칠 기회를 찾게 되고 또 깊은 마음의 문제에 골몰하는 모범을 보여 주어야 한다. 시약(施藥)만 가지고는 별 효과가 없다.

⑩ 병원에서 치료받는 사람은 고향의 마을에 자주 왕래하게 해서 의료 선교사들이 사랑이 넘치는 간호의 경험을 본받아 전도의 문을 열도록 해야 한다.

이와 같은 선교정책은 한국 교회가 앞으로의 방향을 결정하는데 크게 작용하였고, 여기에 대한 공과가 논의의 대상이 되기도 하였다. 네비우스방법은 네비우스의 원칙보다는 영국의 유명한 선교사요, 교회운동가였던 헨리 벤(Henry Venn)에게서 찾을 수 있는데, 그는 1860년대에 자립교회, 자급 교회, 자립 선교의 원칙을 세계선교의 방법으로 채택할 것을 권고한 최초의 사람이며, 그 영향이 오늘날까지 미치고 있다.

이러한 선교정책들은 한국에서 선교하는 선교사들의 필요에 의해 수립된 원칙이지, 한국인들이 자신들을 위해 만든 규칙은 아니다. 그리고 이런 정책은 선교사들에게는 선교의 방향을 설정하기 위해 필요했겠지만, 정책이 곧 부흥의 근본원인이라고 주장하기에는 무엇인가 석연치 못한 부분들이 있다.

사실 한국 교회의 교인들은 선교정책 때문에 움직인 것이 아니라 구원에 대한 감사와 영혼을 구원하려는 뜨거운 열정, 그리고 복음전도의 사명을 수행하려는 진실성 때문에 움직였다고 주창하는 것이 부흥에 대한 합리적인 설명이 될 것이다.

만일 네비우스정책 자체가 우수했고, 그 정책만으로 기적적인 부흥을 가져올 수 있었다면 다음의 두 가지 질문에도 분명한 대답을 줄 수 있어야 한다.

첫째, 중국의 교회는 네비우스가 직접 선교한 곳이고, 당시 더욱 확실한 정책을 구사하였을 터인데, 중국 교회는 과연 기적을 이루었는가?

이 질문은 한국과 중국뿐 아니라 전 세계 어느 국가, 어느 지역에 대하여도 동일하게 적용되는 질문이다. 과연 부흥되지 못한 지역의 교회들은 선교정책의 빈곤 때문이었을까? 그런 지역에서는 왜 네비우스정책을 도입하지 않았을까?

둘째, 한국의 감리교는 네비우스정책이 없었음에도 불구하고 장로교 다음으로 큰 교단이 되었는데, 그 이유는 어디에 있을까?

정책보다 중요한 것은 현지인들의 의식이다. 이것을 더 중요하게 강조하여야만 한국 교회에 대한 설명이 가능해질 것이다. 이는 한국 교회뿐만 아니라 세계 어느 국가, 어느 지역의 선교에서도 동일하게 적용되는 원리라고 하겠다.

제5장 고난속에 부흥하는 한국 장로교

I. 한국 장로교회 행정(行政)의 체계화(體系化)

1. 1893년, 선교사공의회(宣敎師公議會)의 조직

1885년에 이미 내한하여 있던 의사 알렌 부처(夫妻)와 언더우드 목사 그리고 동년 6월 21일에 내한한 의사 헤론(Heron) 부처 등 5인이 북장로교선교사회를 조직하였다. 그 후 1889년에 호주 장로교 선교사, 데이비스(Davis) 목사와 더불어 연합공의회를 조직하였으나, 이듬해에 데이비스 목사가 별세함으로써 이는 자연스럽게 폐지되었다.

1892년에는 미국 남장로교 선교사들이 내한하였고, 1893년에 장로회 정치를 사용하는 '미순회'가 조직되었다. 1898년에는 캐나다 장로교 선교사들도 내한하였고, 이후 캐나다와 함께 호주, 미국에서 속속 내한한 선교사들이 이 미순회에 가입하였다. 그러나 이때까지의 미순회는 관할권이나 결의권이 없고 상호친목을 목적으로 하는 단체로 머물렀다.

2. 대한예수교장로회 조직(組織)의 과정(過程)

한국 장로교는 자치적 교회활동에서부터 시작한 것을 볼 수 있다. 그 특성은 선교초기부터 네비우스(Nevius)방법대로 자급정책을 사용하여 외부의 도움을 받지 않고 개체 교회(個體教會)가 교역자의 생활비를 담당하였다.

교회의 운영이나 전도사업이 각 교회 신자들의 헌신적인 노력으로 이루어진 만큼 교회 활동도 자치적으로 전개되어졌다. 1893년부터는 장로회 정치를 채용하는 '선교공의회(The council of missions)'를 조직하여 하나의 제도 아래서 4개 선교부(미국 북장로회, 미국 남장로회, 캐나다장로회, 호주 장로회)가 공동 프로그램을 가졌다.

이러한 공의회(Councils, 公議會)는 그리스도 교회의 권위 있는 의회집단으로, 그 기원은 초대 교회의 사도(使徒)들이 공식적인 사도회의를 가졌던 데서 비롯된다. 초대 그리스도 교회가 형성된 후, 교회는 외부로부터의 종교혼합주의이고 날조된 신앙의 침투를 막아야 했으며, 내부로부터는 여러 이단설과 분열과 오류를 제거해야만 했다.

그리하여 교회는 2세기부터 사도성전(使徒聖典) 원리의 정확한 해석과 성서 정전(正典)의 확립을 위해 주교들의 공동심의를 가졌다. 325년, 로마 전제국의 주교들이 모인 니케아공의회는 최초의 공적인 공의회라고 볼 수 있다.

1900년까지는 공의회가 선교사들로만 구성되었으나 1901년부터는 한국인 대표들도 선교사 24명, 한국인 장로 3명, 조사 6명이 참석하여 '조선예수교장로회공의회'를 조직하였다. 이 공의회는 영어를 사용하는 모임과 한국어를 사용하는 모임으로 갈려서 모였는데, 한국어를 사용하는 모임에는 입법권(立法權)이 없고, 영어를 사용하는 모임에만 입법권이 주어졌다.

1901년, 장로회공의회는 경성과 평양에 두 대리위원부(代理委員部)를 두었는데, 역시 영어를 사용하는 모임에만 입법권이 주어졌다. 여기서 문제가 되는 것은 아직도 노회가 조직되기 전이었으므로, 새로 만들어지는 교회에 대해 공의회가 어떤 치리권을 행사하여도 실질적인 기준이 없다는 것에 선교사들의 우려가 있었다. 그러다가 1907년에 독노회(One Presbytery, 獨老會)가 조직된 것이다.

노회조직을 염두에 두고 1901년, 장로회공의회는 경성과 평양의 두 대리위원부(代理委員部)

외에 전라도와 경상도에 각기 대리위원부를 설치한다. 그리고 1902년에는 함경도대리위원부가 설치되고, 그 해 9월에 '조선자유장로(교)회'를 설치하기로 했다.

'조선자유장로교회'를 조직하는 원칙은 다음과 같았다.

① 장로가 한 사람 이상 있는 교회가 적어도 12개처가 되어야 노회를 조직할 수 있으나 공의회가 처음 희망했던 노회조직은 12개처 중에서 적어도 3명 이상이 장로로 안수받을 만한 사람이 있다고 인정하는 지방에 노회를 조직한다는 것이다. 그리고 조선 장로 교회가 노회 또는 총회를 조직하여 완전히 그 권리를 행사할 수 있게 되기까지는 이 노회가 그 지방에 있어서 최고의 치리권을 행사하게 한다.

② 노회가 구성되면 그 노회는 교역자의 임명, 교회의 조직 등에 대한 표준과 규칙을 제정할 수 있는 완전한 원리를 가지는 것이 되므로, 노회는 표준 또는 규칙을 제정하기 위한 위원회, 공의회에 보고할 위원 등을 임명해야 한다.

③ 각 선교부는 각기 총회에서 조선자유장로교회를 조직하는데 협력하여 주기를 요청한다.

1904년에는 감사절을 지키기로 하여, 그 해 11월 11일을 감사절로 지켰다. 감사절 문제는 다른 교파와도 협의해 결의하였다. 이때부터 교회 회의의 의사록을 한국어로 기록하였으며, 장로와 집사를 선택하고 교육하는 규칙 등을 제정하게 되었다.

1904년에는 장로교와 감리교가 협의하여 '기독교'를 '예수교'라 통칭하기로 하고, 장로회와 감리회라는 이름으로 두 교파를 구별하기로 했다.

1905년에는 한국에 나와 있는 모든 장로교 선교부는 파송한 모교회로부터 한국에 자유장로교회를 설치하는 데 찬성하는 답을 얻기로 하였으며, 다음의 몇 가지 사항에 합의하였다.

① 1907년의 공의회에서 장로회를 정식으로 조직할 것

② 이 장로회의 조직을 위한 준비위원회를 설치할 것

③ 최초의 교역자 안수식을 1907년의 장로회 회의에서 거행할 것

④ 대리위원부는 이 후보생들을 교회의 목사로 임명할 권한이 있으며,
노회가 목사들을 취임시킬 준비를 하게 될 때에는
노회가 처음으로 개회될 때 이 청원을 제출할 권리가 있다.

이와 같이 하여 1907년에 독노회(One Presbytery, 獨老會)를 조직할 준비를 하였으며, 그 사이 황해와 평북위원대리부가 생겨 전국적으로 7개 위원대리부가 조직되고, 평양신학교는 전국적 규모의 신학교가 되었다.

3. 교역자(教役者) 양성을 위한 신학교 설립(設立)

1901년 평양에 '대한야소교 장로회신학교' 일명 '평양신학교'가 설립되었는데, 미국인 선교사 마펫, 즉 마포삼열(Samuel A Moffett: 1864~1939년)에 의해서였다. 이는 한국 장로 교회의 첫 신학교였고, 평양에 위치하였기 때문에 평양신학교라 부른 것이다.

평양신학교의 교사로는 마포삼열과 이길함(Graham Lee:1861~1916년)이 맡았으며, 최초의 학생은 김종섭(金宗燮-평신3기)과 방기창(邦基昌-평신1기)이었다.

신학교육위원회는 1903년에 회집된 공의회에서 조사(助師)들을 위한 3개년 교과과정(敎科科程)과 목회자(牧會者)를 위한 5개년 신학과정(神學科程)을 보고해 이것이 공식적으로 채택되었다.

1년의 교육과정 가운데 3개월은 신학교육을 실시하고, 나머지 9개월은 개(個) 교회(敎會)에서 사경회(查經會)를 인도하고, 교회 사역(使役)을 하는 현장학습 기간으로 구성하였다.

마포삼열 목사

그러다가 교과과정이 향상됨에 따라 연중 수업기한(授業期限)을 3개월에서 6개월로 늘리고 신입생의 학적수준을 높여, 신학교육의 질적 향상을 도모하였다.

그로 인해 1904년 7명의 학생이 2학년 과정을 이수하게 되었고, 마포삼열이 신학교 교장을 맡게 되었다. 그리고 학교 건물은 마포삼열 선교사의 개인 주택을 이용하였다. 그리하여 마침내 1907년, 길선주(吉善宙), 방기창(邦基昌), 서경조(徐景祚), 송인서(宋鱗瑞), 이기풍(李基豊), 양전백(梁甸伯), 한석진(韓錫晋) 등 7명의 첫 졸업생을 배출하였고, 1909년에는 시카고에 거주하는 사이러스 맥코믹(Cyrus Meccomick) 여사의 후원으로 학교 건물을 새롭게 지었다.

마포삼열은 26세의 나이로 한국에 건너 와 46년 동안 수많은 교회를 개척하고 초기 한국 교회의 지도자들을 양성한 한국 교회의 아버지라 할 수 있다. 마포삼열 목사에 대해 조금 더 살펴보자.

전술한 바와 같이 마포삼열은 1864년 미국 인대애나 주 매디슨에서 출생하였으며, 그의 아버

제1회 졸업생을 배출했던 이후의
평양 장로회신학교 전경

1907년, 평양장로회신학교 제1회 졸업생
뒤에서부터 시계방향으로 방기창(邦基昌)
서경조(徐景祚) 양전백(梁甸伯)
송인서(宋鱗瑞) 길선주(吉善宙)
이기풍(李基豊) 한석진(韓錫晋) 총 7명 졸업

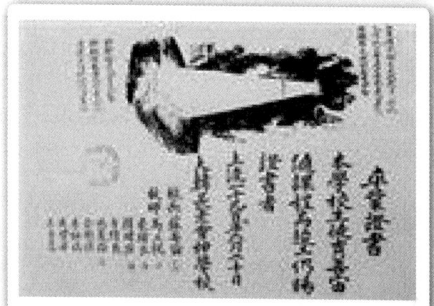

1907년 평양신학교 제1회 졸업생
길선주(吉善宙) 목사의 졸업장 사본

지는 포목상을 경영하였으며, 청교도적인 엄격한 신앙을 가지고 있었다.

그는 아버지의 영향을 받아 경건한 신앙을 배워 오던 가운데 하노버대학 신학과에 입학하였으며, 대학원에서는 화학을 전공하여 박사학위를 취득하였다. 그러나 박사과정을 마친 뒤 그의 생각은 달라졌다. 그는 자신의 일생을 자연과학을 연구하는데 투자하기가 아까웠던 것이다. 그래서 그는 미국 보수주의 신학의 요람이자 많은 해외 선교사를 길러낸 맥코믹대학에 1885년 입학하여 공부하면서 한국 선교사로 일했던 베어드(W. M. Baird)를 만나게 되었고, 그를 통해 한국에 대한 사정을 들으면서 한국에 대해 선교적 관심을 갖게 되었다.

그는 당시 한국에 대해 다음과 같이 전해 듣고 있었다.

"한국은 중국에 소속된 하나의 작은 왕국이며, 깊은 산 숲속에는 호랑이, 곰 등이 득실대고 사람들은 미개한 야만인들이며, 도전적인데다 해적과 같고 일부다처제가 일반화되어 있다. 또한 부패한 불교가 왕성한 종교적 나라이다."

또한 한국 최초의 선교사였던 의사 알렌의 보고서에는 "한국의 거리거리에는 쓰레기가 산더미처럼 쌓여 있고 파리, 모기, 날파리들이 떼를 지어 득실거리고 있었으며, 더러운 개천에는 온갖 병균이 들끓고 있다. 또한 집집마다 파리, 빈대, 벼룩이 없는 집이 없다. 천연두, 매독, 회충 등은 흔해 빠진 병이었고, 종기나 무좀 같은 피부병에 거의 모든 사람들이 걸려 있었다." 라고 기술되어 있었다. 마포삼열은 이러한 한국의 실정을 알고도 기도 중에 한국을 선교지로 결정하게 된 것이다.

그는 1889년 4월 15일에 미국 북장로회 선교부로부터 한국 선교사로 임명되었다. 그리하여

1890년 1월에 인천 제물포를 거쳐서 서울 마포강변에 역사적인 첫발을 내딛었다. 처음 6개월간은 한국어를 공부하였고, 언더우드로부터 경신학교의 전신인 '예수교학당'을 인수하여 교육사업에 몰두하였다.

그리고 1893년부터는 평양을 중심으로 평안남·북도, 황해도 일대를 순회하며 많은 사람들에게 복음을 전파하고, 곳곳에 교회를 설립하였다. 1901년 평양에서 신학교육을 시작하였으며, 1904년에 정식으로 평양신학교 교장(1904~1924년)에 취임했다. 그는 한국인을 각별히 사랑하여 한국인의 독립운동을 격려하고 독립의 성취를 위해 기도하였다.

마포삼열 목사는 또한 일제의 신사참배 강요를 끝까지 믿음으로 이겨낸 인물이다. 1919년에는 조선예수교장로회 제8대 총회장으로 선임되어 혼란기에 처한 한국 교회를 이끌어가는 지도력을 발휘하기도 하였다. 그는 노령임에도 불구하고 한국 교회의 위기였던 일제 말기에 있어서 한결 같은 자세로 신앙의 지조와 신학의 정통성을 지키려고 혼신의 노력을 다하였다.

그는 1890년 1월에 한국에 도착한 뒤, 도착 9개월 후 평양에서 선교 개척을 시작하였는데 개척 당시 평양은 인구 약 10만 명의 도시였으며, 복음의 불모지였으나 이후 평양이 성령의 역사(役事)속에 동방의 예루살렘으로 변화되는 위대한 역사를 일구는 주역으로 남게 되었다.

4. 장로교 행정조직(行政組織)의 완성(조선예수교장로회의 조직)

1907년 9월 17일, 평양 장대현교회(혹은 중앙교회)에서 선교사 38명, 한국인 장로 48명, 도합 86명이 '조선예수교장로회 독노회(朝鮮長老會獨老會, One Presbytery = We are one in Christ)를 조직하였다.

4개의 장로회-미국 북장로회, 미국 남장로회, 호주 장로회, 캐나다 장로회-가 각기 우리나라에 선교사를 파송하여 선교구역에 따라 교회를 설립하였으나, 그들의 본국 교회에 예속되지 않는 독립노회를 우리 스스로가 조직하였다는데 그 의미는 매우 크다.

그리고 이제 노회 안에서 커가야 하는 교회들을 견지(堅持)하기 위해 신앙고백(Confession of Faith), 즉 12신조인 하나님의 주권, 그리스도의 신성, 동정녀 탄생, 죄의 대가, 성령이 아버지와 아들에게로부터 나오심, 예정론, 불가항력의 은사, 성례전의 신앙, 육신의 부활과 최후의 심판을 내포한 고백서를 한국 장로교의 신앙의 기본기준으로 결의 선포하였다.

이 신조는 1904년, 인도 자유교회가 설립되면서, 칼빈주의 신학입장을 따르는 신조를 채택한 것을 한국 장로교가 수용·채택한 것이다 [백낙준, 「한국개신교사」 p.408; 「조선예수교장로교회사기」上].

독노회 창립으로 다음과 같은 역사적인 일들이 결의 실행되게 된다.

① 신학 졸업생 7명에게 안수하여 목사로 장립하였다.

평양신학교 제1회 졸업생은 서경조(徐景祚), 방기창(邦基昌), 한석진(漢錫晋), 양백전(梁伯甸), 길선주(吉善宙), 이기풍(李基豊), 송린서(宋鱗瑞) 등이다. 이들은 한국 최초의 신학사(神學士)목사다.

② 제주도에 선교사를 파송하기로 결의하고 실행하였다.

이 결의에 따라 이기풍(李基豊) 목사가 제주도로 파송되었고, 그는 제주도에 도착하여 수많은 고통을 겪었지만, 온 힘을 다해 복음을 전하였다. 그를 통해 오늘의 수많은 제주도민이 복음을 접하는 은총의 기회를 가질 수 있었으며, 그가 제주도에서 최초로 새운 교회가 제주성안교회로, 지금도 이기풍 목사를 기리는 기념 교회로 우뚝 서 있다.

이기풍 목사

현재 제주성안교회
이기풍목사 기념관

③ 의사봉을 제정하였다.

독노회 회의록에는 이런 기록들이 있다.
'절차위원장 변하설 씨가 은으로 십자가를 면에 새기고 청홍으로 태극을 머리에, 그리고 광채 있는 은으로 띠를 띄운 견고한 맛치를 드리는데, 그 개의(介意)는 조선예수교장로회를 견고히 십자가로 성립하여 영광을 돌리며 세세토록 노회 회장에게 전장하옵소서'
'이길함 씨가 맛치란 이름이 속되오니 기일 씨와 한석진 양씨로 위원을 정하여 맛치 이름을 개정(改正)하기로 동의하여 가(可)로 결정하다' '맛치 위원 기일 씨가 맛치 이름을 생각할제 맛치를 맛치 아니라고 이름을 택하면 교만할까 하여 나무 맛치 퇴자를 택하고 퇴(堆)자의 합당한 두드릴 고(叩)자를 합하여 고퇴(叩堆)라 이름하였아오니 그 뜻은 두드리는 맛치라고 보고하매 길선주 씨가 채용하기를 동의하여 가(可)로 결정하다.'

④ 미국 남북장로회, 캐나다 장로회, 호주 장로회에 감사장(感謝狀)을 발송하는 동시에 '조선예수교장로회 독노회'의 창설을 통고하였다.

⑤ 대리회의 조직

전국을 한 개의 노회로 묶어 놓으니 그 지역이 너무 넓어, 노회가 자주 모이기 곤란하므로 종전의 소회(小會) 대신에 경기, 충청, 평북, 평남, 함경, 경상 및 전라 지방에 대리회(代理會)를 두어 노회의 위임사무를 담당하게 하였다.

독노회 창립과 함께 조선예수교장로회 독노회의 교세는 목사(선교사 포함) 49명, 조사(助師) 160명, 장로 47명, 세례교인 18,061명, 교인 총수 72,968명, 지교회 785처, 소학교 405개, 학생 8,615명, 연보총액 94,022원이며, 교인 증가율을 보면 1905년에 37,407명, 1906년에 56,943명으로 1907년도의 교인은 1905년보다 19.50% 증가했으며, 1906년보다 12.81% 증가를 보여 주고 있다.
[출처:백낙준,『한국개신교사』; 한국기독교역사연구소 편집부,『조선예수교장로교회사기』].

5. 조선예수교장로회 총회(1912년 9월 1일)

1911년까지 '조선예수교장노회 독노회(獨老會, One Presbytery = We are one in Christ)'가 발전하면서 1912년부터 총회(總會)로 승격(昇格)되어 모이기로 하였는데, 지금까지의 7대리회를 7노회로 조직키로 하고, 독노회(獨老會)가 발전적으로 총회(總會)가 된 것이다.

1912년 9월 1일에는 평양여성경학원(女聖經學院)에서 '조선예수교장노회 총회'가 회집되었는데, 회원은 목사 52인, 선교사 44인, 장로 125인, 총 221명이었다. 이때 선출된 임원은 회장 언더우드(Underwood. Horace Grant), 부회장 길선주, 서기 한석진, 부서기 김필수, 회계 방위량(W. N. Blair), 부회계 김석창 등이었다.

총회(總會)는 설립기념으로 중국 산동성에 선교사를 파송하기로 결의하고, 1913년에 김영훈(金永勳), 박태로(朴泰魯), 사병순(史秉淳)을 파송하였다. 그 후에, 박상순(朴商純), 홍승한(洪承漢), 방효원(方孝元), 이대영(李大榮), 방지일(方之日), 김호순(金好淳) 등이 파송받아 중국에서 선교활동을 했다.

1907년 독노회(獨老會) 조직기념으로 제주도에 선교사를 파송한 후로, 시베리아 선교, 일본 유학생 선교에 이어 중국 선교로 이어진 선교사역은 한국 교회의 미래를 밝힌 쾌거이며, 한국 교회 안에서 일어나는 부흥의 불길을 밖으로 확산시키는 원동력이 되었다.

초기 선교사 3인방인
김영훈, 사병순, 박태로 목사
(총회설립 기념으로 중국 산동성에 파송)

II. 한국 장로교의 대부흥(1907년의 대부흥)

1907년은 한국 장로교 역사에 매우 중요한 시기다. 1907년에 평양을 중심으로 대부흥 운동이 일어났으며, 또 '조선예수교장로회 독노회'가 조직되는 역사적인 해였다.

1. 대부흥(大復興) 운동 전후(前後)의 우리나라 정세(政勢)

우리 민족에게 복음이 들어오던 당시의 정세는 망국의 비운과 함께 온 나라가 절망상태에 빠져 있던 때였다. 1894년에 전라북도 고부(정읍시 고부면)에서 일어난 동학란을 전후로 해서 이 땅에서 청일전쟁이 일어나 동양의 대국이라고 자만하던 청국이 신흥국가인 일본에게 패전하고 만다. 여기에서 우리나라는 보수와 개화세력이 표출되는 상황이 나타나 청국에 이어 신흥국가인 일본을 통하여 개화의 물결을 배우고 수용하려는 세력이 거세게 일어났다.

그리고 1904년에 일어난 노일전쟁에서도 일본이 승리를 거두었다. 특히, 이 노일전쟁에 앞서 1902년에는 영일동맹이 체결되어 있었으며, 미국 정부는 일본에 호의를 가지고 있었다. 그러한 배경속에 러시아의 발틱함대가 스에즈운하를 통과하려고 할 때에 스에즈운하를 관리하던 영국은 발틱함대의 통과를 허락하지 않았다. 그래서 발틱함대는 부득이 아프리카 남단 희망봉을 돌아 남지나해를 통과하여 우리나라 해협으로 들어오게 된다.

발틱함대가 긴 시간 항해에 지쳐서 현해탄(玄海灘) 좁은 물길을 택하여 올 때에 이러한 정보가 영국을 통해 일본에 알려졌는데, 일본은 불과 7,8척 되는 군함으로 좁은 물길을 지키다가 동해에서 발틱함대를 타격하여 러시아에 승리하게 된다.

이로 인해 1905년 9월 5일, 미국 뉴햄프셔 주에 있는 군항 도시에서 '포츠머스조약(Treaty of Portsmouth)'이 미국 대통령 루스벨트의 조정에 의해 맺어진다. 이 포츠머스조약에 의해 일본은 우리나라에 있어서 우위권을 가지고서 1905년, 을사보호조약 체결을 강요하여 조약을 맺게 되므로 우리의 외교권이 박탈당하게 된다. 이러한 민족적 수난기에 있어서 우리 민족은 엄숙하게 우리의 과거생활을 반성해 보며 민족의 장래를 염려하지 않을 수 없었다. 또한 민족과 나라를 사랑하는 애국자, 또는 지사들이 그 귀의(歸依)할 곳을 찾아 헤매지 않을 수 없는 시기였다.

1905년 11월에 을사조약이 맺어지고 일본은 한국에 통감부를 설치하고, 이토 히로부미(伊藤博文, 이등박문)를 초대 조선통감으로 앉힌다. 한국 교회는 이 같은 정세에 당당히 저항하였으니, 민영환은 자결하였고, 김하원(金河苑), 이기범(李基範), 차병수(車炳修) 등은 기독교인으로서 사수국권(死守國權)이란 경고문을 종로 네거리에 게시하기도 했다. 그리고 군중들에게 통렬한 구국연설을 하다가 일본 군경들에게 큰 부상을 입기도 했다.

이와 같은 항거는 1907년, 화란(네덜란드) 헤이그에서 열린 제2회 만국평화회의에 이상설, 이준, 이위종 등 세 사람의 밀사를 파견하여 "을사조약은 일본의 강압에 의한 허위적인 사건"이라고 밝히고, 독립국가의 정식대표로 참석하려 하였으나 실패로 돌아가고 만다.

당시 국내는 이완용(李完用) 내각이 집권하여 일본의 앞잡이 노릇을 하므로 헤이그(Hague) 밀사사건을 구실로 1907년 7월 17일, 고종황제가 황태자에게 보위를 양위할 수밖에 없도록 했다. 이렇게 되자 뜻 있는 젊은이들은 만주, 시베리아, 중국, 미국 등지로 망명하여 해외에서 국운을 되찾기 위한 노력을 기울였고, 국내에서는 곳곳에서 의병들이 일어나 일본 군대에 맞서게 됐다.

그러나 일본은 막강한 군사력을 앞세워 1910년 8월 29일, 마침내 한국을 점령하여 한일합방(韓日合邦)을 하고 만다. 이때 기독교인들 가운데 무력으로 항쟁한 사람들도 있었으니, 일본의 앞잡이 노릇을 하는 스티븐스(D.W. Stevens)를 샌프란시스코에서 살해한 장인환(張仁煥)과 이완용(李完用)을 암살하려다가 실패한 이재명(李在明) 등이었다. 의병 지휘관 가운데서도 상당수가 신자(信者)였다.

1909년 10월 26일, 이등박문(伊藤博文)을 격살한 가톨릭 신자 안중근(安重根)은 "천주님이여! 우리 민족의 폭살자는 마침내 죽었습니다. 감사합니다."라는 고백의 기도를 하였다. 독립문을 세운 서재필(徐載弼)은 당시 선교사들에게 보낸 편지에 힘주어 말하기를 "선교사들이 이 나라에서 할 일은 얼마든지 있습니다… 우리 백성이 지금 필요로 하는 것은 교육과 기독교입니다. 선교사들과 또 선교사들이 세운 학교를 통해서 우리 백성을 교육하고 향상시켜 주어야 합니다… 우리의 재래 종교는 지금 기운이 쇠했습니다. 이 백성이 기독교로 돌아오게 할 수 있는 길은 지금 환히 열려 있습니다. 기독교 교사들과 사업인들의 일꾼은 우리나라 어느 모퉁이에도 필요합니다. 우리가 합법적인 개혁을 하기 이전에 반드시 우리는 교육과 기독교화를 서둘러야만 하겠습니다."라고 하였다.

한편, 이 당시의 정황(政況)을 샤프(Sharp) 목사는 그의 비망록에 이렇게 기록했다.

"모든 사람의 눈은 이제 그 시아가 변화되었고 많은 기독교 신자들은 이 나라의 유일한 소망을 교회에서 찾았으며… 이 민족은 어떤 지도자가 나타나기를 고대하였고, 교회는 가장 강하고 영향력이 큰 단일한 조직체가 되었다."

이러한 상황에 처해 있던 우리나라 교회에 큰 부흥운동이 1907년에 일어났다는 사실은 하나님께서 우리 민족을 구원하시려는 놀라운 섭리의 일이라고 본다.

2. 1907년, 대부흥 운동(大復興 運動)

한국 교회사에서 가장 중요한 사건중의 하나는 1907년에 일어난 대부흥 운동이다. 이것은 한국 교회에 새로운 활력을 불어 넣었으며, 국가 패망이라는 비극을 맞은 한국 백성들의 가슴속에 뜨거운 소망을 부어주었다.

① 대부흥 운동의 발단

대부흥 운동의 근원은 1903년 감리교 선교사들이 원산에 모여 중국에 주재중이던 미국 남감리교 선교사 화이트(M. C. White) 양의 인도로 일주일 동안 성경 연구와 기도회를 한 일에서 비롯되었다.

이 집회에 하디(R. A. Hardie) 목사가 참석하였는데, 그는 캐나다 대학 선교부의 파송을 받아 내한한 의료 선교사로서, 1898년에 남감리교선교부에 가입하여 강원도 북부지방에서 선교를 감당하고 있었다. 그는 선교지의 발전이 너무나 느리고 별 효과가 없음을 보고 자신의 부족함을 느껴 열심히 하나님께 간구하고 기도하던 중 성령의 체험을 하게 되었다.

이를 계기로 1904년에 원산에서 집회가 지속되어 전년보다 더 큰 은혜를 받게 되었다. 이때 평양에 있는 선교사들이 원산 집회의 소식을 듣고 하디(R. A. Hardie) 목사를 초청하여 집회를 가지게 되었다. 또, 뉴욕에서 하워드 아그뉴 존슨(Howard Agnew Johnson) 목사가 내한하여 인도와 영국 웨일즈 지방에서 일어난 부흥운동을 소개하자, 한국의 교인들도 일제히 이러한 은혜를 받아야 하겠다는 마음을 갖게 되었다.

당시 한국의 정세는 도저히 기도하지 않으면 안 될 상황에 놓여 있었다. 일본의 압제에 의해 나라를 잃어야 하는 비극적 사태가 가까이 오고 있었고, 각지에서 의병들이 일어나 애국의 마음으로 생명을 바치는 눈물겨운 상황이 벌어지고 있던 시기였다. 여기서 신앙을 통한 새로운 탈출이 도모되어야 했으며, 그 결과 성령의 충만을 간구하게 되었다.

그리하여 1907년 1월 6일부터 평양 장대현교회당에서 시작된 사경회 저녁집회에는 1,500여

길선주 목사

명의 교인들이 참석하였다 한다. 10일간 계속된 이 집회의 14일, 토요일에는 방위량(W. N. Blair) 선교사가 고린도전서 12장 27절을 읽고 '그리스도의 지체'에 대해 설교하였는데 선교사들과 교인들 모두 큰 감동을 받고 회개운동을 일으키게 되었다.
-[출처:『조선예수교장로회 사기』]

여기서 우리가 결코 간과(看過)할 수 없는 대목이 길선주(吉善宙) 목사의 새벽기도회 운동이다. 이 운동은 오늘날 새벽기도회가 한국 교회의 특징으로 자리잡게 하였고, 나아가서 1907년 신앙부흥의 직접적 동기를 만들었다.

② 대부흥 운동의 성격과 결과

대부흥 운동은 다음과 같이 요약할 수 있다. 처음에는 현재의 부흥회 형태로 모인 것이 아니라 사경회(査經會)로 모여 성경을 연구하고 기도하는 것이었다. 이는 한국 교회 부흥회의 대종(大宗)을 이루는 것이다.

이로 인해 평양을 기점(起點)으로 하여 부흥(復興)의 불길이 각지로 번지게 되었고, 각 지방에서 연속적인 부흥 집회들이 일어나고 교회가 설립되는 획기적인 계기가 마련되었다. 서로 회개(悔改)하며 화해와 용서(容恕)의 역사(役事)가 일어나자 이를 통해 선교사나 교인이나 할 것 없이 기독교 공동체(共同體)를 형성하는 계기가 되었다.

이 운동은 성도(聖徒)들에게 일체감(一體感)을 심어주었고, 국난(國難)을 당한 백성으로서, 신앙을 통한 일체의식을 가지게 한, 한국 교회 초창기에 일어난 획기적인 사건이었다. 부흥 운동의 결과는 교회의 조직(組織), 연합(聯合), 그리고 선교사들과의 일체감(一體感)을 갖는 분야에서 괄목(刮目)할 만한 성과를 거두었다.

이 운동이 처음에는 외국 선교사들과 한국인 교역자들의 합동 사경회에서 시작되었으나, 성령(聖靈)의 물결은 한반도 전역을 뒤덮다시피 했다. 뒷날 이 부흥 운동을 백낙준(白樂濬) 박사는 이렇게 평하고 있다(박완, 『실록 한국기독교 100년』 2권, p.115에 나옴).

"한국 백성들이 경험한 종교적 경험은 그리스도 교회로 하여금 독특한 성격을 갖게 했는데, 첫째는 그리스도교가 한국에 있어서 훌륭한 지도력으로 민중을 이끌어 왔다는 사실이고, 둘째는 이 부흥 운동으로 말미암아 한국 그리스도인들과 선교사들 사이에 이해가 깊어졌다는 것이고, 셋째는 교인들 사이에 새로운 도덕관념이 생겨나 종래의 봉건주의적인 사상을 타파한 것이며, 넷째는 이 부흥 운동으로 말미암아 교인들이 성경 공부와 기도하는 습관을 길렀다"는 것이다. 그리고 "한국 기독교 발전의 에너지(Energy)를 만들어내는 새벽기도회가 만들어져 오늘의 자원적(資源的) 유산(遺産)을 갖게 되었다는 것이다."

가운데 길선주 목사 그 왼쪽에
마포삼열 선교사 오른쪽에 이길함 선교사

초기 장로교 개척 선교사들과 조사들
앞줄 왼쪽부터 푸트(Foot),
마펫(Moffett), 게일(Gale)

이 운동은 성경 공부 모임, 새벽기도회 등을 통해 영적(靈的) 고갈상태에 처해 허덕이던 한국 교회에 영적 대부흥(大復興)을 일으키게 되었다. 이 역사(役事)는 성령의 힘 있는 초대 교회의 역사(役事)였고, 선교사와 한국 교인들의 회개운동을 가져온 놀라운 사건이었다.

또 각급 학교에서도 부흥 운동이 일어나기 시작하여, 전국으로 부흥 운동은 확산되기 시작하여 걷잡을 수 없는 성령(聖靈)의 불길에 휩싸이게 되었다. 그 결과로 기독교의 한국 정착이 확고해졌으며, 성서 연구가 보다 깊어지고, 성령을 통한 영적 변화와 양적 변화가 나타났으며, 교회의 비정치화와 내세적 신앙확립이 이루어졌고, 교회 활동이 보다 활성화되었다.

1907년의 대부흥 운동은 말씀 중심, 기도 중심이었으며, 성령의 역사로 인한 영적 대각성운동이 되었다. 이로 인해 동족들이 기독교 신앙을 갖게 하려는 열정이 증가되어, 전도사업의 확장 또한 가져오게 되었다.

Ⅲ. 한일합방(韓日合邦) 전후(前後)의 고통들

1. 105인(百五人事件)과 백만(百萬) 명 구령운동(救靈運動)

일본은 1905년에 이른바 '을사보호조약'을 통해 우리나라의 외교권을 강탈하고 통감정치를 시작하였다. 1909년, 이또 히로부미가 안중근(安重根)에 의해 암살당하자 후임으로 데라우찌 세이끼(寺內正毅)가 조선총독으로 부임하였다. 그는 1910년에 한일합방과 함께 무단정치(武斷政治)란 이름하에 헌병과 경찰로 전국을 공포(恐怖)의 분위기로 만든 장본인이다.

① 105인사건(事件)과 한국 교회

신민회(新民會)는 1907년 초에 안창호(安昌浩), 이동녕(李東寧), 이승훈 등 독립지사들이 비밀리에 조직한 항일단체이다. 이들은 무실역행(務實力行), 즉 실제적인 일에 힘쓰고 그것을 힘써 행하는 방향으로 독립사상의 고취(鼓吹), 국민역량의 배양, 청소년 교육, 상공업의 진흥을 통한 자체의 실력양성 등을 기본목표로 하였다.

이렇게 만들어진 신민회(新民會)와 교회 세력이 주축을 이루고 있던 황해도와 평안도 지방은 반일(反日) 세력의 중심지가 되기도 했다. 일본은 이를 부수기 위해 안악(安岳)사건을 일으키고 105인 사건을 조작하였다.

안악사건(安岳事件)이란 1910년 11월, 안명근(安明根)이 서간도(西間島)에 무관학교를 설립하기 위한 자금을 모금하다 발각되어, 황해도 일대의 지식인과 교계인사 160여 명이 검속된 사건을 말한다.

신민회의 목표는 국권을 회복하여 자유 독립국을 세우고 그 정체(政體)를 입헌군주제가 아닌 공화정체로 한다는 데 있었다. 그리고 신민회에 동조하는 사람들 중에는 김홍량(金鴻亮), 김구(金九), 최명식(崔明植), 이승길(李承吉), 도인권(都寅權), 김용제(金庸濟) 등이 있었는데 주로 안악의 양산학교(楊山學校)와 면학회[9]를 중심으로 애국적 문화운동에 종사하고 있었다.

105인사건은 총독부가 평안도를 중심으로 기독교 세력을 분쇄하기 위해 새로운 사건을 조작하여 기독교의 지도자들을 투옥하고 선교사를 추방하는 데 그 목적이 있었다. 그렇게 날조된 105인사건의 내용은 다음과 같다.

"초대 조선 총독 데라우찌 세이끼(寺內正毅)가 1910년 11월 5일에 압록강 철교 낙성식을 위해 선천역에 잠시 하차하였을 때, 선교사 맥큔(G. S. McCune)이 데라우찌와 악수하는 것을 암호로 하여 그를 암살하려 했다"는 것이다. 이 사건을 빌미로 하여 황해도와 평안도 지방의 유수한 교계인사들을 체포하기 시작하였는데, 1911년 가을까지 157명이 체포당했다.

이러한 각본에 따라서 일제는 1911년 9월, 윤치호(尹致昊)를 필두로 이승훈, 양기탁, 유동열, 안태국, 주기철 등 전국적으로 600여 명의 교계 지도자와 애국지사를 검거 투옥하였다. 일제는 야만적인 고문으로 허위자백을 강요하였고, 나아가 사상전환도 강요하였다. 일제의 고문으로 김근형(金根瀅) 등 2명이 사망하고 많은 사람들이 불구자가 되었다.

결국, 억지에 의해 공판에 회부된 122명은 1912년 5월에 기소되어 6월 28일부터 경성지방법원에서 재판을 받았다. 공판 중 윤치호, 양기탁, 유동열 등은 "이는 고문에 의한 사건임으로, 날조"라면서 무죄를 주장하는 등 완강한 공판투쟁을 벌였다. 결국 안태국의 이를 반증하는 증거제출로 이 사건은 날조임이 입증되었다.

그러나 재판관은 재판을 강행하여 날조 문서인 판결문을 작성하고, 같은 해 9월 28일, 105명에 대해 징역 5년에서 10년까지의 유죄판결을 내렸다. 유죄판결을 받은 105명은 모두 고등법원에 항소하였다.

이 사건은 원래 날조된 것이어서 증거가 있을 리 없었으므로, 일제의 고등법원은 1913년 5월 24일, 사건을 대구복심법원(현재의 대구고등법원)으로 되돌려 보냈다. 이후 이 사건은 105명에 대해 날조된 유죄판결을 내렸다 하여 '105인사건'이라 하게 되었다.

1913년 7월 15일, 대구복심법원에서는 105명 중 99명을 무죄로 석방하였고, 윤치호, 양기탁, 안태국, 이승훈, 임치정(林蚩正), 옥관빈(玉觀彬) 등 6명에게만 징역 5~10년형을 선고하였다. 이는 이 사건이 일제의 날조에 의한 사전의 예비검속이라는 사실을 입증한 셈이었다. 이와 같이 일제는 조작극을 통해 한국 교회를 말살하려 하였으나, 오히려 복음의 뿌리는 더욱 깊고 더욱 넓

---

9) 勉學會:906년에 만들어진 민지계발(民智啓發), 산업증진, 교육장려 등을 목적으로 한 계몽단체

게 전파되어지는 결과를 가져오게 됐다.

② 105인사건과 선교사들

일본의 105인 사건 판결문에 의하면, 1905년에 내한해서 1936년 신사참배 문제로 미국으로 출국해야 했던 평안도 지역의 대표적 선교사였던 맥쿤(尹山溫, George S. McCune)과 사락수(謝樂秀, A. M. Sharrooks), 마포삼열(馬布三悅, Samuel A. Moffett) 등의 선교사들이 105인 사건이 발생하자 이에 가담하여 이들을 격려하여 주었다.

이를 못마땅하게 여긴 일제는 선교사들에게 "이 사건에 가담된 애국 지식인들에게 피할 수 있는 비밀장소를 제공하여 주었다"라는 이유를 붙여 책임을 묻기도 하였다. 이외에도 "언더우드, 해리스가 이 사건에 가담하였다"고 지적하기도 했다.

한편, 해리스 같은 선교사는 일본과 아주 친했던 선교사로 알려져 있는데, 백낙준(白樂濬) 박사는 해리스(M. C. Harris)를 '일본의 대리인'이라고 지칭할 정도였다. 그리고 선교사들 중에는 일본총독부와 친밀하게 지내는 자도 많았으며, 교정(敎政)분리 원칙을 통해 일본에 대한 항거를 방치하기도 하였다.

그러나 YMCA 총무로 있던 길레트(P. L. Gillett)는 이 사건이 진행중일 때 일본의 조작극과 한국 교회에 대한 핍박을 서신으로 외국에 널리 알려 폭로했다는 이유로 1913년에 국외로 추방되기까지 하였다.

③ 백만구령운동(Million Souls For Christ)

1909~1910년, 일제에 의해 우리 민족이 역사상 가장 치욕적인 순간을 맞이했을 때 백만구령운동은 한국 교회사에 또 하나의 간과(看過)할 수 없는 신앙운동으로 일어났다. 백만구령운동은 "백만인을 그리스도에게"라는 표어 아래 시도된 대규모 신자화 운동이었다.

1909년 여름, 개성에서 남감리회 선교사 3명이 산상기도회를 마치고 내려와 평가회를 갖고 그 자리에서 도출된 합의에 따라 지방 전도회를 갖기로 하였다. 지방 전도회의 목표는 교회 교인들에게 앞으로 1년 안에 5만 명의 신자가 늘어날 수 있도록 하자는 것이었고, 구체적인 실천방법으로 전국의 교인들에게 기도를 부탁하는 것과 그들이 솔선수범하여 각 지방에서 전도집회를 갖게 하는 것이었다.

이 운동이 실천에 옮겨짐에 따라, 기존 5만 명이란 목표가 20만 명으로 늘어났고 이 운동은 마침내 복음주의선교부 통합공의회(The General Council of the Evangelical Missions)를 통해 "백만 심령을 그리스도에게"라는 표어로 바뀌어 일어나게 되었다. 이때 우리나라 장로교, 감리교 교인들을 합하면 모두 '8천 명' 정도였는데 선교사들은 당시 교인의 수를 20만으로 생각하고 있었다고 한다.

선교사들은 국운이 기울어져가는 당시 한국의 정치, 사회적 상황을 보면서 이때가 이 나라의 앞날과 한국인의 영혼구원을 위한 최적의 기회로 파악했던 것이다. "오늘이 전도할 날이요, 이곳이 전도할 곳이다. 활짝 열린 전도의 문 앞에 겸손하게 수많은 백성이 초라한 심정으로 기다리고 있다"는 것이었다.

1910년 9월 19일, 평안북도 선천에서 개회된 '장로회 제4회 독노회'에서는 모든 안건에 앞서 백만명구령운동 결의안을 통과시켜 각 대리회로 하여금 특별위원을 선정하여 이 운동을 적극 추진케 하였다고 김양선 목사는 그의 책에 기술하고 있다.

사경회 참석을 위해 161km 이상을 걸어온 이들

그 결과 서울에서는 교파와 계층을 초월한 전도단이 조직되었으며, 이는 다시 수만 명이 참가하는 전도집회로 확산되어 전국으로 순회전도가 일어나게 만든다. 또한 서울과 평양을 위시한 전국 각 기독교 학교에서 학생들과 교사들이 대거 전도운동에 참여하는 운동으로 확산되기도 했다.

백만구령운동의 전개과정에서 특기할 만한 일은 독특한 전도방법을 사용하였다는 것인데 '날연보(Day-offering)'가 바로 그것이었다. 날연보란 물질적인 연보와는 별도로 자신의 시간과 몸을 하나님께 드리는 것을 뜻한다. 또 하나는 문서전도 운동이었는데, 이는 초기의 노방전도에서도 사용된 것으로 수백만 매의 전도지와 70만 권이 넘는 마가복음서 쪽복음이 전국 각지에 배포된 일을 말한다.

1907년 장대현교회의 사경회 모습

여성사경회

백만인구령운동 출발지인 개성송도에 모인 선교사들

1910년부터 1911년까지에 일어난 '백만구령운동(Million Souls For Christ)'은 우리 민족에게 새 희망의 메시지로 다가온 역사적 의의가 담긴 사건이었다. 이때 황해도 재령에서는 이 운동에 가담하기로 한 신자들이 1만 명에 달했고, 평양에서는 천 명의 청중이 전적으로 자신의 삶을 개인전도에 바치겠다고 약속한 날 수가 2만 2천 일에 달하여, 모두 10만 일에 달하는 전도 일수가 약속되었다.

이러한 교회의 백만구령운동이 일어남과 동시에 우리나라를 통치하던 조선총독부는 교회 탄압의 기회를 찾고 있었다. 그리하여 1911년에 데라우찌 총독 살해 음모사건을 만들어, 교회 지도자급 157명을 전국에서 검속하기도 했다. 이것은 전술한 바와 같이 순전히 날조된 사건으로 드러났지만 105인이 기소되어 그 중 몇 명이 10년 내지 5년의 형고를 받았지만, 1915년 2월까지 다 풀려 나왔다.

한편, 일제의 정치적인 억압만 아니라, 경제적 착취도 가혹해져갔는데, 이때 농토를 빼앗기고 남북 만주로 이민 가는 수가 해마다 늘어났다고 한다. 자료에 의하면 1910년에는 그 수가 106만 명이었으나 그 후 250만 명에 달했다고 추산하고 있다.

그러나 우리 교포가 남북 만주에 흩어져 살면서도 마을이 생기는 족족 교회와 학교를 세워 망명민족의 요람지가 되도록 하였으며, 1920년에는 남만노회, 1921년에는 간도노회, 1922년에는 시베리아노회, 1931년에는 북만노회가 설립되어 모국 교회 총회 산하에 들어와 교회적 통일을 유지해 왔다. 그러므로 만주는 옛날 고조선, 부여, 고구려, 발해의 옛터가 될 뿐 아니라, 1900년대 이후 우리의 기독교인들, 애국자들, 망명자들이 피와 땀으로 개척한 터전이기도 했다.

백만구령운동은 교인들의 집단적인 참여와 헌신을 통해 기독교인으로서의 자긍심과 공동체 의식을 공고히 하였다는 점과 전도가 초교파적 연합운동으로 전개되어 일체감을 고양(高揚)시켰다는 사실을 확인할 수 있다. 그러나 결과는 성공적이었다 할 수 없다. 1911년 초까지 1만 명도 결신하지 못했다는 자료분석이 나오고 있다.

한편, 민족의 비운과 불안심리를 기독교 전파의 기회로 이용한 점은 민족사의 관점에서 비판을 받을 수 있는 부분이기도 하다. 또 일본에 대한 비분을 '참회운동', '영혼구제'와 '천당지옥의 화복'으로 전환시키고, 국가 민족의 존망은 전혀 고려하지 못 하도록 한 점이 있다는 비판도 있다.

그럼에도 불구하고 일본인들은 이 운동을 "백만 명의 기독교 십자군병을 양성하는 운동"으로 파악하고 우려했다. 이 점이 일제가 '105인사건'을 일으키게 되는 한 원인이 되기도 한 것이다. "한 생명이 온 천하보다 귀하다"는 예수님의 말씀과 함께 '백만 성도'라는 한국 교회의 기도 제목은 해방 이후에 비로소 이루어졌다.

선교초기의 전도부인들 (여전도사님들)

－출처: 이덕주, 『한국교회 처음 이야기』, 홍성사; 『한국교회사』중 '교세확장과 기독교 민족운동' 편

2. 3·1운동 속의 한국 교회

한국 기독교는 복음을 수용하여 전하던 시기에 일제침략의 지배를 맞게 되는 비운의 역사를 갖고 있다. 한국 기독교 초기역사가 일제의 침략사와 궤(軌)를 같이 하는 가운데 기독교는 항일 민족운동 세력의 하나로 위상을 정립하게 된다.

1919년 3·1운동이 일어나게 된 기본적인 원인과 배경은 일제의 주권탈취와 한국강점에 따른 민족적 모순의 증대에 있었다. 일제는 제국주의 열강의 묵인 또는 협조하에 1905년, 을사5조약을 강제로 체결함으로써 한국의 외교권을 빼앗아 한국을 국제적으로 고립시켰다.

그리고 통감부를 설치하고, 한국을 보호국화(속국화)하여 식민통치의 기반을 마련하는 한편, 한국인의 국권 회복운동을 탄압하였다. 그러다가 1910년 8월, 한일합방조약을 강요하여 영토, 주권, 국민을 완전 병탄(倂呑·竝呑: 남의 물건이나 다른 나라의 영토를 한데 아울러서 제것으로 만듦)하여 총독부를 두고 헌병과 경찰제로 무단통치(武斷統治)에 의한 직접적인 식민지 경영에 착수하였다.

이로써 한국인의 모든 자유와 권리는 박탈되었고, 토지조사 사업으로 대표되는 합법을 가장한 약탈적 경제정책은 가속화되었다. 이러한 폭압 속에 대내외에서 나타나는 영향이 우리 민족의 마음과 정신을 한곳에 묶는 애국적 항일 에너지를 만들어 폭발하게 되었는데, 이것이 바로 1919년의 3·1운동이다.

3·1운동은 기독교와 천도교, 불교 등의 종교단체들이 연합하여 거국적으로 이루어졌으나 교회라는 조직을 통해 전국적으로 폭넓게 운동을 전개할 수 있었다.

① 3·1운동의 근원적 원인

3·1운동의 유발은 1918년 제1차 세계대전이 종결되고 미국 28대 대통령 윌슨(Wilson)이 "자기 민족의 운명은 자기민족 스스로 결정해야 한다"는 '민족자결주의(民族自決主義)의 원칙' 과 고종황제의 승하(昇遐)에 따른 것으로 볼 수 있다.

그러나 그보다도 근원적인 원인들이 있었는데, 그것은 한국민의 독립에 대한 열망, 무단통치(武斷統治)에 의한 총독부의 군정과 횡포, 일제의 민족성 말살 기도, 사법처우나 행정기관에서의 차별대우로 기회상실, 언론·신앙·결사·자유의 박탈, 종교에 대한 근절정책, 한국인의 해외여행과 교육에 대한 금단조치, 토지의 약탈, 한국 청년을 퇴폐의 길로 유인하는 비도덕적 경향, 만주에서의 강제이민 등의 문제에 있었다.

이에 교회는 강력한 민족의 정기와 울분을 해소할 효과적인 통로를 제시하였고, 신앙 공동체를 통해 비밀보장과 연락을 긴밀하게 할 수 있는 온상이 되었던 것이다.

② 교회의 참여

3·1운동보다 근 1개월이나 앞서서 일본 동경YMCA에서 유학생들을 중심으로 하여 2·8독립선언이 있었다. 장소가 YMCA였고 이 행사의 처음과 나중에 윤창석(尹昌錫) 목사의 기도가 있었다는 것이 의미 있는 일이다(김수진, 『한국교회사』, 한국기독교역사연구원)

국내에서의 운동은 천도교를 중심으로 준비된 것과 YMCA 간사 박희도(朴熙道)와 연희전문학교 학생 김원벽(金元璧) 등을 중심으로 한 기독교 계통에서 이원적(二元的)으로 준비되어 오던 것을 오산학교의 설립자 남강(南岡) 이승훈의 권유로 분산된 모든 조직을 하나로 만들며 비로소 이 운동을 전개할 수 있었다.

3·1운동이 거족적으로 실시되기 위하여 기독교, 천도교, 불교 인사들이 함께 가담하였고, 33명의 민족대표 중에 기독교계 인사가 16명이나 있었는데, 그들은 이승훈, 양전백, 이명룡, 신석구, 김병조, 길선주, 신홍식, 유여대, 오화영, 이갑성, 김창준, 이필주, 정춘수, 박동완, 박희도, 최성모이다.

③ 교회의 역할

3·1운동에서 교회가 한 특별한 일은 전국 곳곳의 교회를 통한 청중 동원, 독립선언서의 국내외 배포와 전달, 각종 문서전달 등이었다.

3·1운동은 전국적으로 확산되어 각 지방마다 교회를 중심으로 만세시위를 벌였고, 그 선봉에는 기독교 계몽 학교들이 있었다. 이를 통해 한국 교회는 숨은 저력을 발휘하게 되었는데, 그것은 부정과 독재에 항거하여 걸어 온 기독교 2천 년 역사의 전통적 행함과 교회의 결속력과 통일력을 통한 조직적인 활동, 그리고 교회의 강한 자치 정신과 연대감, 그리고 세계 교회와의 연대 가능성, 나아가 부활신앙을 바탕으로 한 신앙의 결속이었다.

우리 민족 대표 33인 가운데는 기독교 출신이 16인이나 되었으며, 남강 이승훈 장로가 중추적 역할을 하는가 하면 그밖의 준비위원 48인 가운데서도 기독교 교인들이 대부분이었다. 이로 인해 많은 교회 지도자들이 투옥되었고, 조직의 산실인 교회가 막대한 피해를 입게 되었지만, 이는 나라 사랑하는 것이 기독교 신앙의 큰 덕목임을 잘 일깨워 준 대목이기도 하다.

④ 교회의 피해상

일본의 공식 발표에 따르면 예배당 완전 파괴가 17동, 일부 파괴된 것 24동, 그밖의 피해 41동, 교회 재산피해 30,000불이었으며, 평북 정주의 오산중학교 건물 피해액은 5천 불이었다. 그리고 장로교 교인만으로 체포된 목사와 장로가 134명, 교인 3,804명, 사살된 신도의 수가 47명이었다.

그리고 지금의 경기도 화성시 함남면에 있는 제암리감리교회에서는 일본 헌병들이 교인과 동민을 예배당 안에 모아 놓고 문을 잠구고서 불을 놓아 수십 명을 살해하는 만행을 저지르기도 했다. 이렇게 3·1운동이 수많은 희생을 내면서까지 우리 민족사에 있어서 가장 빛나는 독립을 향한 민족적 항의의 역사이기는 하지만, 결과적으로는 독립운동에서 실패의 쓴 잔을 마셔야 했다.

⑤ 3·1운동의 결과

우리의 독립선언은 실패로 돌아갔다. '민족자결원칙'이란 패전국(러시아나 독일)에 예속되어 있던 약소민족에게 적용되는 것이요, 전승국가에 예속되어 있는 약소민족에게는 적용되지 않는 원칙이었다.

그러므로 러시아와 독일에 예속되어 있던 폴란드, 체코슬로바키아, 헝가리 등이 독립을 했으나, 전승국인 영국에 예속되어 있던 인도나 일본에 예속되어 있던 한국, 미국에 예속되어 있던 필리핀에는 민족자결의원칙이란 무의미한 것이었다.

장로교에서는 3·1운동이 추진되면서 그 목표를 이렇게 설명하였다.

"한국 교회의 활동에 새로운 생명을 불어 넣고… 복음전도의 노력을 증진시키며… 주일학교 활동에 새로운 자극을 주는데 있다."

특히, 주일학교 사업이 활발하게 전개된 것은 민족의 그루터기인 어린 심령에 하나님의 말씀을 가르쳐 민족의 생명을 보존하며, 생기있게 키워보자는 어른들의 욕구가 반영된 것이었다. 그리하여 1920년에는 〈주일학계, 主日學界〉란 잡지를 발행하였으며, 1921년에는 전국 주일학교 대회를 개최하여 새로운 역사를 창조하려는 의욕을 나타내었다.

그와 같은 활동으로 1920년의 1년 동안 장로 교회에는 5,603명의 새신자가 등록하였다. 특히, 이 시기에 김익두(金益斗:평신 1909년, 3회 졸업) 목사를 통하여 신유(神癒)를 행하면서 절망상태에 빠진 우리 민족에게 초자연적인 존재이신 하나님의 능력을 드러내어 우리 민족을 하나님께로 귀의시키는 놀라운 역사가 있었다. 더불어 임종순(林鍾純) 목사의 영적 감화도 큰 영향력을 끼쳤다.

이 당시의 상황을 교회사는 이렇게 기록하였다.

"일본 정부의 압박, 투옥과 교회의 빈약한 지도력, 내적 분쟁과 부도덕, 홍수의 피해와 마적의 약탈, 기근과 궁핍 등 이러한 모든 곤경을 겪으면서도 1920년부터 1925년까지 사이에 교회들이 잘 성장하였던 것이 사실이다. 이 5년 동안의 성장률은 30%에 달하였다. 세례교인이 69,000명 ~ 89,000명으로 증가되었다는 것은 좋은 성장이다."

3·1운동 후 일본은 통치형태를 무단 현병정치에서 문화정치(文化政治)로 바꾸면서 정책변화를 가졌다. 그러나 기본방침에 있어서는 조금도 달라진 것이 없었다는 것이다. 전략(戰略)은 그대로 둔 채 전술(戰術)만 조금 바꾸었을 뿐이다.

그러나 조선의 기독교는 "민족과 함께"라는 목표 아래 교육, 문서선교, 6·10만세 참가 등 신앙의 정절 안에서 애국이란 민족정신으로, 독립을 향한 모든 일에 일역을 담당해 나갔다. 그리고 3·1운동의 영향으로 우리 민족은 독립운동을 좀 더 조직적이고 효과적으로 추진하기 위해 중국 상하이에 대한민국 임시정부를 수립하기에 이르렀다.

제6장 신사참배 반대운동과 장로교의 변체

I. 일제의 박해(迫害)와 기독교의 투쟁(1936-1945년)

1. 일본의 세계침략을 위한 야욕정책(野慾政策)

우리 민족은 1931년, 만주사변과 1937년, 중일전쟁을 거치는 가운데 1945년 해방이 될 때까지 일제의 전시체제와 민족말살 정책을 위한 황민화정책(皇民化政策)으로 극심한 박해와 탄압을 받았다.

이는 그들이 강요하던 '천황제(天皇制)', 즉 황민화정책에 의한 내선일체(內鮮一體)의 이데올로기적 식민지 지배정책이 근본적으로 기독교의 교의(敎義)와는 배치되었을 뿐만 아니라 기독교인들 가운데 민족운동과 독립운동에 직·간접적으로 관련을 맺고 있는 이들이 많아 그들의 주목을 받았기 때문이다.

총독부(總督府)는 이 시기에 전시 비상시국이라는 명분을 빌어 기독교를 완전히 세계 교회로부터 고립시키고, 그들의 세력 아래 두어 변질을 강요함으로써 전쟁 협력의 도구로 사용코자 하였다. 기독교의 교의(敎義)와 일본 국체(國體)는 근본적으로 차이가 있으므로 기독교는 일본의 국체와 도덕의 근본과는 서로 합일하는 것이 아니라는 것을 전제하고 있었다. 이러한 차이 때문에 일제는 항상 기독교에 대해서 의구심을 품고 감시를 게을리 하지 않았다.

이에 대항하여 한국 교회는 저항과 투쟁을 계속해 왔으나 한국 기독교의 마지막 보루(堡壘)였던 조선예수교장로회 총회의 신사참배 결의와 함께 한국 기독교는 결국 그들에게 굴복하고 말았다. 그들의 강요에 굴복함으로써 한국 기독교는 심각한 좌절과 변질을 초래하였다.

일본은 만주사변(1931년) 후 '황민화 정책(皇民化政策)'을 폈는데 이것의 특징은 천황 신앙을 강요하기 위한 내선일체론(內鮮一體論:일본과 우리나라 백성은 하나다)을 내걸면서 우리민족의 정체성(Identity)을 빼앗아 민족성의 말살을 단기적으로 달성하려는 것이었다.

이는 비록 일제의 강압에 의한 것이었더라도 반드시 하나님 앞에서 해결하고 넘어가야 할 중요한 문제임에 틀림없었다. 우리는 승리의 역사를 통해서 뿐만 아니라 실패의 역사를 통해서도 하나님의 뜻과 역사적 교훈을 얻어야 한다. 한국 교회의 부끄러운 역사도 감추지 않고 밝히는 이유가 여기에 있다.

하나님은 우리가 과거를 기억하면서 당신의 은혜를 잊지 않고 감사와 회개, 그리고 그 안에서 당신이 기뻐하는 미래를 향한 개혁적 믿음의 실천을 바라고 계신 것이다.

2. 신도(神道)와 신사(神社), 그리고 신사(神祠)란 무엇인가?

'신도(神道)'란 일본 민간신앙에서 발생한 전통적인 종교적 관습들을 신격화하여 자기들의 손으로 만들어 놓은 신(神)을 말한다. 신도(神道)의 기원은 고대 일본인의 '가미(かみ-神)'에 대한 신앙과 제사의식에서 찾아 볼 수 있다. '가미'라는 말은 신격(神格) 혹은 영적인 존재를 가르키는 일본의 고유어이다. 이 말은 대단히 포괄적인 의미를 가지고 있어, 자연현상, 경이적인 자연물, 신화적인 인물, 역사적인 위인, 조상들의 영, 절대적인 권력을 가진 자들을 신(神)으로 생각하고 '가미-神'으로 숭배하였는데 이것들을 총칭하여 8백만 신(神이)라는 다신교적 신앙의 산물을 만들어 섬기고 있다.

'가미(かみ-神)'에 대한 신앙으로 천황권의 강화와 함께 천황을 조상신으로 여겼던 천조대신(天照大神:일본의 기원 신화에 등장하는 태양신적 성격의 여신)을 중심으로 하여 신사(神社:일본인들이 믿는 수많은 귀신, 잡신들을 모신 종교 집합체의 사원)에 숭배하는 신앙의 형태로 굳어지게 된 것을 말한다. 따라서 신도(神道)는 고래로부터 일본의 정치권력 내지는 황실(皇室)과 밀접한 관련을 가지고서 권력의 독점을 위한 정치적 도구로 사용·발전되어 왔다.

신도(神道)는 교리나 경전보다는 관습적 의례(儀禮)에 치중하였기 때문에 근대 이전에는 고등종교인 불교에 눌려 그것의 종속적인 위치에 놓여 있었다. 이렇게 사상적 열세와 천황권의 약화로 막부체제하에서 민간신앙의 차원을 넘어서지 못 하던 신도가 17, 18세기 일본의 유학자들에 의해 다시 주목을 받게 되었다.

이들은 일본의 고유한 것을 찾기 위해 고전을 연구하는 가운데 신도(神道)에 주목하고, 복고신도(復古神道)를 제창하였다. 그리하여 1865년에 막부시대(幕府武家)를 끝내고 왕에 오른 메이지(明治王)는 1868년에는 '메이지유신(明治維新)'을 단행하여 왕정복고를 튼튼히 하는 신도(神道) 사상에 집중한다.

그리고 외국의 문물은 받아들이되 사상과 정신은 배척하는 배외적(排外的) 국수주의와 왕정복고에 힘을 싣는 입헌군주제에 의한 군국주의를 실시하고, 자본주의를 도입하여 근대화 발전을 꾀하여 오늘에 이르고 있다.

메이지유신의 정신인 복고신도(復古神道)는 천황을 절대신으로 여기는 천황제(人間神)의 이념으로 지배통치의 원리로 채택된다. 그 후 신도는 일본 정부의 보호 육성하에 급속히 확산되어 국수적 토착종교로서 국교(國敎)적 지위를 확립해 갔다. 1871년에 일본 정부는 일본의 모든 신사를 국가의 종사(宗祀:받들어 제사함)로 하고 사격제도(社格制度:신도에 격식을 갖추는 제도)를 마련하여 신사에 공적지위를 부여하였다.

일본의 국가 신도는 천황중심주의와 그것을 옹호하기 위한 무력주의를 중심으로 하여 조직되었기 때문에 천황제와 군국주의를 강하게 결부시켜 제국주의적 침략정책 수행 및 식민지 지배에 이용하고 있는 것이다.

신사(神祠)는 신도(神道)를 모셔 놓고 제사를 올리는 사당(祠堂)을 말하는데, 신도(神道)와 신사(神祠)를 확대 조립 완성한 것이 바로 '신사(神社)'이다. 즉, 신사(神社)는 신도(神道, Shintoism) 사원(寺院)을 뜻한다.

3. 신사참배(神社參拜) 강요를 위한 교회에 대한 음모

1931년, 일본은 만주사변(滿洲事變)을 일으켜 대륙침략을 재개하면서 일본 군국주의와 함께 신사참배를 정치적 차원에서 본격적으로 강요하기 시작했다. 이러한 강요가 가장 먼저 발생한 곳은 바로 교육계였다. 일본의 침략정책에 대한 애국심을 기르기 위한 훈련의 일환으로 재학중인 모든 학생들에게 신사참배를 강요한 것이다.

그러나 기독교계 학교들이 이를 거부함으로써 신사참배 문제가 크게 부각되었다. 일본은 1932년 1월 '만주사변 기원제'를 전남 광주지역에서 지내려 했으나 기독교 학교들이 이를 거부하였다. 그리고 동년 9월, 평양지역에서도 '만주사변 1주년 전몰자위령제'를 개최하였으나 10여 개교의 기독교 학교가 불참하였다.

1933년 9월에도 원산에서 '만주사변 2주년 기념 순란자(殉亂者)위령제'가 시행되자 캐나다 장로회 소속 진성여자보통학교(進誠女子普通學校)도 참여를 거부함으로써 경고를 받게 되었다. 이렇게 되자 일본은 행정기관을 통한 경고와 함께 기독교 학교에 대한 사찰을 강화하면서 탄압을 더욱 노골화하였다.

1935년 11월 14일, 평안남도 도청에서 개최된 공·사립 중등학교 교장회의에 참석한 도지사가 벽두에 교장들에게 평양신사에 참여할 것을 요구하였다. 이에 교장단 대다수가 반대하였고, 이에 도지사는 강경책을 쓰기로 하고 금후 학교장 및 학생들의 참배여부까지 명확히 해답하도록 요구하였다. 그 회답의 여부에 따라서 관련자의 학교장직 파면 및 강제 폐교도 불사하겠다는 방침을 세웠다.

일제가 이러한 강경책을 쓰게 된 것은 당시의 시대적 조류와 깊은 관련을 갖고 있으나, 한편으로는 한국 교회와 선교사들간의 분열, 이간을 책동하고 기독교계 학교에 대한 선교사들의 영향력을 배제시킴으로써, 이를 식민지 교육체제에 완전히 편입시키고자 하는 음모도 숨어 있었다. 일본은 해방 전까지 서울 남산의 조선신궁(朝鮮神宮)을 위시해서 전국 각지에 1,141개의 신사를 만들어 놓고 기독교를 탄압하고 민족정신을 말살하려 했다.

한국 교회에 대하여 총독부가 직접적으로 신사참배를 강요하기 시작한 것은 1938년부터였다. 1937년 7월, 중일전쟁을 일으키면서 이른바 '황민화운동(皇民化運動)'의 고조와 함께 천황지상주의를 주창하면서 교육계에서의 신사참배 문제가 자신들의 의도대로 되어가는 기미를 느끼고서 신사참배의 칼끝을 교회로 향하였다.

서울 남산의 조선신궁

그리하여 1938년 2월에는 '기독교에 대한 지도대책'을 세워 일반 신자들의 신사참배를 강화하려 했다. 이 일이 있기 전에 천주교나 감리교 및 여타 교단들은 교단적 차원에서 신사참배를 결의하였고, 성결교는 자진해산하였으며, 이제 남은 것은 유일하게 장로교뿐이었다.

그러나 장로교도 일제의 노골적인 위협 앞에서 끝내 견디지 못하고 1938년 2월 평북노회가 신사참배를 결의한 이래, 동년 9월 제27차 조선예수교장로회 총회가 개최될 때까지 23개 노회 중 17개 노회가 이미 신사참배를 결의하고 만다.

이러한 결의를 촉진시키기 위해 "신사참배 거부 교회도 단호히 검속"이라는 강경책과 함께 한국 교회 목사들을 일본에 파견하여 이

평양신사

미 그들의 정책에 굴복한 일본 교회들을 방문케 하는 등 유화책을 동원하기도 하였다.

총독부는 그해 9월, 제27차 장로회 총회에서 신사참배를 가결하도록 하기 위한 치밀한 계획속에 총회에 참석할 노회 대표인 총대들에게 이르기를 첫째, 총회에 출석하면 신사참배가 죄가 아니다 라는 것에 동의할 것, 둘째, 신사참배 문제가 상정(上程)되면 침묵을 지킬 것, 셋째, 앞의 두 가지를 실행할 의사가 없으면 총대를 사퇴하고 출석하지 말 것 중 택일할 것을 강요하고 이에 불응하는 사람들은 검속, 투옥토록 하였다.

그리고 총회 전일에는 친일적인 총대들을 포섭하여 이 안의 제안(提案), 동의(動議), 재청(再請)까지 담당할 총대를 선정해 두었다. 그리고 총대 선교사들은 경찰서에 초치(招致:불러들임)시켜 이에 관여하지 말도록 요구하였다.

그리하여 장로회 총회는 100여 명의 정사복 경찰관들이 총대들 사이사이에 끼어 앉아 불법적으로 신사참배 결의안을 통과시키는 압력의 감시를 하였다. 그 후 총회에 감시자로 참석했던 일본 경찰관 89명에게 표창장이 주어졌는데 그 중에는 종로경찰서 서장도 포함되어 있었다 한다.

조선예수교장로회 총회에서까지 신사참배가 가결되자 일제는 이 결의문과 종교단체법을 이용해 본격적으로 한국 교회에 신사참배를 강요하고 예배순서까지 이른바 '애국적 의식'을 넣도록 강요하는 한편, 예배당에도 가미다나(가정이나 사무실 등 가미를 모시기 위한 선반 또는 제물상)를 설치하도록 하였다.

4. 신사참배(神社參拜) 강요

전술한 바와 같이 일제강점기(1910~1945년)에 일본의 민간종교인 신도(神道, Shintoism) 사원(寺院)인 신사(神社)를 곳곳에 세우고 한국인들로 하여금 거기에 강제로 참배하게 하였다.

① 신사참배 강요

일제는 신사(神社)를 중심으로 천황을 신격화하여 자국 국민의 정신적 지배는 물론, 군국주의적 침략정책 및 식민지 지배에도 이용하였다. 한국에도 1876년 개항과 더불어 일본의 정치적, 군사적, 경제적, 문화적 침략이 개시되면서 신도가 침투하기 시작했다. 신사는 1910년 전에는 일본 거류민들을 위해서 민간에서 건립과 유지를 주도하였지만, 병합 후에는 조선총독부의 보호와 육성 아래 신사의 관·공립적인 성격이 강화되고 동화정책(同化政策)의 일환으로 한국인에게까지 신사참배와 신도신앙을 강요한 것이다.

그러나 1925년 조선신궁(朝鮮神宮) 진좌제(鎭座祭: 신을 안치시키는 것)를 고비로 언론과 기독교계와 사립학교들이 강력히 반발하자, 일단 사립학교 학생들에게까지는 강제로 신사에 참배시키는 정책을 보류하였다.

1930년대에 들어서 대륙침략을 재개한 일제는 이를 뒷받침할 사상통일을 이룩하기 위해서 각종 행사를 개최하고 기독교계 사립학교에까지 다시 신사참배를 강요하기 시작했다.

이때까지만 해도 기독교계는 신앙상의 이유로 신사참배를 거부하고 총독부의 양해를 구하였으나, 총독부가 1935년 11월, 평양 기독교계 사립학교장 신사참배 거부사건을 계기로 강경책으로 나오기 시작했다. 이렇게 되자 기독교계는 분열되기 시작하였으며, 드디어 1937년부터 기독교계 학교의 일부는 폐교되고 일부는 '순응'하게 되었다.

1937년 중일전쟁(中日戰爭) 이후 일제의 이른바 '황민화(皇民化)운동'의 최고조와 함께 교육계에서의 신사참배 문제가 그들의 의도대로 일단락되어가자, 이제 그 강요의 마수를 일반인들은 물론 교회에까지 뻗치게 된 것이다.

일본 경찰은 1938년 2월, 기독교에 대한 지도대책을 세워 일반신도들의 신사참배를 지도·강화하도록 하였다. 이를 시행하기 위해 일선 경찰력을 동원하여 교회로부터 시작하여 노회, 총회 등 교단적 차원에서 신사참배를 결의 실행하도록 압력을 가하였다.

결국 기독교계도 이러한 강압을 이기지 못 하고 1938년 9월, 장로회 총회에서 신사참배를 결의함으로써 장로 교회들은 급격히 변질되고 말았다. 그러나 교단의 신사참배 결정에도 불구하고 끝까지 이를 거부하고 신앙의 절개를 지킨 인물들이 어느 교파에나 존재하고 있었다.

총독부는 신사(神社)의 건립을 계속 장려하여 1945년 6월에 신궁(神宮) 2곳, 신사(神社) 77곳, 그리고 면 단위에도 작은 규모의 신사 1,062개를 세웠다. 그러나 일제는 이것도 부족하여 각급 학교에 '호안덴[10]'을 세우고, 각 가정에는 '가미다나(神棚)'라는 가정 신단(神壇)까지 만들어 아침마다 참배하도록 하였다. 이러한 신사참배에 동원된 인원은 조선신궁 참배자만도 1940년에 약 215만 9,000명, 1942년에는 약 264만 8,000명에 이르렀다 한다.

② 신사참배(神社參拜) 거부운동

신사참배 거부운동은 크게 두 가지 방향으로 전개되었다. 그 하나는 일제당국이나 일제에 영향력 있는 기관 또는 인사들을 찾아가 신사참배를 강요하지 말 것을 청원 내지 경고한 '신사참배 강요금지 청원운동'이며, 다른 하나는 일제의 강요와 제도권 교회의 불법적 결의에 순교를 각오하고 끝까지 저항하여 신앙과 교회를 지키고자 한 '신사참배 거부 권유운동'이다.

1932년 초부터 일제의 신사참배 강요가 각 지역 기독교계 학교에서 해마다 문제가 되자, 1934년 장로회 총회장은 총독에게 2차에 걸쳐 청원서를 제출하려 하였으나, 일제 당국자들에 의해 저지되었다. 이듬해 11월, 평양 기독교계 사립학교장 신사참배 거부사건 이후 일제는 신사참배에 대한 공식적인 논의마저도 금지시켜 이러한 청원운동은 개인적 차원에서만 이루어지게 되었다.

평안남도의 박관준(朴寬俊) 장로는 신사참배 거부로 교사직을 사직하고 안이숙(安利淑)을 대동하여 1939년 2월, 일본으로 건너 가 일본 정계요인들을 만나 신사참배 강요저지를 호소하고,

---

[10] 奉安殿 : 천황의 사진이나 교육칙어(教育勅語) 등을 봉안한 전각

같은 해 3월 종교통제를 목적으로 한 '종교단체법안'을 심의하던 제74회 일본제국 국회의 중의원 회의장에 방청객으로 들어가, 종교법안 제정반대, 신사참배 강요금지, 양심적 교역자 투옥철폐 등을 주요 내용으로 한 경고장을 단상을 향해 투척하였다.

그리고 김선두(金善斗) 목사도 일본 유학생 김두영(金斗英)과 함께 신사참배 강요금지를 일본 정계 요로에 진정하고자, 1938년 8월에 일본으로 건너가 활동하였으며, 이에 동조하는 일본 정계요인들과 함께 다시 한국에 돌아와 장로회 총회의 강제 신사참배 결의를 막고자 하였다.

그러나 이러한 사실이 일본 경찰에 알려지자 김선도(金善斗) 목사는 사전에 구속되게 되고, 총회 역시 삼엄한 경찰의 압력에 굴복하여 신사참배를 결의 시행함으로써 별다른 성과를 거둘 수 없었다.

물론, 이러한 청원운동은 일제에 의해 받아들여질 수 없는 것이었고, 일제의 권력구조 내지 식민통치 체제를 인정한 체제 내의 운동이라는 점에서는 한계를 가진 것이었다. 한편 반대자들이 순교를 각오하고 일제의 종교탄압에 대항하여 문제를 확산 폭로하고 불의를 담대히 경고하였다는 점에서는 일정한 의의(意義)를 지닌 운동이었다.

일제의 강압으로 1938년 이후 한국 교회가 신사참배에 굴복하자, 이에 반대하는 교역자와 신도들은 서로 연대를 맺고 조직적, 집단적 저항운동을 전개하였다. 이들은 신사참배를 강요하는 일제 당국과, 이를 결의 실행하는 제도권 교회를 비판하면서, 신자들을 대상으로 신사참배 거부를 권유하고 거부자들간의 결속을 강화하는 운동을 폈다.

그 중심인물로 평남의 주기철(朱基徹), 평북의 이기선(李基宣), 경남의 한상동(韓尙東), 주남선(朱南善), 전남의 손양원(孫良源), 함남의 이계실(李桂實) 등처럼 전국 각지에 분포되어 있었으며, 만주 지역에서도 박의흠(朴義欽), 김형락, 김윤섭 등이 활약하였다.

일제는 이들을 수차례 검속 탄압하다가 1940년 6월~9월까지 3개월간 본격적인 검거에 착수하고 재판에 회부하여 해방되기까지 옥고를 치르게 하였다. 1940년에 나온 일제의 '기독교에 대한 지도방침'이나 같은 해 9월 20일 새벽을 기하여 전국에 걸쳐 실시된 '조선 기독교도 불온분자 일제 검거령'은 바로 이들을 탄압하기 위한 조치였다.

그리고 그 과정에서 조용학, 주기철, 최봉석, 최상민, 김윤섭, 박의흠 등 수많은 순교자가 나왔다. 이상과 같은 조직적 집단적 신사참배 거부운동과는 달리 보다 규모가 작거나 개인적 차원의 신사참배 거부항쟁은 전국 어디서나 볼 수 있었다 한다. 일제 경찰은 이들을 민족주의자로 규정하고서 치안유지법, 보안법, 불경죄 등을 적용하여 탄압하였는데, 이렇게 신사참배 거부로 인해 투옥된 이는 대략 2천여 명에 이르렀고, 2백여 교회가 폐쇄되었으며, 순교자만도 50여 명에 이르렀다.

③ 신사참배 거부운동의 의의

  기독교인이 아닌 일반인들도 일제의 강요에 마지 못해 신사를 참배하거나 가정에 가미다나를 설치하기까지 하였으나, 이에 대한 민족적 반감은 깊어져만 갔다. 각 가정에 모시도록 행정기관을 통해 나누어 준 '신궁대마(神宮大麻:가미다나에 넣어 두는 일종의 신주 내지 부적)'도 바로 폐기하거나 형식적으로 벽에 밥풀, 압핀 등으로 붙여 두는 경우가 많았다.
  1944년 가을 일제의 어용단체인 국민총력조선연맹에서 충남지역 농가를 대상으로 이에 대한 실태를 조사한 결과 주민들은 대부분 "왜놈의 귀신", "일본의 귀신"이라 하여 이를 별도로 취급하거나 폐기하고 있었다. 이러한 반감 때문에 1945년 8월 15일, 해방이 되자마자 대부분의 신사(神社)들이 민간인들에 의해 불타거나 파괴되었다. 이들 신사는 대부분 8월 15~16일에 방화·파괴되었으며 그 터는 대부분 공원이나 학교, 교회 등 공공장소로 이용되었다.
  이상과 같은 신사참배 거부운동은 우상숭배를 거부하고 기독교 신앙의 순수성을 지키려 하였다는 점에서 교회사적으로 중요한 의미를 지니고 있다. 뿐만 아니라 '천황제' 이데올로기를 중심으로 한 일본적 체제를 부정하고, 일제의 이른바 '황민화정책' 내지 '민족 말살정책'에 대한 저항적 성격을 지녔다는 점에서 민족사적 의의도 지니고 있다.

-출처: 김성태 엮음, 『한국기독교와 신사참배 문제』, 한국기독교역사연구소)

Ⅲ. 조선예수교장로회 27차 총회

　1938년 9월, 한국 기독교 역사상 씻지 못 할 오점으로 남은 제27차 조선예수교장로회 총회를 불과 며칠 앞둔 9월 어느 날, 일본 경찰은 신사참배안 가결(可決)에 장애물이 될 세 목사였던 주기철(朱基徹), 채정민(蔡廷敏), 이기선(李基宣)을 일시에 예비 검속하였다.

　앞에서도 간단히 언급한 바 있지만 그 무렵 제7대 조선예수교장로회 총회장을 지낸 김선두(金善斗) 목사는 27차 총회를 걱정하다 못한 나머지, 일본에 건너가 독실한 기독신자들인 히도시 장군, 세끼야 궁내대신을 비롯한 국회의원들을 만나 한국 교회가 겪고 있는 신사참배 문제의 홍역을 호소하여 그들로부터 적극적 협조의 약속을 받아 가지고 귀국길에 올랐다.

　김선두 목사는 현해탄(玄海灘)을 건너 평양행 기차를 타고 가다가 개성에서 일본 결찰에 의해 죄 없이 체포되어 개성경찰서에 강제 검속되었다. 김 목사를 유치장에 가둔 형사는 "27차 총회가 끝날 때까지 잠자코 기도나 하고 있어!"란 말을 남기고 유치장을 나갔다.

　한편, 미리 검속된 주기철(朱基徹), 채정민(蔡廷敏), 이기선(李基善) 목사는 평양경찰서에 5일이 지나도록 취조나 고문 없이 유치장에 갇혀 있었다. 일제는 1938년 9월, 장로교 총회 때는 어떤 수단 방법을 동원해서라도 신사참배 결의를 하도록 하겠다는 계획을 세우고, 그 계획에 따라 일을 진행하였던 것이다. 이 계획의 강압적 회유와 괴략에 의해 1938년 2월에는 전국에서 가장 교세가 컸던 평북노회가 무릎을 꿇게 되었고, 9월 총회까지 전국 23개 노회 중 17개 노회가 신사참배에 굴복하고 말았다.

　1938년 9월 9일, 오후 8시 조선예수교장로회 27차 총회가 평양 서문밖교회에서 총대원 193명이 참석한 가운데 회집되었다. 그 와중에도 평북 철산의 홍택기(洪澤麒) 목사가 총회장 감투에 가장 열심이 있다는 정보를 가지고 있던 평양경찰서 경부 나까이는 평남도지사 야스다께의 지시를 받고 여관에 투숙해 있던 홍택기 목사를 만나 총회장 당선을 전제로 한 일본 당국의 방침인 신사참배 가결을 27차 총회에서 가결시키겠다는 밀약을 받아 내었다.

　실제, 선거에서 회장에 홍택기(洪澤麒), 부회장에 김길창(金吉昌), 서기에 곽진근(郭鎭根), 회계에 고한규(高漢奎)가 선출되었다. 총회 당일 의심스러운 총대원 한 사람에 1,2명의 사복형사를 붙여 놓고 회의장 총대 옆에 앉게 하였다. 총대원 중에는 평북노회장 김일선과 김표렴과 같이 일본정책에 적극 협조하겠다는 자들도 일부 있었다. 그러나 총대원 193명중 ⅔인 128명만 반대하면 총독부 음모의 안은 부결되는 것이었다.

평양 서문밖교회의 회의장 안팎에는 총대수보다 더 많은 외경의 모습들로 가득 차 총회장을 극도로 긴장케 만들었다. 특별히 외국인 선교사들의 출입을 최대한 단속하였고, 내국인도 미리 발부한 증명서가 없이는 신분여하를 불문하고 출입을 못 하게 했다. 이날 참석한 노회는 27개 노회(조선 23개 노회, 만주 4개 노회 포함), 총대는 193명이 참석하였다. 그 중에 목사가 85명, 장로 86명, 선교사가 22명이었다.

아침 경건회가 끝나고 오전 10시 50분 회의가 개회되자 일본 경찰의 각본에 의해 총회장 홍택기 목사는 의장으로 사회석에 서서 토의사항에 들어가기 전에 긴급동의가 있으면 말씀하라고 했다. 이때 미리 짜여진 각본대로 맨 앞자리에 앉아 있던 평양노회장 박응률(朴應律) 목사는 평양, 평서, 안주 3개 노회 출석자 32인을 대표하여 다음과 같은 동의안을 제출하였다.

"당국에서 말하기를 신사참배는 종교의식이 아니라 국가행사라고 하니, 우리 총회는 가톨릭이나 다른 종교 단체들처럼 신사참배에 응하기로 결정함이 가한 줄 압니다." 이에 평서노회장 박임현 목사의 동의와 안주노회장 길인섭 목사의 재청이 바로 나온다. 결국 이것이 안건으로 채택되었다.

박응률(朴應律)의 제안이 긴급동의에 의해 안건으로 채택되자 총회장 홍택기는 이를 표결(票決)에 붙였다. 그러나 모든 의사진행에 있어서 가장 중요한 절차인 가부(可否)를 묻는 과정에서 가(可)만 묻고 부(否)는 묻지 않았다. 가(可)를 물었을 때에도 제안자와 동의, 재청자 외에 10여 명 미만만이 떨리는 목소리로 "예"하고 대답했고, 그들 외 나머지 인원들은 침묵을 지켰다. 그 침묵은 신사참배의 부당성을 표시하는 것으로 볼 수 있다.

그러한 가운데 홍택기는 재적(在籍) 몇 명에 찬성(贊成) 몇 명, 반대(反對) 몇 명, 기권(棄權) 몇 명이라는 검표절차(檢票節次)도 밟지 않고 "그럼, 신사참배안은 이번 27차 총회에서 만장일치로 통과한 것으로 알고, 이를 선포합니다"하고 사회봉을 세 번 내리쳤다.

신임회장 홍택기의 괴이(怪異)한 의사(議事)진행에 대해 총대들 모두 아무 말도 못 하고 있을 때 회의장 한 가운데서 회의절차에 대해 항의하는 목소리가 터져 나왔다. 그는 봉천노회의 한부선(B. F Hunt) 목사였다. 그는 "이건 불법이요, 회의절차가 틀렸소! 나는 하나님께 상소하겠소" 하고 외쳤고, 순식간에 회의장 여기저기서 호응하는 소리가 터져 나오기 시작했다. "철회하시오!" "무효요!" "그따위 의사진행이 어디있소!"

홍택기(洪澤麒)
27차총회장 (평북노회소속)

1941년 만주안동형무소에 수감되기 얼마전 하얼빈에서의 한부선(B. F Hunt)선교사 가족

회의장이 이렇게 되자 일본 형사들은 호루라기를 불면서 강압으로 회의장을 장악하고 무술 경찰관은 한부선 목사를 회의장 밖으로 강제출당시키는 진풍경 가운데 회의장은 난장판이 되고 말았다.

이러한 소란속에서 서기 곽진근(郭鎭根)은 미리 준비한 성명서를 낭독하였다. 내용은 "아등(我等)은 신사(神社)는 종교가 아니요, 기독교의 교리에 위반하지 않는 본의를 이해하고 신사참배가 애국적 국가의 식임을 자각하며 이에 신사참배를 솔선이행하고 추후(追後) 국민정신 총동원에 참가하여 비상시국하에서 총후황국신민(銃後皇國臣民)으로서 적성(赤誠)을 다하기로 기(期)함"이었다(소화, 韶和 13년 9월 10일, 조선예수교장로회 총회장 홍택기, 조선예수교장로회 제27차 총회록 p.6)

이러한 와중에 평양기독교친목회 회원 심익현(沈益鉉) 목사는 총회 전원 신사참배 즉시 실행키로 특청을 하여 결의함으로 그날 12시에 부회장 김길창(金吉昌)을 임원대표로 하고 각 노회장들을 회원대표로 하여 평양 신사에 나가 절하였으니, 장로교가 우상 앞에 공식적으로 무릎을 꿇은 비극적 순간이었다. 한국 기독교의 마지막 보루(堡壘)였던 장로회 27차 총회는 일제의 불법적인 강요 앞에 비참히 굴복하고 마는, 하나님과 한국 기독교의 역사 앞에 결코 잊어서는 안 될 수모의 날이 되고 말았다.

같은 날 오후 1시에 선교사들은 따로 모여 총회에 항의서를 제출할 것을 결의하였다. 그 내용은 다음과 같다.

① 신사참배 가결은 하나님 말씀에 위반이요

② 장로교 헌법과 규칙을 위반함이요

③ 일본 국법인 종교 자유 헌장에 위반이요

④ 이번 처사는 보통 회의법의 위반이다

한편, 같은 해 12월에는 권찬영(權粲永) 외 25명이 연서로 "총회의 결의는 하나님의 계율과 조선예수교장로회 헌법에 위반될 뿐 아니라 우리들에게 발언권을 허락하지 않고 강제로 집행한 것은 일본 헌법이 부여한 종교 자유의 정신에도 어긋난다." 라는 요지의 항의서를 총회에 제출하였다. 이러한 가운데 신사참배 문제는 자진굴복의 치욕속에 일단락을 고하였다.

-출처: 최훈,『교회 재건사』p.46; 장희근,『한국장로교회사』 p.242, 248; 김양선,『한국기독교사연구』, 기독교문사 p.189)

III. 훼절(毁折)된 장로교속의 신사참배 반대운동

1. 훼절(毁折)된 조선예수교장로회

'훼절(毁折)'이란 절개나 지조를 지키다가 어떠한 일에 부딪쳐서 꺾이어버린 것을 말한다. 조선예수교장로회는 1938년 9월 10일, 장로회 27차 총회에서 신사참배를 가결함으로 장로교 교단의 원칙과 지조를 저버리는 죄를 하나님 앞에서 범하고 말았다.

총회시 서기 곽진근(郭鎭根)이 미리 준비하여 낭독한 성명서를 다시 보면 "我等은 神社는 宗敎가 아니오 基督敎 敎理에 違反하지 않는 本意를 理解하고 神社參拜가 愛國的 國家 儀式임을 自覺하며 또 이에 神社參拜를 率先 勵行하고 追히 國民精神 總動員에 參加하여 非常時局下에서 總後 皇國臣民으로서 赤誠을 다하기로 期함!"

한국지도자들이 신사참배를 하기 위한 모습

신사참배하는 광경

이는 다름 아닌 하나님의 사람들이 우상 앞에 무릎꿇겠다는 항복서였다. 일개 개인이 아닌 장로교 전체를 지칭하는 단체가 말이다. 이에 하나님 앞에서 신앙의 사람들은 "우리는 27차 총회의 회의결의를 인정할 수 없소, 그 회의는 절차뿐만 아니라 방법과 신앙적 양심에서 이를 수용할 수 없소. 우리는 조선예수교장로회의 신앙적 정절의 조직을 안고 감옥으로 가겠소!" 하고 27차 총회를 무효로 선언하면서 하나님께 상소한다는 신앙적 지조속에 감옥으로 향하게 되었다.

이와 같은 각오 속에 1940년 초까지 조선에 하나님의 복음을 뿌리고 지키면서 가꾸어 오던 모든 선교사들은 추방되어 고국으로 돌아갔다. 그리고 2천 명이 넘는 신자들이 신사참배 반대투쟁에 적극 참여했으며, 감옥 안팎에서 순교한 이들이 50여 명이나 되었으며, 폐쇄된 교회만도 200여 곳이 넘었다 한다.

2. 훼절(毀折)된 후의 신사참배 반대운동의 흐름

신사참배를 반대했던 가장 중요한 이유는 신사참배를 하나님의 계명에 어긋나는 우상숭배 행위로 간주하였기 때문이다. 뿐만 아니라 이것은 개인의 신앙양심을 억압하는 불의한 행위로 보았기 때문이다. 그래서 이들은 신앙의 순수성과 신앙의 정절을 지켜 교회의 순수성을 유지하기 위해 싸웠다.

신사참배 반대운동의 방법으로는 개인적인 거부, 조직적인 불참배운동의 전개, 그리고 당시 정계 요로에 신사참배 강요의 부당성을 호소, 진정하는 방법 등이 있었다. 이것을 행동으로 옮긴 신사참배 반대운동은 전술한 바와 같이 크게 두 가지 방향으로 전개되었었다. 그 중 하나는 일제 당국이나 일제의 영향력이 있는 기관, 또는 인사들에게 신사참배를 강요하지 말 것을 청원하는 '신사참배 강요금지 청원운동'이요, 또 하나는 일제의 강요에 끝까지 저항하여 신앙과 교회를 지키고자 한 '신사참배 거부 권유운동'이었다.

① 신사참배 반대에 대한 신학적 배경

신사참배에 항거한 이들의 신앙은 초기 선교사들이 전해준 대로 청교도적 신앙속에서 신학교에서 배운 사상 그대로 하나님 말씀에 절대순종하는 신앙과 신학에 철저한 것이었다. 이들의 신학적 배경은 하나님의 계명에 절대 복종하는 신앙과 본분의 정확무오한 영감으로 계시된 하나님의 말씀 그대로를 믿는 신앙과 신학이었다. 이로 헤아려 볼 때 신사참배는 십계명 1, 2, 3계명에 위배되는 것임을 확인했기 때문이며, 그리스도의 재림을 믿는 신앙 안에서 종말론적 소망과 그리스도의 왕권에 대한 인격적 위탁이 있었기 때문이었다.

또 하나님의 진리를 타협 없이 증거하고, 국가에 대한 신자의 책임의 연대와 "네가 죽도록 충성하라 그리하면 생명의 면류관을 네게 주리라"(계 2:10 하반)는 주님의 최고의 명령이요, 약속이며, 희망인 이 말씀을 가슴과 온 몸에 새긴 신앙의 열정과 신뢰가 있었기 때문이었다.

이와 같은 신앙과 신학의 뿌리는 일제의 간악한 회유와 협박과 모진 고문속에서도 또 생명을 바치면서까지 우상 앞에 머리 숙이지 않은 일부 교회와 순교자들과 저항자들이 있었기에, 오늘의 한국 교회가 부흥할 수 있었던 것이다.

② 평양신학교의 반대운동

신사참배 반대운동은 개인 또는 단체로 시작되었다. 그러나 본격적인 반대운동은 1938년 초, 전국노회에 참배가 강요된 때부터다. 같은 해 2월 9일, 당시 전국에서 교세로 보나 신앙으로 보나 전국 교회와 신앙인들에게 롤 모델(Role model)이 되던 평북노회가 가장 먼저 신사참배를 결의하자 평양신학교 교수들과 학생들은 이에 울분을 참지 못 하고 크게 성토하였다.

평북노회 소속 학생인 장홍련은 신학교 교정에 있는 평북노회장 김일선의 기념식수를 잘라 버렸다. 이것이 도화선이 되어 잔여 노회에 불참배 운동을 전개하려고 각 노회 소속 신학생들이 결속하기 시작했다. 신사(神社) 불참배(不參拜) 운동을 전개하려고 했을 때, 평양경찰서는 그 정보를 미리 입수하여 박형룡(朴亨龍), 김인준(金人俊) 등의 교수들과 학생 다수(한창서, 장홍련, 김양선, 안광국, 장윤성, 지형순, 조윤승, 장운동 등)를 검속 투옥하였다.

이들 학생들 중에는 학교를 자퇴한 이도 있었다. 이러한 와중에 평양신학교의 교수들 중 일부는 신사참배를 강하게 반대하지 않았는데, 마포삼열 선교사와 교수들과 학생들의 강한 의지에 의한 신사참배 반대운동이 확대되자 결국 신학교는 1938년 1학기를 끝으로 폐쇄의 운명에 처하게 되었다.

마펫을 일본의 정책수행에 있어 가장 큰 가시로 여긴 일제당국은 그를 암암리에 암살해 버리려는 계획을 세운다. 그러나 이 사실이 마펫에게 미리 알려지자 마펫은 신변의 위협을 느끼고서 잠시 피해 있을 생각으로, 1936년에 본국인 미국으로 돌아갔으나 영영 한국에 돌아오지 못 하고 1939년에 고국에서 별세하게 된다. 이로 말미암아 평양신학교 당국은 무기휴교를 선언함으로써, 1901년에 개교된 평양신학교는 문을 닫게 되었고 재학생들은 통신으로 계속 공부하여 졸업하게 되었다.

③ 교회 지도자들의 신사참배 반대투쟁

1938년 2월 9일 사이에 한국 교회의 공적 기관들은 대부분 신사참배에 머리 숙였으나 개교회 교직자, 신자들 다수는 신사참배에 반대하였고, 신사 불참배운동을 일으키기 시작했다.

1938년초, 평북, 평남, 전남, 경남, 만주 등에서 불참배운동이 크게 일어나며 조직화되기 시작했다. 이 운동의 중심지는 주기철 목사가 시무하고 있던 평양 산정현교회(山亭峴敎會敎會)였다. 이 교회를 중심으로 하여 나라와 교회를 사랑하는 전국의 신앙 지도자, 민족 지도자, 민족 교육자들이 평상시에도 모여 기도하고 걱정하며, 일본의 음모에 대처하는 방안을 논의하였다.

산정현교회(山亭峴敎會)는 갖은 협박과 회유에도 끝까지 일제의 음모에 굴하지 않고 폐문 당하면서까지도 신앙적 절개를 지킨 교회로 현재 남아 있다. 산정현교회의 담임목사였던 주기철(朱基徹) 목사는 1944년 4월 21일, 평양감옥에서 순교할 때까지, 5년 4개월 동안 옥고와 갖은 고문을 겪으면서도 오직 주님의 영광을 구하다 순교한 한국 기독교를 대표하는 인물이다.

평양 산정현교회

전술한 바와 같이 신사참배 반대운동의 주도적 인물을 꼽는다면 평안남도의 주기철(朱基徹), 평안북도의 이기선(李基善), 경상남도의 한상동(韓尙東)·이주원(李朱元)·주남선(朱南善), 전라남도의 손양원(孫良源), 함경남도의 이계실(李桂實) 등을 들 수 있다. 그 외에도 최봉석, 채정민, 방계성, 주남선, 이인제, 목사와 박관중 장로, 안이숙 선생을 비롯하여 수많은 목사, 전도사, 장로, 평신도들이 엄밀히 이에 동참했다.

신사 불참배운동의 요지는 ⓐ 신사 불참배운동을 일으켜서 신사참배에 가담하고 있는 현실 교회와 노회를 약체화 내지 해체시킬 것 ⓑ 신사참배하는 학교에는 자녀를 보내지 말 것 ⓒ 신사 불참배 신도들을 규합하여 따로 예배를 드리게 하고, 그들을 육성하여 교회 및 새 노회를 조직할 것 ⓓ 신사참배한 목사에게는 세례를 받지 말 것 등이었다.

이러한 원칙하에 이기선 목사, 채정민 목사, 주기철 목사, 한상동 목사 등이 적극 노력하였고(장희근, 『한국장로교회사』, p.253~301), 배후에서 적극 지원한 선교사로는 평양의 함일돈(F. E.

Hamilton), 말스버리(D. R. Malsbury), 경남의 마라연(Dr. MaLaren), 태메시(Miss Tate), 만주 홍경에 주재하던 한부선(B. E. Hunt) 등이 있었다.

이 운동을 근거로 하여 신사참배 강요가 한창이던 때에 평양감옥에 수감되어 있던 목사님들과 장로님들 사이에서는 해방 후 교회정화를 위한 논의가 이루어졌고, 새로운 노회로의 출발을 다짐하게 되었다. 주기철 목사가 1940년 5월에 잠시 석방되었을 때에 신사 불참배 목사 몇 명이 채정민 목사 집에 모여 교회 정화를 위한 새노회 설립을 논의하기도 했다.

-출처:각종자료 및 안도명 목사 증언; 전용복, 『한국장로교회사』, 성광문화사

④ '예비검속(豫備檢束)'이란 악법(惡法)으로 신사참배 반대자들을 검속·구금한 법이다.

1938년 장로교 총회에서 신사참배가 가결되자 신사참배 반대운동도 거세게 일어났다. 아이러니컬(Ironical)하게도 신사참배가 가결된 이상 이를 거부하는 것은 장로교 총회의 결의에 저항하는 행위라고 주장하는 이들도 있었다.

이들의 논리는 교회 회의를 성회(聖會)라며 성(聖)노회, 성(聖)총회라 칭하고 있다. 그러나 지상의 어떠한 교회회의(敎會會議)도 결코 무오(無誤)할 수는 없다는 사실을 간과해서는 안 된다. 이런 점에서 교회정치원리 제1조에서는 잘못된 결정에 저항할 수 있는 '양심의 자유', 곧, 말씀에 위배되는 명령이나 교리를 거부할 자유를 인정하고 있다. 그러나 일제는 신사참배 거부운동을 식민정책에 반하는 행위로 간주하고 이들을 모두 검거 투옥시켰다.

1940년 7월부터는 '일제검거'라는 이름으로 모든 반대자들을 검거하기 시작했는데, 신사참배에 반대하여 투옥된 이들은 전국적으로 2,000여 명에 달한다고 전술한 바 있다. 이들 중 50여 명이 옥중생활로 순교한 것으로 알려져 있으나 실제로 파악된 이는 강종근, 권원호, 김윤섭, 김윤점, 김이준, 김지봉, 김창옥, 김하석, 박관준, 박봉진, 박연세, 박이흠, 서성희, 안영애, 양용근, 이기풍, 이변주, 이병규, 이우식, 이용희, 이춘관, 이현속, 전치규, 정태희, 주기철, 조용학, 최봉석, 최상림, 최인규, 최태현, 허성도 등의 31인이다.

그리고 유일하게 주기철 목사는 감옥에서 순교하였고, 나머지는 감옥에서 갖가지 고문에 시달리

게 하다가 거의 죽음의 지경에 이르렀을 때 집으로 내보내어 고문 후유증으로 순교하게 만들었다.

해방과 함께 마지막으로 출옥한 이들 중 평양감옥에 25명이 수감되어 있었는데, 그중 9명은 순교하고 16명이 출옥했다. 그리고 대구형무소에서 김두석, 김야모, 이술연, 광주에서 손양원(6·25시) 등이 석방되었다.

이들은 '예비검속(豫備檢束)'이란 이름으로 체포되었었다. 예비검속이란 1925년 제국의회에 의해 제정된 치안유지법에 근거한 예방구금 제도였다. 이것은 범죄사실이 없어도 범죄 가능성이 있다고 판단하면 체포, 구금할 수 있는 악법이었다. 위 인물들에게 적용된 죄목은 치안유지법 위반, 불경죄, 보안법 위반, 육군형법 위반 등이었다. 이들에 대한 평양지방법원의 '예심종결서'가 남아 있어 신사참배 반대운동의 전개과정을 헤아릴 수 있는 중요한 사료(史料)가 되고 있다.

평양감옥에서 출옥한 16명은 각자의 고향이나 집으로 돌아가지 않고 모두가 평양 산정현교회(山亭峴敎會)로 가서 두 달간 숙식을 함께하며, 감옥 속에서 조선 기독교의 장래를 논의했던 것과 오늘의 현실속에서 하나님 앞에 감히 나갈 수 있고, "조선예수교장로교 전체를 아우를 수 있는 혁신복구"라는 개혁안을 만들어내어 한국 기독교의 정화를 위해 힘썼다.

Ⅳ. '일본기독교조선장로교단'으로의 변체(變體)

1. 조선예수교장로교 총회의 변체

제27차 총회 후 조선예수교장로회는 급격히 부일(附日 : 친일)사업에 협조하며 앞장서게 된다. 1939년 장로교 제28차 총회에서는 '국민정신총동원 조선장로회연맹'을 조직하고, 이듬해 총회에서는 이 연맹 이사장에 윤하영, 총간사에 정인과 목사를 선출하여 그들의 명의로 다음과 같은 사업실적 보고를 하였다.

"우리 장로교 교우들이 다른 종교단체보다 먼저 시국을 철저하게 인식하고 성의껏 각자의 역량을 다하여 전승(戰勝), 무운장구 기도, 전사병 위문금, 휼병금(恤兵金:전장의 병사들을 위로하기 위하여 쓰는 돈), 국방헌금, 전상자 위문, 유족 위문 등을 사적으로 공동 단체적으로 활동한 성적(成績)은 이하(以下)에 숫자로 표시되었습니다. 애국반원들의 활동의 소식을 들을 때… 이만 하면 하는 기쁨을 가지게 되었습니다"(〈조선예수교장로회 총회 제29차 회록〉, 1940, 87~94쪽).

이는 타 교파나 타 종교와 경쟁적으로 친일협력을 하면서 그 성과에 자부심을 느낀다는 말이다. 이어 1940년대에 들어와서는 전투기와 기관총 대금을 헌납하고, 심지어는 교회 종(鐘)까지 떼어 바쳤으며, 말기에는 교회도 통폐합하여 폐지된 교회건물과 부지도 처분하여 바쳤다는 것이다. 즉, 교회의 존립을 위해 '순응'한 것이라고 말하고 있는데 이것은 한낱 자기합리화에 지나지 않았던 것이다.

물론, 같은 시기에 주기철 목사를 비롯하여 순교를 각오하고 일제의 민족 말살적 신사참배 강요에 대항하여 투쟁한 기독교인들도 상당수에 달했으며, 순교자만 하여도 50여 명에 이른다고 전술한 바 있다. 이들은 훼절(毁折)된 한국 장로교의 신앙적 조직과 정절(貞節)을 가지고 감옥으로 향했으며, 목숨도 하나님께로부터 받은 것이니 그 목숨도 주님 앞에 기꺼이 드리면서, 소망(所望) 중에 모든 어려움을 감수했던 것을 우리는 역사 속에서 보게 된다.

그리고 이러한 저항은 당시 교회의 변질을 하나님 앞에서 무한책임을 느낀다는 자책감과 신앙의 순수성을 행동적 삶으로 옮겨 온 증거라 할 수 있다. 이들에 의한 이러한 저항운동은 민족해방을 위한 투쟁이라기보다는 종교적 저항운동 내지 신앙정절(信仰貞節)을 지키고자 하는 운동의 최종목표 속에 애국적 해방을 바라는 간절함의 표현이었다.

그러나 1943년 5월 5일, 일본은 미리 짜놓은 각본에 의해 장로교단을 일본 교회에 예속되는 조치의 하나로서 조선예수교장로회 총회를 없애고 일제 정책의 명령에 무조건 따르게 하는 '일본기독교조선장로교단'으로 변체시키고 만다.

그리고 일본 국가체제에 순응하고 종교보국(宗敎報國:종교로 나라에 충성하겠다는 뜻)을 목표로 한다는 입장을 밝힘과 함께 '통리(統理)'라는 조선총독부의 명령을 받는 이름으로, 채필근(蔡弼近) 목사를 초대통리로 지명하여 세웠다. 장로교 내부에서 심각한 반발이 있었으나 이는 총독부의 압력과 일부 친일 교역자들의 추진으로 진행되고 말았다. 그로 인해 1943년~1945년까지 조선예수교장로회 총회가 없어지므로 더 이상 장로교 총회는 열리지 않았고 총회장도 존재하지 않았다.

채필근 목사

2. 일제에 의해 강제로 조직된 한국 기독교 교단과 친일협력

조선예수교장로회 총회는 1943년, 일제의 강압으로 '일본기독교조선장로교단'으로 개편되었다가 1945년 7월 18일에는 '일본기독교조선교단'이란 이름하에 조선의 모든 기독교 교단을 통합시킨다.

해방 후 장로교는 이북 5도 연합노회가 평양 장대현교회에서 열렸고, 남한에서는 1946년, 승동교회에서 남부대회가 열렸다. 그리고 1947년 대구제일교회에서 총회를 재건하고, 1949년 4월 22일 교단 명칭을 '대한예수교장로회총회(大韓예수교長老會總會)'로 개칭(改稱)하여 오늘에 이르고 있다.

이와 같은 수난을 정리해 보면 일제는 1930년대부터 대륙으로 진출하기 위해 황국신민화정책을 강화했으며, 그 일환으로 등장한 것이 신사참배 강요였다. 이 정책은 일부 그리스도 교인들의 생명을 건 저항에도 불구하고 마침내 한국 그리스도교는 교단차원에서 국가의식이라는 미명(美名)하에 신사참배를 수용하고 만다. 그 후 일제는 종교단체법 등을 제정하면서 종교탄압 정책을 더욱 강화해 갔다.

일본기독교조선교단의 전신(前身)은 1942년 3월에 조직된 일본 그리스도교 조선혁신교단(朝鮮革新敎團)이다. 이 혁신교단은 일제가 전시(戰時)하의 종교통제를 위해 한국 교회의 지도자들 중 일제에 타협적인 자들을 뽑아 조직한 교단이었으며, 의장(議長)은 전필순(全弼淳) 목사였다.

이들은 성서 중에서 구약성서의 '모세오경'과 신약성서의 '요한의 계시록'을 불온사상으로 간주하여 삭제해 버린다. 그러다가 전시상황이 더욱 악화되자 '구약성서'는 전부 폐기하고 '신약성서'도 사복음서만 남기고 나머지는 모두 삭제해 버린다. 그리고 4복음서도 일본당국이 허가한 해석의 범위에서만 설교할 수 있었다.

일제 말기에 한국 교회는 비록 강압에 못 이겨 1938년 9월 신사참배를 결의하였지만, 그 후 친일적 교회 지도자들의 과잉(過剩) 충성이 교회의 종(鐘)을 떼다 바치고, 심지어는 교회를 팔아 그 비용으로 기관총과 비행기를 사 바치기까지 하는, 이른바 예수님을 팔아 자기의 명성(名聲)을 만드는 죄악(罪惡)을 짓게 된다.

친일에 물든 그들은 일본 교회와 마찬가지로 일제의 침략전쟁에 충실한 협력자의 자리에서 해방을 맞는다. 이것이 하나님 앞에서, 또 자주독립을 생각하는 애국인들 앞에서 얼마나 큰 죄인지 역사는 보여 주고 있다.

이렇게 10여 년을 지내는 동안 시대는 더욱 각박해졌고 종교탄압은 날로 극심해져 갔다. 이윽고 대동아전쟁[11]이 발발하였다. 점점 전쟁이 막바지로 치닫자 일제의 악랄함은 더욱 심해졌다. 아시아 각 나라에 전쟁을 일으켜 전쟁이 일어난 나라에 강제로 우리나라의 청장년들을 징병 혹은 징용(徵用)이란 이름 아래 사지(死地)로 끌어들였고, 심지어는 교회당의 종(鐘)까지도 무기 제조를 위해 헌납 강요하였다.

이러한 상황 속에서 일본과 친일 종교인들은 이들의 건국신(建國神)인 '천조대신(天照大神: 아마데라스 오미가미)'을 모시는 신사참배와 가정마다 '가미다나'라는 천조대신의 위패를 모시라는 것에 앞장서서 찬양 지도하였다.

친일협력을 한 어떤 목사는 해방직후에도 자신의 행위를 회개하여 용서를 구하기보다는 "옥중에서 고생한 사람이나 교회를 지키기 위하여 고생한 사람이나 그 고생은 마찬가지였고, 교회를 버리고 해외로 도피생활을 했거나 혹은 은둔생활을 한 사람의 수고보다 교회를 등에 지고 일제의 강제에 할 수 없이 굴한 사람의 수고가 더 높이 평가되어야 한다."고 궤변을 늘어 놓았다. 그리고 이러한 사람들이 그대로 교계의 지도적 지위에 남아 있었던 상황에서 과거청산이 제대로 이루어질 수 없었음은 당연하다.

그런데도 해방 70년(2015년 현재)이 되었지만 지금까지도 전국 교회를 대표하는 반성의 성명서 한 장 나오지 않고 있다는 것이 현실이다.

---

11) 大東亞戰爭:1941년 12월 8일, 일본의 진주만 공격부터 동남아시아를 향해 전쟁을 일으켜 미국, 영국 기타의 연합국가들을 상대로 한 전쟁으로, 일본이 1945년 9월 2일 항복문서에 서명하기까지의 전쟁을 칭함

3. 일제 전시체제하 기독교계의 친일행각과 반성 없는 모습!

한말 일제하의 기독교를 운동사적 측면에서 시대를 구분하여 성격짓는다면, 구한말의 기독교는 (애국)계몽운동을 펴던 시기요, 1910년 일제강점 후 1919년 3·1운동이 일어난 시기까지는 국내외에서 국권회복운동 내지 민족독립운동과 깊은 관련을 갖는 시기이며, 1920년대 이후 일제말기까지는 일부에서 사회운동과 민족운동을 펴기도 했지만, 대체로 문화운동과 신사참배 거부운동으로 대표되는 종교적 저항운동을 폈던 시기로 볼 수 있다.

한편, 만주사변(1931년)을 고비로 하여 후기로 갈수록 기독교 신앙을 지키기 위한 운동과 민족성 내지 정치성(正體性)이 희석되고 있었음을 알 수 있다. 그렇게 된 이유는 일제의 기만적 회유·분열정책에 유도된 측면도 지나쳐 볼 수 없지만, 민족독립운동 내지 3·1운동에서 큰 피해를 입은 교계가 이러한 운동에서 희망을 상실하고 다른 방면으로 활로를 찾았으며, 그런 가운데 일제의 회유공작에 말려들어 교계 지도자들이 친일화되어간 데 그 원인이 있다고 볼 수 있다.

특히, 1937년 중일전쟁을 전후하여 기독교계 국내 민족주의자들로 구성된 계몽단체인 수양동우회(修養同友會, 1937. 6)와 흥업구락부(興業俱樂部, 1938. 5)를 와해시키려는 음모사건(陰謀事件)을 일제는 일으킨다.

이 사건으로 기독교계의 많은 지도자들이 음모에 말려들어 변절되고 만다. 이로 말미암아 기독교계의 친일행각이 본격적으로 나타나기 시작했는데, 이러한 행각은 개인적 차원에서뿐만 아니라 교단적 차원에서 신사참배를 비롯한 여러 문제가 친일정책에 맞추어 진행되어진다.

더욱이 일제의 '기독교에 대한 지도대책'이 마련된 1938년 이후의 공식적인 기독교 단체는, 정도의 차이는 있었지만, 거의 모두가 부일(附日)적 성격을 띠었다 해도 지나친 말이 아니다. 그렇지 않은 단체는 일제가 그 존립 자체를 허락하지 않았기 때문이다.

특히, YMCA, YWCA 등 국제기구에 가입되어 있던 기독교 기관은 국제기구에서 탈퇴하여 일본 산하기구로 들어가게 하고, 교단(敎團)도 이미 어용화(御用化)되어 있는 일본 교단 산하에 예속시키고자 하였다.

그리하여 전술한 바와 같이 1943년, 장로교 총회는 '일본기독교조선장로교단'으로 개편(改編)하게 하고, 이것도 부족하여 1945년 7월 18일에는 전(全) 기독교 교단을 통폐합시켜 '일본

기독교조선교단'을 조직케 한 것을 앞에서 보았다.

따라서 1945년 해방을 맞은 교회는 이제 일제하에서 자의든 타의든 간에 저지른 부정적 행위를 회개·정화하고, 분열된 교회의 내적 갈등을 해소하여 민족의 신뢰를 회복함으로써 새로운 사회의 방향과 비전(Vision)을 제시해야 할 과제를 안고 있었다.

그러나 이러한 역사적 과제 해결의 첫 단계가 되어야 할 통절한 회개운동이나 정화운동이 일어나지 못 하고, 오히려 민족분단과 좌우사상적 갈등으로 어수선한 당시 사회 분위기에 편승하여 분명한 참회의 태도 표명 없이 지난날의 잘못을 얼버무리고 지나가려는 이들이 많았다. 심지어는 독재권력에 유착하여 비판세력을 좌익으로 몰아 자신의 친일행각을 반공 이데올로기(Ideologie)로 은폐하려는 이들까지 있었다.

그만큼 한국 교회는 일제하에서 깊이 오염되어 저지른 신앙적 잘못을 하나님 앞에, 그리고 민족 앞에 청산하지 못 하였으며, 가시적 참회를 요구하는 주장과 대립하여 교권다툼과 교파분열로까지 이어졌던 것이다.

한국의 기독교는 1995년까지도 과거의 과오(過誤)와 잔재(殘滓)를 진정으로 회개하거나 청산하지 못 했다. 따라서 이에 대한 뼈를 깎는 자기반성(自起反省)과 역사적(歷史的) 정리가 요구된다. 이것은 이 땅에서 기독교의 생명력과 민족의 신뢰를 회복하고, 교회의 갱신(更新)과 일치(一致)를 위해서라도 반드시 짚고 넘어가야 할 중요한 과제이며, 우리의 역사적 책임이기도 하다.

제7장 해방 후 한국 장로교회

I. 8·15 해방과 교회의 재건(再建)

해방이 되었을 때 한국 장로교는 ① 1938년 9월 10일, 27차 장로회 총회가 신사참배할 것을 결의하고 동참했던 사실을 어떻게 할 것인가? ② 분열되는 한국 장로교를 어떻게 하나로 뭉치게 할 것인가? ③ 하나님 앞에 훼절(毁折)된 한국 장로교를 어떤 방법으로 하나로 뭉쳐 회개할 것인가? ④ 1939년 12월 19일에 평양노회가 주기철 목사를 파면했는데, 이 건을 어떻게 해결할 것인가? 라는 문제해결이 한국 교회의 재건을 무리 없이 이끌어갈 내용이었다.

1. 8·15 해방과 출옥 성도

1945년 8월 15일, 이날은 우리 민족이 결코 잊을 수 없는 날이다. 한반도를 위시하여 만주와 중국을 강점하고 아시아 대륙과 세계제패를 꿈꾸던 일본이 연합국에게 무조건적으로 항복함으로, 이 땅은 드디어 일제의 식민통치로부터 자유와 해방을 얻게 되었다. 더구나 이날은 한국 교회가 일제의 압박에서 신앙의 자유를 얻은 날이기도 하다.

한국 기독교는 1910년, 강압적인 한일합방 이후 신사참배 강요 등 무수한 박해와 탄압을 받아 왔다. 1943년에는 일제의 강요로 기독교의 각 교파(敎派)가 갖고 있던 고유한 명칭을 쓰지 못하고 일본식 교파명을 쓰게 되었고, 1945년 7월 18일에는 한국 기독교의 각 교파들을 소위 '일본기독교조선교단(日本基督敎朝鮮敎團)'이란 이름하에 강제로 통합하여 일본 기독교단에 예속시키는데까지 이르게 된다. 그러므로 8·15해방은 갖가지 탄압과 수난을 당해 왔던 한국의 기독교인들에게 있어서 하나님의 은총(恩寵)이요, 기쁨의 환희(歡喜)였다.

8월 17일에는 신사참배를 반대하여 5년 혹은 7년간 투옥되어 있던 주의 신실한 종들이 평양, 대구, 광주 등 각 형무소에서 주님이 주신 해방(解放)의 은총(恩寵)속에 출옥(出獄)하게 되었다. 당시, 조선총독 아베의 계획에 따른다면 소위 조선총독부 보호관찰령 제3호에 의거하여 이들을 사형시키려는 계획속에 있었다 한다.

　주기철 목사는 평양감옥에서 순교하고, 최권능 목사는 감옥에서 순교할 것과 같은 허약한 몸이 되니 일본 경찰이 석방시켜 순교하게 했다. 이때 출옥한 산 순교자(守眞者)들과 미리 출옥된 순교자(守眞者)들은 아래와 같다.

· 고흥봉(高興鳳) 목사(당51세, 평북 강계 출신)

· 김린희(金麟熙) 전도사(당38세, 평북 선천 출신)

· 김형락(金瀅樂) 영수(당43세, 평북 정주 출신)

· 김화준(金化俊) 전도사(당37세, 평북 의주 출신)

· 박신근(朴信根) 집사(당37세, 평북 선천 출신)

· 방계성(方啓聖) 전도사(당58세, 부산 출신)

· 서정환(徐廷煥) 전도사(당40세, 평북 강계 출신)

· 손명복(孫明復) 전도사(당35세, 경남 창원 출신)

· 손양원(孫良源) 목사(당44세, 경남 함안 출신-전남 여수)

· 안이숙(安利淑) 선생(당39세, 평남 박천 출신)

· 양대록(梁大祿) 집사(당32세, 평북 초산 출신)

· 오윤선(吳潤善) 장로(당75세, 경남 함안 출신)

· 이광록(李光祿) 집사(당39세, 평북 의주 출신)

· 이기선(李基宣) 목사(당67세, 평북 의주 출신)

· 이인재(李仁宰) 전도사(당40세, 경남 밀양 출신, 이주원 전도사라고도 함)

· 이현속(李鉉續) 전도사(당46세, 경남 함안 출신)

· 장두희(張斗熙) 전도사(당46세, 경남 함안 출신)

· 조수옥(趙壽玉) 전도사(당32세, 경남 하동 출신)

· 주남선(朱南善) 목사(당58세, 경남 거창 출신, 주남고를 朱南善으로 옥중에서 바꾸었다.)

· 최덕지(崔德支) 전도사(당45세, 경남 고성 출신)

· 채정민(蔡廷敏) 목사(당74세, 평남 개천 출신)

· 한상동(韓尙東) 목사(당45세, 부산 출신)

또한 대구, 광주, 부산, 청주 형무소 등에서 출옥한 이들로는 김야모, 김두석, 김영석, 엄애나, 이술연 등 이들도 수진자(守眞者)들의 반열에서 하나님께 영광돌린 이들이다. 이렇게 해방과 함께 신앙의 자유를 얻은 한국 교회는 남·북한에서 각기 교회재건 운동을 전개하였다. 불행하게도 해방과 함께 국토의 분단은 교회의 분단을 가져오고 말았지만 말이다.

평양 감옥에 있던 출옥성도들
1945년 8월 17일 평양. 故주기철 목사 사택에서 뒷줄 왼쪽부터 조수옥(趙壽玉), 주남선(朱南善), 한상동(韓尙東), 이인재(李仁宰), 고흥봉(高興鳳), 손명복(孫明復), 앞줄왼쪽 최덕지(崔德支), 이기선(李基宣), 방계성(方啓聖), 김화준(金化俊), 오윤선(吳潤善), 서정환(徐廷煥)

일본이 항복하기에 앞서 1943년 11월 27일에는 연합국 원수(元首)들이 '카이로 선언'[11]을, 1945년 2월에는 얄타비밀회담에서 일본을 상대로 한 소련의 전쟁개입이 합의되었다. 그리고 몇 개월 후 소련은 대일전을 선포하게 된다.

1945년 7월 26일, '포츠담 선언(독일의 포츠담에서 미국 대통령 트루먼과, 영국 총리 처칠, 중국 총통 장제스, 소련의 스탈린이 선언)'에서 이를 재확인하게 된다. 그리하여 1945년 8월 15일, 일본이 항복하자 미·소 양군은 38선을 경계로 남북을 분단, 점령하였다. 처음은 그것이 일본군의 무장해제를 위한 잠정적인 조치였지만, 그 경계선이 점차 굳어지고 분단은 고착화되어 갔다.

드디어 신탁(信託)통치 문제가 일어나 반탁과 찬탁으로 남북은 대립이 되어, 남한은 1948년 5월 10일, 유엔(UN)의 감시하에 남한 단독으로 총선거를 실시하여 국회를 조직하고, 7월 17일에는 헌법을 제정하였으며, 8월 15일에는 대한민국 정부를 수립하기에 이르렀다. 그리고 동년 12월 12일에는 유엔총회에서 대한민국이 합법정부임을 공포하였다. 이와 같은 과정속에서 교회재건운동은 남북한에서 각각 달리 전개되었다.

---

11) 이집트 카이로에 미국 대통령 루즈벨트, 영국 수상 처칠, 중국 총통 장제스(蔣介石)'가 발표하였는데 이 선언 속에는 "현재 한국민이 노예상태 아래 놓여 있음을 유의하여 앞으로 한국을 자유독립 국가로 할 결의를 가진다" 라고 명시하여 처음으로 한국의 독립이 국제적으로 보장받는 중요한 선언이었다.

2. 북한에서의 교회 재건운동

한국 교회 재건운동은 북한에서부터 시작되었다. 특히, 평양은 교회 재건운동의 중심지였다. 원래 북한은 교세가 강했고, 일제의 탄압도 심했지만 교회 재건의 의지 또한 강했다. 평양감옥에 투옥되었던 지도자들은 출옥 후 각기 집으로 돌아가지 않고, 평양 산정현교회(山亭峴教會)에 머물면서 교회 재건방안을 협의하였다. 1945년 9월 20일 발표한 한국 교회 재건원칙은 아래와 같았다.

① 교회의 지도자(목사 혹은 장로)들은 신사참배를 하였으니, 권징(勸懲)의 길을 취하여 통회(痛悔)와 정화(淨化)가 있은 후 교역에 나갈 것

② 권징은 자책이나 자숙의 방법으로 하되, 목사는 최소한 2개월간은 통회자복(痛悔自服)할 것

③ 목사와 장로의 휴직기간에는 집사와 평신도들이 예배를 인도할 것

④ 교회 재건의 기본원칙을 전국 각노회 지교회에 전달하여 일제히 실행하게 할 것

⑤ 교역자 양성을 위해 신학교를 재건 복구할 것

이것은 신사참배(神社參拜), 동방요배(東方遙拜) 등 일제치하에서의 죄과를 청산하고 해방된 조국에서는 보다 정결한 교회를 건설해 보자는 의지였다. 물론 이 제안은 신사(神社)에 참배하고 일제에 협력했던 이들에게는 불만사항이 되었고 적지 않은 마찰을 일으켰다.

그 대표적인 예가 1945년 11월, 평북노회 주최로 선천 월곡동교회에서 모인 교역자 퇴수식에서의 일이다. 이기선 목사와 박형룡 박사의 특강이 있었는데, 먼저 이기선 목사의 특강에는 수긍

하였으나 박형룡 박사의 특강에서는 공박(攻駁:남의 잘못을 몹시 따지고 공격함)을 받은 신사참배 결의 당시의 총회장인 홍택기 목사가 반발하였다.

홍택기 목사는 "해외로 도피한 사람이나 교회를 지키기 위하여 신사참배에 나섰던 사람이나 그 고생은 마찬가지였다."고 주장하며, "신사참배 회개문제는 각 사람이 하나님과 해결할 문제"라고 말했다.

그러나 이것은 일제와 타협하고 배도(背道)한 자들의 자기정당화 하는 주장이라고밖에 볼 수 없다. 이러한 한국 교회의 현실은 한국 교회가 분열할 수밖에 없는 상황을 보여 주고 있었으며, 일제치하에서 타협하여 지냈던 자들의 교권에 대한 집착이 신앙의 경건성을 주장하는 출옥 성도들의 의견을 압도하게 되는 모습을 보여 주었다.

그리고 1945년 11월 14일, 평양에서는 38선 이북 5도 노회 대표들이 회집하여, 잠정적으로나마 총회를 대행할 기관으로서 '이북오도연합노회(以北五道聯合老會)'를 열었을 때 이기선(李基善) 목사와 한상동(韓尙東) 목사가 대표로 참여해 특강을 하였다. 이 모임에서 두 목사의 특강이 신앙 안에서 일부분 수용되어 결의문 작성에 첨가되게 되었다. 이때 만들어진 이북 5도연합노회의 결의문은 다음과 같다.

① 이 연합노회는 잠정적인 총회의 직무를 대행한다.

② 교단의 규칙은 총회가 재건될 때까지 존속하게 한다.

③ 전국 교회는 과거의 죄를 자복하고 교역자는 두 달 동안 근신에 임한다.

④ 신학교를 연합노회 관할하에 경영한다.

⑤ 전국적으로 독립기념 전도를 실시한다.

그러나 이 결의안들이 끝내 실시되지는 못 했다. 이유는 북한의 공산주의자들이 소련의 후광을 업고 공산정권을 수립하기 위해 교회를 박해하기 시작했기 때문이다. 박해의 구실로는 1946년 11월 3일에 북괴 정권수립을 위해 총선거를 실시하기로 했는데, 이날이 주일이기에 연합노회는 강경한 의사표시를 하게 된다.

연합노회는 ① 주일에는 예배 이외에 어떠한 행사에도 불참하며 ② 정치와 종교는 엄격한 구분을 하여야 하며 ③ 교회당은 예배 이외의 다른 목적으로 사용할 수 없으며 ④ 현직 교역자가 정계에 종사할 때에는 교직을 사면해야 한다는 것 ⑤ 그리고 교회는 신앙과 집회의 자유를 확보한다는 등의 내용을 골자로 한 5개조 교회행정의 원칙과 신앙생활 규범을 당국에 통보하였다.

공산당은 자신들의 각본대로 일이 되어가지 않자 반대자들을 투옥하고 강제노동에 동원하는 등 강압적인 탄압정책을 쓰기 시작했다. 김일성 정권은 1946년 11월 28일에는 강양욱(康良煜, 평신 36회, 1942년 졸업) 목사를 중심으로 '기독교연맹(基督教聯盟)'이라는 어용단체를 조직하여, 부흥사 김익두(金益斗, 평신 3회, 1909년 졸업)목사와 산동성 선교사였던 박상순 목사를 강제로 가입시켜 선전물로 이용하였다. 그리고 기독교연맹에 협조하지 아니하는 인사들은 검거·투옥하였다.

특히, 북한 교회의 지도자였던 김화식(金化湜, 1894~1947년) 목사는 그 해 12월 8일, 고문으로 인해 순교하였고, 김철훈, 김유택, 김길수 목사 등도 순교의 길을 걷게 되었다. 북한의 30만 성도들은 또 다시 공산정권의 박해와 감시를 받게 되어, 북한 지방에서의 교회 재건운동은 공산정권에 의해 좌절되었고, 오늘날까지 침묵의 교회로 남아 있게 된 것이다.

3. 남한 지방에서의 교회 재건운동

남한에서의 교회 재건운동은 서울과 경남지역으로 크게 나눌 수 있는데 서울에서의 교회 재건운동은 교회의 조직, 기구적 재건 그 이상의 의미를 둘 수가 없다. 이는 교권을 가진 기득권이 교회조직을 장악하고 있었기 때문이다.

1946년 6월 12일, 서울 종로구 인사동에 소재하고 있는 승동교회에서 32차 남부대회 총회가 개회되어 신사참배 회개에 대한 안건이 나왔으나 기득권의 힘에 눌려 안건채택도 되지 못한 채 끝이 났다.

그리고 1948년 4월 20일, 34차 대한예수교장로회 총회 역시 서울 종로구 신문로에 소재하고 있는 새문안교회에서 개회되어, 신사참배 회개에 대한 안건이 나왔으나 실행에 옮기지 못 했다. 당시 서울은 '일본기독교조선교단(日本基督敎 朝鮮敎團)' 세력의 중심지였으며, 신사참배를 반대하고 투쟁한 인물이 없었다. 그래서 이곳에서는 영적쇄신 운동과 같은 참다운 재건의 노력이 이루어지지 못 했다.

1912년에 '독노회'에서 7개 대회가 '조선예수교장로회 총회'로 만들어졌으며, 총회는 1947년 4월 18일~22일까지 열린 대구제일교회에서의 33차 총회시 '대한예수교장로회 총회'로 '조선'을 '대한'으로 개칭하여 오늘에 이르게 되었다.

1950년 6·25가 일어나고 어려운 상황을 거치면서 남한의 곳곳에서 자숙과 회개의 열풍이 일어났다. 1938년 27차 총회에서 '신사참배' 가결의 결의는 교단차원에서 결의하였으므로, 교단차원에서 회개를 해야 한다는 당위성을 가지고, 1954년 4월 23일~28일까지 안동중앙교회에서 39차 총회가 회집되어 신사참배 회개 결의안을 통과시켰다.

그러나 신사참배를 한 기득권 세력의 벽에 가로 막혀 그 결의안을 회개의 실천으로 연결시키지 못 하고, 1990년을 넘기게 되었다. 이를 두고 당시 서울 회기동에 소재하고 있던 서울 산정현교회 담임이었던 김광수(金光洙, 장신 46기, 52년 졸업) 목사는 아직도 신사참배에 대한 교단적 차원의 회개가 없다는 것을 일간 신문을 통해 꼬집기도 하였다.

한편, 1992년 한경직 영락교회 원로목사는 그 교회 담임목사직을 거치면서 39차(1954년) 총회 부총회장, 40차(1955년) 총회장을 역임하며 한국 교회의 존경과 대표성을 갖고 있던 인물이었다.

그는 1992년에 서울 여의도 63빌딩에서 종교계의 노벨상이라 할 수 있는 '템플턴상(Templeton prize)'을 수상하였다. 그는 상을 받으면서 축하행사 때 인사말을 통해 눈물을 흘리면서 "먼저 나는 죄인임을 고백합니다. 나는 신사참배를 했습니다" 하고 고백했다.

한경직 목사의 이 고백은 교단적 차원에서 결의한 신사참배가 당신의 역량으로 노력했다면, 교단적 차원에서 회개할 수 있었던 것을 하지 못한 것에 대한 통렬한 회개의 외침이라고 볼 수 있다.

영락교회 한경직 원로목사

한 목사는 개인적으로도 일생을 두고 이 일에 대한 회개를 한 것으로 안다. 그러므로 이 눈물의 고백은 교단적(敎團的) 차원의 회개(悔改)가 없었다는 자기책임의 고백적 눈물로 보아야 할 것이다.

한경직(韓景職, Han Gyung Jik) 목사는 1902년 12월 29일 평안남도 평원군 공덕면에서 아버지 한도풍(韓道豊)과 어머니 청주 이(李)씨 사이에서 장남으로 출생했다. 진광소학교(1912~1916년)와 오산학교(1916~1919년), 평양숭실대학(1922~1925년)에서 수학했으며, 도미하여 엠포리아(Emporia College)대학에서 1년을 수료(1926)한 후, 미국 프린스턴신학교(Princeton Theological Seminary)를 졸업했다.

그리고 1948년에 엠포리아대학 명예 신학박사, 1955년, 연세대학교 명예 신학박사, 1977년, 숭실대학교 명예 철학박사 학위를 받았다. 한 목사는 1932년 귀국 후 평양숭인상업학교 교목 겸 교사, 그리고 숭실대학 강사로 활동했다. 1933년에는 신의주 제2교회에 전도사로 부임했고, 1934년 의산노회에서 목사안수를 받았다.

이후 신의주 제2교회 담임목사로 시무하였으며, 1939년 보린원을 설립하여 1945년까지 운영을 담당하였다. 1945년 8월 15일에는 윤하영 목사와 함께 신의주자치회와 기독교사회민주당을 조직하였다.

1945년 10월 월남 후, 같은 해 12월 2일 일본 천리교 경성교구 본부를 접수하여 베다니전도교회를 설립하였다. 1946년 11월 12일에 베다니전도교회를 영락교회로 개명하였다. 1947년 3월 27일에 영락보린원을 창설했고, 11월 5일에는 대광중·고등학교를 설립했다.

그리고 홀트양자회(현 홀트아동복지회) 이사장 및 세계선명회(현 월드비전) 이사장으로 추대되었고, 1954년에 영락모자원을 설립하고 숭실대학 재건 초대학장이 되었다. 1955년에는 대한예수교장로회 제40회 총회장과 한국기독공보사 사장, 1956년, 한국기독교교회협의회(KNCC) 회장을 역임했다.

그리고 1988년, 군복음화운동후원회 회장, 1990년, 한국기독교총연합회(CCK) 명예회장 등의 직을 역임하였으며, 한국 기독교, 문화, 교육 등의 분야에 평생을 헌신하였다. 국내 최대 기독교 교단 중 하나인 대한예수교장로회 통합교단의 정체성을 형성하는데 기여한 대표적 인물이고, 해방 후 서북 기독교 세력이 남한으로 재편되는 과정에서도 중요한 역할을 담당하였다.

해방 이후부터 1980년대까지는 한국 기독교의 양적 성장에 크게 기여하였으며, '청빈'과 '겸손'의 상징으로 불리는, 한국에서 가장 존경받는 목회자로도 꼽힌다. "나는 우리 자손들에게 남길 유산은 하나도 없다."는 말로 시작되는 육성 유언은 돈과 권력으로 부패한 한국 기독교에 경종을 울리는 목소리라고 평가되기도 했다.

하지만, 이러한 긍정적인 평가가 무색하리 만큼 어두운 과거가 한경직 목사에게도 존재했다. 그것은 바로 '신사참배' 문제다. <한국 기독교와 역사> 창간호(1991)에는 이만열 교수와 한경직 목사의 대담을 담고 있는데, 당시 한 목사는 이 교수와의 대담에서 다음과 같이 신사참배에 대해 말했다. "그때 상황이 어떻게 됐는고 하니, 신사참배를 찬성할 목사가 누가 있겠어요? 다 반대 아니겠어요? 그러니까 신의주에서도 특별히 반대하는 목사와 장로들을 그 사람들이 조사해서는 한 열대여섯을 전부 잡아 넣었어요. 나도 잡혀 들어가 있었지요. 그렇게 하고서는 신사참배 가결을 했단 말이에요."

<한국 기독교와 역사>
창간호(1991)의 대담에서
http://www.ddanzi.com/
ddanziNews/에서 링크한 사진

실제로 한 목사가 신사참배를 반대하여 교회 장로들과 함께 신의주경찰서의 유치장에 20일간 갇혀 있었던 것은 역사적 사실이다. 이때 한 목사는 신사참배 반대로 감옥에 갇혔다가 감옥에서 나왔고, 이미 평북노회는 신사참배를 가결한 상태였다.

당시 일제는 내선일체를 주장하며 신사참배를 강요했고, 신사참배를 반대한 한경직과 교회 장로들은 20여일 간 신의주경찰서에 구금됐다. 유치장에서 나와 보니 일본 경찰이 남아 있던 제직들을 모아 놓고 신사참배에 동의하도록 했고, 평북노회는 신사참배를 결국 가결시키고 말았다.

신사참배 반대에 대한 그의 생각이 바뀐 것은 아니었지만 교인들의 잘못된 결정까지도 함께 떠안고 살았던 한경직은 신의주의 많은 교역자들과 함께 신사참배를 허락하고 만다. 그리고 이 결정속에 1938년 9월 10일, 27차 장로회 총회에 총대로 참석하여 신사참배 가결의 일원이 되었다. 이 결정으로 괴로워하던 그는 환상 가운데 용서하시는 하나님을 경험하지만, 그의 일생 동안의 괴로움은 1992년 템플턴상 수상식에서 나타나고 만 것이다.

장로 교회의 변질과 부일협력 활동은 신사참배 수용으로부터 시작된다. 1938년 초부터 일제는 일반 기독교인들에게까지 경찰력을 동원하여 신사참배와 국가의식을 강요하고, 개교회는 물론 노회와 총회에 압력을 가하여 신사참배를 결의 실행하도록 강요했다.

가장 먼저 노회차원에서 신사참배 실시를 가결한 곳은 1938년 2월 3일부터 9일까지 선천읍남예배당에서 열린 제53회 평북노회에서였다. 당시 노회장 김일선 목사 사회로 열린 노회에서 노회 종교교육부가 제안한 "신사참배는 종교가 아니요, 국가의식임을 시인하기로 한 일"을 여타 제안과 함께 가결하였던 것이다(「기독교보」, 1938년 5월 10일자, "평북로회 제53회 촬요[撮要]")

4. 교회 재건운동을 위한 갈래

신사참배에 결사적으로 반대하던 대부분의 신사참배 불참자들은 평양감옥으로 이송되어 그곳에서도 갖은 취조와 고문과 회유를 받았지만 끝까지 신사참배에 굴하지 않고 복음의 진리를 지켰다.

그리고 이 땅에 드디어 해방이 왔다. 평양감옥 문이 활짝 열리고 신사참배(神社參拜) 때문에 고생하던 수진자(守眞者)들은 모두 출옥되었다. 그러나 한국 기독교의 장래를 걱정하는 제2의 난제가 그들을 기다리고 있었다. 사람이 모인 곳에는 제 각각의 양심의 소리와 소욕(所欲)의 소리가 나온다.

그 소욕의 소리를 우리는 명심해야 한다. 이야기를 확대해서 넘어가 보면 8·15 해방은 정치적이고 민족적인 해방을 가져다 준 것이지만, 특별히 일제의 압제하에 놓여 있던 한국 교회의 입장에서는 정치적, 민족적 해방인 동시에 종교적인 해방의 의미도 함께 포함하고 있다. 이것은 우리 기독인들에게는 하나님의 섭리에 의한 은혜의 선물로 받아들여지고 있다.

그래서 평양감옥에서 나온 출옥성도들은 가고 싶은 자기 고향과 교회와 집으로 가지 않고 산정현교회에서 2달간 숙식을 하면서 한국 기독교의 혁신방안을 도출해 내는데 성공한다. 그런데 이 안(案)을 인간이 만든 잣대의 안으로 폄하(貶下)해 버린 대다수의 기성 교회 지도자들은 문제의 화살을 피할 길이 없음도 일깨워 줄 필요가 있다. 신사참배가 개인적으로 행해진 것이라면 개인의 신앙적 양심에 돌릴 수 있으나 장로교의 신사참배 문제는 1938년 9월 10일 제27차 총회에서 결의되어 전국화(全國化) 되었다는데서 문제의 실마리를 찾아야 한다.

그렇다면 총회에서 만들어 실행된 이 사실을 결자해지(結者解之)의 차원에서 총회가 풀어야 할 일임은 명확한 사실이다. 이때 총회는 혁신복구파에 의해 만들어진 이 혁신안을 받아 들여 토론과 함께 문제해결을 위한 하나님 앞에서 통렬한 회개가 있어야만 했으나, 오히려 혁신복구안을 낸 사람들을 신앙의 정절을 지키기 위해 수고했다는 위로는 못할망정 일부 교회에서는 쫓아내어 정죄의 길을 택하는 자기변명의 자리에 서는 결과를 만들어내는 일이 발생했으니 한국 장로교는 하나님 앞에 바로 설 수 있는 방향을 잃고 만다.

한편 일부 수진자(守眞者)들 중에는 자칭 의인(義人)의 모습으로 한국 교회를 바라볼 뿐 아니라 판결의 잣대로 상대를 정죄하는 잘못을 범하는 일도 서슴지 않았다. 신사참배의 죄는 하나님 앞에서 교단적으로 지은 죄이다. 그러므로 그 죄에 대한 잘못의 회개와 책벌에 관한 문제는 어떤 개인이 나서서 이렇게 해라 저렇게 해라 할 문제가 아니라 바로 그 신사참배를 가결한 총회(總會)가 하나님 앞에서 매듭을 푸는 길을 밟아야 하는 것이다.

이렇게 총회가 만든 문제를 총회가 해결하지 않고 개인의 양심에 두고 인효론적(人效論的:인간 중심의 정죄를 하고 있는 것) 입장에서 해결하려 하다 보니 장로교가 사분오열 하는 잘못의 길을 만들어내고 만 것이다.

그러나 혁신복구안(革新復舊案)을 만들어 한국 장로교에 호소하며, 기다리며 함께 회개를 주창하면서 말씀에 의해 총회법에 의한 방법의 방향으로 한국 기독교의 신앙적 맥(脈)을 이어주기 위해 노력한 혁신복구파의 화합적 노력을 우리는 결코 간과해서는 안 된다.

혁신복구에 의한 정화를 간절히 바라고 외쳐 오던 이들은 더 이상 기다릴 수 없는 당시의 시대 상황속에 드디어 1949년 봄, 평북 의주 6교회에서 '독노회(獨老會)'가 복구선언된 사실은 한국 장로교의 그루터기 역할로 역사에 맥을 이어 주기 위함이었다.

그리고 교단과 교회를 등에 업고 무반성(無反省)에 의한 교권주의에 목매었던 기성 교회의 지도자들의 책임이 오늘의 한국 교회를 이렇게 만들었다는 사실을 다시 한번 지적받고 있음도 오늘의 한국 장로교의 교단분열과 신학사상으로 인한 교리분쟁, 다원화(多元化) 등이 이를 증명해 주고 있다.

II. 장로 교회와 신학교의 여러 문제들

남한에서는 해방 후 조선신학교, 고려신학교, 장로회(평양)신학교 사이의 알력과 여기에 연결된 교권문제 등으로 매우 복잡해졌다.

1. 조선신학교와 기독교장로회

1938년 장로회 27차 총회에서 신사참배안을 불법 통과시키기 몇 달 전인 5월에 평양신학교는 휴교에 들어갔다. 그러자 더 이상 교역자가 배출되지 않는 장로교는 깊은 고민 속에 있었다. 하지만 그 와중에 신학교 개교의 뜻을 품은 사람들이 있었으니, 곧 '선교사의 통제와 간섭을 벗어난 한국인의 손으로 직접 세워진 신학교'를 열망하는 목사들이었다.

그 가운데 송창근 목사가 중심이 되어 조선예수교장로회의 대표성을 갖는 13명의 목사들이 뭉치게 되었다. 그들은 1939년 3월 서울에 '조선신학교'를 설립하기로 뜻을 모았다. 만주에서 이 소식을 들은 김재준 목사 역시 이 일에 함께 동참하였다. 그리고 1939년, 28차 총회가 평북 신의주 제이교회에서 열려 '조선신학원'을 직영으로 인준·설립하게 된다.

설립회장은 채필근 목사였으나 총독부로부터 학교인가를 얻지 못 하다가 1940년 경기도 도지사에게서 강습소 인가를 받아 그 해 4월, 서울 종로구 인사동에 있는 승동교회에서 개원하기에 이르렀다.

그러한 가운데 신학 학문의 차이로 내홍을 겪게 되며 중심인물 중 한 사람이었던 채필근 목사가 평양 장로회신학교로 떠나고, 조선신학교는 송창근 목사와 김재준 목사에 의해 선교사들과는 결별을 하다시피하면서 자유주의 신학으로 펼쳐가다가 해방을 맞게 된다.

'자유, 진보'라는 '사회속에서의 성경적 해석'을 하고 있던 조선신학교는 신학상의 문제로 복잡하고 어려운 여건 속에 빠지게 되었다. 조선신학교는 남부총회(南部總會)에 총회 직영 청원을 내어 허락을 받아 내었고, 김재준 교수는 자유주의적인 자신의 신학을 대담하게 강의하기 시작했다.

그러나 김 교수의 신학은 한국 교회에 충격과 반발을 일으켰는데, 1947년 봄에 조선신학교 학생 51명이 제33차 총회(1947년, 대구제일교회에서 개최)에 진정서를 내고 김재준 교수의 자유주의적 설교에 항의하였다. 이 진정서는 그 후 신학과 교단이 나누어지는 전환점이 되었다.

한편 조선신학교와 장로회신학교(평양신학교에 모체를 둔)의 합동을 위한 위원회가 결성되어, 1년 후 합동위원회의 보고를 받고 표결을 하였는데 "조선신학교와 장로회신학교를 발전적으로 해체하고 새로운 직영신학교를 설립할 것"이라는 합동위원회의 안이 53대3으로 표결되어 두 신학교를 총회 직영신학교에서 취소하기로 가결했다.

이 결의안을 조선신학교는 반대하고 독자적인 노선을 걸으면서 자유주의적 성경해석에 의한 신정통주의를 표방하고 나오는데 이것이 바로 지금의 한국신학대학이다. 이 학교는 기독교장로회에 속한 직영 신학대학인데 기독교장로회는 1953년에 대한예수교장로회 총회에서 분립하여 나가 만들어진 장로교단의 한 분파이다. 이 학교는 자유주의적 성경해석을 하는 일부 회원에 의해 만들어져 교단 명칭은 '대한기독교장로회'이며 교단 직영신학교로 발전해 가고 있다.

한편 장로회신학교는 총회의 결의에 순응함과 함께 학교명을 없애고 총회가 설립하는 '총회신학교'의 명칭속에 전통의 연속성을 갖는 학교로 발전해 나갔다. 후에 장로회신학대학(통합 측)과 총회신학대학(합동 측)으로 나뉘어지게 된다. 그후 통합 측과 합동 측의 직영 신학대학으로 각각 발전하며 오늘에 이르고 있다.

2. 고려신학교

1946년 5월 2일, 출옥 성도였던 한상동, 주남선 목사, 그리고 만주신학원 교수였던 박윤선 목사 등이 진해에 모여 신학교 설립 기성회를 조직하고, 그해 9월 부산진 좌천동에 소재하고 있는 일신여학교 교사(校舍)에서 개교하여 오늘에 이르고 있다.

이 학교의 설립자인 한상동 목사는 평양감옥에서부터 한국 기독교의 정화를 꿈꾸면서 후진양성을 위한 신학교를 구상해 왔다. 한상동 목사는 출옥 후 평양 산정현교회에서 헌신하여 왔으나 1946년 3월, 모친(배봉애 여사)의 별세소식을 듣고 남하하게 되었다. 그 후 한상동 목사는 38선이 고정화되어 다시 평양으로 돌아가지 못 하게 됐고, 경남지방 교회 재건운동의 지도자로 활동하게 된다.

한편, 1945년 9월 18일, 부산진교회에서 경남재건노회가 조직되었는데 이때 일제하에서 범한 죄를 통회하기 위한 자숙안이 결의되었으나 친일적 교권주의자들에 의해 폐기되고 말았다. 자숙해야 할 인사들은 출옥 성도들을 비난하고 자기변호에 열중했다. 이들은 일제시대에 누려왔던 기득권을 유지하기 위해 교권(敎權)을 장악하려 하였다. 그러나 경남재건노회의 회원 일부는 교권주의자들에 대해 강한 의인(義人) 의식을 가지고 대하다 보니 교회의 재건정화에서 하나님 사랑의 핵심이 나타나지 않게 되었고, 결국은 분리되는 일이 생기고 말았다.

이로 인해 1946년 12월 3일, 진주 봉래동교회에서 소집된 경남노회에서는 친일파 목사인 김길창 목사가 노회장으로 피선되었다. 그리고는 신사참배 문제에 대해서는 더 이상 거론하지 못 하도록 가결하였다.

이렇게 되자 교회 정화의 참뜻을 하나님 안에서 이해하지 못한 평신도들의 거센 항의가 일어났다. 또 1947년 1월에는 초량, 문창, 부산진, 거창읍, 영도, 남해읍교회를 위시하여 경남노회 소속 67개 교회가 김길창 목사 측을 반대하면서 한상동 목사를 중심으로 한 교회 재건운동을 지지하였다. 이로 인해 1947년 3월 구포교회에서 임시노회가 소집되었고, 노회장 김길창 목사와 전 임원은 사퇴하였다.

이들의 재건운동은 고려신학교를 중심으로 영적쇄신 운동을 만들어 내자는 입장에서는 경이(驚異)를 표하게 된다. 그러나 일부 의인의식(義人意識)에 편승(便乘)한 이들이 하나님의 진정한 긍휼(矜恤)과 사랑이 배제된 보수근본(保守根本) 신앙만을 주창하는 것에는 의문을 갖게 하였다.

강한 의인의식을 갖고 있는 측의 목사들 중에는 신사참배에 참여했던 이들이 회개 없이 이곳에 평승(便乘)하여 기회주의적 교회재건이라는 의인의식의 권리행사를 하는 이들도 일부 있었다는 것을 잊어서는 안 된다. 회개(悔改)는 우리 모두가 하는 것이지 "너는 회개해야 한다"는 식은 절대 안 된다. 용서는 하나님이 하는 것이고 우리 모두는 진정으로 하나님 앞에 은총의 긍휼을 구하는 자로 나아가야 한다.

회개와 일치의 관용속에 "우리는 그리스도 안에서 하나다" 라는 포용에 의한 미래지향적 고신교단이 만들어졌다면, 그것을 한국 장로교의 역사속에서 현실로 실행하는 모습을 '아버지가 탕자를 기다리는 모습(눅 15:11~32절)' 으로 보였더라면 하는 아쉬움을 가지게 한다.

한 마디로 말하면 고려신학교는 한상동 목사가 주남선 목사와 함께 진정한 하나님의 뜻을 펼쳐 나갈 후진양성을 위해 설립한 학교였다. 그래서 박윤선 목사를 교장으로 한 근본보수의 학풍을 가지고 개교하여 이후 수많은 인재를 배출하게 되었다.

3. 장로회신학교

1938년, 27차 총회의 신사참배 결의로 휴교에 들어간 평양 장로회신학교는 후진양성을 위한 목적과 학풍의 연속성을 위해 1년 후 개교했으나, 신사참배 문제로 소기의 꿈을 이루지 못한 가운데 후진을 양성해 오다가 1940년 2월, 총독부의 신사참배를 전제로 한 허락속에 정식으로 개교되었으며, 교장은 서울에서 온 채필근 목사가 맡았다.

이로 인해 장로 교회는 해방과 함께 신학교 문제로 복잡한 관계를 형성하게 되었다. 특히, 장로교 신학의 뿌리이며, 수많은 목사들을 배출해 온 평양신학교는 이북5도연합회가 직영신학교로 삼기로 결정하고 김인준(金仁俊) 목사를 교장에 임명하게 되었다.

김인준 목사는 1925년 평양신학교 졸업생(제19회)이며, 미국 시카코대학, 프린스턴신학교, 뤼취몬드대학, 유니온신학교에서 박사학위를 취득하고 기독교 계통의 학교인 대성, 숭인, 숭실학교 및 평양신학교에서 교수로 재직하였으며, 해방 후에는 평양신학교 교장으로 임명된 것이다.

이때 북한 정권은 강양욱(康良煜:평신 36회, 1942년 졸업) 목사를 앞장 세워 이북5도연맹을 결성하고 신학교까지 5도연맹에 가입시켜 정치활동의 하수인으로 만들려 했다. 교장 김인준 목사는 이북5도 인민위원회 학교 등록을 거절하였다. 이로 인해 1946년 11월 19일에 1차 검속되었다가 1947년 1월 17일에 소련군 사령부하의 정치보위부 특무대 요원에 의해 연행되어 더 이상 소식을 알 수 없게 되었다. 김인준 목사의 뒤를 이어 이성휘 목사가 장로회신학교 교장으로 취임하였으며 교수로는 최지화, 김태복, 이학봉, 박경구, 김문구, 김영윤 등의 목사가 교수로 있었다.

4. 남한에서의 장로회신학교

남한에는 조선신학교가 있었고, 고신이 세워지기는 했으나 신학의 학풍이나 전통에 있어 원래 목적하는 바와는 거리가 멀었으므로 총회의 신학대책위원회는 1948년 5월, 장로회신학교(평양신학교=대한장로회신학교)를 서울로 이전 설립을 결정하고 임시 교장에 박형룡 박사를 임명하였다. 그리하여 1949년 4월, 35차 총회가 서울 새문안교회에서 열리고 장로회신학교를 총회 직영신학교로 삼기로 가결하였다.

여기서 문제가 된 것은 이미 총회 직영신학교는 조선신학교가 인준을 받았으니, 두 신학교가 총회 안에 존재하게 된 것이었다. 이 문제를 해결하기 위해서는 두 신학교를 통합하는 방안 외에는 별도리가 없게 되었다.

이와 같은 논란 속에 1950년 4월, 대구에서 열린 제36차 총회에서는 이 문제에 단안을 내리려 했으나, 개회벽두부터 소란이 일어나 비상정회를 하고 말았다. 그 후 2개월 만에 6·25사변이 일어나 1년 후, 1951년 5월 신학교 문제로 정회한 36차 총회는 부산중앙교회에서 속회되었다.

속회된 36차 총회는 한 총회 안에 있는 두 개의 직영신학교를 취소하고, 새 직영 신학교를 설립하기로 결의하였는데, 학교명은 '총회신학교'로 명명하였으며, 1951년 9월 대구에서 새 출발을 하게 되었다.

결의한 대로 '예수교장로회 총회신학교'는 1951년 9월 18일, 대구시 대신동 283번지의 서문교회당에서 개교했다. 신학교 교장은 감부열(Archibald Campbell) 목사였다. 그 후 권세열(Francis Kinser) 목사의 뒤를 이어 박형룡(朴亨龍) 박사가 교장이 됨으로, 1901년 마포삼열(Samuel Austin Moffet) 목사가 자신의 사저에서 시작한 신학당이 평양신학교로 발전하여 최초로 한국인 교장이 취임하는 총회직영 신학교라는 이름으로 계승·발전된다.

장로회총회신학교의 신학노선은 36차 총회장이었던 권연호 목사가 "총신은 바울, 어거스틴, 칼빈의 신학 학풍을 계승하여 온다."고 밝혀 개혁신학 전통에 서 있음을 분명히 하였고 감부열 목사는 "총신의 목적이 많은 소리의 혼란 속에서도 그리스도의 말씀을 전하려는 남녀를 양성하는 것"임을 밝혔다. 그리고 "그리스도의 말씀과 사상, 참 길을 학생들에게 가르치는 것을 목적으로 한다."고 천명하였다.

(출처 : 대한예수교장노회 총회 제39차 회록, 1954년 안동중앙교회, p.285 이하)

5. 장로회신학교와 총회신학교로의 분립

1953년, 한국전쟁이 휴전이 되어 평양신학교의 일부는 대구에서 수업을 하고, 일부는 서울 남산에 있던 조선 신궁에서 수업을 하였다. 그러나 학생 수에 비해 공간이 좁아 새로운 부지를 물색하던 중 교장 박형룡 박사는 주변사람으로부터 박호근이라는 사람을 소개받고 학자의 순수성만 가지고 학교 대지 구입기금 3천만 환을 박호근에게 지출하였으나 사기당하고 만다. 박형룡 박사는 여기에 도의적 책임을 지고 교장직을 사임케 된다.

이즈음에 한국 교회는 에큐메니칼운동의 구심체인 '세계교회협의회' 즉, WCC(The World Council Churches)와 관계를 맺음으로 어수선한 분위기에 처하게 되었다. 1948년 암스테르담에서 모인 창립총회에 김관식 목사를 대표로 파송한 때부터 논란이 일기 시작했다. 그러나 당시 총회 정치부 서기 김현정 목사는 WCC는 "각 교파의 신조 통일을 의미함이 아니요, 각자의 신조를 존중하면서 연합사업을 함으로써 각 교파와의 친선과 상호협조를 도모하는 기관"이라고 정의하였다.

그러나 장로교 총회는 이 문제를 좀 더 심도 있게 다루기 위해 1956년 41차 총회시 연구보고케 하는 연구위원을 선정하여 1년간 시간을 주어 연구보고케 하였다. 1957년 42차 총회는 에큐메니칼연구위원회의 보고에 의해 "우리 교회는 이 운동의 교회친선과 사업협조에만 참여하고 교파합동에는 반대한다."는 결의를 하였다.

그런데 장로 교회 안에 NAE(The National Association of the Evangelicals), 즉 '복음주의협회'라는 보수주의 그룹에 가입한 인사들이 보수주의의 기치를 걸고 WCC가 진보, 자유주의라면서 공격해 나왔다. NAE는 1942년 미국 세인트루이스(St. Louis)에서 조직되어, 1951년 세계복음주의친교회로 발전되어 네덜란드의 우드쇼론(Woodsholoan)에서 24개국의 대표들이 모여 국제기구로 자리잡게 된 단체이다.

처음, '복음주의협회' 운동에 참여한 사람들은 보수신앙 수호라는 순수한 생각에서 출발하였으나, 박형룡 목사를 맹종하고 그를 우상시 하는 사람들이 박형룡의 방패막이가 되려는 입장에서 NAE와 WCC를 대립시켜 선전도구화 하는 장이 되어버린다. 박형룡 목사를 지지하는 NAE 측과 그를 반대하는 에큐메니칼 측으로 한국 장로 교회는 양분되는 결과가 만들어지는 오점을 남기게 된다.

드디어 1959년 9월 24일, 제44차 총회가 대전 중앙교회에서 개회되었으나, 이미 총회는 두 쪽으로 나뉜 것이나 다름이 없었다. 총회는 총대 문제로 파행되는 가운데 11월까지 연기하면서 정회되었다.

그 후 에큐메니칼 측 총대들은 서울 연동교회에서 속개하여 총회장에 이창규 목사를 선출하고, 총회임원을 선출하게 된다. 이를 '연동 측'이라고 불렀다. 그리고 11월에 승동교회에서 총회를 속개하여 총회장에 양화석 목사를 선출하고 각 임원단을 선출하였는데 이를 '승동 측'이라 했다. 당시 승동 측은 그간 문제가 되었던 WCC를 영구탈퇴하는 결의를 하였다.

한편, 선교사들은 단 한 명도 '승동 측'에 참여하지 않았다. 이로 인해 총회가 통합(統合:연동 측)과 합동(合同:승동 측)으로 나뉘게 되는 역사의 오점(汚點) 아닌 오점(汚點)이 만들어지게 되었다. 이로 인해 신학교도 장로회신학교와 총회신학교로 나뉘게 되는데, 학교 기물은 총회신학교가 가져가게 되고, 1907년 장로회 첫 졸업생을 배출한 그간의 학적부는 장로회신학교가 가져가 오늘에 이르고 있다.

이때 통합 측은 모든 선교부의 선교사들과 그들이 경영하는 기관, 학교, 병원 등과 연관을 가지고 국제관계에 연결된 모든 인사들이 주축이 되어 성동구 광장동에 땅 1만 7천 평을 확보하고 오늘의 일명 광나루신학교, 즉 장로회신학대학(Presbyterian University and Theological Seminary, 長老會神學大學校)이란 교명(校名)으로 수많은 인재를 배출해 내고 있다.

한편 장로회총회신학대학교(Presbyterian Chongsin University and Theological Seminary, 長老會總會神學大學校) 합동 측은 박형룡 목사를 중심으로 한 정통신학과 신앙을 그대로 사수한다 하면서 신학교를 세워 오늘에 이르고 있는데, 총회신학대학이란 교명을 가지고 관악구 사당동과 경기도 용인시 양지에서 많은 인재를 배출해 내는 가운데 오늘에 이르고 있다.

III. 한국 장로교의 신학사상(神學思想)

1. 1938년까지의 보수주의(保守主義) 신학사상

한국 장로 교회 형성기에 교회를 주도한 선교사들은 건전한 신학을 지닌 이들이었으며, 이러한 신학 위에 교회를 정초시키기를 주저하지 않았다. 미국 장로교회(P.C.U.S.A)의 해외선교부(The Board of Foreign Mission) 총재였던 브라운(A.J.Brown)은 1911년까지의 조선에 파견된 선교사에 대해 "전형적인 청교도형의 사역자들이었다." 라고 했으며, 실제 마포삼열(Samuel A. Moffet) 목사는 조선의 선교회와 교회에 "성경을 하나님의 말씀임을 절대적으로 믿고 예수 그리스도를 통하여 죄로부터 구원받는 복음"을 전하는데 집중했다.

미국장로교선교부가 펴낸 연례보고서(1922)에서는 당시 한국에서 사역하던 40여 명의 목사들은 7개 신학교 출신으로 분류되는데, 프린스톤신학교 출신이 16명, 맥코믹(MacCormick)신학교 출신이 11명, 산 안셀모(San Anselmo)신학교 출신이 4명, 뉴욕 유니온신학교 출신이 3명이었다. 그리고 성경학교 출신 중 뉴욕신학교를 비롯한 10여 개의 보수주의 신학교 출신이 있었다고 하였다.

이들은 성경의 권위 안에서 성경을 통해 교육과 선교를 진행하는데 이들이 가졌던 성경적 5대 근본교리는 ① 그리스도의 동정녀 탄생(The Virgin Birth Christ) ② 그리스도의 육체의 부활(The Physical Resurrection of Christ) ③ 성경의 무오설(The Inerrancy of the Bible) ④ 그리스도의 대속적 죽음(The Substitutional Atonement) ⑤ 그리스도의 임박한 재림(The Imminent Physical Sencond Coming of Christ)이었다.

특히, 선교사들 중에 마펫과 곽안련(郭安連, C.A.Clark. 1878~1961년) 박사, 이율서(李律瑞 William D. Reynolds 1951년), 구레인(具禮仁 J.C.Crane)의 불타는 선교와 교육에 대한 열정과 신학에서의 다채로운 공헌은 한국 교회의 신앙과 신학의 정착 발전에 큰 영향을 주었다.

2. 한국 교회의 자유주의 신학의 태동(胎動)

1925년에 캐나다연합교회가 형성되자 이 선교회 안에 자유주의 사상을 가진 선교사들이 개인적으로 자유주의 신학사상을 캐나다선교회라는 조직속에 들여오기 시작했다. 특히, 자유주의 신학사상을 가지고 있던 서고도(徐高道, William Scott)가 캐나다선교회 회장이 되자 미국 유학에서 돌아 온 김관식(金觀植), 조희염(曹喜炎) 등이 교육현장에 가담하였다.

김양선 목사는 말하기를 "이들이 중심이 되어 자유주의 사상이 시작되었다. 이 시기부터 보수, 자유란 양 신학이 충돌하기 시작했다. 많은 목사들이 캐나다연합교회의 신학사상을 따랐다." 이와 같은 형태를 보고 1934년 마펫은 캐나다선교회를 향해 "선교사들의 대부분이 성경은 바로 하나님의 말씀이요 성령의 검이며, 구원은 예수 그리스도 외에 다른 누구에게도 얻을 수 없는 것이라고 믿고 있다." 고 하였다.

그리고 그는 같은 해 희년기념 예배석상에서 "내가 한국에 처음 왔을 때에 복음전도를 개시하기 전에 하나님 앞에 기도하고 결심한 바가 있었다. 그것은 십자가의 도(道) 이외에는 전하지 않겠다. 하나님의 뜻대로 죽든지 살든지 구원의 복음만을 전하기로 굳게 결심하였다. 나는 사도바울의 결심하였던 바와 마찬가지로 그리스도의 십자가의 복음 이외에는 다른 것을 전하지 않기로 결심하였으며, 만일 다른 것을 전하면 저주를 받으리라고 생각하였다."고 피력하였다. 이는 우리나라에 복음을 선교한 초대 선교사들의 신앙자세와 신학사상의 중심을 잘 보여 주는 대목이다.

한국의 기독교사는 자유신학 사상 침투와 그 방위(防衛)를 위한 경로를 다음과 같이 자세하게 기록하고 있다.

일본이나 기타 구미(歐美)에서 신학을 연구한 한국인 목사가 귀국하여 세계신학의 조류를 소개하면서 한국 교회 자체 안에도 진취적인 신학의 기상이 퍼지기 시작했다. 총회는 1917년에 벌써 "타 신학교를 졸업한 이가 본 장로회에서 사역하려면 먼저 본 장로회의 인도와 관리를 받고 본교(평양신학교)의 특별신학 과목에 출석하여 성경, 정치, 규칙을 강습받은 후 교단 산하기관의 허락하에 사역하기로 결의함"이라는 기록을 남겼다(현재도 그 취지가 헌법정치에 명문화되어 적용되고 있다).

이것은 해외에서 신학을 졸업하고 오는 사람들에게 대한 무언의 억제였다. 독일 신학의 영향을 받고 있었던 일본 유학 신학생들에 대해서 한국 교회는 예민한 관찰을 게을리하지 않고 있었으며, 평양을 중심으로 한 보수주의 신학의 틀 안에 있었던 장로교인 중에서는 자유주의 신학에 매력을 갖고 있는 많은 젊은 신학도들이 감리 교회나 캐나다 교회 선교부 지역으로 옮겨 갔던 예가 많이 있다고 한다.

감리 교회는 1930년 10월 2일, 제1회 총회를 열고 대략 다음과 같은 교리를 선언했다. 곧 "그리스도교의 근본적 원리가 시대를 따라 여러 가지 형식으로 교회 역사적 신조에 표명되었고… 우리 교회의 회원이 되어 우리와 단합하고자 하는 사람들에게 아무 교리적 시험을 강구하지 않는다. 우리의 중요한 요구는 예수 그리스도께 충성함과 그를 따르려고 결심하는 것이다… 우리의 입회조건은 신학보다 도덕적이요, 신령적이다… 개인 신자의 충분한 신앙자유를 우리는 옳게 인정한다."

한국의 감리 교회는 이처럼 신학의 광활한 발전을 소지(素地:본래의 바탕, 밑바탕)로 천명하기도 하였다. 당시 신학적인 대결로 유명했던 분들은 평양신학교의 박형룡 목사와 숭인상업학교의 교수였던 김재준 목사였다. 김재준 목사는 한국에서의 신학교육이 단일하고도 고루한 정통신학과 고정된 사문(死文)의 교리항목을 주입식으로 가르치는데 그치고 있다고 공격하고, 사상이 아닌 사물(事物)이 교수되었을 뿐이라고 비판하기도 했다. 그는 성서의 축자영감설(逐字靈感說)을 반박하고 한국 교회의 주체의식을 방해한 선교사들을 공격하면서 한국 교회사의 부재(不在)를 통탄히 여겼다.

반대로 박형룡 목사는 저 유명한 미국의 설교가인 포스딕(H. Fosdick) 박사를 이단으로 정죄하던 프린스톤신학교에서 보수진영의 영수인 메이첸(G. Matchen) 박사의 영향을 결정적으로 받은 인물이다. 그는 한국 교회의 신학이라는 것은 우리 나름의 신학체계의 창작이 아니라 사도적 전통의 정통신앙(正統信仰)을 그대로 보수하는 신학이라고 믿고 있었다.

그래서 성경무오설(無誤說)과 축자영감설(逐字靈感說)에 든든히 서서 성서에 대한 비판적 해석을 단죄하고 김재준 목사의 글을 평양신학교의 교지 〈신학지남(神學指南)〉에 더 이상 실리지 못 하게 정면으로 대결하였다. 이런 사상적 대결을 배경에 두고 1934년과 1935년의 장로교 총회는 심각한 신학적 분열의 논쟁을 가졌다.

1934년에는 서울 남대문교회의 목사였던 김춘배(金春培) 목사의 여권(女權)에 대한 자유주의적인 해석이 문제가 되어 기소된 일이 있었다. 이때 박형룡 목사는 "모세의 창세기 저작을 부인하는 사람은 장로교의 목사됨을 거절함이 가하다."고 단죄했으며, 김춘배 목사에 대해서는 "여권운동이란 명목하에 성경을 시대사조에 맞추어 해석하려는 사람이기 때문에 교회에서 징계에 처함이 옳다."고 말했다.

가운데 평양신학교 교지인 신학지남이다

1935년의 총회는 소위 아빙톤(Abington)의 단권주석을 기소하고 비록 감리교의 유형기(柳瀅基) 목사의 편찬이기는 하지만, 여기 공역자(共譯者)로 들어 있는 채필근, 한경직, 송창근 세 목사의 공개사과를 받기로 하고, 장로 교인은 사지도 말고 읽지도 않기로 가결했다. 이러한 여러 증상들은 내적으로는 상당히 심각했으나, 교회 자체의 분열까지 초래하지는 않았다. 한국 교회 전체가 받는 일본의 가혹한 압박이 더 컸기 때문이다.

아빙톤 주석

3. 최초의 자유주의 신학사건과 확산

마펫(Moffett,S.A., 馬布三悅) 목사가 설파한 '예외'로 인정되는 근대주의, 곧 자유주의 신학의 경향을 가진 선교사가 1910년대에 이미 한국 교계의 여러 곳에 잠복하고 있었다. 1925년 캐나다 장로교회 출신인 영재형(榮在馨. L. L. Young) 목사와 간도지방에서 선교하던 서고도(Scot. 徐高道) 목사가 미국 유학을 마치고 귀국한 김관식(金觀植), 조희염(曹喜炎) 목사의 협력을 얻어 함경도 지방을 자유주의 신학사상의 온상으로 굳혀 놓았다. 그들은 젊은 인재들을 캐나다와 미국으로 유학을 시켜 많은 인재를 포섭하였다. 그 대표적 인사가 송창근, 김재준이다.

캐나다연합교회가 다수교파의 연합체이니 만큼 장로교의 교리, 신조에 충실할 수 없는 것은 두 말할 것도 없다. 그럼에도 불구하고 우리의 한국장로교 총회가 캐나다연합교회와 유대관계를 맺은 것은 우리 교회의 지도자들이 세계교회의 신학적 동향을 몰랐던 까닭과 선교사들의 대부분이 근대주의로 변질되었던 것과 우리 선배들이 연합교회 체제를 환영하므로 그 속에 들어 있던 암초를 제대로 이해하지 못 했다는 의문점을 갖게 한다.

관용적 자유주의의 대표자라고 할 수 있는 남궁혁(南宮爀) 박사가 평양신학교의 교수로 재직하면서 김재준(金在俊) 박사를 평양신학교 교수로 추천하였다. 그리하여 김재준 박사는 평양신학교를 발판으로 하여 자신의 자유주의 신학사상을 펼치기 시작하였는데, 욥기에 대하여 "'생(生)'의 유일한 실재의 성은 오직 현세의 삶에 있는 것이요, 사후에는 암흑과 혼돈 그것이 스올에서 '삶'"이라는 말로 영혼불멸에 대하여 똑똑하게 끊어 말하지 않았다고 그의 저서『욥기에 나타난 영혼불멸관』p.34~35에서 말하고 있으며, 아사야 7장 14절에 있는 '임마누엘'이란 구절을 예수 그리스도를 언급함이 아니었다고 결론짓고 있다.

남궁혁 목사

김재준 목사

그러면서 이것은 후대에 신약성서 기자가 덧붙인 것이라고 말하고 있다 (김재준,『이사야의 '임마누엘' 연구』). 이런 맥락에서 볼 때, 자유주의의 근본 뿌리는 기독교 사상을 세속문화의 표준에 맞추어 조정하는 것을 표준으로 함을 볼 수 있다. 어쨌든 이러한 일들이 먼 훗날에 하나의 장로회가 4분 5열되는 원인(原因)이 되기도 한다.

IV. 한국 장로 교회의 분열(分裂)과 합동운동

1. 국토분단과 6·25동란(動亂)

우리 민족은 연합국의 수뇌들이 체결한 카이로회담(Cairo Conference), 포츠담선언(Pótsdam Declarátion)에 의해 일본으로부터 해방은 되었으나 얄타협정(Yalta Conference)에 의해 우리의 국토가 38선으로 양단(兩斷)되는 불행을 겪어야 했다.

특히, 38도선 이북에는 무신론적 공산주의 국가인 소련군이 진주하여 공산정권을 수립시켰다. 그들은 토지개혁이란 명목하에 지주와 교회의 재산을 몰수하였고, 주일에 선거를 실시하면서 교인들을 괴롭혔다. 이로 인해 수만 명의 신자들이 신앙의 자유를 찾아 월남하였으며, 공산주의 체제를 싫어하는 증산계급의 많은 시민들이 월남하여 남한에서 안주의 삶을 살아 왔다.

사상과 체제가 다른 남북한의 정치제도와 이념 아래서 남북은 대립상태에 놓이게 되어 38선은 국경 아닌 국경선으로 굳어지게 되었고, 38선을 경계로 하여 남북한의 무력충돌이 자주 일어나게 된다.

이북 공산주의자들은 게릴라들을 남한에 투입하여 폭동도 여러 번 조종하였다. 그러나 이것들에서 실패하자 그들은 마침내 1950년 6월 25일, 주일날 새벽에 남침을 감행하는 침략전쟁을 일으켰다.

이 6·25동란은 3년을 끌어왔으며 갖은 우여곡절 끝에 휴전이 성립되어 오늘에 이르고 있다. 이 동란을 통해 수많은 인명이 살상되었으며, 많은 문화재의 소실과 재산의 파괴가 일어나 우리 민족은 민족적 슬픔이요, 비극이요 손실이며, 민족끼리 결코 있어서는 안 되는 비운의 길을 걷게 되었다.

특히, 6·25동란 전후를 통해 이북의 교회 지도자 수백 명이 투옥, 살해되었고 공산군이 서울에 침입하였다가 후퇴할 무렵 남한 교회의 지도자들을 많이 납북하여 갔으며, 생사를 오늘날까지 모르고 있다.

폭격과 방화로 파괴된 남한의 예배당들은 휴전 이후에 복구가 되었으나, 이북의 예배당들은 공산주의자들의 반종교정책에 의해 복구되지 않았을 뿐만 아니라, 예배당 터 위에 다른 건물을 세

움으로써 교회의 흔적까지 없애려 했다. 이는 남북적십자회담이 평양에서 열렸을 때에 비로소 확인되었다.

이러한 민족적 수난 속에서도 남한 교회는 1945년, 300만 부흥운동을, 1965년에는 "삼천 만을 그리스도에게로"라는 표어 아래 민족복음화 운동의 햇불을 치켜 올렸다.

2. 예수교장로회의 분열

① 하나가 되어야 할 한국 장로회

귀일운동(歸一運動:하나로 합치는 운동)에서는 분열의 원인을 찾아야 하며, 그 분열의 원인에서 해결책을 찾는 결자해지(結者解之)의 모습이 필요하다. 귀일(歸一)이란 여러 갈래로 나뉘거나 갈린 것을 원래의 목적했던 곳으로 순수하게 돌려 놓자는 의미를 갖고 있다.

우리나라 장로교의 귀일운동은 "1938년 27차 장로회 총회의 결의가 잘못되었으므로, 1907년에 순수하게 만들어졌던 장로교의 첫 조직이었던 독노회(獨老會)의 정신으로 돌아가자"는 운동이었다. 즉, 1907년에 있었던 장로회의 독노회 정신이란 파송국과 교단과 교파가 각각 달랐지만 "우리는 그리스도 안에서 하나이다(We are One in Christ - One Presbytery)"란 신앙의 정신과 실천적 행동으로 장로회가 하나가 되어 '조선예수교장로회 독노회'란 이름으로 건강하게 출발한 우리나라 기독교 역사의 자랑스러운 조직의 열매를 말한다.

이 귀일운동의 시발점은 신사불참배에 앞장서서 신앙의 정절을 지켜오다가 평양감옥에 검속되어 있던 주의 종들이 감옥 안에서 앞으로의 한국 기독교를 걱정하면서 정화의 방안을 논의한 것에 있다.

1940년 5월, 주기철 목사가 3차 구속에서 잠시 석방되었을 때 채정민 목사 집에 이기산, 최봉석, 박관준, 주기철, 채정민, 한상동, 오윤선, 김의창, 김지성 김인후, 김형락, 박의흠 등과 회합하면서 한국 교회의 장래를 협의한 바 있다(출처:안용준,『태양신과 싸운 이들』상권, p.291~297; '예심종결서' 15조 참조; 최훈,『한국재건교회사』, p.51; 성광문화사,『한국 기독교의 역사 II』, 기독교문사, p.334).

이와 같은 사실이 일본 경찰에 알려지자 이들 모두는 다시 투옥되었다. 투옥된 이들은 한국 기독교의 장래를 생각하는 꿈을 접지 않고 1907년에 7명의 목사를 안수하기 위해 교단 교파를 초월해서 '조선예수교장로회 독노회'가 순수하게 만들어졌듯이 한국 장로교 전체를 아우르는 노회를 만들 것을 논의하는 가운데 '독노회'와 같은 노회를 만들어 "우리 함께 회개하고 하나가 되자" 라는 표어로 복구할 것을 암암리(暗暗裡)에 감옥 안에서 도출해 내고 있었다는 것이다.

그 후 주기철 목사는 당시 학생의 신분으로 평양경찰서 무기고를 탈취하여 민족운동을 하려다가 적발됨으로, 주모자로 체포되어 평양감옥소에 수감되어 있으면서, 신앙의 선배들과 깊은 교류의 배움속에 겉으로 믿어왔던 신앙에서 속사람이 변화되는 교인이 되어 해방 후 평양 산정현교회의 전도사로 시무하기도 했다.

그러면서 안도명 목사는 당신의 저서인 『신사참배 반대투쟁 정신사』에 기록하지 못한 사실을 "평양감옥에 신사불참배(神社不參拜)로 수감되었던 기독교 지도자 25명 중 4호 감방에 수감되었던 주기철 목사는 유일하게 옥중순교를 하였으며, 새로 만들어질 독노회와 같은 노회의 회원 목사로 순교하였다."고 증언하였다. 주 목사의 감옥생활에 대한 생생한 동정을 기록으로 남긴 것은 안이숙 선생과 안도명 목사의 기록이 유일하다고 민경배 교수는 『주기철』이란 책에서 기술하고 있다(민경배, 『주기철』, 동아일보사, p.180 참고).

이 귀일운동은 1945년에 우리나라가 일본으로부터 해방되자 평양감옥에 수감되어 있던 25명 중 9명은 순교하고 16명은 출감되었으나 각자의 고향 집으로 돌아가지 않고 이기선(李基宣) 목사를 중심으로 그간 뜻을 같이 해왔던 이들과 함께 평양 산정현교회에 모여 2개월간 숙식을 같이 하면서 한국 기독교 정화를 위해 전국 교회를 아우르는 "대한예수교장로회 복구의 필연적 사실"이란 내용의 소책자를 만들어 선언(宣言)하고 실천에 옮기는 운동을 전개하였다.

후대의 사람들은 이들을 '수진자(守眞者:진리를 지켜온 사람들)'라고 불렀다. 이들이 외친 운동은 전통(傳統)과 정통(正統)에 의해 하나님 앞에 함께 바로 설 수 있는 한국 장로교 전체를 아우르는 방법중의 하나였으나, 당시 기득권에 밀려 수용되지 못한 것이 아쉬움을 남게 하고 있다.

② 제1차 장로회의 분열

1950년 4월, 대구제일교회에서 회집되었던 36회 총회가 개회 벽두부터 고려신학교 문제와 조선신학교 문제로 소란하여 비상(非常) 정회(停會)를 할 수밖에 없었다. 1951년 5월 24일, 피난지 부산 중앙교회에서 모여 속회된 제36차 총회는 고려신학교파를 배제시켰다. 그러나 영남지방의 출옥 성도들을 중심으로 한 고려신학교파(高麗神學校派)는 '경남법통노회(慶南法統老會)'를 구성하고 분립하고 말았다.

이것이 한국 장로 교회의 제1차 분열이다. 신사참배 문제와 교회의 재건에 대한 견해차이는 결국 한국 장로교를 분열하는 사태로 몰아갔다. 그러나 고려신학교파에서는 대의명분이 뚜렷했다. 즉 '진리파수'라는 대사명을 목표하고 분립하였는데, 일부에서는 교회당 쟁탈 소송사건들이 일어나기도 했으나 빈손으로 깨끗하게 나온 지도자들이 더 많았다. 고신파의 초심은 철저한 청교도적 신앙과 회개운동을 부르짖고 영남지방을 중심으로 교세를 확장하여 나갔다.

③ 제2차 장로회의 분열

고려신학교파의 분열은 신앙의 문제였으나 제2차 분열인 조선신학교파(基督敎長老會)의 분열은 신학이 문제였다. 지금까지 한국 장로 교회의 정통적 보수(正統的保守) 신학에 도전하는 자유주의를 교육한 김재준 교수 등의 신학방법론에 문제가 생긴 것이다. 이것은 1930년대의 평양신학교 시대부터 진행돼 온 신학적 대립양상이었는데, 이것이 해방 후 서울에서의 혼란을 거쳐 피난지 부산에서, 그리고 수복 후 서울 등을 전전하면서 극에 이르게 되었다.

1951년 제36차 속회 총회는 조선신학교와 장로회신학교의 직영을 모두 취소하고 총회신학교란 이름으로 신학교를 하나로 만들어 직영키로 하였다. 이 결의는 조선신학교의 합법성을 자연 부인하는 것이 되었고, 그 결의에 따라 1951년 9월에 총회신학교가 대구에서 개교하게 되었다.

이렇게 되자 조선신학교파의 분립은 불가피하였다. 1953년 6월 10일, 서울 동자동에 소재한 한국신학대학 강당에서 9개 노회 총대 47명이 모여서 스스로 한국 장로교의 법통총회라고 선언하고 제38차 속회 총회를 선언하였다.

그 후 1954년 6월 10일, 그들 나름대로 제39차 총회를 열어 교파 명칭을 '한국기독교장로회(韓國基督敎長老會)'로 개칭하여 오늘에 이르고 있다. 이후 기독교장로회는 이날 대회에서 창조질서 회복, 물신숭배와 폭력문화를 생명문화로의 전환, 분단된 민족의 화해와 평화통일, 분열된 교회의 일치, 교회갱신, 남녀평등과 세대간 화합, 나눔과 섬김 실천 등을 선교과제를 정했다. 그러나 일부에서는 눈에 보이는 소외된 자, 가난한 자, 눌린자를 위한다고 외치지만 실제로는 세상정치와 이념에 깊숙이 개입하는 왜곡(歪曲)으로 복음의 참 의미인 정의를 희석시킨다는 인상을 주었다.

④ 제3차 장로회의 분열

1959년 9월 대전에서 모였던 제44차 총회에서는 교단의 분열을 예방하기 위한 조치로, 교단으로서는 WCC(The World Council of Churches:세계교회협의회)에서, 개인으로서는 NAE(The National Association of Evangelicals:복음주의협회)에서 탈퇴할 것을 합의하였다.

그러나 경기노회 총대명단 파송이 이중으로 발송되는 문제가 발생하여 회의가 1주일 동안 아무런 진전이 없었으며, 11월에 총회를 개회하기로 하고, 44차 총회는 정회(停會)하는 혼란에 빠지게 되었다.

이에 증경 총회장들이 제출한 수습안을 받아들여 11월까지는 경기노회에서 총대문제로 발생한 것이므로 경기노회 스스로가 총대문제를 해결해 오기로 하고 정회를 선포하였다. 그러나 이에 불만을 품은 인사들이 총회 정회의 불신임을 선포하고 서울로 올라와서 연동교회에서 회집하여 전필순 목사의 사회로 총회를 속회(續會)하였다(세칭 연동 측이라 한다). 이는 이후 대한예수교장로회 통합 측으로 발전한다.

그리고 정회(停會)에 찬성하는 회원들은 그해 11월 24일에 서울 승동교회에서 회집하여 총회를 속회(續會)하였다(세칭 승동 측이라 한다). 이는 후에 대한예수교장로회 합동 측으로 발전한다. 이상이 한국 장로 교회의 제3차 분열 과정이다.

⑤ 장로회의 통합총회

　제3차 분열에 있어서 그 표면적 원인은 경기노회 총대문제인 행정문제(行政問題)였다. 그러므로 교회의 분열을 성의있게 막기 위해서는 피차(彼此) 참고 기다렸어야 했었다. 이런 문제의 심각성은 WCC운동에 대한 신앙노선 대립이 깊숙히 깔려 있었다는데 있었다.

　1958년 9월 제43차 승동총회 때에 총대 백여 명의 연서로 WCC를 탈퇴하자는 헌의안(獻議案)이 접수된 일이 있었다. 그러나 그것은 법절차상 토의에 이르지 못하고 폐회되었다. 이 문제는 1년 전, 즉 1957년 총회 때에 특별위원을 구성하여 연구해 오던 문제이다. 대한예수교장로회 제42차 총회록에는 이런 보고가 게재되어 있다.

에큐메니칼 연구위원장 한경직 씨의 보고는 다음과 같이 받기로 기결하다.

첫째, 조직 – 위원장 한경직, 서기 정규오, 위원 한필순, 유호준, 황은균, 박형룡, 박병훈, 안광국.

둘째, 총회와 에큐메니칼운동과의 관계
ⓐ 1948(9)년 암스테르담에서 모인 WCC 대회에 김관식 목사가 참석하였다가 귀국하여 보고함으로써 정식 가입하게 되었음.
ⓑ 1954년 미국 에반스톤에서 모인 WCC 대회에 본 총회에서 김현정, 명신홍 목사를 대표로 파송하였음.

셋째, 에큐메니칼운동이란 무엇인가?
'Ecumenical'이란 말은 헬라어 '오이쿠메네'에서 나온 말로서 '우주' 혹은 '한 집'이란 뜻이다. 이 에큐메니칼운동을 하는 지도자들 중에는 두 가지의 사상적 조류가 있는데
ⓐ 전(全) 교파를 합동하여 단일 교회를 목표로 하는 이와
ⓑ 교회간의 친선과 사업적인 병합을 목표로 하는 이가 있다.

넷째, 본 위원회의 태도

친선과 협조를 위한 에큐메니칼운동은 과거에나 현재에도 참가하고 있으니 앞으로도 계속 참가하기로 하며 단일 교회를 지향하는 운동에 대하여서는 반대하기로 태도를 결정하였사오며

다섯째, 청원(請願)

ⓐ 관할 각 교회에 본 운동에 대한 사실을 주지케 하기 위하여 팜프렛(pamphlet)을 출판코자 하오니 출판비로 일금 30만 환을 허락하여 주실 일이오며

ⓑ 본 위원회를 계속 허락하여 주시고 위원으로 인톤, 마삼락, 명신홍, 김형모 4씨를 보강하여 주실 일이외다.

이러한 일련의 결의와 보고가 있었음에도 연동 측은 교회의 화평과 합동을 위해서 WCC를 잠정적으로 탈퇴하기로 결의하였다. 즉 교회의 분열 이후, 특히 남장로회 선교사들이 성의 있는 합동을 받아들인 것이다. 이로 인해, 1960년 2월 17일 새문안교회에서 「통합총회」가 창립되었다.

총회의 구성이 연동 측 총회 총대 전원과 승동 측 총회에서 이탈한 임원 몇 사람과 중립에 속하던 인사들을 포함하여 총대로 받아들이는 동시에, 증경 총회장 중 한 사람의 사회로 회의가 진행되었으며, 총회장에 이창규 목사(前 연동 측 총회장)를 투표 선출하고 부회장에 나덕한 목사(前 승동 측 부회장)가 선출되었다. 이를 세칭 '통합 측'이라 한다.

⑥ 장로회의 합동총회

1960년 9월 하순 세칭 고려 측 총회에서 승동 측과의 합동 연구위원을 선출하고 교섭하였으며, 승동 측 총회에서도 고려 측과의 합동위원을 선출하고 교섭하였다. 양측위원들이 10월 중순 대전에서 회합하여 무조건 1대1로 합동하기로 합의를 본 후 동년 12월 12일, 서울에서 각각 속회를 열고 합동원칙을 채택한 후 동일 오후 2시 승동교회에서 「합동총회」가 성립되었다. 여기서 '합동 측'이란 말이 생겨난 것이다.

총회가 합한다는 총론에는 이의가 없었으나 각론에 들어가서는 모든 일이 쉽게 해결되지 않았다. 첫째, 경남노회 명칭문제, 둘째, 고신 측 교역자들의 율법주의적 주장에 의한 신앙갈등의 문제, 셋째, 이근삼 교수를 추천하는 한상동 목사의 의견이 수렴되지 않는 문제 등 여러 가지 문제로 1962년 고신 측이 부산으로 되돌아감으로써, 일 년 몇 개월간 합했던 두 총회는 분열의 비극을 맞게 된다.

이때 고신파에 속해 있던 교회 중 충현교회(담임 김창인 목사), 동도교회(담임 최훈 목사)를 비롯한 200여 교회가 합동 측에 잔류하게 된다. 그 후 합동 측과 고려 측은 자체적으로 신학교와 교단으로의 발전을 최대화하면서 오늘에 이르고 있다(김인수, 『한국교회사』 p.358~361; 김요나, 『총신 90년사』 p.407; 최훈, 『한국재건 교회사』 p.153)

Ⅴ. 남한에서의 장로 교회 연합(聯合)운동

1. 고려 측과 승동 측의 합동요인

1954년 3월, 고려 측과의 합동을 추진했을 때 고려 측이 내세운 조건 가운데는 첫째로, 신사참배 통회(痛悔), 둘째로 WCC 탈퇴와 미국 북장로회와의 단절(斷絕)이 있었다.

그런데 이 문제는 시간이 해결해 주었다. 첫째조건은 1954년 4월, 안동총회 때 "1938년 27차 총회시 신사참배 결의"를 취소하기로 결의함으로써(결의는 하였으나 교단적 회개는 하지 않음) 해소가 되었으며, 둘째조건은 1959년 총회에서 승동 측과 연동 측이 나뉨으로서 해소된 셈이다.

그런데 1959년 제3차 분열에 있어서 미국 북장로회를 비롯한 다른 장로회 선교회가 승동 측과 유대를 끊고 연동 측에 가담한 까닭에 승동 측은 고려 측과의 합동에 있어서의 모든 조건을 자연스럽게 해결받게 되었다.

그런 결과로 1960년 12월에 고려 측과의 합동총회가 별 어려움 없이 이루어졌다고 본다. 그러나 1962년 이후 옛 고려 측 인사들 가운데서 고려 측으로 되돌아 간 것은 신앙노선이 문제가 아니므로 언젠가는 개혁주의 교회로서의 협동강화를 위해서 재합동이 요청된다고 주창해 왔다. 이것이 오늘날까지 큰 진전 없이 흘러가고 있다.

2. 통합 측과 합동 측의 연합의 문제점

1960년 초 한국 NCC(The National Council of Churches) 총회가 소집되었을 때에 승동, 연동 양측에서 대표를 파송하였다. 한국 NCC에서는 한 교단이 분열되어 서로 회원권을 행사하려고 할 때, 당시 연동 측은 WCC 탈퇴가 일시적이라 하고, 승동 측은 WCC 탈퇴가 영구적이라고 발표하였으므로, 연동 측에 회원권이 있다고 판단을 내렸다.

그런데 1965년 여름, 통합 측 경동노회원 1백여 명이 NCC를 탈퇴하고라도 재합동하라는 성명서를 발표하고 아울러 쌍방 지도자들의 회합이 몇 차례 있었다. 그리하여 그 해 9월에 회집한 양측 총회에서는 합동위원을 선출한 후 총회의 합동위원회가 합의한 사항으로 정리되는 것 같았으나 합동운동은 성과를 거두지 못 하였다.

1967년, 미국연방장로회에서 신앙고백서를 채택하는 데 있어 우리나라 교계에도 큰 관심를 갖게 되었고, 이를 계기로 통합 측 안에 보수적인 인사들이 합동운동에 적극 나서서 비공식적으로 여러 차례 지도자들간 회합을 갖게 되었다.

그로 말미암아 1967년 9월에 회집한 쌍방 총회에서는 합동위원을 선출한 후 총회의 결과물을 만들어내기도 하였다. 그 후 쌍방 합동위원들은 여러 차례의 회합 끝에 다음과 같은 합동원칙에 합의를 보게 된다. 그 원칙은 다음과 같다.

첫째, 신학문제: 우리는 순수한 성서적 신앙을 지키며,
웨스트민스터신앙고백과 칼빈주의 정통신학을 고수한다.

둘째, 연합운동: 우리는 현대 교회의 성격을 이룩한 연합운동에 하나님의 뜻을 느끼며,
동시에 연합운동의 일부에서 신학의 급진적 좌경을 사실상 초래하고 있는
현실에 교회를 내적으로 붕괴시키는 역사도 느낀다.
그러므로 교파간의 연합운동은 어디까지나 복음적 기본자세에서 진행되어야 하는 것으로 믿는다.

이와 같은 원칙속에 연합운동이 계속되는 듯했으나 교권과 인간의 이해관계의 벽이 언제나 하나님의 뜻을 무산시키는 결과를 놓고 말았다.

3. 장로회 통합 측과 기장 측의 연합모색

한국기독교장로회는 그 출발 초기부터 그들의 신앙노선을 분명히 밝혔다. 1954년 6월 당시 총회장 박용희(朴容義) 명의로 발표된 성명서 3항이 그 구체적인 내용이다.

「본 총회는 전세계 장로 교회의 주류를 따라 세계교회협의회에 협조하여 에큐메니칼운동을 적극 추진하며, 국내에서도 한국 기독교연합회와 제휴협력하며 기타 제반 협동사업에 적극 협력한다」

이와 같이 시대적 조류에 앞장을 서서 에큐메니칼운동에 실제적으로 협력하고 있으므로 기독교 장로교회와의 신앙노선에 접근되었다고 볼 수 있다. 그러나 결정적으로 성경적 신학과 사회참여에 대한 입장차로 연합을 이루지 못 하고 있다.

4. 군소 장로 교단의 일치운동

역사적으로 하나의 한국 장로 교회였던 것이 해방 후 사분오열되고 말았다. 시대적인 신학사상, 곧 자유주의신학 사상과 에큐메니칼운동에 대한 견해대립에서 온 분파는 제1차, 제2차, 제3차 분열에 의해 그 양상이 드러났거니와 그밖의 몇몇 군소(群小) 장로 교회로 난립되어 있는 것은 일본 신사참배 처리에 대한 불만에서, 또는 일제 잔재 인사들의 기득권적 교권주의에 의한 세속생활에 염증을 느낀 데서 왔다고 보고 있다.

해방 후 그 분파의 대강을 소개하면 여러 교단이 있으나 ① 재건파계, ② 순장로회파계(재건파보다 약간 융합적인 교단), 그리고 ③ 혁신복구파계를 들 수 있다. 특히, 주목해 볼 교단은 '혁신복구파(革新復舊派)'이다. 재건파나 순장로회는 해방과 함께 자신들의 신앙적 노선에 따라 교단이 만들어졌으나, 혁신복구파는 그리스도 안에서 장로교 조직(長老敎組織)의 연속성(連續性)을 주장하면서 순교자들과 수진자들에 의해 주창되어진 신앙노선이었다.

이들은 처음부터 교단을 만든 것이 아니라 해방 후 교회를 차지하고 일본에 협조하던 이들에게 "우리 함께 회개하고 하나님 앞에서 하나가 되자"라고 수 년을 두고 설득하면서 기다리던 이들(守眞者)이다.

그러나 기존 교회들은 기득권과 교권을 가지고 교단이 지은 죄를 교단적으로 해결하지 않고 오히려 수진자들에게 금단령(禁斷令)을 내려 교회 밖으로 내어 쫓는 지경에 이른다. 이에 혁신복구파계가 역사적으로 상징성(象徵性)과 정통성(正統性)과 행정성(行政性)을 복구하였는데, 그것이 1907년 조선 최초의 노회창립의 신앙적, 정신적 실천으로 되돌려(Restore) 놓는 복구노회였던 것이다.

출옥 성도들은 출옥 후 가고픈 집에도 가지 않고 두 달간 평양 산정현교회에 머무르면서 혁신복구안을 만들어 1945년 9월초에 "우리 함께 하나님 앞에서 회개하고 하나가 되자"라고 호소해 왔지만 이에 응하지 않으므로 시대가 더 이상 기다릴 수 없는 사태로 급변하여 혁신복구파계는 1949년 5월에 '조선예수교장로회 독노회'를 복구하게 된다.

위의 혁신복구파의 주장을 기득권을 가진 교권주의자들은 한국 장로교의 신앙보수나 생활경건을 위해서 복음과 신학적 검증속에 함께 만들어가야 할 일이었다. 1938년 27차 총회의 신사참배 결의는 교단이 지은 죄이기에 교단이 하나님 앞에 용서를 구해야 한다. 하나님 앞에 교단의 모든 죄를 내려 놓고 회개하는 것이 하나님의 뜻이다.

혁신복구의안을 만든 수진자들에 의해 만들어진 '대한예수교장로회 총회(독노회)' 측에서 1996년에 와서야 교단적 회개가 시작되었다는 것은 아쉬움과 함께 다행이라는 안도를 갖게 한다. 그 후부터 각 교단들의 나름의 통절한 회개가 하나님 앞에서 행해지게 되었다. 우리 앞에 있는 모든 문제는 하나님의 뜻을 향해 보수적 개혁신앙의 대전제(大前堤)로 해소되어야 할 문제이기 때문이다.

그래서 "세계적 교회 추세에 의하여 오직 하나님 안에서 교회 연합운동을 위한 단일 교회가 아닌, 교회간의 친선과 사업적 병합을 목표로 하는 교회연합을 형성해 가면서 하나님이 가뻐하시는 뜻의 열매를 만들어가야 함이 오늘의 교회가 행해 나가야 할 사명이다." 라고 서정민 교수는 『출옥 성도들의 교회재건 운동과 기성 교회의 반발』이란 책에서 지적하고 있다.

제8장 한국 장로교가 해야 할 일

I. 한국 기독교 과거사(過去事) 청산(淸算), 어떻게 할 것인가?

오직 결자해지(結者解之)를 통한 꿈의 실현으로 해야 한다. 여기에는 신사참배에 참가했던, 안 했던 그리고 시간에 있어 과거, 현재를 따질 수 없는 엄중한 사실이 우리의 과제로 등장하고 있기 때문이다. 그러므로 우리 모두는 하나님 앞에서 신사참배에 대한 결자해지(結者解之)의 당사자라는 사실을 결코 잊어서는 안 된다.

1. 해방 50주년과 희년(禧年)정신을 기리기 위한 세 가지 제안

필자는 1995년 초 <교회와 신앙>이란 잡지와 <복음신문>에 기고한 기고문에서 아래와 같이 한국 기독교에 호소한 바 있다.

레위기 25장 10절을 보면 "너희는 오십 년째 해를 거룩하게 하여 그 땅에 있는 모든 주민을 위하여 자유를 공포하라 이 해는 너희에게 희년이니 너희는 각각 자기의 소유지로 돌아가며 각각 자기의 가족에게로 돌아갈지며" 라고 하였다.

이에 비추어볼 때 1995년은 우리에게 있어서 해방 50주년을 맞는 뜻 깊은 해였다. 이것을 성경적 의미에서 생각해 본다면 희년을 연상하게 된다. 이 정신이 당시와 같은 농경사회가 아닌 고도의 산업화 사회를 살아가는 오늘날 우리에게 적용되느냐, 아니 되느냐는 의문에 앞서 하나님의 간절한 뜻과 정신이 우선함을 전제한다.

이 희년의 정신은 우리가 다 알다시피 하나님이 인류를 향한 원래의 뜻을 실현시켜 보려는 원상회복의 정신을 가지고 있다. 우리의 삶에 있어서 잘못된 모든 것을 바로잡자는 정신이다. 본

래의 자리에서 이탈된 것들을 제 자리인 정위치로 환원시키라는 하
나님의 명령에 따른 조치가 희년의 조치이다. 희년에는 인간의 인
격과 양심에 있어 가족과 만남이 이루어지고 자유와 관용의 선포가
선행되는 해이다. 그리고 땅도, 집도, 인위적 제도도, 사랑도 원래의
자리로 되돌려 놓자는 것이다.

그러므로 희년의 정신적 실천은 하나님이 정하여 주신 모든 것이
사랑의 질서 안으로 삶의 현장이 정의롭게 표출되게 하는 열매의
행위이다.

해방50주년은 희년
정신을실천하는해!
산정현교회 담임목사 최상순

오늘날 우리 사회는 하나님께로부터 위탁받은 자유와 관용, 그리
고 각종 소유물들의 몫을 관리차원을 넘어 모두 제 것인 양 착각하
여 제멋대로 차지하고 누리려 한다. 혹자는 인류 역사에서 한 번도
하나님이 바라는 희년의 실천이 이루어진 적이 없는 매우 공허한
때라고 냉소하기도 한다.

그러나 인간이 아무리 괴변을 늘어 놓아도 희년정신은 하나님의 역사의 경륜의 축(軸)속에서
운영되어 왔고, 또 그렇게 되어야 하는 것이다. 그렇다면 우리에게 요구되는 것은 바로 희년정신
의 실천을 위해 순종하는 자세다. 이 자세는 우리가 하나님 앞에서 소유하고 있는 기득권을 과감
히 포기할 것은 포기하고 미래지향적인 재창조적 결단의 행동을 내려야 하는 것이다. 이것이 우
리가 사는 길이요, 하나님의 뜻을 이루는 한 과정이다.

우리는 선교 1세기를 갓 넘는 기독교 역사를 가지고서 괄목할 만한 신앙적 부흥의 성장을 이루
어 왔다. 그러나 성장을 앞세우기 전에 한국 기독교 역사의 신앙적 정절의 맥이 중간에 끊어져
있음을 분명히 인식해야 한다. 잘못하다가는 우리 모두가 땀 흘리고 열심히 하나님 앞에서 노력
한 귀중한 보화가 부흥과 성장이라는 실체를 우상으로 변질시킬 우려가 있다. 여기서 말하는 우
상이란 하나님(God)이 아닌 인간의 관념이나 물체로 만들어 놓은 허상인 신(god)을 의미한다.

대부분의 한국 교회는 몇 년 전부터 "95년은 희년의 해"라고 주제를 정해 놓고 기다렸다. 95
년이 성서적으로 볼 때 희년이냐 아니냐를 따지기에 앞서 하나님의 섭리속에 이루어진 해방 50
주 년을 맞는 뜻 깊은 해임에는 누구도 이의를 달지 않을 것이다. 그래서 대부분의 기독교 단체
와 교회들은 1995년에 한국 희년의 새 아침이 밝았다고 외쳤다. 그렇다면 이 희년정신을 비추는

1995년에 풀어야 할 과제는 무엇이었을까?

여러 가지가 있겠으나 우선순위를 따진다면 하나되지 못한 한국 교회와 하나되지 못한 분단 조국을 꼽을 수 있다. 그렇다면 이 모든 것의 분열이 어디에서부터 시작되었을까? 필자는 이 원인을 일본 우상 앞에 무릎 꿇은 한국 기독교에 있다고 본다.

조선후기의 기독교 박해는 우리나라가 열강의 싸움터로 변하고 식민지화 되는 결과를 만들었다. 이로 인해 박해의 장본인들과 그 후손들은 비참한 종말의 삶을 살아가고 있음을 기억해야 한다. 그리고 일본 식민지하에서 한국 기독교는 장로교를 제외하고 모두 일본 우상 앞에 무릎을 꿇다시피 했다.

그러나 1938년, 한국 기독교의 마지막 보루라고 여겼던 장로교마저 27차 총회에서 신사참배를 "국가의식 중의 하나"라는 괴변으로 가결하고 말았다. 우리는 이 일들을 역사의 흐름 속에서 결코 가벼이 넘겨서는 안 된다. 신사참배의 결과 기독교는 사분오열하게 되었고, 국토는 분단의 비극을 맞게 되었다.

그리고 신사참배 가결을 한 평양은 공산당의 수도(首都)가 되어 6·25라는 동족상잔의 비극을 연출하고 말았다. 이 비극의 동존상잔 속에서도 하나님은 역사의 주관자로 당신의 자녀들을 위한 은총을 베푸셨다. 즉, 6·25의 남침을 통해 하나님은 먼저 공산당의 잔학상을 38선 이남의 사람들에게 미리 체험시켜 주셨다. 그 후 유엔군을 참전시켜 당신의 섭리속에 북진을 감행케 하여 해산, 초산에까지 북진케 하셨다.

그러나 북한이 중공군을 참전시켜 후퇴하게 되었는데, 이로 인해 이북에 남아 있던 당신의 자녀들은 모두 남쪽으로 내려오는 자유의 기회를 가지게 되었다. 그 후 전쟁은 교착상황에 접어들었고, 결국 38선 가까이에 휴전선이 만들어졌다.

이로 인해 우리는 지금까지 분단과 이산(離散)의 뼈아픈 한의 역사를 살아가고 있다. 우리 기독교인들은 누구를 막론하고 이 몇 십 년 속에 나타난 하나님의 사랑과 징계의 역사를 믿음으로 읽을 줄 알아야 한다.

우리는 희년정신의 맥을 가지고 하나님께서 바라는 뜻속에 이 제도의 중심사상을 삶의 현장에 표출시켜 열매맺게 할 의무가 있다. 필자는 우리가 걸어 온 역사속에서 문제점(Issue)과 해결을 위한 의문을 제기해 본다. 그리고 그 문제의 해결을 위한 방법적 공감대를 다함께 형성해 보길 원한다.

먼저, 우리는 신사참배에 대한 바른 정의와 함께 이 문제를 하나님 앞에서 올바르게 해결해야 하는 당위성이 있음을 전제한다.

신사참배가 죄냐 아니냐 하는 문제의 논란이 있다면 성서에서 그 답을 찾아야 한다. 요한계시록 2장 13절에 보면 버가모 교회를 향하여 칭찬한 주님의 음성을 들을 수 있다. 그 칭찬의 장본인은 평신도인 안디바로였다. 그는 도미티안황제 때 황제를 신으로 섬기라는 압력을 받았으나 결코 굴하지 않고 믿음을 지켰다가 갖은 고문속에 순교하고 말았다.

그가 순교할 마지막에는 그를 서서히 달아오르는 놋솥에 집어 넣고 구원자 황제의 이름을 부르라고 하였지만, 그는 끝까지 '예수' 이름만 부르다가 순교하였다. 이렇게 신앙의 정절을 지키려고 노력한 사실들이 버가모 교회를 향한 주님의 칭찬임을 잊어서는 안 된다.

그러므로 신사참배는 하나님 앞에서 절대 죄임을 필자는 분명히 한다. 그러나 우리는 이 문제를 해결하는데 있어서 신사참배의 원인을 어느 특정인에게 돌려서도 안 되고, 신사에 참배하지 않았다는 이들을 자칭 의인으로 생각해서도 안 된다. 이것은 한국 기독교 모두가 죄된 역사의 흐름속에 나타난 일임을 깨닫고 인정하는 자세가 필요하다. 그리고 우리 모두는 서로를 격려하면서 하나님께 "내 탓"이라고 책임지는 회개가 필요하다.

일본 신도의 본질은 일본의 토착종교에 있다. 일본인은 경배의 대상에 대해서 '가미(kami＝神)'라고 불러 왔다. 그들은 자연계에 있어서 추상적인 대상을 그들의 삶속에서 신으로 표출해 낸 것이다.

즉, 성장의 신(神), 번식의 신(神)으로 태양신을 만들었다. 그리고 인간신을 만들어냈다(man gods). 천황이나 영웅이나 우월자는 그들이 생존시의 가미(神)로서 숭배의 대상으로 만들어졌다. 그리하여 천황은 현인신(賢人神)으로 신격화된 것이다. 그리고 신사(神祠)에 신도(神道)를 모셔 놓은 사원(寺院)을 신사(神社)라 한다.

그러면 1938년 장로교 27차 총회에서 신사(神社)를 참배하게 한 이유는 무엇이었는가? 그 이유는 하나님을 모셔야 할 신성한 자리를 '가미다나(神棚, かみだな:신토 제의에서 사용되는 도구로, 가정이나 사무실 등에서 가미를 모시기 위한 선반 또는 제물상)'로 대치하기 위함이요, 찬송가가 있을 자리에는 일본 국가(國歌)가 차지하게 하고, 하나님께 예배하는 경배는 동방요배(황거요배:천황을 현인신으로 만듦)로 바뀌게 하려는 것이었다.

그리고 하나님께 기도하는 간구가 일본 800만 잡신에게로 향하게 함으로, 하나님을 향한 신앙의 정절을 빼앗고 애국애족의 우리 민족혼을 말살하여 침략을 합리화하려는 황민화정책의 일환이었다.

즉, 일본은 식민정치를 실현, 성취하기 위해 신사참배로써 우리의 민족정신을 유린시키고, 조선인을 소위, 일본 황국 신민으로 만드려 하였다. 그리고 애국애족의 요람체인 한국 교회의 신앙 생명을 송두리째 말살해 버리게 함으로 써 그들의 식민화를 용의하게 하려는 데 있었다.

이렇게 생각할 때 신사참배(神社參拜)는 하나님의 계명에 대한 절대복종이 굴절되는 십계명 1, 2, 3 계명을 어기는 잘못이요, 그리스도의 왕권에 대한 인격적 위탁의 모독인 것이다. 그리고 하나님의 진리를 타협 없이 증거하고 교회와 국가에 대한 신자의 책임을 저버리는 행위였다. 결국 신사참배는 하나님에 대한 영적인 간음임이므로 결코 그 잘못을 간과(看過)해서는 안 되는 것이다.

한편, 신사참배에 반대하는 수많은 교회와 목사, 장로, 교인들도 있었다. 일본 당국은 이들을 감옥에 가두고서 온갖 고문과 회유를 하였으나 하나님을 향한 그들의 신의(信義)를 꺾지는 못 하였다.

그러자 일본당국은 신앙의 정조를 굽히지 않는 신사참배 반대자들 중에 교회와 목사와 성도들의 대표격으로 앞장 섰던 평양 산정현교회와 담임목사인 주기철 목사에 대해 수단 방법을 가리지 않고 강압하기에 이르렀다.

일제당국은 교회법을 이용하여 주기철 목사의 목사직 파면을 노회로 하여금 단행하도록 압력을 가하였는데, 일제는 주 목사의 항복을 한국 교회의 완전한 항복으로 착각하고 있었던 것이다. 그리하여 당시 평양 노회장을 통해 주 목사를 회유하였으나 끝내 실패하자 일본 경찰은 노회를 통해 강제사면의 결의를 하게 된다.

당시 평양 노회장은 1939년 12월 19일 오후 1시에 임시노회를 평양 남문밖교회당에 소집하고 임시노회를 열어, 주기철 목사는 총회의 신사참배 결의와 총회장의 경고문을 무시하였다는 이유로 교회 헌법 권징조례 19조에 의거하여 산정현교회 시무를 면직시켰다.

이 사실을 감옥에 있는 주 목사에게 전하자 주 목사는 "내 목사의 성직은 하나님께 받은 것이니, 하나님이 그만둬라 하시기 전에는 결코 사면 못 합니다." 하였고, 이 내용은 훗날 면직사실을 전하기 위해 감옥을 찾았던 당시 평양노회장에 의해 확인되었다 한다.

이 면직사실을 당시 〈조선일보〉는 39년 12월 20일자 신문에 "朱 牧師에 辭職勸告, 老會에서

總會決議와 總會長 警告無視 理由로 平壤 山亭峴敎會 問題 進展"이란 글로 실었고 같은 날 <매일신보(서울신문)>는 "問題의 牧師는 罷免코 神社參拜를 實現키로 平壤山亭峴敎會 事件段落"이란 기사를 실었다.

그러나 우리 민족은 드디어 하나님의 은총에 의해 해방의 기쁨을 1945년 8월 15일에 맞이했다. 이날은 신앙의 자유를 찾은 구속의 날이었다. 이로써 우리 민족은 27차 총회의 불가항력적인 가결속에서도 신의(信義)와 정조를 지켜 한국 기독교 역사의 맥을 이어 오게 만든 일부 교회와 목사와 성도들의 신앙적 절개라는 보화를 지니게 되었다. 이 신앙적 유산에 대하여 한국 교회 모두는 무한한 찬사와 경의를 표함과, 이 아름다운 신앙의 맥을 한국 교회 모두에게 이어 주는 용기와 행동이 실천되어야 한다.

그리고 신사에 참배한 이들의 당시 행함을 생각하면서 가슴 아파하는 그분들의 모습을 하나님은 사랑의 마음으로 품어주고 있음도 우리 모두는 기억해야 할 것이다. 그러므로 신사참배의 일은 우리 모두가 하나님 앞에서 함께 해결해야 할 역사적인 과제이다.

이를 해결하기 위한 우리 모두의 노력은 1945년 8·15 해방 이후에도 지속되었음을 역사는 보여 준다. 1945년 8월 17일 신사참배 결사반대를 하다가 투옥되었던 70여 명의 교역자 중 50여 명은 순교하였고, 20여 명은 살아서 나왔다.

평양감옥에서 출옥한 이들은 신사참배 반대로 폐문되었던 평양 산정현교회에서 2개월간 머물면서 한국 교회의 재건을 위한 논의를 하였다. 그 논의들은 오직 하나님을 향한 신앙적 기준의 뜻을 찾자는 아름다운 노력의 몸부림이었음을 우리 모두는 동의한다.

그러나 감옥 밖에서 괴로워하여 교회를 지키며 하나님의 사역에 눈물 뿌리며 헌신한 이들의 삶이 무시되고 있었다는데 대해서는 가슴 아픈 일이었음을 기억해야 한다. 우리 장로교는 신사참배의 과오를 해결하기 위해 부단히 노력하였고, 그 흔적들은 역사 속에 고스란히 남아 있다. 1946년 6월, 서울 승동교회에서 남부대회를 열고 "27차 총회가 범과한 신사참배 결의를 취소한다."고 결의하였다. 또한 34차 총회에서 다시 신사참배 결의를 취소하였으며, 39차 총회에서도 신사참배 결의를 재삼 취소한 사실을 볼 수 있다.

그러나 수차 취소를 결의한 것은 "도리어 총회가 신사참배의 범과를 통절히 뉘우치지 못 했다는 증거 외에는 아무것도 아닌 것"이라고 비판한 역사학자도 있다. 그러나 여기에는 각자가 가지고 있는 신앙의 표준이 선행되다 보니 하나님을 진정 기쁘게 하는 회개와 감사에 의한 화해의

회개에는 공소시효가 없다
(기독교신문 이효삼 기자)

결단의 행위가 결여되어 있음을 우리 모두는 시인해야 한다. 이렇게 하여 하나님 앞에 해결하지 못한 수치스러운 일이 오늘날까지 오게 되었다.

한국 교회가 우상 앞에 절하는 죄를 짓고 있을 때, 끝까지 우상 앞에 절하지 않고 신앙의 절개를 지키다가 순교한 고귀한 선배들의 피가 지금도 우리 한국 교회의 죄악을 씻어내리고 있음을 자각해야 한다. 우리는 오늘날 온 세계가 놀랄 정도로 조국의 교회가 성장하였음을 볼 수 있다. 그러나 우리에게 신사참배에 대한 진정한 회개가 없다는 것은 하나님 앞에서 크게 지적받고도 남을 일이다.

신사참배는 하나님과 직접 해결할 문제이지, 흥정이나 체면 살리기의 어떤 행위가 아니다. 여태까지 우리는 교세확장을 위한 집안 싸움만 했지, 진정한 하나님 앞에서의 회개나 서로가 서로를 품어주는 화해의 회개는 하지 못 했다.

이것은 바로 교회사와 민족사에서 분단된 교회들과 민족의 뼈아픈 사실을 책임져야 한다는 과제를 갖게 한다. 만일 해방 후 기독교 지도자들이 바람직한 방향으로만 모여 주었다면 오늘날과 같이 교단의 분열이나 국토분단의 아픔은 경감되었을 것이라 생각한다.

필자는 지금까지 미루어 왔던, 잊어 왔던 다음 세 가지는 반드시 시행되어야 함을 한국의 모든 기독교 지도자들과 교인들에게 간곡히 호소하는 바이다.

첫째, 한국 장로교는 27차 신사참배를 결의한 것은 무효라고 선언하고, 진정으로 합심하여 통회자복하는 시간을 가져야 한다. 여기에는 어떠한 이유도 없다. 꼭, 하나님 앞에 청산해야 할 문제라는 당위성밖에 없다. 이 일은 그 당시 역사의 현장에서 수난속에 갈등하며 오늘까지 살아 오는 우리 신앙 선배들에 대한 도리임도 간과해서는 안 된다.

둘째, 1939년 12월 19일 오후 1시에 평양노회가 주기철 목사를 면직시킨 사실을 기억하고, 하나님의 권위적 수여에 월권한 잘못을 회개함과 동시에 항존직인 목사의 직을 복권시켜야 한다. 오늘날까지 우리 모두는 주기철 목사를 면직시키는 과오를 범해 놓고 강단에서 주기철 목사라는 이름을 설교에 수없이 인용하고 그를 위한 행사를 진행해 왔다.

이 시간 우리는 우리 모두가 주기철 목사를 면직해 놓고 그의 이름으로 강단에서 외쳐 온 사실마저 회개해야 한다. 그리고 감옥 속에 면직의 소식을 전하러 온 목사에게 주 목사는 "내 목사의 성직은 하나님께 받은 것이니 하나님이 그만 두라 하시기 전에는 결코 사면 못 합니다."라고 전한 권위의 말씀을 깊이 느끼는 시간이 되어야 한다.

셋째, 오늘날 한국 교회의 성직자들은 모두 안수를 받고 성직자가 되어 하나님의 일을 한다. 그렇다면 그 안수는 누구에게 받았는가? 우리는 성경에서 말하는 원죄를 인정한다. 신사참배를 한 목사에게 우리가 안수를 받았다면 안수를 받은 '나' 자신도 신사참배를 한 사람과 다름없음을 깨달아야 한다.

그렇다면 우리 모두는 신사참배에 대한 죄의 책임감을 함께 가져야 하며, 함께 회개해야 한다는 당위성을 갖는다. 위에서 열거했듯이 이 세 가지가 범기독교적으로 선행되어야 함을 우리는 명심하고 자그마한 교권적, 인간적 자존심은 하나님 앞에서 버리기를 바란다.

그리고 교단적 차원에서 한국의 장로교가 1907년, 노회로 만들어질 때 미국 남장로교·북장로교, 캐나다 선교회, 호주 장로교가 연합하여 '독노회(One Presbytry)'라는 교단을 만들어 목사를 안수하고 총회로 발전시켜 오늘에 이르게 되었음을 기억해야 한다.

'독(獨)'이라는 말을 'Independence(독립)'라는 의미로 생각하기 쉬우나, 독노회는 '연합'의 의미를 가지고 있다. 네 곳의 장로교 목사, 선교사가 함께 모여 독노회를 조직할 때 파송받은 곳은 각각 다르지만 우리는 '하나의 장로교'임을 선언하는 'One Presbytery'란 말을 썼다.

이 말은 '연합 장로교'라는 의미의 함축성을 갖는다. 그것의 원뜻은 "우리는 그리스도 안에서 하나다(We are One in Christ)"라는 것이다. 그렇다면 오늘날 150개가 넘는 교단으로 쪼개진 장로교는 대한예수교장로회(The Presbyterian Church in Korea)란 형태의 모습으로 만들어져야 함을 진언하고 싶다.

이것은 한국 장로교가 하나님의 말씀 아래 일치로 돌아간다는 행동적 열매를 보이는 것이다. 한국 장로교회의 연합과 일치에 대한 한목소리는 어제, 오늘의 이야기가 아님을 잘 알고 있지만 필자는 지금, 한국 장로교가 "그리스도 안에서 하나(The Presbyterian Church in Korea)"가 되는 꿈을 가져본다.

서울 후암동 소재 산정현교회와 산정현교회에 속해 있는 독노회는 총회와 함께 한국 교회의 일치를 위해 기도하고 준비하며, 실천속에 보존되어 왔다. 그리고 산정현교회는 하나님이 원하시는 방향에서 모든 것을 수용하고 내려 놓는 정신의 실천적 삶으로 준비해 왔다. 그래서 한국 장로교는 오늘을 뛰어 넘어 일치된 연합으로 하나가 되는 교단(The Presbyterian Church in Korea)으로 성화(聖化)되기를 바래왔던 것이다.

지금 한국 교회를 이끌어가고 있는 지도자들과 교단, 그리고 교회는 위(上)에서 열거했던 세 가지의 일들을 결코 지연시켜서도 안 되며, 경홀히 여겨서도 안 된다는 사실을 간곡히 부탁드리는 바이다. 그리고 우리 장로교는 일치의 정신을 살려 서로가 서로를 격려하고 인정하며, 연합하는 계기(契機)가 되기를 바란다.

(1995년 초, 필자가 〈기독교신문〉과 월간지에 기고한 원문임)

2. 한국의 과거사 청산(淸算)은 한국 장로교의 맥(脈)을 통한 일치운동이어야 한다.

첫째, 혁신복구 운동은 1907년에 만들어진 하나의 장로 교회(One Presbytery)의 정신을 꿈꾸는 향수와 그와 같은 터전 위에 다시 시작하자는 운동이었다. 순수했던 원래의 정신으로 뭉쳐야 할 하나의 장로 교회(One Presbytery)로 다시 태어나야 한다는 것이다. 혁신(革新)이란 묵은 풍속, 관습, 조직, 방법 따위를 완전히 바꾸어서 새롭게 함의 개혁을 말한다. 복구(復舊)란 손실(損失)된 이전의 상태를 기반으로 하여 미래지향적으로 회복시켜 나감을 말한다.

우리는 평소 보수라는 말을 많이 하는데 보수란 보전하여 지킨다는 뜻으로써 새로운 것을 반대하고 옛날의 것을 중시하여 유지하려고 하는 형태이나, 신앙적 보수는 성경말씀에 기초한 하나님의 뜻을 오늘의 삶속에 보전 발전시켜 나가려는 실천적 간절함의 보존(保存, Conservatism)을 의미한다.

그러나 잘못하다가 보수주의자들에게 교리가 우상이 될 수 있다는 것을 유념해야 하며, 보수란 이름으로 교권주의에 빠지기 쉽다는 사실도 잊어서는 안 된다. 교리도 성경 앞에서는 겸손해야 하는데 교리는 성경을 바르게 보는 안경이요, 이단을 막는 기준이요, 신앙을 바르게 인도하는 근거가 되어야 한다. 그래서 교리는 변해도 성경은 변할 수 없다는 사실 앞에 진정 교리가 옳다면 삶도 더 옳아야 하는 것이다. 행위가 없는 보수주의자들은 하나님에게 영적 간음을 하는 자유주의자와 같다. 그러므로 교회는 언제나 하나님 앞에서 개혁되어 가야 한다.

둘째, 일치를 위한 독노회(혁신복구파)의 기본방침을 이해하자.

1945년 8월 17일을 전후하여 신사참배를 결사반대하다가 투옥되었던 전국 70여 명의 교역자 중 50여 명은 순교하고, 20여 명의 교역자들만이 살아 나왔다. 그 중에 평양감옥에 갇혀 있던 수진자(守眞者)들은 해방과 함께 출옥하자 그리운 자기 집이나 교회로 돌아가지 않고, 신사참배에 항거하다가 폐문되었던 평양 산정현교회에 모여 그곳에서 2개월간 한국 교회의 재건에 관한 여러 문제들을 논의하였다.

그래서 1949년 5월 중순에 독노회가 복구된 것이다. 그런 고로 독노회 복구는 평양감옥에서부터 시작된 것이라 할 수 있다. 이 운동은 신사참배를 하고 일본 기독교단으로 변질했던 한국 교

혁신복구 방안
(대한예수교장로회복구의
필연적 사실)

회를 혁신복구하자는 정화운동이요, 개혁운동이었다.

주기철 목사는 독노회 목사로 순교하였다고 전하고 있다. 감옥 속에서 향후 해방을 바라보며 조선 기독교의 정화와 조직의 절차를 논의했던 중심인물이었기 때문이다. 이들이 주장했던 복구내용은 다음과 같이 요약할 수 있다.

"성도의 거룩성을 회복키 위한 교인권 회복과 회개를 통한 직분의 정화이며, 성경을 중심하여 어느쪽으로도 기울어지지 않는 불편좌우이며, 예수님의 십자가를 통한 구원이다"

("대한예수교장로회 복구의 필연적 사실"에서)

Ⅱ. 한국 장로교의 뿌리 속에 정화(淨化)와 일치(一致)를!

1. 평양 산정현교회의 정체성(正體性)과 독노회의 뿌리 이해(理解)

먼저, 독노회(獨老會=One Presbytery=We are one in Christ) 조직 명칭과 신앙적 역할 이해가 필요하다. 1907년 9월 17일, 장로교 최초의 조직인 독노회는 미국 북장로회, 미국 남장로회, 호주 장로회, 캐나다 장로회의 4개국 선교사들이 선교 파송국은 각각 다르나 우리는 그리스도 안에서 하나(One Presbytery=We are one in Christ)라는 의미에서 '독노회(獨老會-여기에 한문으로 '홀로 獨'자를 쓴 것은 하나라는 의미이지 특별한 별개의 뜻은 아니다)'란 이름을 붙이게 되었다.

그리고 노회의 결의에 의해 평양신학교 졸업생 7명에게 목사안수를 하였다. 이 일곱 명의 목사는 길선주, 한석진, 방기창, 서경조, 송인서, 양전백, 이기풍이었다. 이때 신학교의 이름은 '조선야소교장로회신학교'였으며 독노회의 조직은 하나님의 주권적 말씀 안에서 기독교의 일치와 미래지향적 발전의 일환에서 이루어졌다. 노회가 발전함에 따라 1912년 9월 1일에는 평양 장대현교회에서 노회를 '조선예수교장로회 총회'로 승격 결성하였다.

1935년 1월 신사참배 문제가 한국 교회에 불어오기 시작하자 이것은 십계명 1, 2계명을 어기는 우상숭배이므로 모든 교회가 반대할 것을 각오하였다. 그러나 교회에 대한 탄압이 강화되어 장로 교단 외에는 신사참배에 모두 굴복하고 마는 가슴 아픈 일이 발생하고 말았다.

그리고, 드디어 1938년 9월 9일, 평양 서문밖교회에서 27차 장로회 총회가 개회되고, 9월 10일 본 총회에서 일제의 강압으로 신사참배가 국가의식일 뿐 우상숭배는 아니라는 명분하에 가결되는 범죄와 치욕의 일이 발생하고 말았다.

그러나 본 총회가 결의한 신사참배 가결은 신앙적으로 큰 죄임과 동시에 회의절차상으로도 불법이었기에 하나님 앞에서 불법을 선언하고, 산정현교회를 중심으로 하여 주기철, 채정민, 이기선 목사 박관준 장로와 이에 동조하는 전국의 교회, 목사, 장로 및 성도들이 어떠한 박해가 오더라도 순교하겠다는 각오의 정신으로 하나님이 기뻐하시는 길을 택하게 되었다.

그리고 이들의 중심세력들은 27차 총회를 인정하지 않고 오직 하나님의 영광과 신앙의 정절을 지키는 기쁨으로 "우리는 조선예수교장로회의 조직을 안고 감옥으로 간다."면서 감옥으로 향하는데 기쁨을 가지기도 했다.

한편 신사참배를 가결한 세력 중 평양노회는 1939년 12월 19일 평양 남문밖교회에서 임시노회를 열고 일본 경찰의 각본에 따라 "신사참배를 반대하였다는 것과 총회장 경고문을 무시하였다"는 이유를 들어 주기철 목사의 목사직을 파면하는 결의를 한다. 이와 같이 결의된 사실을 당시 신문들은 이렇게 기사화하고 있다.

1939년 12월 20일자 매일신보(서울신문의 전신)---問題의 牧師는 罷免코 神社參拜를 實現키로 平壤 山亭峴教會 事件 段落, 같은 날 조선일보는 朱 牧師에 辭任 勸告 老會에서 總會決議와 總會長 警告 無視 理由로 平壤 山亭峴教會 問題의 進展, 같은 날 동아일보는 "問題中의 朱 牧師, 平壤 老會서 辭任決議"

이와 같은 행위는 하나님의 권위에 도전하는 반진리적 행위를 자행하는 결과였기에 수진자들은 임시노회의 결의를 반대하였다. 그날 오후 1시에 불법을 자행한 평양노회 노회장 최지화 목사는 임시노회를 열어 주기철 목사를 교회 헌법 권징조례 19조에 의하여 산정현교회 시무를 권고사직시킨다고 선언한 후 이인식(李仁植) 목사를 이 교회 당회장으로 임명하였다.

그리고 그날 노회 결의를 최지화 목사로부터 통보받은 주기철 목사는 "내 목사의 성직은 하나님께 받은 것이니, 하나님이 그만 두라 하시기 전에는 결코 사면(辭免) 못 합니다."라고 말하였다. 이 말은 후에 최지화 목사에 의해 알려졌다. 그 후 주기철 목사는 평양 돌박산 진달래가 한참 피어오르던 1944년 4월 21일, 감옥에서 주님의 부르심을 받아 순교하였고, 돌박산 양지바른 곳에 잠들게 되었다.

1996년 9월까지 한국 장로 교회는 주기철 목사를 목사직의 파면철회와 함께 복권을 하지 않았고, 신사참배에 대해 교단적으로 공식적 회개도 하지 않았고, 신학교 학적부의 졸업생 명단에서조차 그를 빼버린 채 있었다.

뿐만 아니라 1943년, 조선 기독교의 모든 총회는 해산되고, 일본기독교조선기독교단으로 변체되어 해방될 때까지 일본 기독교에 예속되어 있어 한국 장로교의 조직의 맥이 밖으로는 변절되어 있었다. 이로 인해 조선예수교장로회는 사라진 것과 같이 되었다.

다만 신사참배를 반대한 이들은 1938년 27차 장로회 총회의 모든 결의사항에 반대하였다. 그리고 한국 기독교를 대표하여 신앙의 정절과 역사적 조직의 맥을 가슴에 안고 감옥과 그 어떤 것도 마다하지 않고 그들이 처한 현장에서 투쟁하며 생활해 왔던 것이다. 이들에 의해 한국 기독교의 역사적 신앙의 정절과 조직의 맥이 지금까지 이어지고 있는 것이다.

일본 경찰은 이들 중 가장 강력하게 신앙의 지조를 지키는 신앙인들을 평안남도 평양경찰국에서 다루면서 25명을 평양지방법원에 기소하였다. 이들은 겸손하게 자신들 스스로를 순교자라고 하지 않고 수진자(守眞者:진리를 지키려 하는 자)라고 하면서 하나님의 뜻을 따르다가 죽는 것을 영광으로 여기며 모든 핍박을 감옥과 자신들이 처한 현장에서 견디어내면서 신앙생활을 해 왔다. 이들은 이후 1938년에서 1945년까지 끊어졌던 조선 기독교의 역사적 신앙의 맥을 이어주는 그루터기가 되었다.

1945년 8월 15일, 해방을 맞은 후 17일에는 신사참배를 결사반대하다가 평양감옥에 투옥되었던 25명 중 주기철 목사를 중심으로 한 9명은 해방 전 순교하였는데, 평양감옥 속에서 순교한 사람은 주기철 목사가 유일하다. 그리고 평양감옥에 있던 여타의 분들은 죽음 직전에 일본 경찰이 병원이나 자기 집으로 내보내서 순교하게 했다.

그리고 이기선, 채정민, 한상동 목사를 중심으로 한 16명은 끝까지 감옥 속에서 수감생활을 하다가 산 순교자로 출옥하였다(안도명, 『신사참배 반대 정신 투쟁사』). 그들은 신사참배에 항거하다가 폐문되었던 평양 산정현교회에 모여 그곳에서 2개월간 숙식을 같이 하면서 한국 기독교의 혁신복구 방안을 검토하면서 기도하였다.

이 논의의 사실은 1938년 27차 총회에서 신사참배를 가결하자 이를 거부하고 감옥에 갔던 목사 장로들이 1940년부터 수감생활을 하면서 저들 나름의 대화를 한 것이 수감자들의 증언과 자료에 의해 알려진 것이다.

이들은 앞으로 한국 교회의 정화를 위한 복구방안을 생각하고 논의했던 것으로, 1907년의 순수성과 일치를 위한 독노회를 복구하여 한국 기독교의 역사성과 상징성을 회개속에 아우르는 길을 택하자는 것이었다(이기선 외, 「예심종결서」; 안용준, 『태양신과 싸운 이들』 상권, 칼빈문화사, 273쪽 이하; 김양선, 위 책, 195~197쪽; 김린서, 위 책 85~90쪽 외 당시 함께 수감되어 있던 안도명 목사의 증언)

1945년 9월 4일에 혁신복구안이 구체화되면서 평양 산정현교회에서 한국 기독교 복구를 위한 마무리 작업속에, 20일에는 동교회에서 한국 교회 재건의 기본원칙을 합의 발표한다. 이때에 이기선, 채정민 목사와 평양 산정현교회의 당회장이었던 한상동 목사가 혁신복구에 의한 일치와 화해를 위한 대표적 역할을 하였다.

　출옥 성도들의 교회 재건 전국화를 위해 1945년 11월 14일부터 한 주간 선천 월곡동교회에서 평북노회 주최로 평북 6노회 교역자 수련회가 열렸고, 200여 명의 교역자가 모인 가운데 강사로 나선 출옥 성도 이기선 목사의 신앙간증이 있었다. 뒤를 이어 신사참배를 피하여 일본으로 건너갔다가 만주로 가서 봉천신학원 원장으로 있던 박형룡 박사에 의해 평양 산정현교회에서 발표한 한국 교회 재건 기본원칙을 읽어내려 갔다. 혁신복구 방안의 내용은 다음과 같았다.

① 교회의 지도자들은 모두 신사(神社)에 참배하였으니 권징의 길을 취하여
통회 정화한 후 교역에 나아갈 것

② 권징은 자책 혹은 자숙의 방법으로 하되 목사는 최소한 2개월간 휴직하고 통회 자복할 것

③ 목사와 장로의 휴직 중에는 집사나 혹은 평신도가 예배를 인도할 것

④ 교회 재건의 기본원칙을 전국(全國)의 각 노회 또는
지교회에 전달하여 일제히 이것을 실행케 할 것

⑤ 교역자 양성을 위한 신학교를 복구 재건할 것

이 원칙이 발표되자 신사참배를 결의할 때 총회장으로서 의사봉을 잡고 결의안을 처리했던 홍택기(洪澤麒) 목사는 발언권을 얻어 "옥중에서 고생한 사람이나 교회를 지키기 위하여 고생한 사람이나 고생은 마찬가지였다. 그러나 교회를 버리고 해외로 도피생활을 했거나 은둔의 생활을 한 사람보다는 교회를 등에 지고 일제의 강압에 할 수 없이 굴한 사람의 수고가 더 높이 평가

되어야 한다."고 반발하고 나섰다. 이로 인해 선천에서의 평북 6노회 수련회는 혁신복구 방안이 발표되었지만 받아들여지지 아니한 채 끝나고 말았다.

그 후 소련군의 북한 진주와 38선 차단 강화는 앞으로 있을 공산정권의 교회에 대한 극심한 탄압을 예상하는 일들로 다가왔다. 이와 같은 일들을 내다 본 기독교 지도자들은 긴장감을 느끼면서 1945년 12월 초, 이북 5도 연합(5도 16노회)노회를 평양 장대현교회에서 소집하였다. 이때 출옥성도의 대표로 이기선 목사와 한상동 목사가 참석하였고 이북 5도 연합노회는 다음과 같은 결의를 한다.

홍택기 27차 총회장
(평북노회소속)

① 이북 5도 연합노회는 남북통일이 완성될 때까지 총회를
대행할 수 있는 잠정적 협의 기관으로 한다.

② 연합노회의 헌법은 개정 이전의 총회헌법을 사용하되
남북통일 총회가 열릴 때까지 그대로 둔다.

③ 전 교회는 신사참배의 죄과를 통회하고 교직자는 2개월간 근신하기로 한다.

④ 신학교는 연합노회 직영으로 한다.

⑤ 조국의 기독교화를 목표로 독립기념 전도회를 조직하여
전도 교화운동을 대대적으로 전개한다.

⑥ 북한 교회를 대표하는 사절단을 파견하여 연합국 사령관에게 감사의 뜻을 표하기로 한다.

-출처 : 김양선, 『한국기독교10년사』 p.47~48

혁신복구 방안의 핵심부분을 이북 5도 총회가 받아들여 결의까지 하게 된다. 그러나 북한 공산당의 고도의 전술적 방해로 뜻이 이루어지지 못 하게 되었다. 이와 같은 재건원칙이 실시되지 못한 것이 이후 큰 유감으로 남게 된다. 한국 기독교의 신앙적 역사의 맥이 총회라는 조직에 의해 끊기었기에 총회라는 조직에 의해 다시 연결지어져야 한다는 정당성이 있었기에 수진자들은 이 일에 생명을 건 것이었다.

결국, "조선예수교장로회 복구의 필연적 사실"의 방안이 결실을 보지 못한 것은 남한에서는 일제시대의 기득권 세력 때문이며, 북한에서는 공산당에 편성한 일제 기득권 세력의 방해로 이루어지지 못 하였다.

2. 1949년 5월, 봄 독노회(獨老會)의 복구선언!

1945년 9월 20일에 천명한 혁신복구를 위한 화해가 무산되는 지경에 이르자, 1948년 평양 산정현교회(상수구리에 새로 마련한 교회)에서 1907년 한국 장로교 최초의 노회인 독노회 복구의 전초단계로 1948년 8월 14일에 평양 산정현교회에서 공의회가 개최되어 "신앙의 순수성과 조직의 순수성을 재천명하자"는 결의를 하게 된다. 이 원칙의 결의는 감옥 속에 갇혀 있으면서 수진자들이 해방될 조국의 교회를 생각하면서 한국 기독교의 정화와 전체의 아우름을 위한 방법의 다짐이었다.

그 후 1949년 5월에 이기선 목사를 주축으로 하여 수진자들과 이에 뜻을 같이 하는 이들이 평안북도 신의주제6교회에서 독노회 복구를 선언하게 된다. 이 독노회(獨老會, One Presbytry = We are One in Christ)는 1907년에 한국 장로교의 첫 조직이었던 독노회를 생각하면서, 순수했던 신앙적 조직의 회복을 위한 복구였던 것이다.

이것의 근본정신은 그리스도 안에서 일치와 연합의 조직을 이루자는 것이었다. 독노회 복구의 기본이념은 신사참배를 하고 일본 기독교단으로 변절했던 한국 교회를 혁신복구하자는 것인데, 이것은 합법적 절차에 의한 정화운동이요, 개혁운동이었다. 그리고 1907년 독노회 조직의 정신을 담고 있는 말씀에 의한 일치운동의 기본정신으로의 복귀인 것이었다.

이와 같은 혁신에 의한 독노회가 복구 선언되자 일제시대의 교권을 가졌던 기득권 세력에 의해 접수된 이북 5도 총회와 공산당의 사주를 받은 불순분자들의 박해가 만만치 않았다. 해방 후 혁신복구파들이 복구의 필연성을 선언하고도 3년 가까이 기다리다가 1948년 5월에 평양 산정현교회에서 공의회(公議會, Councils)가 열린 것은 기성 교회가 돌아와 함께 참회하고 함께 하나의 장로교로 출발하자는데 목적이 있었음을 역사속에서 보여 주는 것이다. 오직 하나님께만 영광 돌림의 길을 열어 두고 설득하며 기다린 것이다. 그래서 해방이 되자 출옥한 이기선 목사는 기성 교회인 신의주6교회에서 사역하면서 함께 회개할 것을 설파했던 것이다.
(-출처:『폭풍속의 별: 이기선 목사의 생애』, 그리심; 안도명,『조선예수교장로회 복구의 필연적 사실』; 안도명,『신사반대 정신투쟁사』및 안도명의 '증언' 참조)

독노회는 1938년 신사참배 가결 이전의 헌법(1934년)과 신앙노선을 그대로 복구할 것을 선언

이기선 목사

하게 되니 여기서 '복구파'라는 이름을 갖게 되었다. 주기철 목사가 잠시 출감되었던 1940년을 계기로 해방 전까지의 감옥에서 논의해 왔던 조선예수교장로회의 정화와 화합의 일치를 위해 꿈꾸어 왔던 결과물이 나온 것이다. 1901년의 회의록에는 다음과 같은 기록이 나온다.

"한국에선 아직 노회가 없어서 우리는 임시로 장로교 공의회라는 전국적인 회의를 마련하였다. 이 회의로 인하여 앞으로 노회가 될 것이다."라고 천명하였다. 이 결의에 의해 1902년 서울 새문안교회에서 장로교 공의회가 만들어지고 이 기틀 위에 1907년, 독노회가 조직된 절차적 전철을 그대로 밟으면서 1949년 봄에 독노회를 복구했던 것이다(김정덕, 『폭풍속의 별』, 그리심; 임석윤, 『이기선 목사와 동역자 김의홍 목사의 생애』; 안도명 목사 '증언', 임석윤 목사, 『신사참배 반대운동의 선구자』 p.250~253 참고).

한상동 목사의 뒤를 이어 이기선 목사는 평양 산정현교회 담임목사로 청빙되었으나 평양 산정현교회가 이북5도 연합 총회인 교단가입 문제로 내분에 휘말리자 그 내분에 동참하지 않았다. 이기선 목사는 "예배당이 아름다우면 아름다울 수록 예배당을 내어 놓기는 힘든 것이 사실이다."면서 취임하지 않고 있다가 1948년 2월 11일 예배당을 포기하고 양재연 집사가 경영하던 평양 목장의 2층 목초창고를 임시 예배처로 정하고 취임하였다.

그리고는 "구원은 예배당 건물에 있는 것이 아니라 믿음에 있으니 건물 때문에 싸우지 말고 초막이나 궁궐이나 내 주 예수 모신 곳이 천국이라"는 믿음 제일주의를 선언하였다(임석윤 목사 저, 『신사참배 반대운동의 선구자』 p.280).

이기선 목사는 취임 몇 달 후 평양 중심지인 상수구리(上水口里 63-평양 숭현학교)에 약 1천 평의 대지 위에 1백여 평 되는 건물을 구입하여, 하나님의 영광을 향한 꿈의 날개를 펴기 시작했다. 이 때 평양 산정현교회의 교역자로 이기선 목사, 방계성 장로, 최동려·김정덕 전도사가 시무하였고, 여교역자로 윤경패, 이재은 씨가 전도사로 사역하였다.

교회는 새 성전의 터를 마련하게 된 것을 기념하여 노회복구를 위한 전초작업인 공의회를 1948년 8월 14일에 개최하고 방계성, 김의홍, 심을철, 주영진 전도사에게 강도사 고시를 시취하였다. 그리고 평양 산정현교회를 헌신적으로 섬겨온 양재연 집사와 장기려 집사를 장로로 장립하게 된다.

당시 산정현교회는 1946년 11월 28일 김일성의 삼촌인 강양욱(평신 36회, 1942년 졸업)에 의해 만들어진 기독교연맹에 조종을 받다시피 한 이북5도 연합노회의 가입을 두고 찬성파와 반대파로 갈리어 내분을 겪게 된다.

이에 반대하던 이들이 교회를 두고 나오게 되는데 신앙중심으로 함께한 이들의 80% 가까이가 아름다운 교회를 두고 나올 수밖에 없었다. 현재 평양 산정현교회 건물자료로 사용되고 있는 교회는 그들이 두고 나온 평양 산정현교회 건물 사진이다.

평양 산정현교회

다시 말해서 당시 평양 산정현교회 교인 80%가까이가 평양감옥에서 신사참배 반대로 옥고를 치르다가 해방과 함께 출옥하여 두 달 동안 평양 산정현교회에 머물며 신앙적 토론 속에 만들어 낸 한국 기독교가 하나님 앞에 바로 서서 하나가 되자는 개혁안(改革案)으로 이 혁신복구안(革新復舊派案)에 신앙적 공감을 가지고 함께한 분들이다.

이 혁신복구안(革新復舊派案)을 한국 기독교가 받아들이지 않자 정화와 일치를 위해 내일의 노회복구를 위한 공의회(公議會, Councils)가 1948년 8월 14일에 새로 옮겨 온 평양 산정현교회에서 개최되게 되었다.

그리하여 1949년 5월 봄 독노회가 신의주제6교회에서 개최되어 1907년의 뜻을 가지고 복구선언을 하게 된다. 노회설립의 정당성은 ① 역사성, ② 행정성 ③ 정통성 ④ 상징성이 있어야 하는데 복구된 독노회는 이 네가지를 다 갖추고 복구 설립한 것이다. 복구선언된 독노회는 노회의 근본사명인 목사 안수식을 거행하게 되는데, 이때 방계성, 김의홍, 심을철 전도사가 목사안수를 받게 된다.

독노회 복구가 선언되는 이날 목사장립에는 교계의 원로 채정민 목사를 비롯한 신앙의 정절을 지켜 온 여러 목사들이 안수위원으로 동참하였다. 혁신복구파(革新復舊派)와 재건파(박신근 집사, 최덕지 선생 등) 교회(敎會)와는 전혀 관계가 없는 것이므로 구별해서 보아야 한다.

그 후 방계성 목사는 이기선 목사의 후임으로 평양 산정현교회 담임목사로 시무하게 되는데,

그는 일생 평신도로, 집사로, 장로로, 전도사로 목사로서 오직 한결같이 하나님의 영광과 뜻을 위해 몸 바쳐 헌신하였다.

그 후 방 목사는 1949년 12월 27일 공산당에 납치되어 순교의 길을 가게 된다(김정덕,『폭풍속의 별』, 그리심; 임석윤,『이기선 목사와 동역자 김의홍 목사의 생애』; 안도명 목사 '증언').

그 후 산정현교회에는 덕암교회 이일화 장로가 파송되어 월남하기 전까지 시무하였다. 한편 이기선 목사도 1950년 겨울 신의주제6교회에서 공산당에 의해 순교로 일생을 마친다. 그는 일생을 오직 하나님의 말씀에 의해 살려고 노력해 왔으며 교회와 교단과 성도들의 영성과 후진양성을 위해 일생을 헌신하여 온 분이다.

그는 해방이 되자 출옥한 후 한국 교회 전체를 아우르는 것이 하나님의 뜻임을 알고, 1948년 5월까지 기성 교회와 함께 대화하면서, 기다리며 말씀 안에서 화합과 일치의 노력을 실천하며 사역하여 오다가 공산당에 의해 순교로 일생을 마쳤다.

기득권을 가진 장로교는 "신사참배는 죄가 아니라"고 했고 "죄를 범하지 않았는데 무슨 회개를 하느냐"라고 하면서 수진자(守眞者)들을 교권(敎權)으로부터 몰아내었기 때문에 분열이 일어난 것이지, 이기선 목사를 중심으로 한 혁신복구파를 독선자들이나 분리주의자로 매도하는 것은 사실의 정황과 역사를 모르는 모함적 무지의 소치라 할 수 있다(김정덕,『폭풍속의 별-이기선 목사의 생애』; 임석윤,『신사참배 반대운동의 선구자』; 안도명,『신사참배 반대정신 투쟁사』; 서정민,『한국교회 논쟁사』참고).

① 독노회 복구선언은 한국 장로교 역사의 맥을 이어주는 그루터기를 남기는 사건이다.

마침내 1949년 5월, 신의주제6교회에서 대한예수교장로회 독노회를 복구하게 된다. 또한 여기에서 지난 1948년 8월 평양 산정현교회에서 개최된 공의회(公議會, Councils) 결의와 같이 방계성 장로, 김의홍 전도사, 심을철 전도사를 목사로 장립하게 된다.

독노회는 1938년 신사참배 이전의 헌법(1934년)과 신앙노선을 그대로 복구할 것을 선언하게 되니, 이것을 복구한다는 뜻에서 '복구파(復舊派)'라는 이름을 가지게 되었다. 기성 교회와 대결하기 위하여 독자적으로 교단을 만들 의사를 가진 것이 아니라, 단지 기성 교회가 참회하지 않고 도리어 참회를 외치는 교역자들과 직분자들을 배척하고 제명하므로, 교회의 치리권 확보와 후계자 양성을 위해서 불가피하게 노회를 조직하게 되었음을 주목해야 한다.

당시 "조선예수교장로회 혁신복구의 필연적 사실"이란 책자에서도 제2판 등사 발행하여 대외에 이 뜻을 선언하였다. 이렇게 되자 기독교연맹에 가입된 목사, 장로들과 공산당은 이기선 목사를 중심한 독노회를 가일층 핍박하게 되었고, 죽음을 각오하는 참된 성도들의 피 눈물 나는 선한 싸움이 계속되었다.

그러던 어느 날 민족의 비극인 6·25전쟁을 불과 6개월 앞둔 1949년 12월 27일, 평양 산정현교회에서 시무하던 방계성 목사를 공산당들이 전격적으로 납치해 가는 사건이 발생한다. 이어서 문수리교회 김은선 전도사, 강북교회 김세순 전도사를, 그리고 1950년 봄, 심을철 목사 등을 납치해 갔다.

전술한 바와 같이 북괴 김일성 졸도 강양욱(康良煜, 평신 36회, 1942년 졸업) 목사는 이북 5도에 있는 노회로 하여금 소위 '조선예수교장로회 제33회 총회'라는 것을 1949년 2월 평양 서문밖교회당에서 개최하게 되는데, 서문밖교회에서의 어용총회(御用總會)는 결국 신사참배를 가결할 때와 동일한 모습으로, 역사적인 두 번째 죄를 범하는 장소가 되고 만다. 이 33회 총회는 북조선기독연맹으로 대치되는 아이러니(Irony)를 우리는 역사속에서 보게 된다.

이때에 사회자는 증경 총회장 김익두 목사였고, 설교는 공산당 강양욱 목사가 맡았다. 이날 강양욱 목사는 "오직 너희만은 옳다 옳다 아니라 하라, 이에서 지나는 것은 악으로 쫓아나느니라" 하면서 "예스(yes)나 노(no)를 명백히 할 것"을 협박했다.

이때 총회장에는 김익두 목사가 재선되었고, 기독연맹에 가입하지 아니한 교직자는 모두 제명하기로 가결했으며, 정치적으로 대한민국 정부를 '괴뢰'라고 성명서를 발표하게 되니, 이는 당시 북한 교회의 실정을 잘 보여 주는 것이었다(「전승을 위한 궐기대회 호소문」참고).

이렇게 될 때 기성 노회에 머물면서 선한 싸움을 하다가 희생된 분도 허다했지만 교회적으로, 교단적으로 이것을 이겨낸 교파는 오직 이기선(李基宣) 목사에 의해 복구된 조선예수교장로회 독노회뿐이었음을 분명히 밝힌다.

독노회 복구로 노회가 설립되자 목회자 양성을 위하여 신학교가 필요했다. 이에 '성경연구회('복구신학교'라는 명칭은 공산당의 방해로 사용 못 함)'를 설립하여 130명이 학생을 가르쳤다.

이기선 목사가 옥중에서 완성한 '성경대소지'를 중심으로 성경을 가르쳤고, 김의홍 목사가 '말세학'과 '조직신학'에 해당되는 '성경 상식론'을 중심으로 가르쳤다. 기타과목은 이에 뜻을 같이 하는 목사들이 교수하였다.

그때 마침 기성 교회에서 운영하던 평양신학교와 감리교에서 운영하던 성화신학교가 공산당에 의해 기독교신학교로 강제 통폐합되면서 많은 학생들의 신학의 길이 막히었다. 소명(召命)에 따라 바른 신학과 성경을 배울 곳이 없어진 학생 130여 명은 결국 바른 진리를 찾는 '성경연구회'에 입학하여 배우게 되었다.

② 복구선언(운동)의 원칙

해방 후 기성 교회와 재건 교회라는 두 틈바구니에 끼어 있던 출옥 성도 다수들은 평양 산정현 교회를 중심으로 한국 교회의 건전한 발전을 위하여 같이 모여서 성경을 연구하고, 또한 주님의 도움을 바라면서 기도하며 집회를 계속하였다.

그때에 이기선 목사는 화합과 건전한 교회발전은 교리확립과 신앙확립이라고 선언하였다. 1938년, 신사참배 이전 교회로 혁신복구하는 것만이 한국 교회가 화합할 수 있는 길임을 강조하였다. 그리고 앞으로의 노선을 명백히 하기 위하여 성경에 나타난 교리중 특히, 율법과 복음에 대하여 다음과 같이 결론을 내렸다.

(1) 의법득의기독절(依法得義基督絶)(갈 5:4) : 율법을 행함으로 의를 얻는다고 하면 그리스도에게서 끊어진다.
(2) 폐법득의공법탈(廢法得義公法脫)(롬 3:31) : 율법을 지키지 않고도 의를 얻는다면 율법을 폐하는 것이다.
(3) 이신득의영생로(以信得義永生路)(롬 1:16) : 믿음으로 구원을 얻는 것이 영생의 길이다.

그러므로 재건 교회(再建敎會)는 율법주의(律法主義)로, 기성 교회(既成敎會)는 폐법주의(廢法主義)로 보고 앞으로 한국 교회는 율법주의도 폐법주의도 아닌 '이신득구(以信得求 : 믿음을 근거로 하여 구원을 얻는다)'의 교리를 확립해야 할 것을 생각한 것이다.

이기선 목사는 재건 교회(再建敎會)와 기성 교회(既成敎會)의 틈바구니에서 "우리는 누구보다 좀 더 잘 믿자"라는 말하기를 거부했다. 다만 "온전한 믿음만이 우리의 노선"이라고 선언하게 된 것이다.

그러나 율법은 불과 같아서(신 33:2) 가까이 하면 타서 죽고 멀리하면 어두워서 또한 얼어서 죽게 마련이다. 그러므로 이 목사는 불과 같은 율법을 선용해야 하는 것임을 강조하게 되었다.

혁신복구 방안
(대한예수교장로회 복구의
필연적 사실)

"그리스도인이 율법을 지키는 것은 구원 얻기 위해 지키는 것이 아니라 예수의 보혈로 구속을 받았기 때문에 지키는 것이다. 즉, 로마서 3장 31절에서 "그런즉 우리가 믿음으로 말미암아 율법을 파기하느냐 그럴 수 없느니라 도리어 율법을 굳게 세우느니라", 로마서 5장 2절에서 "또한 그로 말미암아 우리가 믿음으로 서 있는 이 은혜에 들어감을 얻었으며 하나님의 영광을 바라고 즐거워하느니라"라고 하였다.

1946년 11월 3일을 주일임에도 불구하고 북한 공산주의자들은 총선 거일로 결정하고, 북한의 전기독교인들도 빠짐없이 총선에 투표하게 하자 이기선 목사는 "일본 사람들은 신사참배를 시켜서 1~2계명을, 공산주의자들은 주일에 선거를 시킴으로 3~4계명을 범죄케 하는 것이므로 우리 그리스도인들은 결사반대하여야 한다."고 주장했다.

그리고 공산주의의 경제관에 대해 독식주의, 즉 모든 것을 공동소유로 만드는 것처럼 꾸미며 전체 인민을 노예로 삼고 자기들만 배불리고 사는 것에 대해 "성경이 말하는 유무상통은 남의 것을 빼앗아 먹는 것이 아니라, 남의 소유나 나의 소유를 인정하고 다만 나의 것을 이웃을 향해 줄 수 있는 있는 것"이라고 했다.

그리고 "본래 공산주의는 유물론이고, 기독교는 유신론이며, 공산주의는 무자비한 투쟁이고, 기독교는 박애주의이다"라고 성경적 해석을 명확히 해주기도 하였다. 교권주의자들의 횡포에 대해서는 신앙생활의 첫째 요소는 "첫째도 진실, 둘째도 진실, 셋째도 진실이다."라고 강조하고 있다. 예수를 믿는 사람이 어디를 가나 진실해야 한다는 것이다.

1947년 3월 하순, 신의주제4교회당에서 의산노회 임시노회를 소집한 교권주의자들은 이기선(李基宣) 목사를 노회정책에 불순종한다는 미명하에 목사직을 무기한 정직하는 결정을 내리게 된다. 이에 대해 이기선 목사는 얼굴 한 번 붉히지 않고 다만 발언권을 얻은 후 엄숙한 표정으로 성경 마태복음 10장 25절인 "제자가 그 선생 같고 종이 그 상전 같으면 족하도다 집 주인을 바알세

불이라 하였거든 하물며 그 집 사람들이랴"를 읽고 앉을 뿐이었다 한다.

재건 교회(再建敎會)는 해방 후 신사참배를 거부한 일부 극렬한 신도들이 중심이 되어 조직된 교회이다. 재건 교회의 중심인물은 김린희 전도사, 박신근 집사, 최덕지 선생으로 이들은 기성 교회의 모든 것을 부인한 극렬파들이었다.

이들은 "기성 교회는 하나님이 내어 버린 사단의 회(마귀당)이며, 신사참배로 더러워진 성전은 미련 없이 내어 버리고 새로 지어야 한다."며, 신사참배를 한 교역자나 교인들과는 교제도 할 수 없다고 주장하며 부모, 형제 친척 간에도 교제를 단절한 극렬 신자들이었다.

이와 같은 당시 상항에서 혁신복구(革新復舊派)를 주장하는 원칙에는 "우리 모두는 하나님 앞에서는 죄인이다. 그러므로 우리는 함께 그리스도안에서 회개하고 용서하고 사랑하며 하나가 되어야 한다."는 일관된 목소리가 담겨 있었다.

③ 그리스도 안에서 교회 화합을 원했던 출옥 성도들

한상동 목사는 이북5도 연합 노회장 김진수 목사를 만나 복구의 필연성을 역설하며, 한국 교회의 분리를 막고 하나됨을 갈망했으나 끝내 받아들여지지 않았고, 얼마 후에는 모친상을 당해 이남으로 내려왔으나 38선으로 인해 평양에 가지 못 하고 남쪽에서 고신을 만들어 화합과 정화에 온 힘을 쏟게 된다.

채정민(蔡廷敏) 목사가 일평생 한국 교회의 참회를 위해 기도한 것은 그가 얼마나 한국 교회를 사랑하고 하나되기를 갈망하였는가를 잘 보여 준다. 이기선(李基宣) 목사는 교회 문제로 어떤 시비가 생기면 곧 자신이 모든 것을 포기하고 시비가 중단되게 한 분이다. 노회가 신사참배를 반대한다는 까닭으로 자신을 배척하면 조용히 그 자리를 떠나는 분으로, 모든 것을 은혜로 처리했다. 독노회를 분파주의 입장을 가지고 따로 교단을 세우고자 했다면 아마 재건 교회와 같이 해방직후에 했을 것이다.

1948년 5월에 이르기까지 기다린 것은 기성 교회가 참회하기를 바랬던 까닭이다. 이기선 목사는 해방직후에 옛 교회로 돌아가 목회를 하였다. 기성 교회로 돌아간 것은 기성 교회를 살리기 위해서였다. 교파설립이나 교회분열을 원했다면, 아니면 교단을 세우려고 했다면, 해방직후 신사참배반대운동으로 감옥에 갔던 '훈장'을 활용할 수 있는 기회가 있었음으로, 처음부터 세울 것이지 기존 총회에 속해 있을 이유도 없고, 터무니 없는 구실로 노회로부터 금단령(禁壇令)을 받을 이유도 없었을 것이다.

한국 교회가 분열한 것은 총회가 수진자들을 내어 쫓았기 때문이며, 기성 교회가 복구안을 받아들이지 않았기 때문이다. 만약 교단적 차원에서 입술에 발린 말이라도 하나님 앞에 신사참배를 죄로 인정하고 참회한다고 했으면 되었을 터인데 그렇게도 하지 않았다. 신사참배는 죄가 아니라 했고, 죄를 범하지 않았는데 무슨 회개를 하느냐 하면서 수진자들을 교권으로 몰아내었기 때문에 분열이 일어난 것이다. 따라서 수진자들을 향하여 독선이니, 분리주의자니 하는 것은 당치 않은 말이다(『조선예수교 장로회 복구의 필연적 사실』 중에서)

④ 순교자의 뼈 팔아 먹지 마세요

해방 이후 한국 교회는 과거사에 대한 해법과 회개 없이 교단에 의한 교회성장에만 몰두하고 있었다. 이것을 순수하게만 바라보고, 오직 예수님의 영광을 위해 살아 온 순교자의 유족들은 강단에서 외치는 목사님들의 설교를 들으면서 이건 아닌데 하는 의구심을 갖게 되었다.

한국 기독교, 특히 장로교가 교단적으로 결의하면서 범한 하나님 앞에서 지은 죄를 교단적 차원에서 회개하며 해결하지 않고, 순교자들의 이름과 일화를 강대상에서 거침없이 이야기하면서 즐기는 모습을 보고는 당시 신성북교회 직분자였던 주기철 목사의 둘째 며느리는 문애자 사모(안도명 목사 사모)에게 "강대상에서 목사님들이 시도 때도 없이 순교자의 뼈를 팔아 먹지 않았으면 좋겠다."고 했다 한다. 그리고 당시 후암도 소재 산정현교회 청년이었던 방인성 목사는 안도명 목사에게 "우리 할아버지 이름 강대상에서 자꾸 들먹이지 마세요."라고 했다는 이야기를 안도명 목사와 문애자 사모에게서 필자가 직접 전해 들었다.

그리고 1996년 12월 말경 서울 서초동에서 평양 산정현교회 교우회 모임이 있어 그곳에 갔더니 장신대 실천신학 교수인 주승중(朱承中) 교수를 만날 수 있었고, 주(朱) 교수가 필자에게 "목사님, 그간 수고하셨습니다. 이제부터는 신학교 강단에서 신사참배에 대한 이야기를 마음껏 할 수 있게 되었습니다."라고 말하였다.

이는 그간 한국 기독교, 특히 장로교단에서 신사참배에 가담한 이들이 해방 후 교단적 차원에서의 회개 없이 교단의 주도권을 잡고 있고, 생명을 걸고 하나님 앞에서 의롭게 살아 온 순교자와 수진자들의 위치는 얼마나 약했는지를 잘 드러내 주는 이야기라 할 수 있다.

III. "신사참배 회개 발의 실천 및 주기철 목사 파면 무효화 선언"

<당시에 선포되었던 전문(全文)을 그대로 옮김을 밝힌다.>

1. " 주기철(朱基徹) 목사면직(牧師免職) 복권선언(復權宣言)"

1939년 12월 19일, 평양 남문밖교회에서 평양 임시노회가 소집되어, 당시 평양 산정현교회 담임목사(擔任牧師)였던 주기철 목사를 "총회의 신사참배 결의와 총회장의 경고문을 무시하였다"는 이유로 "교회헌법 19조에 의거하여 목사직(牧師職)과 산정현교회 담임목사직을 권고사직시킴"이라는 명분 없는 결의를 하고 일방적으로 통보하였다.

그러나 이와 같은 일은 하나님 앞과 교회법 앞에서 명백히 잘못된 것이기에 대한예수교장로회 독노회(One Presbytery)원 49명은 1996년 10월 정기노회를 통해 만장일치(滿場一致)로 1939년 12월 19일, 평양 남문밖교회에서 평양노회 임시노회가 결의한 주기철 목사에 대한 일체의 일들이 사탄의 역사임을 간주하고, 당시에

1996년 신사참배 반대운동의 상징인 주기철목사 비문을 기사화한 조선일보 (광장동 장로회신학대)

결의된 사실들이 무효임을 선언함과 동시에 시행된 법이 폭거임을 알리면서 주기철 목사면직의 복권(復權)을 선언한다(배경적 실천사항은 아래 글에 표시한다).

1996년 10월 8일

대한예수교장로회 독노회

노회장 최상순 목사

(The General Assembly of Presbyterian Church in korea. One Presbytery Chairrman : Paul-S Choi)

일제치하에서 신사참배 문제로 평양노회는 1939년 12월 19일, 평양 남문밖교회에서 임시노회

를 열고 산정현교회 담임목사인 주기철 목사를 총회의 신사참배 결의와 총회장의 경고문을 무시하였다는 이유로 교회헌법 권징조례 19조에 의거하여 권고사직(勸告辭職)을 결의하고 평양 산정현교회에 통보하였다.

이 사실을 1939년 12월 20일자 <매일신보>는 "問題의 牧師는 罷免코 神社參拜를 實現키로 平壤山亭峴敎會 事件段落"이라는 기사로 당시의 상황(狀況)을 전했다. 그러나 이것은 하나님의 뜻을 무시한 강제사직에 의한 불법적 파면행위임을 성경과 당시의 역사가 증명해 주고 있다.

우리 모두는 이 일에 격분(激憤)의 유감을 감추지 못 하고 있다. 해방이 된 지 70년이 넘었지만 당시 주 목사를 파면한 평양노회는 이후 여러 노회로 갈라져 서로가 정통성(正統性)을 주장하고 있으나, 어느 노회 하나 범법(犯法)의 결의사항을 통감(痛感)하는 마음으로 책임감 속에 바로 잡아 주지 못하고 있는 것이 오늘의 현실이다.

한국 장로교 최초의 조직인 1907년의 독노회(獨老會=One presbytery) 조직과 1912년 총회(總會)로 이어지는 발전적 과정을 거치면서 하나님께 영광돌려 온 것이 한국 장로교가 자랑할 수 있는 열매였다. 그러나 1938년 27차 총회에서 강압에 의한 신사참배의 가결과 1943년에 한국의 모든 기독교는 일본 기독교에 편입되어, 한국 기독교 역사의 단절이 왔고 신앙적 주체성의 정절이 단절되는 수난과 수모를 겪게 되었다.

이러한 상황에서 죽음과 감옥, 그리고 각종 고문과 회유(懷柔)를 뿌리치면서 주님을 향한 신앙적 정절과 한국 기독교의 역사를 꼿꼿이 지켜온 순교자(殉敎者)들과 수진자(守眞者)들이 있었다.

1996년 10월 8일 주기철 목사 독노회에서 복권하였다
(들소리신문 양승록기자)

1945년에 대한민국이 해방되자 수진자들은 한국 기독교의 정통적, 상징적, 역사적 행정적인 맥(脈)을 이어 온 산 역사의 주체자들이자, 우리 모두에게 기쁨을 주는 주님의 산증인으로 출옥(出獄)하였다.

그 후 상처로 얼룩진 한국 기독교의 치유(治癒)를 위한 실천적 운동으로 발전한 것이 수진자들에 의해 발의된 '혁신복구운동(革新復舊運動)' 방안이었다. 그러나 그 당시의 이북5도 총회는 수진자들의 뜻을 어느 정도 받아 들여 실천에 옮기려 했으나, 일부 기득권 세력들이 공산당의 주도에 편성되어 이 운동을 전면적으로 반대하므로 할 수 없이 수진자들에 의해 한국 기독교의 정통성(正統性), 상징성(象徵性), 역사성(歷史性), 행정성(行政性)의 맥(脈)을 잇기 위한 독자적 선언의 운동으로 발전 전개되었다.

한편, 오늘에 와서 과거사에 너무 집착하는 것은 하나님의 역사를 후퇴시키는 결과를 낳게 한다는 사실을 명심하면서, 하나님 앞과 역사 앞에서 그릇되게 행해진 모든 매듭은 반드시 풀어야 한다는 사실도 결코 잊어서는 안 된다.

다행히 감사한 것은 수진자들에 의해 1907년에 조직된 독노회(One presbytery)가 1949년 봄에 복구되어 오늘까지 거대한 한국 기독교속에서 뿌리의 일면을 감당해 가고 있다는 것인데, 이에 대해 시시비비(是是非非)를 따지기에 앞서 하나님 편에서와 한국 기독교의 측면에서 긍정성을 가지고 바라보아야 할 것이다.

이와 같이 수진자들에 의해 복구된 독노회(One Presbytery)는 한국 기독교의 정통성(正統性), 상징성(象徵性), 역사성(歷史性), 행정성(行政性)을 지켜 온 노회의 권위를 가지고 주기철 목사직의 파면은 불법이므로 무효화하고, 늦은 감이 있지만 복권을 법적절차에 의해 선언하였다.

한편 서울에 설립되어 있는 본 노회 산하의 후암동 소재 산정현교회와 통합 측의 회기동 소재 서울산정현교회, 그리고 합동 측의 서초동 소재 산정현교회는 같은 뿌리에서 분립된 교회들이므로 몇 년 전부터 이 일을 위해 후암동 소재 산정현교회를 통하여 (회기동)목사님과 (서초동)장로님들께 복권에 대해 공사(公私)석에서 진언(進言)한 바가 있기에 생소하지는 않으리라 믿는다.

그러므로 본 노회는 회기동 소재 서울산정현교회와 서초동 소재 산정현교회에 공한(公翰)으로 복권의 사실을 통보하여 자체의 의사에 맡김과 함께, 본 노회 산하에 있는 후암동 소재 산정현교회를 통하여는 주 목사의 복권선언식을 거행하기로 했다.

저희 노회는 평양감옥에서 주 목사와 같이 수감생활을 하였고, 해방 후 출옥한 수진자들과 함께 산정현교회에서 한국 교회의 재건방안을 논의하는데 참관(參觀)하였고, 수진자들의 천거(薦擧)와 주 목사의 사모였던 오정모 집사의 적극적인 추천으로 산정현의 목사로 키우기 위해 평양 산정현교회 당회에 의하여 전도사로 임명되어 시무하다가 현재 후암동 소재 산정현교회 원로목사로 계시는 안도명(安道明)목사를 모시고 그때의 일을 상기하면서, 1996년 10월 8일에 본 노회에서 복권을 선언한 후 10월 둘째주일(13일)에 후암동 소재 산정현교회 당회에 통보하여 수임결의를 하게 하였다.

그리고 셋째주일(20일)에는 예배를 통하여 주기철(朱基徹) 목사님의 복권선언을 해당(該當) 당회의 협의와 예배를 통한 선언식을 성부와 성자와 성령의 이름으로 공포하였음을 알려드립니다.

감사합니다.

1996년 10월 20일
대한예수교장로회 독노회(One presbytery)
독노회 노회장 겸 산정현교회 당회장
최상순 목사 드림

2. 신사참배 회개 결의문(神社參拜悔改決議文)

"제27차 장로회 총회(1938년)의 신사참배 가결은 38선을 만들었다."

내가 범한 신사참배(神社參拜)를 시인하고 회개함으로 하나님으로부터 무효화(無效化)하는 용서(容恕)의 선언(宣言)을 받자. 그렇게 되는 날 휴전선은 무너진다. 아시아의 일곱 교회 가운데 버가모라는 곳에 교회가 있었다. 이 도시는 권력과 정치 문화의 중심지였다. 그리고 종교의 중심지로서 '제우스'를 비롯하여 아테네의 지도자 '디오니소스'의 신전(temple, 神殿)이 세워진 곳이었다.

특히, 황제숭배가 성행하여 일 년에 한두 번은 황제숭배를 하고는 "로마 황제는 나의 신(主)이다"(Caesar is my Lord) 라는 증명서를 발급받아 통행과 삶의 자유를 부여받았다 한다. 이러한 상황속에서 버가모 교회의 평신도였던 안디바는 황제숭배를 거절하고 신앙의 정조를 지키다가 순교당했다.

신사참배 회개에 대한 기독교 신문기사(1996년)

이때 주님은 사도 요한을 통하여 "사탄의 위(位)가 있는 도시에서 모든 것을 대적하여 신앙의 정절을 지키다가 순교한 자"라고 안디바를 한없이 칭찬한 것을 성경에서 본다(계 2:12~13).

우리는 과거청산에 앞서 신사(神司)나 신도(神道)에 대한 본질을 이해해야 할 것이다. 신사(神司)란 신을 모신 사당을 의미하며 신도(神道)는 나보다 더 위대하고 힘 있다고 생각하는 존재를 신(神)으로 생각하며, 귀신을 높여 섬기는 일본의 민속종교다. 일본은 경배의 대상을 가미(Kami=神)라고 불렀다. 그리고 그들은 천황이나 우월자를 인간 신(現人神=아라히도가미)으로 만들어 섬기게 했다.

1938년 27차 장로회 총회가 신사참배를 가결했다는 것은 하나님을 모셔야 할 신성한 자리를 가미다나(神棚=귀신의 자리)로 대치시켰고, 찬송가가 있을 자리에 일본 국가가 차지하게 하였으며, 하나님께 예배드리는 경배가 동방요배(東方遙拜, 황거요배 = 천황을 현인신으로 만듦)로 바뀌는 일이 되었다.

그리고 하나님께 기도하는 간구는 일본 800만 잡신에게로 향하게 함으로 하나님을 향한 신앙의 정절을 빼앗는 결과를 만들어 놓았다. 그렇게 해놓고 여기에 경배하게 만든 것이 신사(神社: 神道의 寺院)참배인 것이다.

이 사실에 동조할 기독교인이 누가 있겠는가? 그러나 이 엄청난 일은 일본의 강압에 의해 이루어졌고, 결과적으로 우리 기독교가 일본의 총칼 앞에 굴복되었다는 증거가 되었다. 당시의 선교사들은 신사참배 가결은 하나님 말씀의 위반이요, 장로교 헌법과 규칙을 위반한 것이며, 일본 국법인 종교 자유헌장의 위반이며, 보통 회의법의 위반이라고 강력히 항의했다.

1996.11. 10 신사참배회개에 대한
(주일 신문기사)

그러나 이 책임을 결코 누구에게 돌려서는 안 된다. 우리 모두의 책임으로 받아들여야 하며, 하루 속히 하나님과 역사 앞에서 매듭지어야 할 문제다.

십계명 1, 2계명에 해당하는 신사참배가 결코 인간에 의해 무효화 될 수 없다. 하나님 앞에 지은 죄는 하나님만이 무효화할 수 있기 때문이다. 오직 우리는 이 사실을 시인하고 회개하는 길밖에 없다는 것을 명심해야 한다. 다만 하나님 앞에서 마음을 찢으면서 진정 회개하는 심령속에 용서의 은총이 있을 줄 안다.

그렇다면 신사참배의 섭리적 결과를 한번 생각해 보자. 신사참배를 가결한 그 평양성은 우리 민족으로 하여금 불행의 한(恨)을 갖게 하는 심장이 되고 있지 않았는가? 그로 인해 수십 년간 수많은 사람들이 겪은 비운을 생각한다면 오늘을 사는 우리 기독인들이 과연 자유와 풍요속에 안일한 삶에 안주할 수 있겠는가? 지금의 안주는 훗날 주님 앞에서 무서운 책망으로 바뀐다는 논리를 결코 져버려서는 안 된다.

1996년10월 교단적 신사참배 회개
(국민일보)
1996년10월 8일 주기철 목사 복권
(기독공보사)
96년 10월 8일 주기철 목사 복권
10월 26일 교단적 신사참배회개
결의(국민일보 기사)

이북은 해체될 준비가 거의 되어 있는 것 같다. 이제는 남한이 이북을 수용할 준비와 조건을 갖추어야 한다고 본다. 이 조건의 첫째는 신사참배에 대한 무효화가 아니라 진정한 회개이다. 그렇게 될 때에야 우리 민족의 진정한 소원인 통일은 이루어질 것이다.

일반적 논리로 볼 때 38선은 강대국들의 정치적 흥정으로 획책된 것이다. 이로 인해 동서 양대 진영은 냉전이 극대화되어 지금까지 우리 민족에게 말로 다 표현할 수 없는 충격과 희생과 한(恨)의 역사를 만들어 놓았다. 이러한 사실이 신앙적 양심과 역사적 흐름으로 직시해 본다면 하나님의 섭리에 의한 것이었다는 사실을 현실속에서 실감할 수 있을 것이다.

하나님은 우리 민족을 불쌍히 보시고 복음(福音)을 전해 주셨고, 한국 교회는 경의적인 부흥을 이루어 왔다. 이런 우리 민족에게 하나님이 복음을 통해 축복과 사명을 동시에 주시기 위한 잣대로 재어본 것이 바로 신사참배 문제라고 생각한다.

그런데 한국 기독교는 신사(神社)라는 우상 앞에 완전히 굴복함으로 하나님이 허락하신 시련을 이겨내지 못 했다. 다시 말해서 사명을 이루는 민족이 되는 데 낙제한 셈이다. 그리하여 하나님은 우상숭배에 대한 응징과 사명적 민족이 되게 하기 위한 새로운 시련으로 분단(分斷)이라는 고배(苦杯)를 안겨 주셨다.

그러기에 한국 기독교는 통일을 위해 인간적인 모든 협력을 하기에 앞서, 우상숭배의 죄를 회개하고 하나님께 용서를 받아야 한다는 것을 다시 한 번 강조하게 된다. 지나간 일을 새삼 들추어낼 필요가 있느냐고 반문하는 이들도 있을 것이며, 우리는 신사참배 이후의 사람들이니 그 죄가 우리와는 관계가 없다고 하는 이들도 있으리라 본다. 그러면서 회개를 회피하려 하는 이들도 있을 것이다.

그러나 하나님은 시간이 지났다고 결코 잊으시는 분이 아님을 알아야 한다. 우상숭배한 이들에게서 신학을 배우고 그들에게 각종 안수를 받은 우리 아닌가? 아담의 원죄가 이후 모든 후손들에게 미치듯이 우상숭배한 이들의 죄가 우리에게도 있음을 깨달아야 한다. 하나님 앞에서는 회개만이 죄를 없이 할 수 있고 새로 사는 길을 찾을 수 있다.

다니엘은 당대의 의인이었다. 그러나 그는 자기 조상의 죄를 위해서 금식하며 베옷을 입고 재를 뒤집어 쓰고 자기 죄와 자기 백성의 죄를 대신 회개하였다. 그때 그 기도는 하나님의 보좌(寶座)에 상달하여 이스라엘 백성은 우상숭배의 죄를 용서받을 수 있었고 포로에서 해방될 수 있었다(단 9:3~24)

지금 우리 한국 기독교에는 교파나 교단을 초월하여 진정 마음을 찢는 회개의 기도가 절실하

1996년 11월 10일 (둘째주일)
산정현교회에서 신사참배
회개하는 장면 (한겨레신문)

학생으로 민족운동을 하다가
평양감옥에 잡혀가 수진자들을 만나
예수님을 제대로 믿고 목사가 된
안도명 본 총회 원로목사는
"신사참배 회개, 우리 모두 해야 한다"
고 선포하고 있다.

다. 그리하면 하나님은 시련으로 주셨던 38선을 곧 거두실 것이고 통일은 저절로 이루어질 것이라 생각한다.

한국 기독교는 우리 민족의 파수꾼이다. 다시 한 번 한국 기독교가 범한 우상숭배의 죄를 한국 기독교 모두가 회개할 것을 간곡히 부탁드린다. 이 길만이 내가 살고 우리 민족이 살 수 있는 길임을 다 함께 명심하자. 나 한 사람의 예외도 있어서는 안 된다. 그러기 위해 순교자들과 수진자들의 맥을 가지고 지금까지 외롭게 걸어 온 본 총회도 오늘날까지 하나님 앞에서, 그리고 한국 교회와 한국 역사 앞에서 겸손히 회개하며 나아 왔다. 이유는 신사참배 문제가 어느 누구의 책임이 아니라 우리 모두의 공동체적 책임이라는 사실에 근거하였기 때문이다.

개인적으로 회개한 이들도 많은 줄 안다. 그러나 공적(公的)인 결의(決議)에 의하여 지은 죄는 공적인 결의에 의하여 시인되고 회개되어야 하므로 이번 기회를 통해 한국 기독교 모두가 이유 없는 합심의 공적 회개를 이루고 선포함으로 과거사의 잘못된 모든 것을 이후부터는 더 이상 거론하지 않고 하나님의 주권적 은총에 맡기는 화합과 희망의 행진이 이루어지기를 기원한다.

그러기 위해서 한날을 택하여 한국의 모든 교회와 성직자, 교인이 합심하여 신사참배의 죄를 마무리짓는 회개를 갖기를 다음과 같이 선포한다.

회개일 : 1996년 11월 10일(11월 둘째 주일)
방　법 : 하룻 동안 금식하며 회개하자
장　소 : 각자가 소속된 교회에서

1996. 10. 29.
대한예수교장로회 총회
(The General Assembly of Presbyterian Church in korea = One Presbytery)

총회장 : 안도명 목사
총회장 : 김보현 목사
서　기 : 최상순 목사
총　무 : 정영학 목사 드림

3. 한국기독교가 해결해야 할 문제의 과정 결과사항

① "초청의 알림"

신사참배 회개에 대해 감사의 표시로 일본에서 본 교회를 찾아온 家勝也 목사와 통역관과 함께 안도명 목사, 최상순 산정현교회 담임목사

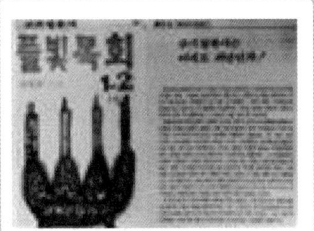

기독교 평론지인 〈풀빛목회〉 1987년 1월호에 "주기철목사는 아직도 죄인인가"라는 기사는 한국기독교가 해방 후 실천하지 못 하고 있는 과오를 꼬집고있다

신사참배 회개후 감사예배 (초청의 알림)

"신사참배 회개 발의, 실천(神社參拜悔改 發議,實踐) 및 주기철 목사 복권선언 기념 감사예배(朱基徹牧師 復權宣言 紀念感謝禮拜)"

일본의 강압에 의해 자행된 일이었지만, 해방 후 우리 기독교 학계와 교회는 해결되지 못 한 두 가지 문제로 오늘날까지 시시비비의 논쟁을 해왔다. 그러나 이 논쟁은 하나님 뜻 안에서 서로 자기포기가 되었다면 보다 쉽게 풀릴 일이었음을 알고 있을 것이다. 단지 자기우월성의 고정관념과 기득권을 향유하기 위한 이기심에 의한 교만 때문에 이 문제가 오늘날까지 왔다고 볼 수 있다.

이와 같은 일로 우리 모두는 하나님 앞과 민족 앞에 말할 수 없는 죄를 더하면서 범죄하고 있었다는 사실을 신앙적 진실 앞에서 시인하게 된다.

본 교단과 본 교회는 이 사실의 책임이 특정 누구에게 있는 것이 아니라 우리 모두에게 있다는 전제(前提)성을 가지고 문제해결을 위해 기도하며 노력해 왔다. 그러던 중 신앙적 양심의 역사관을 가진 많은 이들로부터 진실의 합의를 도출해 낼 수 있었다.

즉, 하나님이 원하시는 방향으로 문제가 해결되기를 바라는 자기포기에 의한 화합의 고백과 선언이었다. 그리하여 본 교단 산하(傘下) 독노회와 산정현교회는 신앙과 역사적 정통성의 맥을 가지고 법적절차에 의거하여 주기철 목사를 복권선언하였으며, 총회는 신사참배 가결의 불법성을 결의하고 하나님의 은총을 바라는 금식 회개일을 정하여 한국 기독교 모두가 동참해 주기를 바라는 마음으로 언론매체를 통해 이를 공포하고 실천하였다.

 이 일들은 한국 기독교의 경사이며, 하나님으로부터 영광의 은총을 입는 순간이 된 줄 믿는다. 이로 인해 우리 기독교의 제문제들과 통일을 향한 문제들도 쉽게 해결되는 역사(役事)가 일어날 줄 믿는다.

 이 일에 감사하면서 본 교회는 본 총회와 노회의 허락과 지원속에 하나님 안에서 교단과 교파를 초월하여 한국 기독교의 화합적 일치와 국토분단의 통일을 바라는 마음으로 교단적 차원에서 정성의 감사예배를 아래와 같이 드리고자 함을 알려드린다.

아　래

1. 일시 : 1996년 12월 1일 오후 7:00(12월 첫째 주일 저녁)
2. 장소 : 후암동 소재 산정현교회 본당(Tel 02-754-0904)
　　　1996년 11월 17일

대한예수교장로회총회 산정현교회

원로목사 : 안도명

담임목사 : 최상순

장로 : 김승찬. 안상익. 남한화

피택장로 : 최장수. 김성제. 김헌수. 최승국 드림

② 감사패 전달

축
"주기철 목사님 복권선언 기념패 (朱基徹 牧師님 復權宣言 紀念牌)"

산정현 제961201호 : 유족 대표: 주광조(朱光朝) 장로

주기철 목사님 복권선언 기념패를
朱목사님의 4남 주광조 장로가 받고 있다

주기철 목사 복권선언 기념패
(지금 창원 주기철목사
기념관에 소장 전시되고 있다)

장로교 헌법 권징조례의 항목에서 "목사가 이단을 주장하거나 불법으로 교회를 분립하는 행동을 할 때에는 그 안건이 중대하면 면직할 것이다"라고 되어 있다. 그러나 주 목사님의 면직사건은 오직 신사참배 반대와 이에 응하라는 총회장의 경고를 무시하고 하나님 말씀을 지키고 장로교 법의 정신과 사실을 수호한 것밖에는 없었다.

그럼에도 불구하고 불법이 정법의 자리에 앉아 면직의 연출을 만들어 내었다. 그러나 해방 후 한국 기독교는 논쟁속에 정법의 길을 찾아 하나님께 영광돌리려고 하는 각고(刻苦)의 노력을 아끼지 않았다.

이로 인해 우리 모두는 자기부정을 통한 진실된 신앙의 실천적 합의를 도출해 내면서 朱목사님이 걸어가신 길이 정도(正道)라는 사실을 마음뿐만 아니라 행동으로 만방에 고백할 수 있게 되었다. 정통성에 의한 법적절차에 의하여 대한예수교장로회 산하(傘下)에 있는 독노회(One Presbytery)는 1996년 10월 8일에 주 목사님의 복권을 결의한 후 10월 13일(둘째 주일)에 후암동 소재 산정현교회 당회에 통보하여 수임결의를 하게 하였다.

한편, 본 산정현교회는 10월 20일(셋째 주일)에 복권선언

예배를 드리고 일제강압에 의해 행해진 잘못된 모든 일들이 회개와 함께 마무리되었기에 12월 1일(첫 주) 감사 기념예배를 드리면서 유족에게 길이 이 기쁨의 영광을 함께 나누고자 하는 뜻에서 이 패를 드립니다.

"우리 생명이신 그리스도께서 나타나실 그 때에 너희도 그와 함께 영광 중에 나타나리라"(골 3:4).

1996년 12월 1일
대한예수교장로회 산정현교회
당회장 : 최상순 목사 드림

③ 신사참배 회개 표시 감사헌금 전달 (기아대책본부와 사랑의집짓기운동본부)

사단법인 한국국제기아대책본부 사무총장 귀하

일금 : 755,000원정

　상기 금액은 11월 10일(둘째 주)에 후암동 소재 산정현교회에서 신사참배 회개 발의, 실천을 하면서 전교인이 하루를 회개하며 금식하여 금식한 끼니의 금액을 감사헌금으로 하나님께 드린 것임을 명시합니다.
　그리고 국경과 민족을 초월하여 예수님의 정신적 실천으로 5대양 6대주 어디에든지 기아와 질병, 그리고 어려움이 있는 곳을 찾아 빵과 함께 육신의 아픔을 고쳐주면서 복음을 전하는 귀한 일을 하기에 위의 금액을 귀 단체에 성부와 성자와 성령의 이름으로 이렇게 뜻 있는 날, 뜻 있는 헌금을 기쁨으로 전달합니다.

1996년 12월 1일
대한예수교장로회 산정현교회 교우일동 드림

④ 순서지

<축, 신사참배회개 발의, 실천 및 주기철 목사 복권선언 감사 기념예배>

1. 예배에로의 부름 / 집례자 : 최상순 목사
2. 기도 / 정영학 목사
3. 경배와 찬양 I / 갈릴리남성합창단
   1) 이 믿음 더욱 굳세라 (Don Desig)
   2) 주 날 붙드네 (오진득 편)
   3) 주홍빛 같은 네 죄 (Roger C. Wilson)
   4) 주께 약속했으니 (John W. Work)
   5) 하나님 하신 말씀 (Benton Price)
4. 성경봉독 / 왕상 8:27~30 / 김문배 목사
5. 말씀 / '성전을 향한 기도' / 안도명 목사
6. F.M 중창단 / F.M 음악출판사
   1) 저 높은 곳을 향하여
   2) 영문밖의 길
7. 신사참배 금식회개 감사헌금 전달 / 한국국제기아대책기구
8. 경과보고 / 윤중식 목사
9. 경배와 찬양 II / 갈릴리남성합창단
   1) 주 이름을 찬양함은 (Ludwig Van Beethoven)
   2) 주는 여호와 (Gard Rhodes)
   3) 모퉁이돌 (Leon Patllo)
   4) 놀라우신 은혜 (John Newton)
   5) 순례의 합창 (Richard Wagner)
10. 축사 / 서초동, 회기동 산정현교회
11. 축가 / 평양 산정현 교우 일동(오재길 집사, 오상조 장로, 안도명 목사, 주광조 장로)
12. 기념축하패 증정 / 주기철 목사 유족인 주광조 장로 감사패 증정 / 갈릴리남성합창단 단장
13. 인사 / 주광조 장로
14. 광고 / 집례자
15. 찬송 / 13장 / 다함께
16. 축도 / 김보현 목사

신사참배회개 주기철목사 복권을 마무리 짓는 감사예배에서 '평양산정현교회 교우들의 특송(왼쪽부터 오재길집사, 안도명목사, 오상조장로, 주광조장로)

감사예배시 갈릴리합창단 찬양
(각교회 장로집사로 구성된팀임)

김념패를 받은 주광조 장로는 인사말을 통해 주목사에게 100주년에 드릴 최고의 선물이라고 기뻐하였다.

4. 왜 산정현교회가 한국 교회사에 중요한 위치를 가져야 하는가?

　① 산정현교회의 역사성과 가치

(1) 평양 산정현교회는 1906년 1월 17일, 선교사 편하설(1874~1958년)에 의해 설립되었으며, 장대현(중앙)교회에서 분립된 교회이다.

(2) 강규찬 목사, 조만식 장로, 오윤선 장로, 김동원 장로와 같은 민족을 위한 애국 및 독립투사들이 많이 배출된 교회이다.

(3) 1928년에는 한국 조직신학과 보수신앙의 신학자로 일컬어지는 박형룡 목사가 1930년 평양신학교 교수로 가기까지 부목사로 시무하였다.

(4) 1932년에는 송창근 박사가 조사로 부임하여 1년 후에 목사안수를 동교회에서 받고 시무하였으며, 후에 한국신학대학의 설립자가 되었다. 김재준이 목사가 되기 전 평양 숭인학교 교사로 시무하면서 본 교회 집사로 헌신하였다.

(5) 순교의 대표자인 주기철 목사가 1936년부터 동교회 당회장으로 시무하다가 신사참배 반대의 대표자의 한 사람으로 감옥에 갇히어 순교하였다.

(6) 전도 목사로 유명한 최권능(본명 최봉석) 목사가 본교회 전도목사로 시무하였다.

(7) 해방 후 교단과 교회회복을 위해 출옥한 한상동 목사, 이기선 목사, 방계성 목사, 안도명 조사 등이 시무하면서 동교회를 중심하여 한국 교회의 혁신복구를 위해 노력하였다.

(8) 이기선(李基宣) 목사는 신앙에 의한 교단복구에 전력을 다하려 하였다면, 한상동(韓尙東)

목사는 감옥에서부터 신학이 바로되어야 한다는 거시적 신학교 교육을 중시하였다.

출옥 후 이기선(李基善) 목사는 한국 기독교가 회개하고 하나가 되기를 노력했으나, 기득권 세력이라고 하는 교권주의자들의 이기심에 의한 교만과 방해가 있어 뜻을 이루지 못하는 가운데 공산당의 치밀한 술책에 의해 기득권 세력인 교권주의주들이 장악하고 있는 이북5도 노회의 교회 대부분이 공산당의 어용단체로 변질되어가자 먼 훗날을 생각하면서 1949년 5월에 독노회를 복구하고, 공산당에 의해 순교하게 된다.

그리고 한상동(韓尙東) 목사는 월남하여 경남을 중심으로 주남선, 손양원 목사와 함께 교회 정화와 신학교 교육에 전력하였다.

(9) 결론적 부언으로 교회사적 측면에서 새문안교회는 현존하는 한국 장로 교회의 모체로 민족역사의 선구자적 교회라는 의미를 가진다면, 산정현교회는 한국의 기독교가 모두 일본 귀신인 우상 앞에 절할 때 한국 교회를 대표하여 신앙의 정절을 지켜 온 대표적 교회라는데 큰 의미가 있다. 그리고 한국 기독교를 대표하는 대부분의 목사가 이 교회와 연관을 가지고 있다는 것이다.

새문안교회 첫번째 예배당
언더우드집(정동 1887년)

(10) 산정현교회는 신앙의 정조를 지키면서 수많은 순교자를 배출했다. 즉 교회, 목사, 장로, 집사, 권사, 평신도의 대표성을 지니고 있다는 것이다. 그리고 기독교 혁신복구의 모체였다는 중요성을 주지한다. 교회와 목사와 장로와 교인들이 하나님의 말씀 안에서 일사각오로 신앙을 지켜왔다는데도 큰 의의가 있다.

새문안교회 다섯번째
모드니즘예배당(1972년)

(11) 물론, 부정적 측면도 간과해서는 안 된다. 한국의 장로교가 하나였지만 수많은 교단으로 갈라진 것이 산정현교회와도 무관치 않다. 이 사실은 선교적 차원에서 긍정성도 있지만 부정적인 면이 더 크다는 것을 알아야 한다.

신학교를 생각해 보면 광장동에 있는 장로회신학대학과 사당

평양 산정현교회(1938년 당시)

동에 있는 총회신학대학의 뿌리는 평양신학교였고, 하나의 장로교로 남산에 위치하고 있었다. 그런데 이후 여러 분쟁으로 여러 개의 교단과 신학교로 나뉘어진 것이다.

산정현교회의 임시목사, 부목사, 협동목사로 시무하셨던 박형룡 목사(朴亨龍)에 의해 신학적 차이인 WCC 가입 문제와 학교부지 대금문제로 통합과 합동으로 갈라진 사실, 또 산정현교회 5대 담임목사였던 송창근(宋昌根) 목사와 본 교회 집사였던 김재준(金在俊) 목사에 의해 기독교장로회(基督敎長老會)가 만들어지면서 한국신학대학교가 만들어졌다.

또 본 교회 7대 담임목사로 계셨던 한상동(韓尙東) 목사에 의해 고려신학교가 만들어지고 '고신'이라는 교단이 생기게 됐다. 이와 같은 뿌리의 갈라짐의 원인이 오늘 한국 장로교의 사분오열의 실체인 것이다.

② 산정현교회의 과제

(1) 주기철(朱基徹) 목사 복권 : 1939년 12월 19일 평양노회는 주기철 목사를 면직시켰다. 평양 남문밖교회에서 오후 1시에 임시노회를 열어 노회장 최지화 목사가 교회 헌법 권징조례 19조에 의거하여 주 목사의 산정현교회 시무를 강제 권고사직시키고 이인식(李仁植) 목사를 산정현교회 당회장으로 임명하였다.

그리고 그날 노회 결의사항을 산정현교회에 통보한다. 뿐만 아니라 수감되어 있던 주기철 목사에게는 최지화 목사가 직접 감옥으로 찾아가 사실을 알린다. 당시 이 사실을 통보받은 주 목사는 "내 목사의 성직은 하나님께 받은 것이니, 하나님이 그만 두라 하시기 전에는 절대 사면 못 합니다." 하고 권위의 말을 하였다. 이 말은 후에 최 목사에 의해 알려졌다.

(2) 회개운동 전개 : 1954년 39차 안동 총회에서 "27차 총회가 가결한 신사참배는 무효다" 라고만 가결하고 실천이 없었는데, 교단적 차원의 실천적 회개가 없는 말로만으로는 인간이 하나님을 대신하는 잘못을 더하게 된 것이 된다. 오늘의 우리도 신사참배한 목사에게 안수를 받았다면 그것을 회개해야 한다.

(3) 교회와 교단의 일치운동이다. 우리는 한 성경, 한 교회의 공동체 의식을 그리스도의 진리 안에서 창출해 내어야 한다.

'신사참배 회개발의 실천 및 주기철 목사 복권선언 기념 예배당' 현재 후암동 소재 산정현교회

(4) 산정현교회가 신앙의 정조를 지킨 교회로 역사 앞에 후손에게 신앙의 산교육장으로 보존·발전되도록 도와야 한다.

(5) 그리고 흩어진 장로교의 각 교단들이 역사와 전통의 뿌리를 회복하는 연합의 일들로 활발히 전개되어야 한다.

5. 산정현교회와 독노회(서울 후암동 소재)

① 독노회 총회와 산정현교회

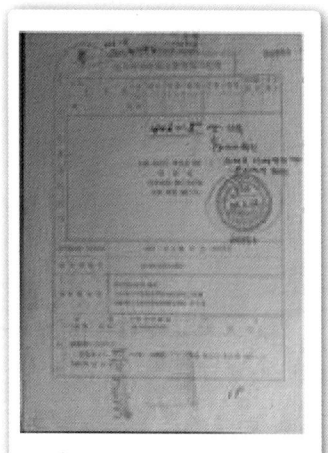

조선예수교장로회독노회
산정현교회(등기권리증)

해방 50주년 희년정신이
실천되는 해

1954년 12월 25일은 현재의 땅에 본 교회가 설립되어 헌당예배를 드린 날이다. 6·25사변으로 피난온 평양 산정현 교우들과 수진(守眞)의 뜻을 가진 이들이 부산으로 피난을 갔다가 서울이 탈환되자 서울에 다시 올라와 서울 중구 회현동에 임시 예배처를 정하고 정식 예배처를 찾던 중 현재의 서울 용산구 후암동 406-5(후암동 두텁바위로 100)에 정식으로 자리를 잡고 피난 생활의 어려움 속에서도 온 정성과 회생을 다해 교회를 세우고 예배를 드리기 시작했다.

교회 건물에 대한 등기부 등록에는 「朝鮮예수교 長老會 獨老會 山亭峴教會」란 이름으로 역사적 전통의 맥을 법적으로 한국 교회사에 이어주고 있다. 이때 교회 주변을 매입한 땅은 750평이었다.

1965년에는 상기 교단을 문교부에 '대한예수교장로회 독노회'란 명칭으로 본 교회 10대 담임목사였던 정대신 목사가 중심이 되어 피난온 목사님들과 남한에서 뜻을 같이 했던 목사님들이 뭉쳐 등록하게 된다.

1977년 4월 19일 독노회(One Presbytery)가 발전하여 총회로 승격시켜 독노회를 모체로 하여 5개 노회가 만들어지고, 문교부에 총회로 등록한 후 한국 기독교 역사 바로 알리기를 위해 다양한 활동으로 저변화시켜 나갔다.

본 총회는 '대한예수교장로회 총회(The General Assembly of Presbyterian Church in korea)'라고 명명하였으며 신학교는 '장

로회총회신학교'라고 하였다.

총회 회기는 1938년에서 1944년까지는 신사참배 및 일본 교단에 편입되어 있었기에 그 기간의 총회를 인정할 수 없으므로 7년간은 가산하지 않고 있다. 1983년 9월 21일 상계동에 있는 상동교회에서 총회가 개최되어 회기에 대한 안건이 다루어졌다.

그 내용은 신사참배를 가결하여 거기에 참여한 기간인 1938년 27차 총회부터 1944년까지 7년 동안의 총회를 인정할 수 없다는 사실이 본 교단 혁신복구안에 해당됨으로 총회원 만장일치로 7년간의 회기는 인정하지 않기로 가결하였다.

1995년 3월, 해방 50주년과 희년정신을 기리고 과거 잘못된 한국 기독교 역사를 청산하기 위해 한국 교회를 향해 3가지 과제를 <복음신문>과 <교회와 신앙>이란 월간지에 기고하였다.

1996년 10월 8일 독노회 주기철 목사 면직 무효선언 (노회장소: 후암동 소재 산정현교회 본당)-<들소리신문> 양승록기자

내용은 첫째, 1938년 27차 총회에서 신사참배 가결에 대해 한국 모든 교회가 사랑으로 뭉쳐 함께 회개하자는 것과 둘째, 1939년에 평양노회에서 일제강압에 의한 것이지만 주기철 목사를 파면한 것을 한국 교회가 회개하는 마음으로 무효화하고 복권시키자는 것, 셋째는 원죄를 인정하는 우리 모든 목사는 신사참배를 한 목사로부터 안수를 받았기에 현재의 우리 모든 목사들도 이에 대해 자유로울 수 없으므로 함께 회개하고 과거사에 얽매임 없이 앞을 향해 주님이 주신 소명을 열심히 감당하자는 것이다.

1996년 1월 현재, 교단본부는 서울 용산구 후암동 406-5(두텁바위로 100) 산정현교회 내에 두고 있다. 1996년 10월 8일 일본 경찰의 압력적 사주를 받고 평양노회가 소집되어 57년 전 하나님의 부르심의 권위에 의해 세워진 목사직을 인간의 소욕에 의해 불법을 자행했던 주기철 목사 면직을 회개하는 마음으로 무효화하고 복권한 후 공한으로 산정현교회 당회에 수임결의를

27차 조선예수교장로회총회가 신사참배 가결한 범죄를 교단이 회개 실천하기로 가결하다 (78차장로회총회장소 후암동 소재 산정현교회).

거치게 한 후 복권예배를 드리게 했다. 그로 인해 후암동에 소재하고 있는 산정현교회는 동년 10월 20일에 교회중심의 복권예배를 드렸다.

1996년 10월 29일는 제78차 총회가 산정현교회 본당에서 개회되어 1938년 9월 10일, 제27차 장로회 총회에서 신사참배를 가결한 것을 그간 장로교가 "해방 이후 3차에 걸쳐 신사참배를 가결한 것은 무효다." 라고 가결했으나 교단차원에서 회개의 실천으로 옮기지 못한 것을 한 곳에 묶어 동의(動議), 재청(再請) 속에 만장일치로 '무효화 선언'을 가결하였다.

78차 독노회 총회가 신사참배
회개할 것을 가결하고 그 죄를
교회별로 회개하고 있는 모습
(1996년 11월 둘째주일)

그리고 1996년 11월 10일(11월 둘째 주일)을 회개일로 정하였다. 방법은 금식하며 회개하자는 것이었다. 하루만 하기로 하였으며, 장소는 각자가 소속한 교회에서 하기로 했다. 이 회개일은 한국 기독교 모두가 교단 교파를 초월하여 이에 동참하여 하나님 앞과 역사 앞에서 회개의 마무리를 짓자는 것이었다.

그래서 성명서와 공고문을 각 교계신문에 기사화하고 실천하기로 하였고, 이날 본 총회는 각자의 교회에서 마음을 찢는 회개를 교단적 차원에서 실천하였다. 27차 장로회 총회에서 일본 귀신 앞에 절하기로 가결하고, 7년간에 걸쳐 죄를 범한 사실을 회개할 수 있는 기회를 하나님은 여러 차례 우리에게 주셨다.

미국 뉴욕한인장로교회
신사참배회개 장면
1997년 2월 16일 (미국중앙일보)

그러나 한국 교회는 교단적 차원에서 진심의 회개를 하지 않았고, 1946년 6월 12일에는 서울 승동교회에서 32차 총회(남부대회)가 열렸으나 신사참배한 것에 대해 일방적으로 무효만 선언하였고, 34차 총회(1948년, 새문안교회)에서도, 그리고 39차 총회(1954년, 안동중앙교회)에서도 우리들이 저지른 죄에 대해 무효화만 선언하였다.

회개는 우리가 해야 하며 용서는 하나님의 절대주권임을 우리는 망각(忘却)하고 오늘에 이르게 된 것이다.

하나님 앞에서 지은 죄의 용서는 사람이 하는 것이 이니라 하나님만이 할 수 있다는 것을 착각한 것이다. 당시 신사참배에 동참한 이들의 대부분은 개인적으로 가슴을 치면서 회개를 했는 줄 믿는다. 그리고 조선예수교장로회 총회가 결의하고 저지른 잘못은 교단적 차원에서 회개하는 것이 순서요, 하나님의 뜻인 줄 안다.

그러나 오늘날까지 교단적 차원에서 이루지 못 했다는 것은 한 없는 잘못임을 깨달아야 한다. 이 사실을 본 교단이 앞장서서 호소할 때 언론매체들이 자발적으로 다투어 이 귀한 일을 홍보해 주었다.

1996년 12월 1일에는 후암동에 소재하고 있는 산정현교회에서 「신사참배 회개발의 실천 및 주기철 목사 복권기념 감사예배」가 드려졌다.

이 예배를 통하여 과거사를 모두 털어버리고 오직 하나님의 영광만 드러나는 21세기를 맞기 위해 교단과 교파를 초월하여 「신사참배 회개발의 실천 및 주기철 목사 복권선언 기념 감사예배」를 하나님께 드리게 되었다는 것은 하나님 앞에서와 한국 기독교 역사의 현장에 귀한 열매로 남을 것이다.

그리고 이 사실을 기념하기 위해 기념예배가 드려진 교회 이름의 부제(副題)를 "신사참배 회개발의 실천 및 주기철 목사 복권선언 기념교회(神社參拜悔改 發議,實踐 및 朱基徹牧師 復權宣言記念敎會)"로 명명(命名)하여 선포하였다.

본 교단의 지향목표는 신앙과 역사의 정통성으로 단절되었던 한국 기독교 역사의 맥을 이어줌과 함께 그리스도 안에서 교단과 교파를 초월하여 "우리는 그리스도 안에서 하나 - We are one in Christ"라는 신앙의 지표속에 하나님 나라를 예수님의 방법으로 이땅 위에 확장시키는데 있었다.

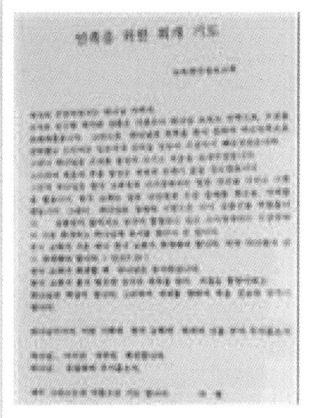

미국 뉴욕한인장로교회에서 민족을 위한 신사참배회개기도문
1997년 2월 16일

신사참배 회개의날 안도명목사 말씀선포 (미국뉴욕 한인장로교회 - 미국 중앙일보기사)

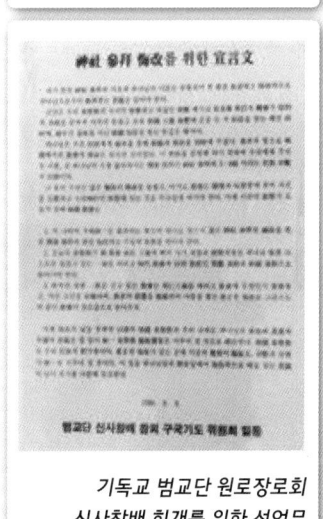

기독교 범교단 원로장로회 신사참배 회개를 위한 선언문

1998년 9월 9일 오전 11시에는 한국교회백주년기념관 1층 소강당에서 한국 기독교 8개 교단 원로장로회(가입회원 800중 300명 정도 참가) 주관으로 각 교단 원로장로가 중심이 되어 범교단적으로 신사참배 회개기도회가 통합 측 임택진 목사(청량리 중앙교회 원로목사)의 설교와 본 교단 증경 총회장 안도명 목사의 "당시 감옥에서 학생의 신분으로 민족운동을 꾸미다가 수감되어 신사참배 반대로 옥고를 치르고 있는 신사참배 반대자들과 함께 옥중생활하면서 그들이 겪은 삶의 수난"을 보고하는 가운데 신사참배에 대한 회개 예배를 하나님께 드렸다. 그리고 1999년 12월 31일 자정(子正), 예장 통합 측에서 방송 메시지로 교단적 차원의 회개를 표하였다.

② 산정현교회(후암동 소재)와 함께 독노회 총회가 한국 교회사에 내어 놓을 일들은 아래와 같다.

혁신복구파의 복구목표가 지향하는 점은 새로운 교단이나 교파를 만드는데 있었던 것이 아니었고, 한국 기독교가 다함께 회개하면서 하나되고, 한국 장로교의 역사적 맥을 이어가는 것이 밝힌다.

첫째, 1996년 10월 8일 대한예수교장로회 독노회가 소집되어 57년 전 장로교 27차 총회 결의사항을 따르지 않는다고 평양노회가 1939년 12월 19일에 주기철 목사를 목사직에서 파면한 일이 있었지만 지금까지 하나님의 권위에 불법을 자행했던 잘못을 뉘우치지 못했을 뿐만 아니라 주 목사를 복권시키지 못하고 있기에 본 노회(노회장 최상순 목사)는 1996년 10월 노회가 회집되자 제1의제로 상정(上程)하여 주기철 목사 면직을 무효화하고 다시 복권시켰다.

그리고 이 사실을 해당 교회당회에 수임결의를 거치게 한 후 10월 20일에 교회중심의 복권예배를 후암동에 소재하고 있는 산정현교회에서 드리게 되었다. 그리고 서울의 서초동, 회기동, 부산의 산정현교회에 이 사실을 공한으로 통보하여 자체 교회에 위임하였다.

"우리죄 우리가 회개해야 한다"며 신사참배 회개에 앞장섰던 범교단원로장로회 증경회장 장동근장로(새밭교회)와 현회장인 인순창장로(청량리중앙교회), 최상순목사

이에 근거하여 1997년 4월 20일에 합동 측과 통합 측에 속해 있는 서초동 소재 산정현교회와 회기동 소재 서울 산정현교회가 연합으로 서초동 소재 산정현교회에서 주기철 목사의 복권예배를 드리고 복권을 선언하였다.

둘째, 1996년 10월 29일 대한예수교장로회 제78차 총회가 후암동 소재 산정현교회 본당에서 개회되어, 1938년 9월 제27차 장로회 총회에서 신사참배 가결한 것을 무효화하고 그간의 잘못을 회개하기로 결의 실천하였다.

회개일은 전술한 바와 같이 1996년 11월 10일(11월 둘째 주일)에 하기로 정하였다. 그리고 방법은 "하룻 동안 금식하며 회개하자"였으며, 장소는 각자가 소속한 교회에서 하기로 하였다. 이 회개일은 한국 기독교 모두가 교파를 초월하여 이에 동참하여 하나님 앞과 역사 앞에서 회개의 마무리를 짓자는 것이었다. 그래서 성명서와 공고문을 각 교계신문에 기사화하고 이를 실천하기로 하였다.

이렇게 하게 된 이유는 1945년에 하나님이 우리에게 해방의 은총을 주시고, 27차 장로회 총회에서 일본 귀신 앞에 절한 7년간의 죄를 회개할 수 있는 기회도 주셨는데, 한국 교회가 진심의 회개를 하지 않았고, 이북5도 연합노회는 1945년 12월 평양 장대현교회에서 "전 교회는 신사참배의 죄과를 통회하고 교직자는 2개월간 근신하기로 한다."고 혁신복구파가 내 놓은 핵심의안에 동의 결의하였으나 실천에 옮기지 않았기 때문이다.

또한, 남한에서도 1946년 6월 12일에 서울 승동교회에서 32차 남부대회가 열렸으나 신사참배한 것에 대해 일방적 무효만 선언하였다. 그리고 34차 총회(1948년 새문안교회)에서도, 그리고 39차 총회(1954년 안동중앙교회)에서도 우리들이 저지른 죄에 대해 무효만 선언하였다.

그래서 교회역사학자이자 목사인 김광수 목사는 세 번이나 신사참배 가결에 대해 무효화한다는 내용을 보고 "이 자체가 신사참배를 회개하지 않은 증거"라고 그의 책과 신문에 기사화한 적이 있다.

서초동 회기동 두 산정현교회는 1997년 4월 20일 박종순 목사님을 모시고 주기철 목사 복권 예배를 드렸다(들소리신문 기사).

1998년 9월 9일 범교단 원로장로회신사참배회개예배 순서지. 설교 임택진목사 (청량리중앙교회 원로목사)

범교단 원로장로님들 신사참배회개 예배의 기사 (전국 800명중 300여명의 회원참가)

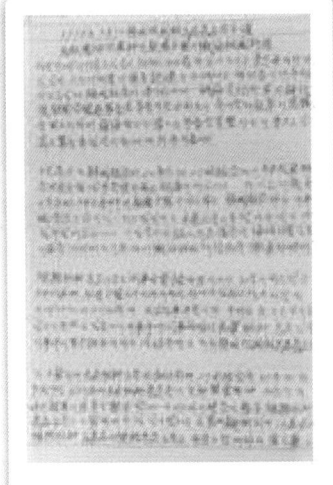

100주년회관에서 8개교단 원로장로들의 신사참배회개 예배시 대표기도문이다. 기독교장로회 새발교회 장동근(83세)원로장로 친필 5쪽중 첫쪽이다.

역사와 전통을 계승하면서 지역의 복음화에 앞장서는 교단 되자 (독노회 총회)

우리는 그리스도 안에서 하나이다 (대한예수교장로회 총회 마크)

그렇다. 이 죄는 공적인 가결에 의한 죄이므로 공적회개가 필요하나 이 길을 한국 기독교는 열어주지 않고 있었기에, 그리고 하나님 앞에서 지은 죄는 하나님으로부터 용서의 은총을 입어야 하기 때문에 이 일을 본 총회가 결의하고 공고한 것이다.

셋째, 감사한 것은 언론매체가 자발적으로 다투어 이 귀한 일을 홍보해 준 것이다. 방송은 극동방송, 기독교방송, 케이블 TV에서, 신문으로는 〈들소리신문〉을 필두로 하여 〈기독신보〉, 〈기독연합신문〉, 〈교회연합신문〉, 〈한국기독공보〉, 〈목회자신문〉, 〈크리스찬신문〉, 〈주일신문〉, 〈교회복음신문〉, 그리고 일간지는 〈조선일보〉, 〈한국일보〉, 〈국민일보〉, 〈경향신문〉, 〈한겨레신문〉, 월간지로는 〈교회와 신앙〉 등이 협력해 주었다.

넷째, 1996년 12월 1일에는 후암동에 소재하고 있는 산정현교회에서 「신사참배 회개발의 실천 및 주기철 목사 복권선언 기념 감사예배」가 드려졌는데 예배중에 금식회개의 표시로 교인 각자가 하룻 동안 금식한 금액을 헌금하여 한국국제기아대책기구에 755,000원을, 사랑의집짓기운동본부에 250,000원을 하나님의 영광을 위해 사용하도록 기탁하였다.

다섯째, 이 예배를 통해 과거사를 모두 털어버리고 오직 하나님의 영광을 위해 교단과 교파를 초월하여 「신사참배회개 발의 실천 및 주기철 목사 복권선언 기념 감사예배(神社參拜悔改 發議, 實踐 및 朱基徹牧師 復權宣言 紀念感謝禮拜)」를 하나님께 드리게 되었다는 것은 하나님 앞에서와 한국 기독교 역사의 현장에 귀한 열매로 남을 것이다.

그리고 이 예배가 드려진 본 산정현교회의 이름을 부제(副題)로 "신사참배 회개발의 실천 및 주기철 목사 복권선언 기념교회(神社參拜悔改 發議,實踐 및 朱基徹牧師 復權宣言紀念敎會)"로 명명(命名)하여 선포하였다는 사실을 후대에 알려줄 수 있는 현장(現場)이 있다는 사실에 주목해야 할 것이다.

여섯째, 본 교단의 지향목표는 신앙과 역사의 정통성이 단절되었던 한국 기독교 역사의 맥을 이어줌과 함께 그리스도 안에서 교단과 교파를 초월하여 "우리는 그리스도 안에서 하나"라는 지표속에 하나님 나라를 예수님의 방법으로 이 땅 위에 확장시키는데 있다.

원래 독노회는 정통성(正統性)과 역사성(歷史性)과 상징성(象徵性)과 행정성(行政性)을 가지고 있는데 독노회의 역사성과 정통성과 상징성은 한국의 모든 교회가 공유해야 한다는 원칙을 천명한 바 있다.

그리고 현재 본 교회 행정성은 대한예수교장로회 통합 측에 소속되어 있다. 본 교회 행정성이 통합에 속해 있는 것은 일제치하에서 있었던 한국 기독교의 여러 문제들을 본 교회와 본 교단 중심으로 해결하고 일치와 연합을 위한 복구의 원래 목적을 다 하기 위해, 2005년 4월에 대한예수교장로회 총회(통합) 서울서노회에 한국의 장로교의 역사적 맥을 잇기 위한 독노회의 합의의 결의를 거쳐 대한예수교장로회(통합) 서울서노회에 연합 가입하여 오늘에 이르고 있다(서울 서노회 40년사「성저십리 교회들의 이야기」p.123~126).

한편 독노회와 총회는 2013년 현재 연합과 일치의 목적을 다하기 위해 대한 예수교장로회 백석총회와 연합하여 연합과 일치의 목적을 계속하고 있다.

본 교회
I. 표어: 1순교신앙의전통 2역사의 사명 3사랑의 생활화
II. 실천목표: 1한국기독교의 역사적 맥을 잇는교회 2지역을 복음화하는교회 3일치운동에앞장서는교회
III. 실천내용: 하나님의 생명과 사랑과 삶의 복을 나누어주는교회(The Church That Shares Life, Love and Blessing for living)

대한민국에 있는 장로교는 처음 조직의 목적을 생각한다면 장로교의 교단은 하나면 된다. 이유는 우리가 그리스도 안에서 하나이기 때문이다(We are one in Christ). 그래서 "대한예수교장로회 = The Presbyterian Church in Korea"란 이름이면 족하다. 본 교회의 실천목표로 ① 한국 기독교 역사적 맥을 잇는 교회 ② 일치운동에 앞장서는 교회 ③ 지역을 복음화하는 교회, 이 세 가지에 촛점을 두고 하나님의 생명과 사랑과 삶의 복을 나누어 주는 사명적 교회(The Church That Shares Life and Love and

Blessing for living)로 묵묵히 걸어 오면서 하나님께 감사하고 있다.

③ 주기철 목사 학적부 복원

주기철 목사 학적부 복원은 장로회신학대학 역사신학 교수인 김인수 교수 주도로 이루어졌다. 평양신학교 제19회 졸업생인 주(朱) 목사가 그동안 광장동 소재 장로회신학대학에서 소장한 졸업생 명부에 이름이 누락되어 있던 것을 1996년 독노회에서 복권을 결의하자 역사학과 교수인 김인수 교수가 학교 교수회의에 주기철 목사 성명(姓名) 등재(登載)를 제안하여, 1997년 3월 21일 정기 교수회의에서 주기철 목사 이름을 졸업생 대장에 등재할 것을 만장일치로 결의하였다(<기독공보>, 1997. 4. 19.).

왜 평양신학교 제19회 졸업생인 주기철 목사 이름이 졸업생 대장에 빠졌는지는 알 수 없으나 그 이유를 추론하건데 일제가 평양노회에서 주기철 목사를 제명(除名) 처분하여 영구히 목사의 사역을 못 하게 만들기 위해 강압적으로 삭제케 한 것으로 추측되므로 장로회신학대학교 교수회는 주 목사의 졸업사실에 대한 증빙서류 10여 점을 찾아 내어 졸업확인을 한 후 다시 등재키로 한 것이다.

이때 학적복원 특별위원으로 김인수 교수(한국교회사 담당교수), 고용수 교수(본교 신학대학원장), 김명용 교수(본교 대학부 교학처장)가 추대되어 활동하였다(『장로회신학대학 100년사』 p.629).

④ 주기철 목사 순교 기념비 건립

대한순교자기념사업회는 1974년 3월 21일 후암동 소재 산정현교회에서 옛날 평양 산정현교회 교우들이 주축이 되고 이에 뜻을 같이 하는 이들에 의해 만들어졌다. 주기철목사기념사업회는 기념사업의 일환으로 1979년 4월 22일(오후 7시 30분) 소양 주기철 목사 순교 35주기 추모예배를 교단 교파를 초월하여 새문안교회에서 드렸다.

그리고 1983년 당시 사업회 회장 이종성 목사를 주축으로 하여 소양(蘇羊) 주기철 목사 순교

기념비를 세우기로 결정하고 장소를 물색하던 중에 장로회신학대학(광나루)에서 장소를 제공하기로 함에 따라 1,000만원의 예산으로 기념비를 세우고, 순교 39주년이 되는 1983년 4월 21일 오후 2시에 제막감사예배를 드렸다.

이때 실무 책임자는 후암동 소재 산정현교회에서 장로장립을 받은 백홍준 장로였고, 이날 설교는 합동 측 충현교회를 시무하던 김창인 목사였으며, 설교제목은 "우리도 주님을 높이며 갑시다"라는 말씀이었다. 그리고 장로회신학대학에서는 마펫관 3층에 4평을 순교 기념관을 위한 기도처를 만들어 놓았다(『장로회신학대학 100년사』 p.536).

광장동 장로회신학대학교 교정에 세워져 있는 주기철 목사 순교기념비

⑤ 주기철목사기념사업회 설립은 산정현교우회로부터 시작되었다. 1974년 3월 21일 후암동 소재 산정현교회에서 발족한 산정현교우회가 주기철목사기념사업회로 발전하여 오늘에 이르고 있는데, 처음 발기는 평양 산정현교회 교우들에 의해 이루어졌다. 당시 발기인을 보면 안도명, 김경진, 조선부, 오상조, 오재길, 송리섭, 주광조 등이었다.

1979년 4월 22일 오후 7시 30분에는 안도명 목사 주도하에 장로교 교단 교파를 초월하여 주기철 목사 순교 35주기 기념예배가 서울 새문안교회에서 드려졌다. 시간이 흐름에 따라 뜻을 같이 하는 이들과 교회가 참여하는 가운데 해마다 주 목사의 순교하신 날을 생각하면서 4월 21을 깃점으로 서울 서초동 산정현교회에 본부를 두고 주기철 목사 순교 기념예배와 기념강좌가 열리고 있다.

주기철목사 35주기 추모 예배가 새문안교회에서 교단 교파를 초월하여 드려졌다.

그리고 기념사업회의 활동의 일환으로 관계된 각 신학대학원 학생들을 대상으로 주기철 목사 순교기념 장학금을 지급하고 있다.

6. 대한예수교장로회 독노회에서 시행한 주기철 목사 복권은 정당했다.

(2005년 6월 5일 〈교회연합신문〉 기고 전문)

"대한예수교장로회 독노회가 시행한 주기철 목사 복권선언은 정당했다!"

1996년 10월 8일에 대한예수교장로회 독노회가 시행한 주기철목사 복권선언은 정당했다.

목사직은 하나님으로부터 부여받은 직임으로 하나님 외에는 그 누구도 왈가왈부할 수 없는 것이다. 그러나 하나님 안에서 만들어진 교회법도 제도적 상황에서 무시할 수 없다는 것도 깊이 생각해야 한다. 인간이 만든 교회법이 하나님법 앞에서는 하위법(下位法)이지만 그 하위법에 의해 목사가 임직되고 강단에 설 수도 있다.

이것은 하나님으로부터 위임의 약속을 전제로 한 제도절차 행위이기 때문이다. 2005년 5월 26일 한국기독언론협의회의 "한국기독교 과거사 청산 어떻게 할 것인가?"라는 주제의 포럼에서 논제가 되었던 '신사참배 문제', '주기철 목사 복권문제'가 이슈가 되었는데 1996년 주기철 목사 복권을 주도해 온 본인과 이날 주제발표를 한 최덕성 교수와의 시각이 달라 보였다.

필자는 최 교수가 왜 복권에 대해 문제를 삼는지를 직감할 수 있었다. 그것은 1996년 독노회가 가을노회에서 1939년 평양노회가 임시노회를 열어 "주기철 목사 파면결의"한 것을 무효화함과 만장일치로 복권을 결의한 후 본 노회산하 교회인 후암동 소재 산정현교회를 통해 이 사실을 당회가 수임결의하게 하여 복권예배를 드리게 되었다. 그리고 독노회는 평양 산정현교회를 뿌리로 하고 있는 남한의 산정현교회들에게 이 사실을 담은 공한(公翰)을 발송하여 복권사실을 알림과 함께 복권예배를 예시하였다.

그러나 일 년이 지난 후 1997년에 통합 측과 합동 측에 속해 있는 두 산정현교회가 복권예배를 드리면서 1996년에 독노회가 발송한 공한(公翰)의 사실을 인정하지 않는 듯한 교권적 교만의 잘못과 같은 인상을 주는 "정식으로 주기철 목사 복권을 선포한다"라는 제목의 신문기사를 보고 그 속에서 나타난 실제의 행사내용과 주체에 오류가 있음을 지적한 것으로 사료된다.

최 교수는 2002년 3월 2일자 〈크리스찬타임지〉에서 이 사건에 대해 "친일과 전통과 그 핵을 구성하고 있는 교권주의, 형식주의, 제도주의, 교회주의의 특징을 잘 드러낸 사건"이라고 강도 높게 비판하면서 두 교회와 그들이 속해 있는 교단이 "역사 바로 세우기가 없었고 과거사 청산이 없었고, 공적인 참회고백과 자숙이 없었던 친일파 전통의 멘탈리티를 노출시킨 주기철 목사 복권사건"이라고 비판했던 사실을 기억하고 있었기 때문이다.

그렇다. 1997년 사건은 역사적 절차와 주체의 성격을 뒤집어버린 사건이었다. 역사는 진실이 생명이다. 증언에 의하면 "주기철 목사는 감옥 속에서 일제에 짓밟힌 한국 기독교의 '혁신복구실천방안'을 논의했다. 그리고 혁신복구의 주체로, 1907년에 순수하게 설립되었던 '독노회'와 같은 노회를 염두에 두면서 회원으로 실천방안을 놓고 기도하며 준비하다가 감옥에서 순교하셨다"고 한다.

해방 후 수진자(守眞者)들에 의해 독노회가 조직 복구되었는데, 이기선 목사는 조직을, 한상동 목사는 신학을, 채정민 목사는 신앙을 통해 한국 기독교를 혁신복구하려 했다는 사실이 이를 증명해 주고 있다.

신사참배에 대한 회개를 하기 위해 우선적으로 신사 참배자들이 만들어 놓고 행한 악법을 무효화시킨 후에 신사참배 회개의 수순을 밟는 것이 정도(正道)이기에 주기철 목사 면직을 복권시킨 것이다.

복권선언문 일부를 소개하면

"一方的 通報와 强制罷免의 施行은 하나님 앞과 敎會法 앞에서 잘못되었기에 大韓예수교
장노회 獨老會.... 定期老會를 통하여 滿場一致로 1939년 12월 19일... 평양 임시노회가
결의한 朱基徹牧師에 대한 一切의 일들이 사탄의 역사임을 간주하고 當時에 決議된
事實들이 無效임을 알리면서 주기철 목사(朱基徹牧師)의 복권(復權)을 선언(宣言)한다.

1996년 10월 8일 독노회 노회장 최상순 목사"

여기에는 왜 독노회가 복권선언을 했는가에 대한 주체의 당위성이 드러나 있다. 그리고 왜 복권이란 말을 했는가 복권은 그 당시의 잘못된 법적절차의 악법적 행위를 꾸짖고 본래의 자리로 돌려 놓고자 하는 회복의 의미를 담고 있다. 그러므로 대한예수교장로회 독노회가 시행한 주기철 목사 복권은 정당했다.

7. 남한에서 독노회에 소속된 산정현교회

서울특별시 용산구 후암동
두텁바위로 100
대한예수교장로회 산정현교회

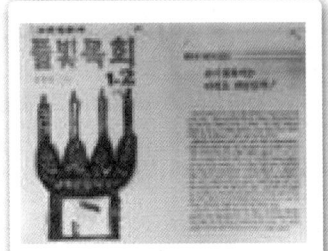

기독평론지 풀빛목회란 자료에
'주기철목사는 아직도 죄인인가'
1987년 1월 발행

영락교회(한경직 목사), 경동교회(김재준 목사), 서울 동자동에 위치한 성남교회(송창근 목사)가 과거 일본 귀신을 섬기던 신도(神道) 13개 종파의 하나로 일컬어지고 있는 천리교가 있던 땅에 세워져 지금은 하나님께 영광돌리는 놀라운 교회 자리가 되었듯이, 지적도상 대한민국의 1번지이며, 서울 용산의 1번지인 후암동에 6·25사변으로 평양 산정현교회를 섬겨오던 수진자들과 그의 후예와 그들과 뜻을 같이 하는 이들에 의해 산정현교회가 세워진 것은 결코 우연이 아니다.

바로 이 지역은 일제시대 일본인들이 그들의 마을(Town)로 만들려 했던 곳이며, 이곳에서 한국 교회가 감당하지 못 했던 신사참배 회개가 교단차원에서 1996년 10월~12월 사이에 행해진 것이다.

그리고 본 교회가 소속해 있는 독노회(獨老會)가 이곳에서 가을노회를 열어 1939년 12월 19일에 평양노회가 불법적으로 주기철 목사를 면직시켰던 것을 무효화하고 목사의 자리로 되돌려 놓는 일을 하나님 앞에서 할 수 있었다.

해방 후 50주년이 되었어도 한국 교회는 주기철 목사의 파면문제와 신사참배에 대한 죄(罪) 문제를 하나님 앞에서 해결하지 못 했고, 교단이 나뉘어진 가운데 서로가 자기들이 장자교단의 평양노회라고 자부하고 있었다.

필자는 1994년에 장로교를 대표하는 평양노회 4개교단 노회임원들을 서울 프레스센터에 초청하여 "한국 기독교의 신앙적 순교의 핵이 되는 주기철 목사를 부흥회나 설교 때 예화로 들면서 한국 기독교의 자랑임을 이야기하는데, 그렇다면 1939년 12월에 평양노회가 잘못한 것을 매듭지어 주는 것이 도리가 아니냐?"고 했더니 8명의 4개 교단 노회 임원들이 주기철 목사 파면에 대해서 모두 알지 못 하고 있었으며, 심지어는 지금 와서 그것을 파헤치는 것도 좋지 않다는 부정적인 말을 할 뿐만 아니라 모두가 이 일에 손을 대지 않으려 하였다.

그와 같은 상항에서 본인은 기도속에 해결의 방안을 찾아 보았다. 다행한 것은 후암동에 소재하고 있는 산정현교회는 주기철 목사가 감옥에서 정화(淨化)와 화합(和合)의 꿈을 꾸던 바로 그 노회에 속해 있는 교회였다.

그리고 1995년에는 산정현교회의 담임목사였던 필자가 독노회 노회장으로 취임하게 되어, 이 안(案)을 교단적 차원에서 공론화(公論化)하면서, 1996년에 8개 기독교 신문사 편집국장을 강남의 삼정호텔에 모시고 주기철 목사 파면문제와 신사참배 회개에 대한 문제해결을 위한 협조를 요청했을 때 지금 〈교회연합신문〉 이사장인 강춘오 목사께서 주기철 목사는 이미 복권되었다고 밝혔다. 그러나 필자는 스스로 많은 관련자료를 추적해 본 결과 아직 복권되지 않았음을 확인하였고, 만약 복권되었다면 내 집을 팔아서라도 광고로 잘못을 보상하겠다고 했다.

그 후 며칠이 지나 강춘오 목사께서 〈풀빛목회〉의 자료를 보내 주시면서 주기철 목사가 아직까지 복권되지 않았음을 알려왔다. 필자는 기도속에 내 할 일을 하면서 감사한 마음을 강 목사에게 갖고 있었다.

이러한 가운데 본 노회는 1996년 가을노회에서 주기철 목사 파면을 무효화하고, 며칠 후에 열린 총회에서는 신사참배 회개를 만장일치로 가결하여 회개의 길을 열었다. 이로 인해 〈조선일보〉가 광장동 장로회신학대학교에 1983년에 세워진 주기철 목사의 비문의 내용을 조심성 있게 다루어주었다.

그 후 〈들소리신문〉이 주기철 목사 복권에 대해 비중있게 다루면서 〈국민일보〉, 〈경향신문〉을 비롯해 각 기독신문과 방송이 앞장서 기사화 또는 방영화 해주었다. 이것은 하나님의 지상명령 같은 은총을 느끼게 하면서 모든 과정의 것이 하나님의 섭리임을 깨닫게 하는 일이었다.

모든 일이 교단적(독노회와 총회) 차원에서 많은 언론의 적극적 지원속에 이루어지는 결과적 열매로 나타난 것이다. 이것은 하나님이 하시지 않고는 그 누구도 할 수 없었던 것을 순교신앙의 뿌리를 가지고 자라온 교단과 교회들을 심부름꾼으로 삼아

*신사참배반대운동의 상징
주기철 목사 비문(조선일보)*

제8장 한국 장로교가 해야 할 일

1938년 27차 장로회 총회가
신사참배 가결한 것은
교단적으로 범한 죄이므로
교단의 결의에 의해 교단도,
전국의 교회와 교인들도 함께
회개해야 한다는 기사 (경향신문)

8개교단 원로목사, 원로장로가
60년만에 모여 자신들이 신사참배의
당사자이며 죄인임을 고백하면서
참회의 시간을 가졌다.
기독교백주년기념관. 이석훈 기자

2016년 6월 합동측 동평양노회시
장영학 목사가 주기철 목사 복권을
주장하는 장면

귀한 일을 하게 하신 것이다.

그 후 1998년 9월에는 한국 기독교 8개 교단 원로장로회가 연지동에 있는 기독교백주년기념관에서 회개의 시간을 가졌고, 그 뒤를 이어 장로교 교단들이 교단적이고 연합적인 회개운동을 전개해 왔다.

주기철 목사 복권에 대해서는 후암동 소재 산정현교회가 독노회의 결의로 1996년 10월 20일에 주기철 목사 면직을 무효화하는 복권예배와 선포식을 가졌다. 그 이듬해인 1997년 봄에는 서초동 소재 산정현교회와 회기동 소재 서울 산정현 두 교회가 연합하여 박종순(朴鍾淳) 목사를 설교자로 모시고 복권예배를 드렸다.

이것으로 인간이 할 수 있는 '주기철 목사에 대한 모든 도리', 즉 당시 평양노회가 잘못한 바를 바로잡게 되었다. 그런데 불행스럽게 2006년에 통합 측 평양노회가, 그리고 2016년에는 합동 측의 동평양노회가 다시금 주기철 목사 면직복권을 결의하는 우(愚)를 행하게 된다.

이에 대해 브니엘신학대 총장 최덕성 박사는 "합동 측 총회나 노회가 (주기철 목사를) 다시 또 복권을 시키나"라고 쓴 소리를 했다. 최 박사는 "주기철을 상품화하려는 시도와 장자의식, 갑질의식은 모두 자책골이다."며 "공동체적 책임이라는 차원에서 반성과 회개와 진실한 역사 기술이 필요하다."고 말했다.

필자는 최덕성 교수의 말에 전적으로 동의하면서 역사적 사실은 역사의 자료로 후손에게 남겨 두는 것이 도리임을 깨닫고 이 글에 힘을 쏟게 되었다.

당시의 잘못을 모두 회개하고 바로잡는 것에는 의의(意

義)가 없으나 무효화 선언 및 복권은 정당성을 가진 독노회가 행한 것(1996년 10월 8일) 한 번으로 끝나야지 통합 측의 평양노회(2006년 11월)가, 또 합동 측의 동평양노회(2016년 6월 19일)가 복권된 지 10년, 20년이 지난 뒤에 다시금 동일한 일을 반복한다는 것은 하나님 앞과 순교자 주기철 목사 앞에서 자기들의 의(義)를 드러내고자 하는 잘못을 더하는 것밖에는 안 되는 일이다.

  결자해지(結者解之)의 마음이 있다면 역사 앞에 잘못을 시인하고, 하나님 앞에서 마음을 찢는 회개(悔改)와 함께 내가 해야 할 일을 정당성(正統性)을 가진 노회에서 이미 해주었다는 것에 감사의 마음을 갖고 과거사(過去事)에 얽매임 없이 미래를 향해 달려 나가야 할 것이다.

8. 대한예수교장로회(통합) 신사참배 회개 기도문!

:1999년 12월 31일 자정을 통한 대한예수교장로회 총회(통합)의 신사참배 회개 기도문이다 (자막에 의한 내용 원문).

2016년 총신대 박물관장이자 책향기교회 담임목사로 있는 장영학 목사(예장합동, 동평양노회)가 합동측 신학대학 역사학 교수의 자료를 두고 1939년 12월 평양노회가 주기철 목사 파면한 것에 대해 설명하고 있는 장면이다.

「요엘 2장 12~18절 여호와의 말씀에 너희는 이제라도 금식하며 울며 애통하고 마음을 다하여 내게로 돌아오라 하셨나니 너희는 옷을 찢지 말고 마음을 찢고 너희 하나님 여호와께로 돌아올 지어다 그는 은혜로우시며 자비로우시며 노하기를 더디 하시며 인애가 크시사 뜻을 돌이켜 재앙을 내리지 아니하시나니 하나님! 크고 두려우신 하나님… 주를 사랑하고 주의 계명을 지키는 자에게 언약을 지키시며 긍휼을 베푸시는 주님, 우리 대한민국이 주 앞에 범죄함을 자복하오니 주님께서 귀를 기울여 주시고 눈을 열어 주세요. 저와 저의 온 집안이 죄를 지었습니다.

주께서 1907년 평양에 부흥의 축복을 주셨는데, 우리는 바로 그 땅에서 하나님을 저버리고 우상에게 절하기로 결의했습니다. 이제 평양은 이가봇이 되어 공산주의 정권의 수도가 되어버렸습니다. 주님의 이름으로 일컫는 우리는 그 악한 길에서 떠나 스스로 겸비하고 기도하여 주님의 얼굴을 구합니다.

아버지여, 우리 아버지여, 하늘에서 듣고 우리 죄를 사하시고 이 땅을 고쳐 주세요. 우리는 일제 말기에 주님을 버리고 배교했습니다. 우리가 하나님께 범죄하여 일본 태양신의 우상들을 간음하듯 섬겼습니다. '가미나다(神棚)'라고 하는 우상단지를 교회당 안 동편에 두고 그것을 향해서 예배했습니다. 기도, 소원 간구, 찬양-손뼉, 예물 바치기, 황국신민 서사낭독 등의 순서로 1부 신도예배를 드렸습니다. 주일예배 중에 12시 정오 사이렌 소리가 나면 동쪽을 향해 절을 하는 동방요배를 드려왔습니다. 이 모든 것들이 우상숭배인 줄 알면서 우리는 행하여 왔습니다.

우리는 적극적으로 '신사참배인식운동'과 '신사참배권유운동'을 전개하였습니다. 우리 지도자들은 신사참배를 국민의례일 뿐 종교제의가 아니라는 일제의 해석을 받아들였고, 성도들을 기만하여 음란하게 일본 태양신을 섬기게 했습니다. 우리가 주님 앞에 눈물로 우리의 죄를 회개합니다. 교회를 유지하기 위해서 어쩔 수 없이 했다고 변명하였을 뿐 진실로 회개하지 못 했습니다. 신사참배는 세속 권력에 영합하여 교회의 교회다움을 상실케 했고 교회가 사회에서 의의 교사며 예언자적 사명을 저버린 것임을 고백하며 주님 앞에 회개합니다.

천주교, 성공회, 성결교, 구세군, 감리교 등 우리는 모든 교단과 교파를 넘어 신사참배를 결의하였습니다. 1938년 9월 9일 한국의 장자교단으로 자처하는 장로교 역시 평양 서문밖교회에서 제27회 총회를 열어 신사참배를 결의하고 목사님과 장로님들이 그 즉시 신사에 가서 참배를 드리고 우상을 숭배한 죄를 가슴을 찢으며 회개합니다.

1938년 말부터 1945년 여름까지 우리는 일본 태양신을 섬겼습니다. 우리 대표자들과 총회원 노회원들이 열을 지어 신사에 가서 참배하였습니다. 주님, 우리의 범죄함을 용서하여 주세요. 삼위 하나님의 이름으로 세례를 받은 목사님들이 일본 귀신 천조대신의 이름으로 신도침례를 받은 것을 동일시하며 회개합니다. 우리 대부분 목사님들이 '목사연성회'라는 이름의 단체에 가입하여, 서울의 한강, 부산의 송도 등 전국의 강과 바다와 호수에서 '미소기 바라이(禊拂い)'라는 신도침례를 행했습니다.

신도침례는 신도의 신주(神主)가 더러운 옛 것, 기독교적인 것, 비일본적인 것, 비신도적인 것을 씻는 의식으로, "천조대신보다 더 높은 신은 없다"고 고백한 사람에게 베풀었습니다. 우리는 "천조대신이 높으냐? 여호와 하나님이 높으냐" 하는 질문에 천조대신이 더 높다고 하는 문건에 서명을 해서 관청에 제출한 죄를 눈물로 회개합니다.

누구든지 이 책의 예언의 말씀에서 제하여 버리면 하나님께서 이 책에 기록된 생명나무와 및 거룩한 성에 참여함을 제하여 버리신다고 하셨는데, 우리가 성경을 편집하여 구약성경과 요한계시록을 제거했던 죄를 회개합니다. 찬송가 중에서 그리스도의 재림과 통치와 하나님 나라에 관한 찬송과 '만왕의 왕 내 주께서' 등을 삭제한 채 부르지 못 하도록 한 죄를 회개합니다. 우리의 장로교 총회장이 '전향성명서'라는 배교신앙 고백서를 발표한 죄를 회개합니다. 우리의 많은 교단들 역시 성명서를 발표하고 자진폐쇄했던 죄를 회개합니다. 우리는 주님께서 피 흘려 산 교회를 두드러진 저항없이 폐쇄하거나 '일본 기독교'라는 이단집단에 개편시켰습니다.

온 대한민국이 주의 율법을 범하고 치우쳐가서 주의 목소리를 청종치 아니하였으므로 남북분단의 저주가 우리에게 내렸으니 이는 우리가 주께 범죄하였음입니다. 우리의 신사참배와 친일

행각이 삼엄한 공기 아래에서 이루어진 것은 사실이었지만, 자의적이었고 점차 솔선수범했고, 나중에는 경쟁적으로 열성을 다했었습니다. 우리의 우상숭배, 배교, 친일행각, 민족배신, 백귀난행, 비인도적 광란을 자발적이고 적극적으로 행한 죄를 진심으로 회개합니다. 우리가 적극적으로 부일행위와 백귀난행을 저질렀던 죄를 인정하고 회개합니다. 우리는 성전이라는 이름의 악의 전쟁에 협조했습니다.

우리를 대표하는 장로교가 경쟁적으로 부일협력을 했고, 그 성과에 자부심을 가졌던 죄를 회개합니다. 장로 교회는 1937년부터 3년간 국방헌금 158만 원, 휼병금 17만 2천 원을 걷었고, 무운장구기도회 8,953회, 시국강연회 1,355회, 전승축하회 604회, 위문 181회를 치렀습니다. 1942년에는 '조선장로호'라는 이름이 붙은 해군함상전투기 1기와 기관총 7정 구입비 15만 317원 50전을 바치고, 미군과 싸워 이겨달라는 신도의식을 거행했습니다. 교회 종 1,540개, 유기 2,165점을 모아 12만여 원을 마련해 일제에 바친 것을 회개합니다.

감리교 역시 1944년 교단 상임위원회의 결의로 '감리교단호'라는 이름을 붙인 애국기 세 대 값인 21만 원을 헌납했던 것을 회개합니다. 우리는 신사참배의 우상숭배를 거부하지는 못할망정 주기철 목사와 같이 신사참배를 거부하는 목회자들을 파직시키고 사면을 종용했습니다. 이웃사랑을 실천하지는 못할지언정 신앙을 지킨 목회자들과 성도들을 박해하고 정죄한 죄를 회개합니다.

1919년 3·1운동을 주도한 민족대표 33인 중에서 16명이 기독교 지도자로서, 교회가 사회의 빛과 소금의 역할을 해왔는데, 신사참배 결의 이후 우리는 친일행각에 솔선수범함으로 하나님과 민족을 배신하였습니다. 신사참배 거부로 옥에 갇혔다가 해방과 함께 출옥한 교인 20여 명이 집으로 가지 않고, 평양 산정현교회에 모여 2개월간 교회재건을 위해 기도한 뒤, 1945년 9월 20일 '한국 교회재건 기본원칙'-교회 지도자(목사 및 장로)들은 모두 신사에 참배하였으니 권징의 길을 취하여 통회 정화한 후 교역에 나아갈 것,-권징은 자책 혹은 자숙의 방법으로 하되 목사는 최소한 2개월간 휴직하고 통회 자복할 것,-목사와 장로가 휴직 중에는 집사 혹은 평신도가 예배를 인도할 것, -교회 재건의 기본원칙을 전한(全韓) 각 노회 또는 지교회에 전달하여 일제히 시행하게 할 것, -교역자 양성을 위한 신학교를 복구재건할 것을 발표했으나 우리나라 대부분의 교회가 이 원칙을 시행하지 못 하였고, 통절한 회개와 정화운동을 하지 못 했던 것을 눈물로 회개합니다.

우리는 신사참배가 교단에서 결의하여 시행한 국가적인 죄임에도 불구하고 개인적 차원에서 해결할 성질이라 하여 공식적으로 회개하지 않았던 우리의 죄를 진심으로 회개합니다. 가난한 마음과 통회하는 심령으로 주님의 말씀에 떨고 돌이키기보다는 나름대로 최선을 다해서 교회를 지켰다고 변명했던 것을 회개합니다. 우리는 일제치하에서 깊이 오염되었고, 해방 후 민족분단과 사상갈등 등으로 당시의 어수선한 사회 분위기에 편승하여 지난날의 잘못에 대한 분명한 참회의 태도표명 없이 우리의 지위를 지켜가기에 바빴던 것을 회개합니다.

주께서 원하시는 것은 중심의 진실하심인데, 우리는 진실한 참회를 하지 않은 채 '취소 성명서'를 채택하여 과거사를 단지 행정절차의 실수로만 여긴 죄악을 통회자복하며 회개합니다. 또한 우리 교회사가들이 교회사를 기록할 때 성경이나 진리성의 관점에서 해석, 기술하지 않고 친일파의 시각으로 기술하고, 진실을 왜곡한 죄를 동일시하며 회개합니다.

출옥 성도들 역시 신사참배를 했던 교회를 향하여 참회의 진실성이 없다는 이유로 각 곳에서 기존 교회에 대한 반발 정죄를 하였던 죄와 허물을 눈물로 회개합니다. 이로 인하여 이북에 재건파, 복구파의 교회를 세우고, 남한에는 고려신학교가 세워지면서 세칭 고신파 장로교의 분열이 시작된 것을 인정하고 주님께 부복합니다. 우리는 서로를 공산당으로 중상했던 죄를 회개합니다. 1951년 장로 교회가 사변으로 단속된 총회의 속회에서 고신파를 정식 단죄하였던 것을 회개합니다. 또한 고신파 역시 총회를 향해 용공을 비수처럼 덮어 씌웠고 자신들을 한국 교회 정통으로 자처하며 분열한 것을 회개합니다. 우리는 남북이 대치해서 전쟁을 벌이는 6·25의 상황에서 교회가 민족 앞에서 분열한 것을 가슴을 치며 회개합니다. 우리는 민족의 상처를 싸매면서 사랑과 일치를 불어 넣어야 할 때 더욱 갈등하고 싸웠습니다.

고신파의 분립이 한국 교회 분립의 단초를 열었고, 그 뒤 백수십 개의 교단으로 나뉘는 장로교 분열사의 시작이 되었던 것을 동일시하며 회개합니다. 우리는 광복 후 울며 애통한 마음으로 금식하며 주님께 돌아오기보다는 신앙고백 공동체를 재건하는 것이 아닌 외형적 조직기구 재건에 열성을 다하므로 오늘까지 외형적 기구를 교회의 전부로 보게 되는 문을 열어준 것을 회개합니다. 게다가 쉽게 용서하고 쉽게 잊어버리는 한국 교회의 순진한 신도들의 '관용'과 망각증 때문에 비양심적이고 위선적인 친일적 교계 지도자들까지 그대로 용납하여 들이고 만 죄와 허물을 회개합니다.

1954년 4월 안동에서 열린 제39회 대한예수교장로회 총회가 그나마 전란 중에 월남한 이북 노회원까지 참여한 가운데 다시 신사참배 결의를 취소하는 성명서와 신사참배 거부로 인한 제명이나 처벌의 취소를 의결하고 통회 기도회를 가지도록 은혜를 베풀어 주심을 감사드립니다. 또한 신사참배 결의 60년만인 1998년 9월 9일, 한국개신교원로장로회 주최로 한국기독교백주년기념관에 450여 명의 원로 목사, 장로들이 참석하여 금식하면서 신사참배를 회개하게 하신 것에 감사드립니다. 하나님, 우리는 스스로 어떤 못할 일을 하였는지 잘 압니다. 우리 조상들이 어떤 몹쓸 짓을 하였는지도 잘 압니다. 우리는 바로 주께 죄를 지었습니다. 우리 열조가 범죄하여 우리 하나님 여호와 보시기에 악을 행하여 하나님을 버리고 얼굴을 돌이켜 여호와의 성소를 등졌습니다.

여호와 하나님은 질투하시는 하나님인즉 우상을 섬기며 주를 미워하는 자의 죄를 갚되 아비로부터 아들에게로 삼사대까지 이르게 하시니 일본 태양신의 우상들을 섬김으로 그것이 저희에게 올무가 되었습니다. 죄지은 우리 선조들은 간 데 없는데 그 벌은 우리가 떠맡게 되었습니다. 우리의 잘못과 조상들의 죄 탓으로 이 땅과 하나님의 백성이 모든 이웃 백성들에게 욕을 당하고 있습니다. 그러나 주께서는 자비로우시니 평양과 한반도, 이 민족에게 내리시던 노여움과 진노를 이제 거두어 주십시오.

우리 하나님, 우리가 드리는 간절한 기도를 이제 들어 주십시오. 주님의 명성을 돌보시어 폐허가 된 주의 성소를 가엾게 여기시고 굽어 보아 주십시오. 은혜와 자비가 크신 주님, 눈을 뜨시고 주의 이름으로 부르는 도읍, 폐허가 된 평양과 한반도 땅을 굽어 보아 주세요. 우리가 무슨 잘한 일이 있다고 주의 은총을 빌겠습니까? 다만 하나님의 크신 자비를 믿고 빌 뿐입니다. 주님, 들어 주십시오. 주님, 용서해 주십시오. 주님, 귀를 기울여 주십시오. 주의 명성을 돌보시어 지체하지 마시고 곧 이루어주십시오.

호세아 6장 1~3절 "오라 우리가 여호와께로 돌아가자 여호와께서 우리를 찢으셨으나 도로 낫게 하실 것이요 우리를 치셨으나 싸매어 주실 것임이라 여호와께서 이틀 후에 우리를 살리시며 제 삼 일에 우리를 일으키시리니 우리가 그 앞에서 살리라 그러므로 우리가 여호와를 알자 힘써 여호와를 알자 그의 나오심은 새벽빛같이 일정하니 비와 같이 땅을 적시는 늦은 비와 같이 우리에게 임하시리라 하니라" 예수님의 이름으로 기도드립니다. 아멘」

9. 소래노회의 신사참배 회개 기도문(비문의 내용임)

용인시 양지 총신대 켐퍼스에 있는 소래교회 전경(全景)에 세워진 비문의 '소래노회 2015년 10월 20일, 신사참배 회개 기도문'

「우리가 1938년 9월 9일 제27차 장로회 총회에서 신사참배를 가결하였습니다. 우상숭배의 큰 죄를 범하였습니다. 해방을 맞아 신사는 쫓겨갔지만 신사가 썼던 그 자리, 탐욕의 우상들이 뱀처럼 굴을 파고 똬리를 틀었습니다. 신사참배를 취소하며 마음을 찢어 회개하오니 용서하여 주옵소서.

용인시 양지 총신대 켐퍼스에 있는 소래교회 전경(全景)에 세워진 비문의 소래노회 2015년 10월 20일 신사참배 회개 기도문

주님의 큰 긍휼(矜恤) 의지하여 간청하오니 회칠한 무덤, 마른 뼈 같은 한국 교회를 살려주옵소서. 회개로 문을 연 1907의 평양대부흥, 다시 한번 부어 주소서. 2015년 10월 20일, 대한예수교장로회 소래노회」

10. 평양 산정현교회를 중심으로 한 목사들과 장로들

① 편하설(1874~1958년) 또는 찰스 F. 번하이셀(Charles F. Bernheisel) 선교사는 미국 북장로교회로부터 파송을 받고 1,900년에 내한한 장로교 선교사이다.

편하설 선교사 가족

1874년 9월 11일 미국 인디아나 주 컬버(Culver)에서 출생한 그는 1896년 하노버(Hanover)대학을 졸업하고 시카고의 맥코믹신학교를 1,900년에 졸업(M. Div)한 후, 북장로교에서 한국 선교사로 파송을 받으면서 뉴 올바니노회에서 목사안수를 받고, 1900년 10월 16일 부산에 도착했다.

그리고 이후 서울에 올라와 미국 공사관에 등록을 하고 선교부로부터 평양에 선교지를 배정받고 평양에서 선교를 하다가 헬렌 컥우드양과 1907년 9월 20일에 결혼을 한다. 그리고 일생 동안 평양을 중심으로 한 서북지방에서 선교활동을 하게 된다.

그리고 일제가 외국 선교사들을 추방할 때인 1942년, 다른 선교사들과 함께 고국으로 돌아감으로써 그의 42년간의 선교활동도 끝나게 된다. 그 후 그는 암으로 84세에 고향 인디아나 폴리스에서 별세하였다.

편하설의 가장 중요한 업적은 한국 교회가 내세울 대표적 순교자들이 시무했던 평양 소재 산정현교회를 설립하고 초대목사가 되었다는 점이다. 그는 그의 일기에 산정현교회의 설립에 대해 다음과 같이 기록하고 있다.

「1906년 1월 17일, 평양 남문과 중앙교회(장대현교회를 가리킴) 지역에 새 교회를 따로 세우기로 결정했다. 우리가 내일부터 열흘간 주최하기로 한 전도대회를 위해 중앙교회가 너무 작으리라 생각되어, 특별히 이 결정이 내려졌다. 나는 새 교회의 목사로 임명되었고, 좀 더 중심부에 교회를 세우기 전에는 동문교회에서 예배를 드릴 것이다. 나는 오늘 밤 기도회에서 교구 사람들을 만났다. 50~60명이 나왔다.」

그는 평양 장로회신학교 교지인 <신학지남>에 여러 편의 글을 써서 가톨릭 교회를 비판했는데 그 중에 다음과 같은 내용이 있다. "교회의 머리와 터는 누구인가?"란 주제로 '로마교의 그릇된 교훈과 그에 대한 비판'과 '교황제도의 분해'란 글을 통해 "천주교가 교회의 머리와 터에 대해 잘못 가르치고 있다."고 비판하며 "하나님 교회의 머리는 누군가 오직 예수만이 교회의 머리가 되는 것이다. 참 교회의 터는 누군가 오직 예수만이 교회의 터이다."라고 강조했다.

편하설의 복음에 대한 열정은 그의 철저한 성서관에서 나왔었다. 그는 <신학지남>에 기고한 '교회의 신앙규율'에서 그의 성서관을 발표했는데 "성서는 하나님의 교회여부를 판별하는 수단이며 그 진부(眞否: 진짜와 가짜)를 가리는 표준과 시금석이 된다."고 하였다. 또 "성서와 일치하지 않는 교리나 실행을 따르는 교회가 있다면 이는 배교자의 집단으로 밖에 볼 수 없다."고 말했다. 그는 오직 성경에 의한 믿음의 목사로 한국 선교와 산정현교회의 목사로 한국에서의 선교를 마무리지은 충성스러운 목사였다.

특히, 그의 교회론은 "하나님의 참 교회는 인간에 의해 세워진 신적으로 창조된 사회로서 성삼위만을 예배하며 예수 그리스도의 속죄사와 그 의만이 구원의 근거임을 믿으며, 성령을 인도자, 성화자, 위로자로 모시며 성경을 신앙의 유일한 표준으로 삼으며 값없이 주시는 하나님의 복음을 전인류에게 전파하는 것이다."라고 하였다.

편하설은 산정현교회를 설립하였을 뿐만 아니라 산정현교회가 신사불참배로 어려움을 겪을 때 강단을 지키면서 한국을 대표하는 교회로 설 수 있는 중추적 역할을 막후에서 감당한 목사이다. 그의 생애에 대한 자세한 사항은 장로회신학대학교 김인수 교수가 번역하여 옮긴 『편하설 목사의 선교 일기』란 책에 잘 나타나 있다.

② 강규찬(姜奎燦, 1874~1945년, 평신 10기) 목사

강규찬 목사는 산정현교회에서 16년(1917~1932년)간 시무하였다. 강 목사는 평북 선천에서 태어나 16세까지 한문 공부를 하여 한시(漢詩)와 천문지리에 능하였다. 1908년부터는 예수교 장로회가 경영하는 평북 선천 신성(信聖)중학교에서 한문을 가르쳤는데, 이때 한국 기독교와 교육자로 유명한 백낙준(白樂濬)과 박형룡(朴亨龍) 등을 가르쳤다.

강규찬 목사

　1911년 '105인사건'에 연루되어 2년간 감옥에서 복역한 뒤 다시 학교에 복직하였으나, 사상범으로 심한 감시를 받아 1914년 교사직을 사임하고 선천북교회 조사(助師)로 임명되어 전도사 생활을 하였다.
　그리고 1917년에 평양신학교를 졸업하고, 곧 평양 산정현(山亭峴)교회 4대 담임목사로 시무하게 된다. 평양신학교 제10회(1916) 졸업생인 그는 16년간 담임목사로 시무하였다. 시무 당시 교회가 부흥하여 예배당을 증축하였고, 개인의 영성과 신앙발전에 혼신의 노력을 바쳤다.
　그뿐만 아니라 강 목사는 신앙 안에서 민족적 독립을 고취·실천하는 데도 앞장섰다. 강 목사는 3·1운동 당시 본 교회 김동원 장로와 함께 평양에 만세시위를 진행·주동한 인물 중의 한 사람이며, 3월 1일 평양 숭덕학교 교정에서 독립선언서를 낭독함으로 체포되어 2년간 옥고를 치르기도 하였다. 출옥 후 계속 본 교회에서 담임목사로 1932년까지 시무하다가 은퇴하였다. 은퇴 후에도 선교활동을 지속하였으며, 1940년 선천 봉동(鳳洞)교회 목사로 옮겨 시무하다가, 8·15 해방 4개월을 앞둔 1945년 4월 선천에서 별세했다.

　③ 송창근(宋昌根, 호는 만우:晩雨, 1898년 10월 5일~1951년?) 목사

　송창근 목사는 함경북도 경흥군 출생이다. 일찍 개화사상과 기독교를 받아들인 집안에 태어나 자연스럽게 기독교 신자가 되었다. 아버지가 고향에 세운 북일학교를 거쳐 만주의 명종학교에서 수학했다. 만주에서는 독립운동가 이동휘를 만나 교류한 것으로 알려져 있다.
　송 목사는 경성부의 피어선기념성경학원(현 평택대학교)을 졸업한 뒤 일본에 유학하여, 1926년 아오야마학원(靑山學院) 신학부를 졸업했다. 이후 잠시 귀국하여 기독교 잡지《신생명》출판에 관여했다가, 곧 미국 유학을 결심했다. 먼저 프린스턴신학교에서 한경직, 김재준과 함께 공부했고, 펜실베이니아 주의 웨스턴신학교에서 신학석사(1930년)를, 콜로라도 주의 덴버대학교에서 신학박사(1931년) 학위를 취득했다.

귀국하여서는 평양의 산정현교회 전도사로 시무하다가 1932년, 평양노회에서 목사안수를 받고 산정현교회 5대 담임 목사가 되었다. 그러나 송창근의 진보적인 '신신학'은 교회와 마찰을 일으켰고, 결국 당시 장로교단을 대표하는 교회였던 산정현교회에서 사임하고, 1936년에 부산으로 내려갔다. 부산에서는 성빈학사(聖貧學舍)를 설립하고 빈민구제 등 사회사업을 시작했다.

송창근 목사

1937년 흥사단 수양동우회 사건으로 투옥되어 징역 4년형을 선고받아 복역하다가 1939년 봄에 2년간의 형을 살다가 가석방되었다. 그 뒤에 서울에 올라와 무기휴교된 평양신학교를 이을 조선신학교 설립에 진력하였다. 그러나 일제의 방해로 김재준(金在俊) 등에게 일임하고 경상북도 김천에 내려가 해방될 때까지 황금정교회에서 목회활동을 하였다.

미국유학 시절 송창근(오른쪽)과 김재준(왼쪽)

그런데 태평양전쟁 기간 동안 그의 친일행적이 나타나 있는데, 그것은 경상북도 김천 황금동교회에 시무하면서 교회가 황민화정책에 적극 가담한 것이다. 당시 송창근 목사는 경북노회를 해산시키고 신사참배 강요에 적극 협조했으며, 일제가 여러 교단을 통합해 강제로 조직한 일본기독교조선교단에서는 총무로 임명되어 그 중심역할을 감당했었다. 또한 전쟁지원 단체인 국민총력경북노회연맹 이사장, 일본기

1947년 당시 조선신학교 전경 지금의 서울 동자동 (성남교회)

독교 조선장로교단 경북교구회 김천지역교구장, 조선전시종교보국회 경상북도지부 이사 등을 지냈다.

1945년, 일제가 패망한 뒤에는 김재준에 의해 운영되던 조선신학교(현 한신대학교)에 교장으로 취임하였다. 그리고 서울역 근처인 동자동에 일본 신도의 한 갈래인 천리교 적산가옥을 접수하여 서울성남교회의 전신인 바울교회(조선신학교)를 설립해 목회활동을 했다. 강원용 목사에 의하면 이후 "송창근 목사는 친일행적들이 자의에 의한 행위가 아닌 소극적 행위였음에도 양심의 부담을 안고 조용하게 살았다."며 그의 친일파 지목을 애석해 하기도 했다.

송 목사는 1950년 6월, 한국전쟁 중 후퇴하던 조선인민군에 의해 납북되었고, 1951년 7월경 평양 인근인 대동군에서 병사했다는 증언이 내외문제연구소를 통해 공개된 바 있다. 물론 1951년 사망설의 사실여부는 확인되지 않았다.

그리고 일부 교회사 관련서적이나 용인의 한국기독교순교자기념관에서는 송창근을 '순교자'로 칭하고 있는데, 2005년에는 친일 인명사전의 등재 후보자로 지목되기도 했다. 송창근의 제자였던 목회자 문동환은 송창근이 "재치 있는 목회로 교회를 크게 부흥시킨 인물이자, 지혜로운 교회 정치가였다."고 회상한 바 있다. 동료 김재준도 "만우 송창근은 유머에 능했고, 인정스러웠고, 창의적이었고, 용감했으며, 바울의 고백과 같이 '내 민족을 위해서라면 그리스도로부터 끊어져도 좋다'고 할 만큼 민족애에 불타는 애국자였다."라고 평가했다.

강원용 목사는 그의 저서인 『역사의 언덕에서』에서 송창근 목사의 친일파 선정에도 비판을 가하였다. "송(宋) 목사는 일제시대 때 이런저런 사건에 연루돼 감옥에도 드나들며 고생했으며, 온갖 고문을 받아도 참을 수 있었지만, 남산에 끌려가 벌거벗은 몸으로 나무에 꽁꽁 묶여 온갖 벌레들에 뜯기는 고초를 겪은 뒤로는 항일활동에서 손을 떼게 됐다."며 "일본 경찰은 이후 경북 김천에서 숨어 살다시피 하는 그를 불러 친일유세를 강요했는데, 그는 어쩔 수 없이 강연을 나가게 됐지만 정치적 발언은 일절 하지 않고 만담식으로 가벼운 말들만 하다가 끝내곤 했다."고 밝혔다.

2012년 11월 27일
송창근목사기념관 건립 준공식
(한국신학대학교)

또한 일부에서도 "해방이 된 뒤 송 목사는 (친일 행적들이) 자의에 의한 행위가 아닌 소극적 행위였음에도 양심의 부담을 안고 조용하게 살았다."며 "그랬던 송창근 목사가 친일 목사로 역사에 기록되는 것을 볼 때마다 씁쓸한 마음을 금할 수 없다."고 유감을 표명했다.

이어 친일 논란에 대해 강 목사는 당시 우리 교계에는 세 부류의 지도자가 있었다고 주장한다. 한 부류는 주기철 목사처럼 감옥에서 저항하다 순교당한 사람이고, 그 다음은 진짜 친일파 목사인데, 그들은 신사참배를 하러 가면서 "눈에 보이는 천황께 충성 못 하는 사람들이 눈에 안 보이는 하나님께 어떻게 충성하겠느냐."고 강요한 자들이라 하였다. 마지막 한 부류는 부득이하게 일제의 테두리 속에서 목숨을 이어가며 그리스도의 증인이 되기 위해 고통스러운 삶을 살아 낸 인물이라고 지적하였다.

강원용은 송창근 목사가 세 번째 부류였다며, "그가 했다고 하는 친일내용을 자세히 알아보면 그것은 친일이라고는 얘기할 수도 없는 성질의 것"이라고 변호하였다. 또한 『역사의 언덕에서』에서 친일과 청산 기준의 공정성을 비판하였는데, 그는 "친일과 청산 기준에 대해 일제시대를 살아보지 않은 사람은 친일이나 항일을 너무 쉽게 생각하고 있다."는 점을 지적하면서, "거물들이야 창씨개명도 거부할 수 있었겠지만 민초들이 무슨 수로 그런 것을 거부할 수 있었겠는가" 하며 일반 국민의 입장도 헤아릴 것을 주문했다.

또한 다른 실례로 윤동주의 창씨개명을 들며, "저항시인 윤동주가 창씨개명을 했다고 하면 요즘 사람들은 놀라겠지만, 그 시대는 생존이 걸린 문제였다."고 지적하였다. 송창근 목사는 2008년에 공개된 민족문제연구소의 친일 인명사전 수록 예정자 명단 중 종교부문에 포함되어 있다. 그러나 한신대학교에서는 그를 기념하여 '만우송창근기념관'을 세웠다.

④ 박형룡(朴亨龍, 1897~1978년) 목사, 신학자

박형룡 목사는 평북 벽동에서 태어나 어릴 때부터 신앙교육을 받으며 자랐으며, 1916년에 평안북도 선천(宣川)의 신성중학교를 졸업했다. 1920년 평양의 숭실대학교, 1923년 중국 난징(南京)의 금릉(金陵)대학교를 거쳐 1926년 미국 뉴저지의 프린스턴신학교에서 신학석사 학위를 받고, 이듬해 미국 켄터키 주루이스빌의 남침례교신학교에서 기독교변증학으로 철학박사 학위를 취득했다.

1927년 한국에 귀국하여 평양 산정현교회에서 전도사를 거쳐 목사안수를 받았다. 그 후 산정현교회 부목사, 협동목사를 겸하면서 1931년 평양 장로회신학교에 교수로 취임하여 기독교변증학을 강의했다.

그리고 산정현교회에 중요한 일이 있을 때마다 대리 당회장 역할을 맡아 왔다. 이후 장로회 총회의 표준성서주석위원회 위원장, 만주 동북신학교 교장, 부산 고려신학교 교장, 서울 장로회신학교 교장 등을 역임하다가 1951년 대구에서 총회신학교 학장에 취임하여 서울 남산으로 학교를 옮

박형룡 목사

겨 교직을 수행하다가 1972년 2월에 퇴직했다.

그는 한국 교회의 정통적인 보수주의 교리와 개혁주의 신학을 체계화하였는데, 그의 신학은 '청교도적 개혁주의 개혁신학'이라고 평가된다. 저서에 「신학난제선평(神學難題選評)」, 「교의신학(敎義神學)」, 「비교종교학」 등을 비롯한 다수의 논저가 있고, 1977년 『박형룡 박사 전집』 전14권을 출간했다.

그는 신사참배를 반대하고, 이단을 척결하며 해방 전후 혼란했던 신학을 바로잡고 바른 성경해석과 바른 신학교육에 앞장서는 리더십으로 한국 기독교와 한국 교회에 헌신한 바가 크다. 그러나 그의 조직신학은 한국 기독교를 갈라놓는 데 일역을 맡게 되었다는 점에서 아쉬움을 가지게 한다.

주기철 목사

⑤ 옥중 순교자 주기철(朱基徹, 1897년~1944년, 평신 19회) 목사

주기철 목사는 1897년 11월 25일 경남 창원군 웅천에서 부친 주현성 장로와 모친 조재선 권사 사이에서 7남매 중 넷째 아들로 태어났다. 우리에겐 1944년 4월 21일 평양감옥에서 순교로 오직 하나님께 영광을 드러낸 인물로 잘 알려져 있다.

주 목사의 어린시절 집안 살림은 쌀 200석을 수확하는 유복한 대농가로서 신앙적으로도 동리에 모범적인 가정이었다. 그는 8세에 개통학교에 입학하여 1910년에 개통학교를 졸업하였는데, 1910년은 조선의 주권을 일본에 완전히 빼앗기는 한일합방이 된 해였다. 그 해에 주 목사의 큰 형 주기원이 웅천에 처음으로 교회를 세우기도 했다.

주 목사는 이 교회 학교에 열심히 다니면서 성경 이야기도 듣고, 찬송가도 열심히 부르면서 신앙적으로 잘 자랐다. 주 목사가 개통학교에 다닐 때 아직 20대였던 춘원(春園) 이광수(李光洙)가 부산지구로 순회강연을 나왔다가 마산으로 가는 길에 개통학교에 들러 전교생 앞에서 "뜻을 굳게 먹고 부지런히 공부하여 나라를 사랑하는 훌륭한 국민이 되라."는 요지의 연설을 하면서 평북 정주에 있는 오산학교(남강 이승훈이 설립)에 대해서도 이야기했다.

당시에 정주의 오산학교는 전국에 널리 알려져 있었고, 주기철은 개통학교를 졸업한 후 오산학교에 입학하게 되었다. 오산학교는 남강 이승훈의 뜻을 따라 기독교 정신으로 운영되고 있었으며, 이광수 선생이 교장 대리로 영어와 국어를 가르치고 있었다. 주기철은 학업성적이 우수할 뿐 아니라 신앙심도 남달랐다.

1914년 가을에 이광수 선생이 이 학교를 떠나고 조만식 선생이 교장으로 부임하게 되었다. 조만식 선생은 기숙사에서 학생들과 같이 생활하면서 성경과 자신의 몸을 지키는 수신(守身)을 가르쳤다. 주기철은 이광수 선생이 학교를 떠나 무척 서운했으나 곧 조만식 선생에게 정이 들었다. 조만식 선생은 평소 소금으로만 양치질을 하고 팥비누로 세수를 하며 평생 국산품밖에 쓰지 않은 애국정신이 몸에 깊이 배인 인물이었다. 주 목사는 그분의 애국적 삶과 사상을 존경하게 되었다.

1915년 주기철이 오산학교 3학년 때 오산학교의 설립자인 남강 이승훈 선생이 형기를 마치고 감옥에서 풀려 나왔는데 이승훈 선생은 조회시간에 학생들에게 설교를 하고 기도를 올리기도 했다. 주기철은 이승훈 선생의 설교와 기도에서 많은 감동을 받았다.

1916년, 주기철은 오산학교를 졸업하고 서울에 있는 연희전문학교 상과에 입학하였으나 얼마 안 가서 어렸을 때 앓은 눈병이 도지기 시작해 칠판 글씨가 제대로 보이지 않아 노트를 정리하기도 어려운 형편이 되었고, 거기다 웅천 집으로부터 재산상속 문제로 불화가 생겼다는 소식을 듣고 학업을 중단하고 집으로 돌아가게 되었다.

이후 상속문제도 어느 정도 해결되고 눈도 나았지만 주 목사는 몹시 쓸쓸한 나날을 보내게 되었는데, 이때 주 목사는 자신이 처해 있는 환경에서 자신이 갖고 있는 자산이라고 할 수 있는 신앙생활에만 매진하였다. 그는 새벽기도회에 참석하는가 하면 청년집회에도 빠지지 않고 나가서 봉사하는 가운데 집사로 피택받게 된다.

이 무렵에 이기선 목사가 김해읍교회 목사로 있으면서 웅천교회에도 관여하였다. 이 목사는 1914년 평신 8회를 수석으로 졸업하고 울산교회에서 시무하다가 김해읍교회로 옮긴 것이다. 이 목사는 성경대로 목양하고 살아가는 몽땅신앙의 목사였다. 청년 주기철은 이런 이기선 목사의 신앙과 모범적 생활을 그대로 물려받았다. 그래서 그는 일생 이기선 목사의 몽땅신앙의 삶을 살아간 목사가 된 것이다.

주기철 목사와 안갑수 사모

주 목사는 신앙의 아버지요, 스승이라고 할 수 있는 이기선 목사의 중매로 서울 정신여고를 졸업한 김해 2천 석 갑부의 딸이며, 3살

연하였던 안갑수와 1917년에 결혼하게 된다. 그 무렵 주기철은 이적과 기사를 행하면서 전국을 순회하는 김익두 목사 집회에 참석하여 많은 은혜를 받게 되었다. 그리고 악한 세상에 진정한 도(道)는 살아서 역사하시는 하나님을 의지하고 따르는 것뿐이라고 생각하게 되었다.

1921년, 주기철은 하나님의 일꾼이 되어 헌신하려는 소명(召命)의식을 갖고 평양신학교에 입학하게 되었는데, 거기에는 오산학교 때부터 알고 있던 나부열(S.L. Robert, 1981~1946년) 박사가 신학교장으로 있었다. 그는 주기철 목사를 무척 반갑게 맞아 주었다 한다. 주 목사는 열심히 공부하면서 성경의 중요함을 더욱 절감하게 되었으며, 성경은 인간이 적당히 지어낸 글이 아니라 성령의 감동으로 기록된 하나님의 말씀으로, 신령한 지식의 원천이요, 행동의 준칙임을 가슴 깊이 느끼게 된다.

시간이 흘러 평양신학교 졸업을 앞두었을 때 주기철은 여러 가지 감회에 젖어 있었다. 남강 선생이 자기를 찾아와 동경고등사범을 마치고 오산학교를 맡아 달라는 제의를 거절한 생각이 났다. 그것은 잘한 일이라고 생각되었지만 한편으론 송구스럽기도 했다.

주기철은 남강 선생이 얼마나 오산학교를 사랑하는지, 우리 민족을 일제의 쇠사슬에서 구출하기를 얼마나 열망하는지를 잘 알고 있었다. 주기철은 인간으로서 최고의 지식은 '신학'이라고 생각했으며, 지상에서 할 수 있는 대사업은 인간의 영혼을 구원하는 구령사업이라고 단정했다.

주기철은 목사가 될 날이 가까와 옴에 따라 사명감에 불타 날마다 새벽예배에 참석하여 뜨겁게 기도하는 가운데 '주 안에 있다'는 확신의 소명감(召命感)을 얻게 되었다. 주기철은 1925년 12월에 19회로 평양신학교를 졸업하고, 바로 부산 초량교회의 청빙을 받아 그 교회가 소속된 경남노회에서 1926년 목사안수를 받고 목회를 하게 되는데 그때 그의 나이 30세였다.

초량교회에서 청빙받은 주 목사는 목회뿐만 아니라 경남 성경학원에서 후진양성에도 힘썼는데, 이 성경학원에는 당시 손양원 전도사도 학생으로 다니고 있었다. 주 목사의 강의는 깊은 성경 지식과 타고난 달변으로 인기가 많았다. 특히, 로마서 강의는 학생들에게 많은 감동을 주었다 한다.

주 목사가 초량교회에 시무한 지 6년째 되던 해에 말썽 많은 마산 문창교회로 옮기게 된다. 함태영, 한석진과 같은 원로목사가 시무하고 있던 문창교회는 당시에 "경남노회 측이 썩었다."며 독립을 선언하고 따라 나간 파와 당회 측을 지지하는 파가 갈라져 크게 말썽을 빚고 있었다.

주 목사는 이 분쟁을 수습하기 위해 하나님께 매달리기로 하고 성경 읽기와 기도로 밤을 새웠다. 그리하여 오랫동안 영적 기갈에 허덕이던 교인들에게 말씀의 생명수를 공급할 수 있었다. 이윽고 교인들 사이에 화해의 분위기가 조성되고 남의 웃음거리가 되었던 교회가 차츰 질서를 되찾게 되었다. 주 목사는 모든 어려운 문제를 풀어나가는 열쇠는 오직 하나님의 능력뿐이라는 것을 너무도 잘 알고 있었다. "주 안에 있으면 능치 못할 일이 없습니다." 이것은 주 목사가 문창교회의 문제를 수습한 후에 한 말이었다.

이윽고 주 목사는 200평이 되는 교육관을 새로 짓기로 했다. 그의 열성에 감동된 교우들은 자진해서 헌금하고 협조하였다. 그런데 교육관 기공이 시작된 이듬해였다. 안갑수 사모의 얼굴에 종기가 나서 수술한 자리가 덧나기 시작하더니 점점 악화되더니 결국 임종하고 말았다.

안 여사는 주위에 모인 많은 성도들 중에서 의신여학교의 여선생인 오정모의 손을 꼭 잡고 주 목사를 부탁하며 조용히 눈을 감았다. 안 여사는 34세 젊은 나이에 아들 4형제를 남겨 놓고 세상을 떠난 것이다. 주 목사는 비통함을 억제하고 교회장으로 아내의 장례식을 마친 다음 교인들을 다 집으로 돌려보내고 나서야 아내의 무덤 앞에서 방성통곡을 했다 한다.

사랑하는 아내를 잃고 인생의 무상함을 더욱 절실히 느낀 주 목사는 뜨거운 기도로 슬픔을 이기고 교육관 건축에 주력을 기울였다. 그러한 가운데 주 목사와 오정모 선생과의 혼담이 진행되어 둘은 1935년 여름에 조촐한 결혼식을 올렸다. 오정모 여사는 주 목사를 잘 받들고 전 부인이 남겨 놓은 4형제를 친자식처럼 키웠다.

말썽 많던 마산 문창교회를 놀라운 영력으로 수습한 주 목사는 길선주 목사가 세상을 떠난 이후에 큰 목사로 이름을 떨치기 시작했다. 그러자 보수주의 신학을 견지해 온 평양의 산정현교회에서는 자유주의적인 송창근 박사의 목회를 언짢게 여겨 당회를 열어 주 목사를 모셔 와야 한다는 데 의견 일치를 보았다. 그리하여 평양 산정현교회를 대표하여 조만식 장로와 김동원 장로가 주 목사를 청빙하기 위해 마산으로 내려갔다.

주기철 목사와 오정모 사모

1937년 평양 산정현교회 제직일동
앞줄 왼쪽에서 네 번째가 주기철 목사

당시에 문창교회는 주 목사가 부임하던 무렵에 불과 수십 명밖에 되지 않던 신도가 원상회복이 되고도 남았으며, 이들은 저마다 마음적 신앙의 희열이 넘쳐 있었던 것이다.

그때 아내인 오정모 사모가 주 목사에게 "아무래도 평양으로 가셔야겠다. 간밤에 어떤 사람이 문 앞에 평양교회에서 보내는 광고를 붙이는 꿈을 꾸었다."고 이야기했다. 주 목사는 아내의 꿈 이야기를 듣고 일본과의 마지막 영적 싸움터는 평양이 되나 보다 생각하였다.

그리고 문창교회 제직 중 한 명도 "과일나무가 있었는데 북쪽으로는 열매가 많이 달리고 남쪽으로는 열매가 적게 달린 꿈을 꾸었다." 하여 주 목사는 평양 산정현교회로 가는 것이 하나님의 뜻이라고 굳히게 되었다. 이로 인해 문창교회 성도들은 주 목사를 잃은 슬픔이 애절했지만 어쩔 수가 없었다. 1936년, 주 목사는 교인들의 열렬한 환영을 받으며 산정현교회에 부임하였다.

한편, 평양에서는 1935년부터 평남지사 야스다께가 만수대 앞에 신사(神祠)를 지어 놓고 신사(神社)에 참배하기를 강요하고 있었다. 그때 마침 로마 교황의 사절이 평양에 왔는데 야스다께와 회담 후 가톨릭에서는 신사참배를 해도 무방하다고 하자 야스다께는 이 여세를 몰아 신교 측에 대해서도 신사참배를 강요하고 나섰다.

이 소식을 들은 주 목사는 목숨을 걸고 투쟁하기를 각오하고 동료 목사들에게 끝까지 투쟁하도록 권했다. 그리고 이럴 때일수록 성전을 신축하여 기세를 올리겠다는 생각에서 당회에서 교회 신축을 주장했다. 어느 제직이 "시국이 이러하니 교회 신축은 천천히 하는 것이 좋겠습니다." 하고 말하였다. 이때 주 목사는 "시국이 이러하니 하나님의 성전을 크게 지어야 합니다."라는 답변과 함께 교회 신축을 강력히 주장하여 결국 주 목사의 주장대로 결의하게 되었다.

1937년에 들어서면서 주 목사는 성전건축의 중요성을 강조하면서 성전건축을 위한 헌금을 하게 되었는데 현장에서 4만 원이라는 현금과 각종 패물로 채워져 7만 원으로 967평(혹자는 1,170평) 대지 위에 250평의 예배당 공사가 이루어지게 되어, 1938년 2월, 산정현교회는 헌당예배를 드리는 감격을 갖게 된다.

그러나 주 목사는 헌당예배 설교를 하지 못 하고 평양신학교 교수인 이성휘 교수가 예배설교를 하게 되었다. 이유는 평북노회장으로 김일선 목사가 노회장이 되고 신사참배 문제가 상정(上程)되었다는 소문이 신사참배 안건 가결이라는 말로 전해졌기 때문이다.

이에 평북노회에 소속되어 있던 장홍련 평양신학생이 신앙적 의분으로 몇몇 학생과 함께 학교 기숙사 앞에 심어 놓은 평북노회장 김일선의 졸업기념 식수를 찍어버린다. 이렇게 되자 일경은 관련 학생들을 체포하여 심문하면서 그들의 공책에 주기철 목사의 설교문 속기록을 보고 그것을 빌미로 주 목사까지 경찰서로 연행하여 가게 된 것이다. 그 후 27일 후에 주 목사는 석방된다.

한편, 1937년 지나사변(중일전쟁)이 일어난 후 일제는 황국신민(皇國臣民)의 서사(誓詞)라는 것을 지어서 행사 때마다 외우게 했다. 평양기독교친목회에서는 김일선 목사(1933년 평신 27회 졸업)가 앞장서서 왜경에 헌신하여 신사참배 반대운동의 중심역할을 한 산정현교회의 주 목사와 대적하게 되었다.

혁신 교단이나 기독교 친목회는 구약성경은 유대인의 사상이며 기독교의 경전일 수 없다고 말하며, 일본 가미다나(神棚:일본 귀신을 모시는 제물상 또는 작은 사당)를 교회에서 모셔야 한다고 주장하는 단체였다.

김일선 목사는 얼마 전까지 일본 경찰의 형사로 복무하던 친일파로, 어떻게 하여 교역자가 되었다. 그는 목사가 된 지 얼마 되지 않아 평북노회장이 되어 장로교 최초로 노회차원에서 신사참배를 가결하게(1938년 2월 9일) 되었다.

그리고 일본 장로교회 총회장 도미다가 시국강연을 하러 한국에 와서 부산, 서울, 대구 집회를 인도하고 평양에 왔다가 1938년 6월 30일, 산정현교회 아래층에서 4개 노회 교역자들을 상대로 간담회가 있었는데 도마디는 '신사참배'는 국민정신의 통합을 위한 국가의식임을 부르짖었다.

이때 주 목사는 산기도를 갔다가 옷도 제대로 갈아입지 못 하고 간담회 뒷자리에 앉아 있다가 "나는 도미다 목사를 참된 그리스도의 종이며 일본 교회의 지도자로 알았는데 오늘 당신의 말을 들으니 그것이 거짓임을 알았소. 신사참배하는 것이 국가의식이라 하더라도 우리 하나님밖에는 고개 숙여 경배할 수 없습니다. 성경에 기록하기를 '나 이외에 다른 신을 네게 두지 말라' 하였습니다. 그런데 신사(神社)는 여호와 하나님을 섬기는 곳이 아니고 천조대신(일본귀신)을 숭배하는 곳이니 주님께서 명하신 계명과 위배되는 것이라 절대 해서는 안 됩니다. 성경을 하나님의 말씀으로 믿는 우리는 신사에 절대 참여할 수 없습니다"(『일사각오』 p.223).

이 말을 하자 도미다는 "언제 우리 일본이 기독교를 믿지 말라 했느냐"라고 답했다. 그렇게 주 목사와의 논쟁은 새벽 4시 가까이 벌어졌으며, 주 목사를 도와 이유택, 김화식 목사도 가세하여 토론의 결과는 주기철 목사 판정승으로 끝났다고 한다.

일본 경찰은 그해 9월에 모일 총회에서 신사참배안을 통과시키기 위해 장애물이 되는 이기선(李基宣), 채정민(蔡廷敏) 목사와 함께 2차로 주 목사를 예비 검속했다. 주기철 목사는 도미다 목사와의 토론이 있은 후 2차로 평양경찰서에 한 달 넘게 검속되어 있다가 며칠간 석방되었다.

그러나 1938년 8월 18일에 의성 농우회사건에 연루되었다는 죄목을 달아 의성경찰서에 압송하는데 주 목사의 세 번째 검속이었다. 농우회는 1930년대 농촌 기독교 청년들이 조직한 농촌연구회를 지칭하는 것으로 일제가 독립운동을 도모한다고 의심한 이 단체를 탄압하고자 다수의 기독교 지도자를 검거한 사건이 바로 농우회사건이다.

의성 농우회사건이 일어나자 일본 경찰은 몇 년 전 주 목사가 의성기독청년면려회에서 설교한 설교문을 문제 삼고 주 목사를 검속했다. 의성경찰서에 압송된 주기철 목사는 약 7개월 가까이 갖가지 모진 고문을 당하면서 수감생활을 하게 된다.

한편, 1938년 9월 9~10일 장로교 제27차 총회가 열린 평양 서문밖교회당에는 총대 188명이 참석한 가운데 사복형사가 빈틈없이 배치되고 총회장으로 홍택기 목사가 당선되었다. 이윽고 신사참배 문제가 토의되자 평남 중화의 박응률 목사가 자리에서 일어나 "신사참배는 종교의식이 아니라 국가의식으로 결정하는 것이 좋겠습니다." 라고 하자 사회를 맡아 보던 홍택기 목사는 "이의가 없습니까?" 하고 물었다. 누가 모기 만한 소리로 "없습니다."하고 말했지만 홍택기 목사는 지체 없이 "그러면 신사참배는 가결되었습니다." 하고 선포해 버렸다.

주 목사는 예비검속과 함께 의성 농우회사건으로 세 번째 경찰에 검거되어 7개월 가까이 수감생활을 했다. 오정모 사모는 남편인 주 목사가 감옥에 갈 때마다 언제나 신앙의 승리를 하고 돌아오기를 간절히 기도하면서 기다렸다.

주기철 목사와 4남 주광조 장로

주 목사는 1939년 2월에 석방되어 교회에 돌아와 주일설교를 하게 되는데, 이 설교가 바로 그의 유언 설교가 되는 〈五種目의 나의 祈願〉이다. 본문 말씀은 마태복음 5장 11~12절, 로마서 8장 18, 31~39절이었다. 대지는 1. 죽음의 권세를 이기게 하여 주옵소서. 2. 장기(長期)간의 고난을 견디게 하여 주시옵소서. 3. 노모와 처자와 교우를 주님께 부탁드립니다. 4. 의에 살고 의에 죽게 하여 주시옵소서. 5. 내 영혼을 주님께 부탁합니다였다.

주기철 목사 생애의 삶을 담은 김요나목사 著 '일사각오'

이후 6개월간은 별다른 일이 없었기에 주 목사는 목회에 전력할 수 있었다. 그러나 일제는 암암리에 주 목사를 감시하고 있었고, 평양경찰서는 산정현교회에 대한 힘빼기 작전으로 1939년

8월 초 어느 날, 많은 형사와 순사들을 대동하고 산정현교회에 찾아 온 시미즈가와 고등계 주임 형사는 주 목사에게 "향후 설교를 하지 말라."며 협박의 공포 분위기를 조성하였다.

이때 주 목사는 "나의 설교권은 하나님께 받은 것이니, 하나님이 하지 말라 하시면 그만 둘 것이요. 내 설교권은 경찰에서 받은 것이 아닌, 즉 경찰서에서 하지 말라 할 수는 없는 일이오." 그러자 시미즈가와는 더욱 더 험상궂게 말하기를 "경찰에서 금하는 데도 설교한다면 체포하고 말겠소." 하였고 주 목사는 "맘대로 하시오. 나는 내가 해야 할 일을 할 뿐이요." 라고 답했다.

다시 시미즈가와가 "대일본제국 경찰관의 명령을 어기겠다는 거요?" 라고 강하게 이야기하자 주 목사는 이 말을 받아 "일본 헌법에는 예배의 자유가 허락되어 있는데 당신들은 지금 예배를 방해하고 있소. 일본 헌법을 위반하고 있다는 말이요." 라고 위엄 있게 말했다. 이에 시미즈가와는 말문이 막혀 우물쭈물하다가 일단 돌아가 버렸다.

그 후 일제는 1939년 8월, 천황에 대한 불경죄와 치안유지법과 보안법 및 신사불참배 등의 각종 죄목을 붙여 산정현교회 당회장 주기철 목사를 다시금 검속하게 되는데, 이것이 4차 검속이었다. 주 목사는 압송하러 온 일본 형사들을 마당에 세워 두고 방에 들어가 작별의 기도를 드린 후 어머니인 조제선(당시 79세)에게 작별의 절을 올렸다. 그리고 아내인 오정모 사모에게 어머니와 어린 자녀들을 부탁하고, 밖에서 기다리던 형사들을 따라 평양감옥으로 향하였다.

주 목사가 감옥에 들어오자 평양경찰서 고등계 주임 시미즈가와는 주 목사 앞에 목사 사직서를 내밀고 도장을 찍으라고 윽박질렀다. 이때 주 목사는 "내가 받은 목사의 성직은 하나님으로부터 받은 것이니 도장을 찍을 수 없소." "그럼 앞으로도 신사에 참배 안 하겠다는 것이오?" "그것은 하나님을 거역하는 것이오." "그럼 당신은 대일본제국의 국민이 아닌가?" "비록 일본 국민으로는 되어 있지만 하나님의 계명을 어길 수 없소."

주 목사를 때리고, 발길질하고 물고문을 하여도 그의 소신을 결코 꺾을 수 없었다. 주 목사는 십자가를 걸머지고 골고다로 올라가는 주님의 모습을 생각하고 있는 듯 심한 고문으로 정신을 잃고 실신도 하였으나 그의 뜻을 결코 굽히지 않았다. 결국 일본 경찰은 평양노회장 최지화 목사를 불러 주 목사를 파면하라는 엄명을 내렸다. 최 목사는 감옥을 찾아 가 주 목사에게 말했다.

"주 목사가 사임하면 자기 일신도 시달리지 않고 우리 노회도 평안할 터인데 그걸 그렇게 고집을 부리오? 남의 생각도 좀 하시오."

"당신도 목사요?"

최 목사는 날카롭게 쏘아보는 그의 시선에 더 이상 말을 못 하고 물러났다. 이 사실은 이 일이 있은 후 최지화 목사 스스로가 술회한 것이다.

평양노회는 경찰의 지시대로 1939년 12월 19일에 평양 남문밖교회에서 임시노회를 열어 주 목사를 파면하였고, 얼마 후에는 경찰에 의해 산정현교회가 폐쇄되고 주 목사의 가족들은 교회 목사관에서 추방되고 만다.

남문밖교회 회의장에서 열린 임시노회는 평양 3개 경찰서 형사대가 에워싼 삼엄한 분위기 가운데 진행되었다. 주기철 목사의 파면안을 표결에 붙여 가부(可否)를 물었을 때 거의가 "찬성"이라고 하였다. 그런데 가부(可否)에 "아니요" 라고 하는 한 회원목사가 있었는데 그는 평신 29기 우성옥(禹成玉, 평신 29회, 1935년 졸업) 목사였다.

우 목사는 그 자리에서 형사대에 의해 붙들려 나갔는데 이때 편하설 목사가 벌떡 일어나 "회장, 이것은 불법이요! 이건 노회법에 어긋나오. 불법 노회요." 라고 항의하였다. 그러나 편하설 목사마저 일본 형사 마쯔모도에 의해 내쫓김을 당하였다. 이때 산정현교회 박정익 장로는 "이것은 노회가 아니오!" 라고 하면서 스스로 퇴장을 하였고, 이 소식을 전해 들은 채정민 목사는 "썩은 목사들아!" 하면서 땅을 치며 통곡하였다 한다.

주기철 목사 파면사건은 1939년 12월 20일자 각 일간지를 통해 발표됐는데, 조선일보는 "朱 牧師에 辭職勸告, 老會에서 總會決議와 總會長 警告無視 理由로 平壤 山亭峴敎會 問題 進展"이란 글을 실었고, 매일신보(서울신문)는 "問題의 牧師는 罷免코 神社參拜를 實現키로 平壤山亭峴敎會 事件段落"이란 기사를 실었다. 그리고 동아일보는 "問題中의 朱 牧師 平壤老會에서 辭任決議"란 내용이 기사화되어 오늘에 이르고 있다

이 즈음에 주남선, 한상동, 손양원 목사 같은 지도자들이 경남에서 검거되어 부산 도청 경찰부에서 문초를 받고 있었다. 그러다가 한상동 목사는 평양감옥으로 이감되어 주 목사와 한동안 한 감방에 있게 되었다.

평양형무소에서는 '예수천당'으로 유명한 최권능 목사와 '예수부활 증인'이라는 명함을 가진 박광준 장로를 위시하여 25명의 신앙의 용사들이 복역하고 있었다. 당시 옥중에서 새벽마다 "예수천당"을 외치는 최권능 목사의 음성이 죄수들의 마음을 두드렸다 한다.

1939년에 접어들면서 신사 불참배운동을 벌이던 목사들 사이에서 한국 교회의 재건에 대한 움직임이 나타나게 되었는데, 한국 교회 재건이라 함은 신사참배를 가결한 1938년 27차 총회 이

전의 신앙적 삶의 모습으로 되돌아가는 길을 찾자는 것이었다.

1939년 4월, 이기선 목사는 의주 북하동교회를 사임하고 평양으로 올라와 채정민 목사, 최권능 목사와 더불어 신사참배 반대 동지를 규합하는데 힘을 쏟았다. 그리고 부산에서는 한상동 목사를 중심으로 1939년 8월 해수욕장 모임(일본 경찰의 눈을 따돌리기 위한 해수욕장에서의 기도모임)을 만들어 움직이기 시작하였다.

이 모임은 전국적 모임을 위한 '내일을 향한 꿈(Vision)의 모임'이었다. 1940년 4월 20일 주 목사는 검속 8개월만에 가석방되어 주님의 몸된 산정현교회를 다시 찾았으나 교회당 문은 횡십자 판자로 폐쇄되어 있었다. 사찰집사에게 교회에 들어갈 수 있는 길을 만들게 하여 주 목사와 오정모 사모는 먼지가 쌓인 마룻바닥에 꿇어 엎드려 오랫동안 기도를 드린 후 보고픈 교인들도 만나면서 집으로 돌아 왔다.

4월 22일, 주 목사의 석방 소식을 듣고 채정민 목사 집에서 위문차 모임이 열렸다. 이 모임에는 교회 재건운동에 뜻을 같이 한 분들로 채정민, 이기선, 김린희, 김형락, 한상동, 오윤선(吳潤善, 吳胤善 장로 아님), 최권능, 이광록, 방계성, 안의숙, 박의흠, 김의창 등 12명이 모여 주기철 목사 내외를 위로하고 금후의 대책을 논의하였다.

즉, 새로운 노회설립을 위한 논의를 하였는데 교회 재건을 위한 노회설립에는 의의가 없었으나 시기와 행동방침에서는 시간을 두고 논의하기로 하였다. 한국 교회 재건을 위한 노회에 대한 논의는 감옥 속에서도 지속되었다.

그러다 채정민 목사 집에서 열린 교회 재건을 위한 노회 설립의 논의가 일본 경찰에게 알려져 경찰은 일제히 이들 검속의 죄목을 찾는 가운데 이기선, 김린희, 김형락은 5월에, 주기철은 6월 초에, 한상동은 7월 3일에, 안의숙은 9월 4일에 구속하였다.

신사참배 회개발의 실천 및 주기철 목사 파면 무효선언 복권 기념 예배당 (서울 후암동 소재 산정현교회)

주기철 목사가 마지막 5차로 수감된 것은 1940년 6월 초이다. 5차 검속 후 주 목사는 평양경찰서에서 1년 3개월, 평양형무소에 2년 8개월간 수감되어 있다가 결국 감옥에서 순교하게 된다. 교회 재건에 대한 노회설립의 논의는 평양감옥소에서도 묵시적으로 수차에 걸쳐 있었음이 당시 학생으로 민족운동을 하다가 발각되어 평양감옥에서 수진자들과 함께 수감되어 있던 안도명 목사에 의해 알려지고 있다. 그는 "주기철 목사는 유일하게 목사로 감옥에서 순교한 수진자로, 한국 기독교의 역사적 맥을 이어 준 독노회 목사였다"라고 말하고 있다.

주 목사의 감방에는 공산당 간부인 주영하도 들어왔는데, 그는 주 목사의 조카뻘 되는 사람이었다. 주영하는 주 목사에게 대부라는 호칭을 쓰면서 가끔 공산당과 기독교에 대한 논쟁을 벌이곤 했다. 주 목사는 유물론의 한계를 지적하고 인류의 구속(Redemption, 救贖)을 위해 하나님이 살아서 역사하는 사례를 일일이 들어가면서 이야기해 주었다. 오랜 논쟁 끝에 주영하는 한때나마 눈물을 흘리면서 예수를 믿겠다고 다짐하기도 했다 한다. 그러나 주영하에게는 기독교에 대해 이해가 가지 않는 것이 있었다. 그것은 예수 믿으면 죽어서 천당 간다는 사실이었다. 주 목사는 말했다.

"이것은 이성으로 판단하려는 데서 오는 불신이다. 이것은 형이상학에 속한 신학적인 문제며, 사람의 눈으로, 이성으로는 귀신의 세계나 영적인 세계를 볼 수가 없는 것이오. 제한된 우리 인간의 생각과 안목으로는 현존하는 우주 만물을 다 볼 수가 없소. 우리 몸은 제한되어 있기 때문이오."

주영하는 주 목사의 말에 알쏭달쏭해졌다. 그리고 "어찌하면 죽음 앞에 그리 초연한 자세를 가질 수 있소?" 하며 주 목사의 태도가 부럽다고 했다. "종씨도 예수를 믿고 변화된 생활을 하면 알게 될 거요."라고 주 목사는 권면하였다. 주 목사는 당시 주먹밥 하나를 절반은 떼어 다른 사람에게 나누어 주고 절반으로 식사를 때우기도 했다. 옆에서 이것을 지켜 본 사람들은 주 목사의 사랑에 놀랄 뿐이었다. 주 목사의 이런 사랑 앞에서는 불량배마저 순진해지고 말았다.

1944년, 주 목사는 옥중에서 고문에 의한 후유증의 중병으로 육신의 기력을 많이 소모하고 있었다. 그는 눈을 감고 5대 종목의 기도를 언제나 드리곤 했다.

① 죽음의 권세를 이기게 하여 주옵소서
② 오랜 고난을 견디게 하여 주옵소서
③ 노모와 처자를 주님께 부탁하나이다
④ 의에 살고 의에 죽게 하옵소서
⑤ 내 영혼을 주님께 부탁하나이다

1944년 4월 13일, 주 목사는 병감으로 옮겨졌다. 주 목사는 병석에 누워서도 언제나 어머니를 걱정하고 있었다. 산정현교회가 폐쇄(閉鎖)되기 전 어느 날 어머니 조재선이 산정현 교회에서 새벽기도를 드리다가 강대상을 쳐다보니 환상에 주(朱) 목사가 흰 도포를 입고 양손에 푸른 대나무를 짚고 서 있었다 한다. 그녀는 그 후부터 더 이상 울지 않았다고 한다. 아들이 하늘나라로 갈 것을 다시는 의심하지 아니하였기 때문이었다.

주 목사가 병감으로 옮겨진 후 한 주일이 지나 오정모 사모가 면회하러 갔더니 주 목사는 간수들의 부축을 받으면서 간신히 면회실까지 걸어 나와 숨이 차 허덕이며 말하기를 "여보, 아무래도 나는 며칠 못 살 것 같소. 어머님을 부탁하오." "아무 염려 마세요. 하나님이 살아 계시지 않습니까." 오정모 사모는 눈물을 훔치며 이같이 위로했다. 오정모 사모가 집으로 돌아간 그날 밤 주 목사는 "아버지여, 나를 붙드시옵소서." 하고 외마디 기도를 드리고 조용히 눈을 감았다. 옆에서 지켜 본 간수들의 말에 의하면 주 목사의 얼굴에는 미소가 감돌고 있었다고 했다.

그날 식구들은 금식기도를 했다. 밤에 오 사모가 꿈에 낙화생을 뿌리째 뽑아 보니 낙화생이 주렁주렁 달려 있었다. 그래서 오 집사는 남편이 순교한 줄 알고 이튿날 형무소에 가서 간수에게 "주 목사의 사체를 찾으러 왔어요." 하고 말했다. 간수는 깜짝 놀라면서 "어떻게 아셨어요?" 하고 물었다.

"네, 다 알고 있어요." 오 집사는 남편의 시체를 모셔내다가 손수레에 싣고 상수리에 있는 초라한 두 칸 방에 안치했다. 장례식에는 경찰의 감시에도 불구하고 원근 각처에서 주 목사의 소식을 전해 들은 700여 명의 조객들이 모였다 한다.

영구는 25리(10km)나 떨어진 돌박산을 향해서 움직이기 시작하였다. 도청 앞을 지나갈 때 관리 몇 사람이 나타나 죄

주기철 목사 장례식

광나루 장로회신학대학교에 세워진
주기철목사기념관

주기철 목사 기념관
(창원시 진해구 남문동 641-웅천)

오정모 사모 장례식 모습

주기철 목사의 장남
주영진 강도사 장례식

인의 장례식이 왜 이리 성대한가? 하고 제지시키려고 하였으나 저들의 엄숙한 장례행렬을 감히 막을 수 없었다 한다.

주기철 목사는 다섯 차례에 걸쳐 5년 4개월간 옥중생활을 했는데, 첫 번째 구속은 27일간, 두 번째는 27차 총회 전 예비검속으로 1개월 며칠간, 세 번째는 의성 농우회 일로 6개월 며칠간, 네 번째는 목사파면과 산정현교회 패쇄 전에 9개월, 다섯 번째는 3년 11개월, 합하여 5년 4개월간 한국 기독교의 조직과 신앙의 정절과 민족의 자긍심을 가슴에 안고 당대의 설교가로, 신앙의 모범가로, 기도의 사람으로 일본 귀신 앞에 결코 무릎 꿇지 않고 평양감옥에서 유일하게 순교한 한국의 위대한 목회자로 남아 있다.

부산 초량교회에서 6년, 마산 문창교회에서 6년, 평양 산정현교회에서 약 7년, 도합 19년의 목회생활 가운데 많은 신앙의 열매를 거둔(주기철 목사에 대한 각종 자료와 증언 참고) 주기철 목사, 대한민국 정부는 1968년 7월 9일, 서울 동작동 북군묘지에 주기철 목사의 위패(位牌)를 안장했다.

주기철 목사가 일사각오의 신앙투쟁으로 순교할 수 있게 한 이기선 목사의 신앙적 영향력, 그리고 신앙의 정도를 걸어갈 수 있도록 성서적 궤도를 바로 밝혀준 채정민 목사, 주 목사 옆에서 십수 년간 그를 받들어 온 방계성 목사의 영향력이 컸음을 밝혀 둔다. 그리고 주기철 목사의 아내로, 주 목사가 하나님 앞에서 신앙으로 승리할 수 있도록 기도와 갖가지 뒷바라지를 아끼지 않고 헌신한 그의 아내 오정모 사모의 헌신 또한 남달랐음을 밝힌다. 오정모 사모는 1947년 1월 20일에 유방암으로 별세하였고, 장례는 동년 30일에 방계성 장로의 사회와 이기선 목사의 설교로 은혜스럽게 치러졌다고 한다.

주 목사의 장남 주영진 강도사 역시 하나님이 기뻐하시는 신앙의 정절을 가지고 열심히 목회하다가 6·25가 나던 해 31세의 젊은 나이로 순교했다. 현재 주기철 목사의 손자인 주승중 목사는 장로회신학대학교 실천신학 교수로 십수 년간 수많은 사명자들을 양성하며 재임하다가 현재는 인천 주안교회 담임목사로 청빙을 받아 시무하고 있다. 청빙을 받았을 때 두려운 마음으로 기도하는 가운데 떠오른 성경말씀이 사도행전 15장 16절, "이 뒤에 내가 다시 돌아와서 무너진 다윗의 집을 다시 짓겠으니 허물어진 곳을 다시 고치고 그 집을 바로 세우겠다"는 말씀에 확신을 얻고 부임하면서 "하나님의 마음을 시원하게 해주는 교회가 되자."라는 다짐의 목회를 하고 있다는 말을 모 기독교 방송의 대담에서 들을 수 있었다.

필자는 할아버지가 걸어 가셨고, 또 큰 아버지가 걸어 가셨던 그 길을 따르며 하나님의 뜻을 드러내는 영광스러운 그 삶을 마음 깊이 감사하며 부러워한다. 그리고 손자인 주승중 목사뿐만 아니라 온 가문이 자자손손 그리스도의 향기를 모든 삶속에서 풍기며, 기쁨과 즐거움과 환희가 넘치는 풍성한 삶의 신앙을 이어가는 가문이 될 것을 기원한다.

〈출처: 주기철 목사의 각종 자료와 주 목사와 산정현교회에서함께했던 이들의 증언과 사료의 고증(考證)을 통해〉

⑥ 최권능(본명 崔鳳奭: 최봉석, 1869~1944년, 평신 6기) 목사

"죄 가운데 살다가 죽으면 지옥 갑니다. 예수님이 자기를 믿고 구원 얻으라고 십자가에서 당신의 죄를 위해서 대신 죽으셨습니다. 예수 믿어야 삽니다. 예수를 믿고 복을 받으시오.", "예수 천당! 불신 지옥!" 최권능 목사의 상용 전도어들이다. 거기에 대해 "예수 믿으려 해도 당신같이 될까 봐 무서워 못 믿겠소."라는 최 목사의 전도어법에 빗대는 말들도 나왔었다.

최봉석 (최권능)목사

최권능 목사는 1869년 1월 7일, 평양에서 출생해 7살 때부터 서당에서 공부를 했는데 글씨를 아주 잘 썼다 한다. 성격은 무척 괄괄하고 급했는데, 16살 때 평양감사 민병석의 비서가 되었고, 나중에는 평양 감사 아래 감찰의 직을 맡게 되었다. 그는 감찰의 자리를 이용해서 국고금 3만 량을 횡령했다는 죄로 반 년 동안 투옥되었다가 나중에는 평북 삭주로 유배되었다.

그는 날마다 울분 속에서 술에 취해 세월을 보내고 있었다. 그런데 삭주에는 이미 1896년에 교회가 설립되어 복음이 전파되고 있었다. 삭주에 백유계란 유명한 한의사가 있었는데 그가 예수를 믿게 되었고, 어

"예수천당" 최권능 목사

느 날 최봉석을 찾아 와서 예수 믿고 죄를 회개하고 새 사람이 되어 참다운 생활을 해보라는 말을 했다. 그리고는 복음서를 주고 갔다. 최봉석은 복음서를 읽고 마음에 감동을 받아서 예수를 믿고 삭주교회에 나가기 시작했다. 그의 나이 33세 때였다.

그 다음 해인 1903년, 그가 34살 되었을 때 꿈을 꾸었는데, 그가 하늘에서 떨어진 벼락불에 맞아 죽는 내용이었다. 그때부터 그에게는 불 같은 열심이 일어나고 전도하고 싶은 마음이 샘솟아 나 만나는 사람마다 붙잡고 전도하기 시작했다. 그의 전도는 간단하고도 단순했다. "예수 천당"이라고 소리를 지른 다음, "예수 믿고 천당 가라"고 했다. 최봉석은 1905년에는 삭주교회의 집사가 되었고, 후에는 영수가 되었다.

그는 삭주교회에서 전도와 목회사역을 아주 열심히 하여 교회를 크게 부흥시켰다. 그는 또한 압록강 지역과 만주 지역을 다니며 '예수 천당'의 복음을 전하며 많은 사람들을 믿게 했고, 여러 교회를 세웠다. 1907년에는 평양 장로회신학교에 입학하여 신학공부를 하며, 벽동교회에서 조사의 일을 했다. 최봉석은 신학교에 다니면서도 공부보다는 기도와 전도에 열중했다.

최봉석은 1913년 신학교를 졸업하고 그해 8월 목사로 안수받은 후 벽동교회에서 1년 동안 목회하다가 1914년부터 노회의 파송을 받아 만주 전도에만 전념했다. 넓은 만주 벌판을 10리, 20리씩 걸어 다니며 조선동족들에게 복음을 전했다. 수많은 고난을 무릅쓰고 12년 동안 복음을 전한 결과 그는 28개의 교회를 세울 수 있었다.

최 목사는 12년 동안의 만주 전도를 마치고, 1926년에 평양으로 돌아 와 평양에서 복음을 전하기 시작했다. 이때 최 목사는 산정현교회의 전도목사로 임명을 받아 활동하게 되었다. 이제 평양 거리는 이제 최봉석 목사의 "예수 천당"소리로 날이 밝게 되었다. 새벽 4시마다 들려오는 "예수 천당"의 외침은 생명길을 알리는 새벽 첫 닭의 울음소리였고, 나라 잃은 평양 시민들의 멍든 가슴을 후련하게 뚫어주는 청량제 역할을 했다. 이렇게 된 데는 산정현교회와 길선주 목사의 주선이 컸다.

최봉석 목사는 일본의 신사참배를 앞장서서 반대하다가 1939년 평양경찰서에 끌려가 극심한 고문을 당했다. 기절하면 물을 끼얹고, 기절하면 또 물을 끼얹으며 고문을 했다. 그는 6년 동안 감옥에서 온갖 고문을 다 당해야 했다. 고문을 심하게 하면 할수록 그는 "예수 사랑하심은"을 큰 소리로 불러서 감옥 안에 있는 사람들 중 그 찬송을 모르는 사람이 없을 정도였다고 한다.

그는 감옥에서도 기도하고 찬송하고 전도하는 일에 전념했다. 그래서 감방 안에 들어 온 사람들은 그의 전도로 예수 믿고 그의 기도로 힘을 얻고 그의 찬송으로 기쁨을 누렸다 한다. 그래서 감방이 곧 교회와 같이 변하게 되었다. 형사들이 신사참배를 하지 않으면 죽이겠다고 고문할 때마다 최봉석 목사는 이렇게 대답을 했다. "내가 죽는 것은 영광이요, 나는 죽기 위해서 오늘까지 당신들의 신을 경배하지 않고 살아 왔소. 내가 죽으면 천당에 가오. 주님이 나의 집을 예비하고 기다리고 계시오."

하루는 형사가 몽둥이로 최 목사를 때리니까 최 목사는 매를 맞을 때마다 "예수 천당, 예수 천당"이라고 소리를 질렀다. 형사가 매를 멈추고 "왜 이렇게 시끄러우냐?"고 물으니까 "내 몸에는 예수가 꽉 차 있어서 나를 때리면 내 몸에서 예수가 나옵니다." 라고 대답했다 한다. 그는 실로 예수로 충만한 사람이었다.

최봉석 목사는 때때로 감방에서 금식기도를 했는데 1944년 3월 1일부터 작정하여 40일 금식기도를 하기 시작했다. 그런데 그날 사모님과 아들과 딸이 음식을 준비해 가지고 면회를 왔다. 그는 반갑게 가족을 맞았다. 보통 때는 사모님에게 "항상 기뻐하라."고 말하면 사모님이 "쉬지 말고 기도하라."고 답하고선 간단히 면회를 마치곤 했는데 그날의 면회는 길어졌다. "내가 금식기도 작정한 것을 알고 마귀가 맛있는 음식으로 시험하는군."이라고 말하며 웃었다.

그래서 그날 가족이 가지고 온 음식은 모두 죄수들에게 나누어 주었다. 그리하여 최봉석 목사는 40일 금식기도를 무사히 마칠 수 있었다. 그러나 그는 몸이 극도로 쇠약해져서 더 이상 몸을 제대로 가눌 수 없게 되었다. 결국 4월 11일, 그는 병 보석으로 평양 기홀병원으로 옮겨졌다. 그 소식을 들은 산정현교회, 장대현교회를 위시한 여러 교회 성도들이 기홀병원으로 몰려들어 "목사님!" 하고 부르며 울부짖기 시작했다. 그러나 최봉석 목사는 오히려 성도들의 손을 붙잡고 그들을 위로했다.

"박 집사, 오 집사, 왜 이러는가? 그동안 나를 위해서 기도 많이 했지. 또 주기철 목사 위해서, 박관준 장로 위해서, 이기선 목사 위해서, 한상동 목사 위해서 기도 많이 했지? 모두 고마워." 하며 그의 주치의인 장기려 박사가 안정해야 한다고 하며 면회를 사절시키려고 했지만 최 목사는 "장 박사, 그러지 마시오. 나를 위해 오는 형제들을 내가 기쁘게 맞이해야 하지 않겠소." 라고 말하며 성도들을 일일이 맞았다.

이렇게 병원에서 15일 동안 의사와 간호원과 가족들의 따뜻한 간호를 받으며 찾아 오는 교우들을 일일이 다 만나보다가 1944년 4월 25일, 오후 1시에 부인과 아들과 딸과 며느리가 지켜보

최권능(최봉석)
목사 설교모음
"오직 예수"기독교서회

용인 양지 총신대 캠퍼스에 있는 최권능
(본명은 최봉석)목사 순교기념비

는 가운데 하늘로 올라갔다. 큰 별이 진 것이다.

최봉석 목사의 생애는 "예수 천당"이 전부였다. 그 이상도 그 이하도 아니었다. 그의 "예수 천당"의 외침은 어두움을 밝히는 빛이었고, 신사참배에 굴복한 교역자와 신자들에게 주는 커다란 메시지이기도 했다. 그는 말을 많이 하는 것을 좋아하지 않았고 지식을 애써 추구하지도 않았다. 그는 가장 성능(性能)이 좋은 '예수탄'을 쏘는 것으로 만족했다. 그것이 가장 효과적임을 알았기 때문이었다.

그는 예수를 위해서 무식한 바보가 되었지만, 그분만큼 예수를 많이 드러낸 인물도 드물다. 그는 평안도와 황해도 만주지역에 80여 개의 교회를 세웠다. 그분은 믿음의 사람, 기도의 사람, 성령의 사람, 전도의 사람, 사랑의 사람, 순교의 사람이었다. 쉽게 말해 그는 바울처럼 예수에 미친 사람이었다. 그의 몸은 바울처럼 예수로 충만했다. 그는 바울처럼 그 몸에서 예수 나타내는 것을 삶의 목적으로 삼았다. 그리고 평생 섬기며, 베푸는 삶을 살았다.

필자는 최 목사의 후손들을 대략 알고 있다. 서울 용산구 보광 중앙교회에서 아들 최광선을 뵌 적이 있으며, 며느리인 태인 권사, 손녀인 최영주 집사, 증손자인 최동일 군과 함께 같은 교회에서 신앙생활을 했었다. 그리고 최 목사의 딸인 최광옥 전도사는 70년대 후반에 산정현교회(후암동 소재)에서 시무한 적이 있으며, 현재 산정현교회 명예전도사로 남아 있다. 평생 하나님의 영광을 위해 살아 오시다가 순교하신 최 목사의 귀한 삶의 열매는 이 땅 위에서 수많은 사람들을 살리는 생명수가 되었다.

⑦ 한상동(韓尙東) 목사(1901~1976년, 평신 1936년 졸업, 30기)

한상동 목사

한상동 목사는 경남 김해군 명지면 명지에서 염전을 하는 한치명 씨와 배봉애 여사 사이에서 넷째 아들로 출생하였다. 그런데 한 목사가 네 살 때에 큰 해일을 만나 염전이 피해를 입는 바람에 집안이 하루아침에 망하게 되었다. 이로 인해 그의 아버지 한치명 씨는 여섯 식구를 거느리고 남의 집 셋방살이를 하면서 어렵게 살게 되었다.

그래서 그는 6살 때에 다대포에 살고 있던 오촌당숙 한금출의 양자가 되어 어린시절을 보내게 된다. 거기서 그는 3년간 서당에서 한학을 배우고, 1910년에 졸업을 했다.

결혼초기 김차숙 사모와 함께

이후 다대실용학교를 졸업한 한상동(韓尙東)은 동래고등보통학교에 입하였다가 좁은 부산에서 공부하기보다는 일본에 건너가 큰 꿈을 키우고 싶어 양부모 몰래 일본 유학을 위해 밀항(密航)을 했다.

그러나 오래지 않아 시모노세끼 경찰에게 붙들려 다시 고향으로 되돌아 왔다. 그 후 한상동은 동래보고를 그만두고 중학공부를 독학했다. 1918년 한상동은 부모의 권유로 모교인 다대실용학교에 교사로 부임하여 학생들을 가르쳤고, 1921년 여름 기장에 살던 김두경의 딸 김차숙과 결혼했다.

그런데 그해 가을 어느날 아침, 한상동은 핏덩이를 토하고 말았다. 병원에 가서 진찰을 했더니 결핵이라는 진단이 나왔다. 당시 결핵진단은 사형선고나 다름이 없었다. 이에 한상동은 실의의 나날을 보내다가 1924년 봄, 전도인 박창근을 만나 믿음을 가지게 되었다. 한상동은 박 전도사의 첫 열매가 된 것이다.

그러나 한상동의 믿음생활은 순탄하지 못 했다. 그의 양부모는 예수쟁이가 된 아들을 몹시 못마땅히 여겼고, 또 동네 사람들도 서양 귀신을 자신의 자식들에게 가르친다고 야단이었다. 그래서 한상동은 파양(罷養)선고를 받고 학교를 그만두게 되었다. 1927년에 한상동은 다대포를 떠나 호주 선교사가 경영하는 기독교계 학교인 진주 광림학교 교사로 부임했다.

이듬해인 1928년에는 복음을 전하고 싶은 불타는 마음으로 먼저 성경공부를 철저히 하기 위해 서울로 올라와 피어선성경학원에 입학하여 1년여의 신학을 수학한 후, 조사가 되어 경남노회 부인전도회연합회 후원을 얻어, 1929년에 경남 고성군 하일면 학림리에 들어가 전도하며 교회를 설립하였다.

1931년, 한 목사는 다시 삼량진으로 파송되어 전도에 힘쓰다가 몸이 쇠약해져 다대포로 되돌아와, 요양으로 몸이 어느 정도 회복되자 다시 하동군 진교로 세 번째 개척을 나섰다. 그는 전도에 앞서 먼저 기도를 했다. 폐병으로 골골하면서 1주일간의 금식기도를 한다는 것은 목숨을 건 모험이 아닐 수 없었다.

신사참배 반대로 평양감옥에 수감되었다가 해방과 함께 출옥 후 찍은 사진 뒷줄 왼쪽에서 3번째가 한상동 목사이다.

그는 "주여, 살든지 죽든지 이 몸 하나를 주님의 뜻에 맡깁니다. 이 몸은 주의 것이오니 주의 뜻대로 하옵소서!" 하며 몸부림치며 기도했다. 그래서 그는 "내가 세상 끝까지 항상 너와 함께 있으리라!" 는 영음을 듣고 전도에 열중한 결과, 언덕에서 천막으로 시작한 교회가 교인이 차츰 늘어나 흙벽돌로 된 60평의 교회를 세우게 되었다.

1933년, 한 목사는 신학을 좀 더 깊이 공부하여 양떼들을 잘 양육하기 위해 평양 장로회신학교에 입학하였다. 당시 이 학교의 교장은 마펫 선교사였다. 한 목사는 신학교 3년 동안 공부에 열중하였으며, 여기서 손양원(孫良源) 목사(평신 31기)를 알게 되었다.

한 목사는 1936년, 평양 장로신학교 졸업과 동시에 강도사로 인허를 받고 주기철 목사가 시무하던 부산 초량교회에 임시교역자로 청빙되어 10여 년간 시무하였고, 1937년에는 마산 문창교회의 청빙을 받아 경남노회에서 목사안수를 받은 후 문창교회 담임목사로 부임하였다. 문창교회는 한석진, 함태영, 주기철 등 유명한 목회자들이 시무한 전통있는 교회였다.

이 무렵 일제는 기독교 학교와 교회에 대하여 신사참배를 강요하기 시작하였는데, 결국 장로회 총회는 1938년 총회에서 신사참배를 가결하고 말았다. 그러나 그는 신사참배 불가의 뜻을 분명히 하고, 이를 교인에게 알리는 한편, 마산경찰서에 호출되어 가서 마산경찰서장 앞에서 신사참배를 하지 못하는 이유를 분명히 밝혔다.

이에 마산경찰서는 한 목사를 교회에서 몰아내기로 작정하고 문창교회 장로들을 차례로 불러 한 목사를 몰아내라고 회유와 협박을 가했다. 그러나 제2의 가룟 유다가 되지 않기 위하여 장로들은 이를 악물고 참았다.

그런데 몸이 약한 장로 한 명이 고문을 당하다 쓰러지고 말았는데 이를 이용하여 경찰은 쓰러진 장로의 가족에게 한 목사 배척운동을 펼칠 것을 종용했다. 결국 장로의 가족들은 아버지요, 남편인 장로를 살리기 위해 한 목사를 몰아내자고 교인들을 설득하기 시작했다. 이를 안 한상동 목사는 결국 문창교회를 떠날 것을 결심하고 1939년 3월, 문창교회를 떠나 무임목사가 되어 가정에서 예배를 드리게 되었다.

주기철 목사가 평양감옥에서 4차에 걸쳐 옥고를 치르다가 잠시 풀려났을 때, 채정민 목사 집에서 위로회가 있었는데(1940년 4월 22일), 한 목사는 이곳에 참석하여 주기철 목사를 비롯한 채정민, 오윤선, 이광록, 방계성, 안이숙, 박의흠, 김의창, 최봉석 등 신사참배 반대에 뜻을 같이 하는 동지들을 만나게 되면서 조직적인 신사참배 반대운동에 동참하게 된다. 그 후 그는 이인재, 주남선, 최상림, 손명복, 최덕지 등과 함께 경남지역 신사참배 반대운동을 조직적으로 추진하였는데, 주로 부산과 밀양지역에서 활약하였다.

그러던 중 1940년, 전국에 걸쳐 신사참배 반대운동자들이 검속을 당할 때 7월, 한 목사도 천황에 대한 불온분자로 몰려 검거되어 경상남도 경찰부 유치장에 구금되었다. 한 목사는 일경의 잔혹한 고문을 받으면서도 조금도 자신의 신앙을 굽히지 않았다. 그 결과 그의 몸은 성한 곳이 한 군데도 없는 상처투성이가 되고 말았다.

그로부터 1년 후, 한 목사는 평양으로 압송되어 평양형무소에 있게 되는데 이곳에서 이기선, 채정민, 주기철, 최권능목사 등의 순교자와 수진자들과 신앙에 의한 한국 교회의 장래를 위한 묵시적인 깊은 교류를 갖게 되었다.

그는 평양형무소에서 고문으로 고통을 당하면서도 여전히 굳게 믿음을 지켰다. 그는 일본 천황에게 충성한다는 말 한 마디면 풀려날 수 있는 기회도 많았지만, "나는 하나님께 충성하는 일 외에는 여념이 없는 사람입니다." 라고 말하며 끝까지 일제에 저항하였다. 고통스럽고 힘들 때마다 그는 더욱 기도와 성경공부에 열중했다.

한 목사는 해방이 되기까지 옥고를 치렀는데 태평양전쟁 말기 일본의 패망이 분명해질 무렵 그는 해방 후에 할 일 두 가지를 계획하게 되었다. 그것은 수양관과 신학교 설립이었다. 일제하에서 신앙의 지조를 버린 교역자들의 신앙적 회개를 위한 기도처로 수양관을 세우고, 신앙의 보수와 생활의 순결을 생명으로 삼은 성경중심의 신학교 설립이 그의 기도제목이었던 것이다.

1945년, 해방이 되어 한 목사는 감격적으로 출감했다. 석방된 그는 이기선 목사 등과 같은 출

고신역사기념관 (한상동목사기념관)

옥 성도들과 함께 평양 산정현교회에 모여 교회재건을 외치는 부흥회를 수진자들과 함께 인도하였고, 산정현교회의 청빙을 받아 옥중에서 순교한 주기철 목사의 후임으로 담임목사로 시무하게 되었다.

그런데 공산당이 그가 목회에만 전념하도록 가만 내버려 두지 않았다. 공산당은 그에게 공산주의를 선전하는 정치행사에 참여하라고 강요했고, 그는 이를 단호히 거부했다. 그 결과 공산당은 그를 사사건건 감시하며 그의 목회활동을 방해했다. 이때 고향의 어머니가 돌아가셨다는 비보를 듣게 되었고 그는 1946년에 월남했다.

월남하여 부산에 머물면서 그는 한국 교회의 실상을 어느 정도 알고 나서 한국 교회를 위해서 자신이 할 일이 무엇인지를 생각했다. 그러다 이기선 목사는 옥중에서 교회 재건을, 한상동 목사는 신학교를 세워 평양신학교의 전통을 잇는 꿈을 꾸었다.

한 목사는 1946년 6월 23일, 진해에서 주남선, 박윤선 등과 함께 신학강좌를 개최하였는데 이것이 오늘날 고려신학대학의 모체가 된다. 그리고 그는 38선이 굳어버리자 부산 초량교회의 청빙을 받아 부임하였고, 그해에 고려신학교란 명칭으로 정식 신학교를 설립하였다.

그러나 이때, 경남노회 내에서 내분의 조짐이 보이기 시작했다. 그것은 일제시대 신사참배를 반대하고 투옥되었던 한상동, 주남선 등의 고려신학교 중심 목회자들과 신사참배에 동참했던 대다수의 기존 노회지도자들 사이에 피할 수 없는 갈등이었다.

1946년 12월, 48회 노회에서 일제하의 교단이었던 경남교구장을 지낸 김길창 목사가 노회장으로 피선되면서 고려신학교 학생추천을 취소하기로 가결함으로 고려신학교의 존재자체를 부정하기에 이르렀다.

이에 한상동을 비롯한 고려신학교 측 목회자들(고려파)은 경남노회를 탈퇴하고 1951년 경남법통노회를 조직하였고, 1952년 대한예수교장로회 총회를 결성함으로 세칭 고려파 예장총회가 조직되었다. 한 목사는 1951년, 초량교회를 떠나 부산에 삼일교회를 개척하였다. 그리고 그는 박윤선, 송상석 등과 함께 고려파 운동의 지도자가 되었다.

1954년, 미국에서 개최된 국제기독교연합회(ICCC = International Council of Christian Churches, 國際基督教協議會) 제2차 세계대회에 고신교단에서 4명이 초청되어 한 목사는 박윤선, 이약신, 박손현 세 목사와 함께 대표로 참석했다. 대회는 성공적으로 진행되었고, 대회가 끝나고 24개국 대표자들이 모인 만찬석상에서 한 목사는 한국 교회의 동향을 이야기해 달라는 사회자의 요청을 받고, 한국 교회가 그동안 걸어 온 수난의 역사를 이야기하여 많은 사람들에게 감명을 주었다. 그 일을 계기로 연합회와 교단적 연결을 맺게 되었다.

한편, 한상동 목사는 허대전(許大殿) 선교사가 봉직하는 페이드신학교에서 명예 신학박사 학위를 받았다. 처음 그에게 학위를 준다는 말을 들은 그는 자신은 받을 만한 자격이 없다고 말하며 극구 사양했으나 주위의 강한 권고로 명예 박사학위를 받게 되었고, 이는 후일 고려신학교 교장 취임을 위해 문교부에 서류를 제출할 때 유용하게 쓰였다. 이는 모든 것이 그저 주어지는 것이 아니라 다 하나님의 크신 뜻에 따라 이루어진다는 것을 깨닫게 했다.

1969년, 고려신학교가 교수와 이사장(송상석 목사) 사이의 갈등으로 어려움을 겪고 있을 때, 한 목사는 제9대 교장으로 취임하여 난관을 극복했으며, 이듬해에는 학교가 고려신학대학으로 승격하면서 초대총장에 취임하였다.

한 목사는 1973년 12월, 삼일교회 원로목사로 추대되었고, 1974년 1월에는 고려신학대학장직에서 은퇴하여, 명예학장으로 추대되어 일선에서 물러났다. 이후 그는 신학대학 건축모금을 위해 전국을 순회했으며 또, 캄펜신학교의 초청을 받아 네덜란드까지 방문하여 건축비를 조달하는데 앞장섬으로써 1975년 신축교사를 마련하여 고려신학대학이 오늘의 모습을 갖추는데 크게 기여했다.

이처럼 일제시대 옥중에서 구상했던 신학교 설립을 이루고 학교를 발전의 기틀 위에 올려 놓은 뒤, 그는 1975년 말 병을 얻어 부산 복음병원에서 치료를 받다가 1976년 1월 6일에 별세했다. 한(韓) 목사의 유해는 철마면 기독교 공동묘지에 안장되었다. 부인 김차숙과는 1921년 결혼했으나 자녀는 없다.

⑧ 방계성(方啓聖, 1887~1949년) 목사

방계성 목사는 평북 철산군에서 1887년 태어났다. 그가 기독교를 처음 접한 것은 16세 즈음 미국 북장로교 선교사들에 의해서였다. 그는 8세부터 15세가 될 때까지 서당에서 한학을 공부하

방계성 목사

1945년 8월 17일 평양.
주기철 목사 사택에서 뒷줄 왼쪽부터
조수옥(趙壽玉), 주남선(朱南善),
한상동(韓尙東), 이인재(李仁宰),
고흥봉(高興鳳), 손명복(孫明復),
앞줄 왼쪽 최덕지(崔德支),
이기선(李基宣), 방계성(方啓聖),
김화준(金化俊), 오윤선(吳潤善),
서정환(徐廷煥)

다가 평북 선천에 설립한 신성학교에 입학하였으나, 가정형편으로 신성학교를 다 마치지 못하고 철산군청 토지산림 측량기사와 철산군 원세평동 동장으로 근무했다.

이후 부산으로 내려와 수산업체에 근무하게 되었는데 그 인품과 사람됨이 타에 모범이 되기에 그 회사 사장이 그를 사위로 삼게 되어 행복한 가정을 꾸리게 되었다. 그는 부산 조도에서 집사로 성실히 헌신하다가 부산 초량교회에서 이기선 목사가 인도하는 사경회에 참석하여 큰 은혜를 받고 1920년, 제9회 경남노회의 고시부 이기선 목사의 추천으로 평양신학교에 입학하였고, 조도에서 초량동으로 거주지를 옮겼다.

방계성 목사에 대해 대부분의 사람들이 그를 책에서 믿음의 사람이며, 겸손한 사람이며, 진실한 사람으로 교회와 주변의 사람들에게 많은 존경을 받는 사람으로 기술하고 있다. 방계성은 제20회 경남노회에서 장로장립의 허락을 받아 초량교회에서 제일 먼저 장로장립을 받게 되었으며, 같은 날 주기철 목사가 초량교회에 부임하는 것과 함께 목사안수를 받게 되어 초량교회에 첫 당회가 구성되었다는 역사를 남겼다.

주기철 목사와 방계성 장로는 선후배 관계로 일생을 하나님의 진리 안에서 헌신하다가 순교의 반열에서 하나님께 영광돌리는 한국의 올곧은 두 목사로 남게 된다. 방계성 목사는 주기철 목사보다 10살 연상이었지만 한 번도 자기가 연장자로 행세를 하지 않았다 한다. 초량교회와 평양 산정현교회에서의 두 사람의 사역은 주 목사를 선배로 권위를 인정하고, 깍듯이 섬기며 하나님의 권위적 질서에 순종하며 따랐다는 모습은 오늘의 한국 교회가 전통적 목사와 장로의 관계적 표상으로 삼아야 됨을 교훈으로 남긴다.

이러한 모습이 교회 공동체의 참 모습임을 인지할 수 있다면 한국 교회는 자연히 부흥되며 사회나 가정의 헝클어진 모습을 바로잡아 주는 빛과 소금의 역할을 감당할 수 있을 것으로 사료된다. 방계성 목사는 신학을 다 마치지는 않았으나 소명자로서 목회현장에서의 실천적 삶은 신학의 학제를 다 마친 목사들 이상으로 조금도 손색없는 목사였다고 방(方)목사와 함께했던 모든 이들이 이구동성으로 증언해 주고 있다.

방 목사는 당시 전남노회 여전도회에서 전남 제주도 추자도에 개척 교회를 설립하기 위하여 전도자를 구하는 중에 주기철 목사의 권면(勸勉)을 받고 전도자가 된 인물이다. 그곳에서 열심히 사역하는 가운데, 젊고 똑똑한 청년들을 기독인으로 개종시키는 귀한 열매를 많이 거두었다.

방계성 목사

그리고 그는 한국 기독교의 신앙의 정절을 지킨 역사적 맥을 잇는 정통의 교단목사로 안수받았다. 그는 버가모 교회 안디바와 같은 주님의 칭찬을 받는 평신도요, 장로요, 목사였으며, 한국 기독교사에 각인되어야 할 목사로 조금도 부족함이 없는 인물이었다.

그는 불타오르는 신앙적 소명의식으로 하나님 앞에서 평양 산정현교회 제9대 담임목사로 충성스럽게 헌신하다가 1949년 12월 27일, 공산당에 의해 하나님께 영광돌림의 순교를 하게 된다. 그는 한국 최초의 목사를 배출한 독노회의 정신과 전통을 이어 하나님 안에서 화합의 영광을 위한 하나님의 뜻을 실천하였다.

후에 방계성 목사의 사위가 되는 오재길집사, 방계성목사, 주기철목사 (1937년 12월 평양에서)

그는 신사참배와 공산주의에 굴하지 않고 하나님의 순결과 화합이 맥을 향한 1907년의 독노회(We are one in Christ) 설립의 정신으로 신앙생활을 하다가 1938년 27차 총회가 신사참배를 가결하자, 이에 굴하지 않고 신앙과 조직을 가슴에 안고 감옥으로 향한 인물중 한 사람이다.

방계성목사의 손자 방인성 목사

방 목사는 해방 후 훼절의 정화를 위해 혼신의 노력을 하면서 기성 교회가 돌아오기를 기다렸지만 교권주의의 기득권을 가진 이들이 돌아오지 않자 한국 기독교의 맥을 이어 놓기 위해 1949년에 복구된 독노회에서 김의홍, 심을철과 함께 목사안수를 받았다.

한편, 노회설립을 위해 1948년 공의회(公議會, Councils)에서 주기철 목사의 장남인 주영진 전도사도 함께 4명이 강도사 고시에 합격했으나 당시의 불안한 정세로 주영진 강도사는 목사안수를 받지 못 했다. 주영진 강도사는 1950년 6월 24일 공산주의자들에게 체포되어 순교의 길을 걷게 된다.

방계성 목사는 신사참배 반대운동의 선구자인 이기선, 주기철, 채정민 목사와 함께 한국 기독교 역사의 단절 없는 조직과 순결의 맥을 이어 준 주역들 중의 한 분임을 인식해야 한다. 그 후 그의 아들 방정원 목사는 아버지의 순결하고 소명을 다한 아름다움을 보고, 그 뜻을 따라 1949년에 복구되어 6·25로 1964년에 대한민국 문교부에 등록을 마친 독노회에서 목사안수를 받고 소외된 자, 가난한 자의 이웃이 되어 목회를 하다가 정년퇴임을 하고 74세에 하나님의 부르심을 받아 방지일 목사의 집례속에 묻히게 되었다.

그리고 방정원 목사의 아들이며, 방계성 목사의 손자인 방인성 목사가 3대를 이어 약한 자와 가난한 자들을 위해 나름대로의 하나님의 정의를 위해 헌신하고 있다. 이렇게 순수하게 하나님께 영광돌리다가 하나님께로 간 방계성 목사를 아직도 한국의 교권주의와 기득권 세력들은 무지인지 특권의식인지는 모르겠으나 그를 순교의 반열에 올려 놓지 않고 있었다는 것에 대해 한국 기독교는 하나님 앞에서 각성해야 할 것이다.

⑨ 이기선(李基宣, 1878년~미상, 평신 8기) 목사

이기선 목사는 평안북도 박천 출신으로 27세 때 기독교에 입교하여 1911년 평양 장로회신학교에 입학하였다. 그리고 1915년에 동신학교 8기를 수석(首席)으로 졸업하면서 목사안수를 받았다.

이기선 목사

그리고 평안북도 의주군의 영산시(永山市) 교회, 경상남도 울산교회·김해읍교회, 다시 의주군의 백마교회, 북하동교회, 상단교회, 신의주6교회에서 시무했으며 평양 산정현교회의 제8대 담임목사로 시무하였다.

1937년부터 일제의 신사참배 강요가 극심해

지자 정면에 맞서 반대운동을 펴나가기 위해 교회시무를 사임하고 채정민(蔡庭敏)·주기철(朱基徹)·주남선(朱南善)·한상동(韓尙東) 등과 함께 조직적으로 일제에 항거하였다.

이로 인하여 1939년 육군형법 위반혐의로 구속되어 평양형무소에서 7년 동안 복역하다가 해방을 맞아 석방되었다. 출옥 후 옥중에서 채정민 목사 집에서, 순교한 주기철 목사가 시무하던 평양 산정현교회에서, 평양 감옥에서 논의해 왔던 교회정화 운동을 전개하였으며, 한국 교회 재건의 기본원칙인 혁신복구안을 발표하기도 하였다.

이 원칙은 성경을 기본으로 한 한국 교회의 정화로, 한국 교회가 하나가 되자는 것이었다. 이 원칙속에 기성 교회를 향하여 외치고 설득하면서 탕자가 아버지께로 돌아오기를 기다리며, 인내하였으나 결국 한국 교회는 그 뜻을 받아들이지 않았다. 그러나 한국 기독교의 신앙적 정절과 역사적 맥을 이어주는 것이 이기선 목사의 마지막 사명임을 알고 38선이 갈라 놓은 이북의 교회들 중에 혁신복구의 참뜻에 찬성하는 이들이 중심이 되어 1907년의 독노회의 순수성과 거룩성에 의한 아름다운 참 모습을 생각하면서, 법적절차의 설립과정을 밟아 1949년 5월 독노회(獨老會-We are one in Christ)를 복구하게 된다.

이 운동이 하나님 앞에서 한국 교회가 하나가 되는 길임을 알게 된 평안도와 황해도 지역의 30여 교회가 회원 교회로 복구에 참여하였다. 결국, 이기선 목사는 일제 강점기 신사참배 반대운동을 주도하고 해방직후 혼란기에 이북에서 공산주의에 맞서 장로 교회의 진리를 파수하기 위해 싸우다가 순교한, 순교자 주기철 목사의 신앙적 스승이기도 하다.

이기선 목사는 주기철 목사를 목회자의 길로 이끌었을 뿐만 아니라 신사참배 반대운동을 하도록 이끈 지도자였다. 실제로 이 목사가 김해읍교회에서 목회를 할 때 청년 주기철을 만나 그를 중매하고 결혼식 주례까지 맡았던 인연을 갖고 있다.

그러나 이기선(李基宣) 목사는 언젠가부터 한국 교회에서 잊혀진 존재가 되었는데, 그 이유는 첫째 신사참배를 했던 목사들이 일제 강점기에서나 해방직후에서도 교회의 주도권을 갖고 있었던 것이 있었고, 둘째로는 38선으로 분단된 이후 평안도를 중심으로 활동하다 보니 그의 노선을 따른 많은 성도들 대부분이 공산치하에서 순교하였기에 이를 증언해 줄 사람들이 부족했던 것이다.

감사한 것은 감옥에서와 해방 후 이기선 목사의 신앙과 성경적 논리 및 생활을 지켜보며 생활해 왔던 안도명 목사의 증언과 임석윤 목사가 출간한 『신사참배 반대운동의 선구자 이기선 목사와 김의홍 목사의 생애』(2007년, 도서출판 란)에서 이기선 목사에 대해 그동안 잘못 알려졌던 내용,

1945년 8월 17일 평양.
주기철 목사 사택에서 뒷줄 왼쪽부터
조수옥(趙壽玉), 주남선(朱南善),
한상동(韓尙東), 이인재(李仁宰),
고흥봉(高興鳳), 손명복(孫明復),
앞줄 왼쪽 최덕지(崔德支),
이기선(李基宣), 방계성(方啓聖),
김화준(金化俊), 오윤선(吳潤善),
서정환(徐廷煥)

이기선 목사의 생애(生涯)
김정덕 지음 / 김봉환 엮음

이기선 목사와 동역자
김의홍 목사의
생애 임석윤 著

즉 '재건 교회'에 속했다든가 "신사참배 반대운동 경력을 내세워 독선적인 신앙론을 가졌다"는 등의 오해에 대해 충실한 자료를 바탕으로 진실을 밝히고 있어 다행으로 여겨진다.

이기선 목사는 1945년부터 48년까지 기성 교회의 틀안에서 장로교 복구운동을 하면서 공산주의자들의 위협과 교권주의자들의 횡포로 1947년 3월 신의주 제4교회당에서 의산노회는 임시노회를 소집하고 이기선 목사를 축출하는 금단령을 선포하고 마는 지경에 이른다.

이유는 노회정책에 불순종한다는 것이었다. 이로 인해 이기선 목사는 평양감옥에서 함께 수감되어 있던 목사들과 논의해 왔던 한국 기독교의 정화의 길이 어렵다는 것을 알고 1948년에 공의회를 조직하여 함께 활동했던 이들과 앞으로의 혁신방안을 논의하고 그 방안의 일환으로 1948년 평양 산정현교회에서 공의회를 열어, 방계성, 김의홍, 심을철, 주영진 전도사에게 강도사 고시를 시취(試取)하였다.

그리고 그 다음 해인 1949년 5월에는 독노회(獨老會)를 복구하게 된다. 1948년 공의회시 평양 중심가인 상수구리에 숭인여학교 부지를 매입하고, 100여 평의 건물을 마련하여 양재연 집사와 장기려 집사를 장로로 장립하게 된다.

"그 중에 십분의 일이 아직 남아 있을지라도 이것도 황폐하게 될 것이나 밤나무와 상수리나무가 베임을 당하여도 그 그루터기는 남아 있는 것같이 거룩한 씨가 이 땅의 그루터기니라 하시더라"(사 6:13). 이것을 오늘의 교권주의자들과 기득권 세력들은 이른바 '혁신복구파(革新復舊派)'란 이름으로 독자노선의 개혁으로 축소시키고 있다.

그러나 혁신복구를 통한 독노회는 "우리 함께 과거 한국 장로교 교단이 범한 죄를 교단적 차원에서 회개하고 신앙의 정절과 한국 기독교의 역사의 맥을 잇자"는 운동인 것이다. 정도(正道)로 하나님 앞에서의 부끄러움 없는 역사적 전통으로 함께 가자는 운동이었던 것이다.

이 운동의 선언으로 27차 총회가 범과한 하나님 앞에서의 죄를 총회적 차원에서 무효화하고 회개하여야 하기에 조선장로회 총회가 이를 인정하고 하나님께로 돌아 와 하나가 되자는 운동인 것이었다. 이 운동의 뜻을 인지한 북한5도 16개 연합노회는 혁신복구의 내용을 어느 정도 수용 결의하였으나, 공산당의 방해와 교권주의자들에 의해 연합노회의 결의사항이 실천에 옮겨지지 못 하고 만다.

그리고 공산당의 시녀 노릇을 하게 되는 기독연맹이 1946년 11월 28일에 강양욱에 의해 만들어지므로, 북한5도 연합노회(北韓五道聯合老會)도 힘을 잃게 되고 평양 산정현교회도 양분되기 시작하므로 연합노회와 단절하고 독자적인 노선을 취하게 된다.

혁신복구를 위해 이기선 목사와 방계성 목사, 김의홍 목사, 심을철 목사, 주영진 전도사는 끝까지 진리를 지킨 한국 기독교 역사의 맥을 이어 순교한 인물들이다. 특히, 이기선 목사는 한국 교회의 거성(巨星)으로서 신사참배 반대운동의 최선봉에 주기철 목사와 채정민 목사, 한상동 목사와 함께 한 알의 밀알로 산 인물이다. 오직 성경에 의한 행동의 삶과 정도의 조직과 순결의 정신으로 하나님께 영광돌린 오늘의 한국 기독교 목회자들이 본받아야 할 인물인 것이다.

-출처: 『태양신(太陽神)과 싸운 이들』(안용준, 세종문화사, 1972);『한국기독교 해방십년사(韓國基督敎解放十年史)』(김양선, 대한예수교장로회종교교육부, 1956); 〈한국민족문화대백과〉, (한국학중앙연구원);『신사참배 반대 정신 투쟁사』(안도명 저);『이기선 목사와 동역자 김의홍 목사의 생애』(임석운 저)

⑩ 채정민(蔡廷敏, 1872~1953.3.31일, 평신 3기) 목사

평안남도 중화(中和)에서 태어난 채정민 목사는 어려서 한학을 수학하였고, 1897년, 우리나라 최초의 기독교 세례교

이길함(Graham Lee, 1861-1916) 선교사 가족

인 중 한 사람인 이성하(李成夏)와 최일형(崔鎰亨)의 전도를 받아 기독교인이 되었다.

1898년에 세례를 받았고, 1900년부터는 조사(助事)가 되어 미국 북장로회 이길함(Graham Lee,1861~1916년) 선교사와 함께 중화, 대동, 곡산 등지를 순회하며 목회활동을 하였다. 1907년, 평양에서 대부흥운동이 일어났을 때, 김찬성(金燦星)이 인도하는 300여 학생들이 참석한 숭덕학교(崇德學校) 기도회에서 솔선하여 통회 자복하였다.

이로 인하여 장로교와 감리교의 학생들 사이에 부흥운동이 확산되는 한 계기를 만들기도 하였고, 1909년 평양 장로회신학교를 졸업하여, 그해 독노회에서 목사안수를 받고 중화읍교회에 부임하였다. 이후 목회활동을 계속하다가 1934년 은퇴하여 평양노회 공로목사로 추대되어 일선목회 현장에서는 떠났으나, 한국 기독교의 어른으로의 역할을 다 하다가 세상을 떠났다.

채정민목사의 전기의 일부분이라고 볼수 있는 안도명 '신사참배 반대투쟁정신사'

채 목사는 1938년 신사참배 문제가 발생하였을 때, 일제로부터 주기철(朱基徹), 이기선(李基宣) 목사 등과 함께 강경파로 지목되어 예비검속을 당하기도 하였다. 그리고 1912년 김관근(金灌根) 목사와 함께 구식 철자법으로 된 성서를 새로운 철자법으로 고칠 것을 주장하여 오늘날의 성서체(聖書體)를 확립시켰다. 당시 길선주 목사와는 신앙의 형제요, 동지로 지내면서 한국 기독교의 궤가 빗나가지 않게 큰 역할을 감당하였다.

채 목사는 34년간의 현장목회를 마감하고 일선목회 현장에서는 떠났으나 평양 산정현교회를 중심으로 하여 정통신학에서 벗어난 신신학(新神學)이라든가 사회복음주의 등을 경계하는 글을 발표하였으며, 1937년부터 일제의 신사참배 강요가 극심해지자 정면에서 맞서 반대운동을 펴나가기 시작하여 이기선(李基宣), 주기철(朱基徹), 주남선(朱南善), 한상동(韓尙東) 목사 등과 함께 조직적으로 항거하다가 1938년 체포되어 6개월간의 옥고를 치렀다.

1940년, 주기철 목사가 평양감옥에서 가석방되어 채정민 목사 집에 신사불참배 목사들이 왜경의 눈을 피해 모였을 때 한국 기독교 정화를 위한 새로운 노회설립을 논의하기도 하였다. 이후 교회정화의 구심체가 되는 노회설립은 주기철 목사 5차 검속과 함께 평양감옥에서 심도 깊은 논의가 은밀히 있었음을 당시의 각종 자료와 증언에서 볼 수 있다.

당시 민족운동을 하다가 검거되어 수진자들과 함께 감옥에 있었던 안도명 목사는 증언하기를 "주기철 목사는 흠없는 독노회 목사로 옥중 순교하였다."고 설교중에 피력한 바 있으며 본인과의 사적 대화에서도 증언한 바가 있다.

주기철 목사는 1941년 12월 8일 새벽에 일본이 미국 하와이의 진주만을 기습했다는 말을 감옥에서 듣고 이 전쟁은 몇 년 안 가서 끝날 것이라는 것을 이야기하였다 한다. 이때 신사참배 반대로 수감된 목사들은 전쟁이 끝났을 때, 한국 교회를 정화하고 하나될 구심점이 되는 기구가 필요하다는 논의가 있었다 한다.

바로 그 기구는 목사를 안수하는 것은 노회(老會)이므로 새로운 노회설립을 논의하였는데, 1907년의 파송국과 교단이 다르지만 우리는 그리스도 안에서 하나라는 신앙 안에서 파송국의 교단적 입장의 주장을 양보하며 독노회를 설립하여 7명의 목사를 세웠듯이 독노회 정신으로 돌아가서 노회를 설립해야 한다는 것이 평양감옥에 수감된 목사들의 마음이 담긴 노회설립의 일치된 마음이었다 한다(『일사각오』 p.349 이하; 안도명 목사 '증언' 및 각종 자료 참고)

안도명 목사는 그의 책 『신사참배 반대투쟁 정신사』에서 주기철 목사가 일본 귀신에 굴하지 않고 순교하게 된 역사적 배후에는 주기철 목사와 채정민 목사와 이기선 목사 세 분이 삼위일체와 같이 하나님의 섭리에 이하여 조립된 결과의 열매라고 말하고 있다.

『한국기독교회사』(민경배 저, p.430)에 "신사침배를 가결한 1938년 9월 9일 조선예수교장로회 제27회 총회 직전에, 강경파 주기철, 채정민, 이기선을 예비 검속하고…" 라고 기록된 것을 보면, 이 세 명이 신사참배 반대투쟁의 핵심인물이었음을 깨달을 수 있는데, 이것은 어디까지나 표면상의 사실이고, 그 이면에는 "세 명의 신앙의 장단점이 잘 배합되어 한국 교회사에 순교의 카이로스로 성취된 것이다." 라고 증언하고 있다.

안도명 목사는 주기철 목사가 수진자의 신앙의 정도의 길을 걷다가 순교자의 대표가 된 것은 채정민 목사의 명철한 성경해석과 좌로나 우로나 치우치지 않는 신앙의 궤도를 명확하게 제시한 데에 무언 중 영향을 받았다고 할 수 있다 한다. 채정민 목사는 말하기를 "저 유명한 길선주(吉善宙) 목사와는 신앙적으로 형제와 같은 사이여서, 길선주 목사의 신앙체계에 많은 영향을 받았다."고 했다 한다. 신앙노선에 있어서는 칼빈(Calvin)과 같은 분이었고, 선지자적 면에서는 눈물의 선지자요, 애국의 선지자인 예레미야와 같은 분이었다는 것이다.

채정민 목사는 신사참배 반대투쟁자 중 최연장자였고, 체질상 냉증이 심한 분이어서 온돌방이 아닌 판자로 된 냉방에 장기간 수감되어 있었기 때문에 냉증으로 거의 죽게 되었다. 아무리 오래 구금하여 두어도 신사참배에 항복하지는 않을 것이고, 더 이상 형무소에 두면 형무소에서 송장이나 치우게 될 것이니 나가서 죽으라고 집으로 내보냈다 한다.

채 목사는 집에 와서 온돌방에서 치료받았고, 또 하나님의 특별한 은총으로 소생하게 되어 6·25 이후까지 장수하였는데, 1947년 이른 여름 즈음에 월남했다 한다. 안도명 목사의 증언에 의하면 '1948년 5월 9일을 대한민국 수립을 위한 제헌국회의원 선거일로 공포했다. 그날이 바로 주일이었다. 채정민 목사가 이 기사를 보고 안도명(그 당시는 목사가 아님)을 오라고 해서 찾아갔더니, "도명이, 나하고 같이 가세."하는 것이었다. 그리고 하시는 말씀이 "그래, 하나님이 우리 민족을 불쌍히 보시고 해방을 해주셨는데, 처음으로 세우는 정부를 위한 국회의원을 뽑는데 안식일을 범하고서 우리나라가 앞날에 하나님의 축복을 받을 수 있겠느냐? 이북에서는 1946년 11월 3일에 공산당 정권을 위한 처음 선거를 했는데 그날이 주일이라고 기독교인들이 안식일이니 못 한다고 결사적으로 반대를 하였었는데, 이북에서는 공산당 정권이니 안식일을 범하면 안 되고, 이남에서는 공산당 정권이 아니니 안식일을 범해도 된다는 말이냐? 이남이 민주주의 정권이라면 더욱 더 안식일을 지켜야 할 것이 아니냐?" 하며, 채 목사는 "나는 은퇴한 늙은 목사이니, 일선에 나설 수 없으나 젊은 현역 목사들이 이런 일을 해야 할 것이 아니냐? 하나님의 종이라는 목사들이 무엇을 하는 것이냐" 하면서 현역 목사들을 찾아가서 이 말을 전했다고 한다.

본인은 크게 감동을 받고 지팡이를 짚은 채 목사의 손을 잡고 그때에 남대문교회의 담임목사 김치선(金致善) 목사를 찾아 갔고, 영락교회의 담임목사 한경직(韓景職) 목사 또한 찾아 갔다. 채 목사의 말을 듣고 그 목사들도 크게 공감하며 채 목사에게 "저희들이 처리할 것이니 목사님은 염려하지 마시라."고 했다. 그리하여 기독교 목사들이 회의를 열어 안식일에 선거하지 말도록 미 군정청에 교역자들의 이름으로 진정(眞情)을 했다.

이 진정(眞情)을 미 군정청이 받아들여 역사적인 대한민국 수립의 제헌 국회의원 선거일을 1948년 5월 9일에서 10일로 변경하여 소위 5·10 선거라는 이름하에 치루게 되었다. "정말로 채정민(蔡廷敏) 목사는 예레미야와 같은 애국적 선지자이다." 라고 증언하고 있다 (『신사참배 반대투쟁 정신사』, 삼위일체적 순교의 카이로스, p.173 이하).

1945년 8월 17일 평양.
주기철 목사 사택에서 앞줄 오른쪽
처음이 서정환(徐廷煥) 목사이다

안도명 목사는 채정민(蔡廷敏) 목사가 6·25 전쟁 중 대구에 있다고 해서 찾아갔더니 서정환(徐廷煥) 목사가 시무하던 대구중앙장로교회 사택에 기거하고 있었다. 채 목사는 안 목사를 만나더니, "도명이, 잘 왔어, 나는 이번에 꼭 죽는 줄 알고 유서를 써 놓았는데 하나님이 다시 살려주셔서 살아났어. 유서를 줄 만한 사람이 마땅치 않아서 가지고 있었는데 네게 줄 터이니 가지고 가라."고 하며 주시는 것이었다.

유서의 내용인즉, 한지를 길게 잘라 붙여서 그 위에 철필(Pen)로 잉크를 발라서 붓글씨 쓰듯 기록했는데, "한국 교회를 회개시키지 못 한 것이 채정민의 죄요, 우리 민족을 회개시키지 못 한 것이 채정민의 죄이다." 라고 했다.

본인은 그 유서를 귀중하게 간직하느라고 했는데, 본인의 생활에도 굴곡이 많아서 집을 명도 당할 때에 집주인이 쓰레기로 버렸는지 분실하고 말았다. 다행히 유서가 짧고 간단하고, 명확해서 기억하고는 있으나, 귀중한 역사적 보물을 보존하지 못 한데 대하여 신앙의 모범으로 한국 교회에 본을 보이고는 하나님께로 가야 하는 것을 또한 깨닫지 못 했다.

채 목사는 "이제 우리들 신사참배 반대투쟁을 한 순교자들은 현실에서 교회를 지배하는 것이 아니라 세상에서는 우리의 할 일을 다 했으니 신앙의 본을 보이고 가는 것이 하나님의 섭리이다. 나는 이 비밀을 깨닫고는 눈물이 그쳤을 뿐만 아니라 하나님은 나에게 우리 민족의 장래를 크게 축복할 것을 보여 주어 축복을 받되, 호박이 넝쿨째 떨어지듯 큰 축복을 한꺼번에 받게 되어 있어. 그러므로 나는 평안한 마음으로 갈 수 있어. 그러나 우리 민족이 이 큰 축복을 받기까지에는 또한 감당하기 힘들 정도로 큰 시련을 겪어야 해. 마치 야곱이 얍복강에서 천사와 씨름을 하다가 환도뼈가 부러지면서까지 겨루어 이기고서야 큰 축복을 받았듯이 대단한 곤욕을 치루어야 할 것이야. 한국 교회가 아직은 정신을 못 차리고 있지만 야곱이 얍복강에서 당하는 것 같은 큰 시련을 겪어야 할 그때에는 정신을 바로 차리게 되겠지."라고 했다. 이 모든 것을 생각해 보니 이 큰 시련이란 기독교 사상으로 조국의 통일을 쟁취하는 일이 아닌가 하는 해석이 된다. 이러한 일이 있은 후에, 안 목사는 채정민 목사를 다시 뵙지 못 했다고 술회(述懷)했다.

그러고 보면 그때 그 말은 채 목사가 안 목사를 통하여 한국 교회와 한국 민족에게 주는 최후의 유언이요, 최후로 주는 계시라고 생각된다.

계속해서 안 목사는 채 목사가 말한 계시에 대해서 "이러한 채 목사의 말은 위대한 계시라 해도 손색이 없다. 해방 후에 평양에서 재건파들이 극성을 부릴 때이다. 그들은 저마다 계시를 받았다고 하며 예배시간에는 계시받은 것을 발표하는 것이 주가 되어 네 것이 옳다, 내 것이 옳다 하고 서로

격론을 하고 있었다. 그때에 채 목사는 계시에 대하여 설명하기를 계시에는 세 가지가 있다. 첫째는 하나님이 주신 참 계시요, 둘째는 사단이 준 거짓 계시요, 셋째는 정신이상으로 본 환상이다.

이 세 가지 계시 중에서 참 계시를 바로 분간해야 하는데 그러한 방법으로 계시를 받은 자신은 계시에 대하여 침묵을 지키고 절대로 발표하지를 말고 그 계시가 이루어지나, 이루어지지 아니하나 시간을 보내면서 조용히 살피고 있다가 그 계시가 이루어지면 하나님이 참 계시를 나에게 주셨구나 하고 감사할 것이고 만약 그 계시가 이루어지지 아니하면 이 계시는 사단에게서 받은 거짓 계시구나, 정신이상으로 본 환상으로 인정하고 묵살해 버려야 한다. 또 누가 계시를 받았다고 하면 그 계시에 대하여 찬성도 하지 말고 반대도 하지 말라. 함부로 찬성하다가는 그 계시가 사단의 거짓계시일 때에는 사단의 편이 되는 것이고, 또 무조건 반대하다가는 그 계시가 하나님의 참계시일 때에는 하나님을 반대하는 것이 되기 때문이다.

그러니 찬성도 반대도 하지 말고 그 계시가 이루어지나 아니 이루어지나 두고 볼 뿐이다. 그러면서 다시 더 설명하기를 계시는 하나님이 주시는 것인데 반드시 일어난다. 그리고 우리 기독교는 계시의 종교이다. 그러나 참계시는 그렇게 쉽게 자주 받을 수가 없다. 성경에 있는 예를 들어 보더라도 구약의 다니엘은, 크게 은총을 입은 자요, 하나님의 칭찬을 받은 선지자인데도 참계시를 받았을 때에는 '내 몸에 힘이 빠졌고 나의 아름다운 빛이 변하여 썩은 듯하였고'(단 10:8)라고 했고, 신약에 사도 요한도 예수님에게서 말세에 나타날 참 계시를 받을 때에는 "그 발 앞에 엎드러져 죽은 자같이 되며"(계 1:17)라고 했다.

그런데 너희들(계시파)은 그렇게 쉽게 많은 계시를 받느냐? 닭이 알을 낳아도 하루에 한 알씩밖에 낳지 못하는데 너희들은 눈만 감았다가 뜨면 계시를 받는다고 하니 그것들이 참 계시일 것이냐?" 라고 했다 한다.

채정민(蔡廷敏) 목사의 한마디, 한마디는 평범한 대화 같지만, 깊은 신앙의 체험에서 우러나오는 것이기 때문에 어떠한 신학적 학설보다 위대한 신앙의 정도였다고 증언한 사실을 안 목사는 당신의 책에 서술(敍述)하고 있다. 필자는 이러한 말을 안도명 목사가 생전에 여러번 들려 주었기에 책의 내용을 중심하여 옮겨 놓는 것이 좋을 것 같아 옮겨 놓는 것이다.

채정민 목사는 예레미야 선지자와 같으신 분이라고 생각하면서 나라를 아끼고 민족을 아끼고 더 나가서는 이 땅 위의 교회를 아끼신 하나님의 귀한 종임을 의심치 않는다.

『한국장로교회사(韓國長老敎會史)』,장희근, 아성출판사, 1970년; 「채정민 목사 가시다」 (김인서, 〈신앙생활〉, 1953.5.)

⑪ 김철훈(金哲勳, 1934~1948년, 평신 29기) 목사

김철훈 목사는 수진자들이 두고 나온 평양 산정현교회의 첫 번째 목사이다. 그는 민족대표 33인 중 한 명인 김경덕 목사의 아들로 성장하여 아버지와 함께 신사참배에 반대하며 항일운동에 앞장서서 고난의 여정을 걷다 순교한 목사이다.

김광수 목사는 『한국 기독교 순교사』에서 "김철훈 목사는 고매한 인격의 소유자였다. 말이 없었고 실천이 앞섰으며 항상 성실하게 교인들을 대하였다. 그는 목사의 가정에서 태어나 줄곧 기독교 학교에서 교육을 받았기에 신앙이 몸에 배인 분이었다. 김 목사는 위대한 애국자였다. 말만의 애국이 아니라 흙 한줌, 돌 한개를 아끼고 사랑한 진정한 애국의 사람이었다. 또한 그는 학자였다. 언제 찾아도 김 목사는 서재에서 손님을 맞았다. 서재는 책이 꽉차 있었다. 김 목사는 기도의 사람이었다. 새벽에는 강대상 밑에 꿇어 엎디어 아침해가 떠오를 때까지 기도하였다. 북한 공산당의 탄압이 심해지자 그는 결사적으로 신앙을 지켜 평양성의 순교제물이 되었다. 김 목사는 성경대로 선한 싸움을 다 싸우고 달려갈 길을 다 갔으며 믿음을 지켰으니 그의 머리에는 의의 면류관이 씌워져 있을 것이다." 라고 기록하고 있다.

김철훈목사

긴철훈목사 순교비

그는 숭실전문학교를 거쳐 평양신학교를 나와 1936년 3월에 목사안수를 받고, 숭실중학교 교목으로 채용되어 시무중, 학생 시절 '평양 만세사건'으로 옥살이 하던 자에게 학생을 맡길 수 없다는 이유로 수업중 일본 경찰에 끌려가 조사를 받고 부임 3개월 만에 면직되었다.

그는 아버지로부터 교회와 나라사랑의 길을 걷던 피를 받아 태어났다. 아버지의 삶을 보고 자

란 그는 이것을 익히고 실천하여 희생적 헌신의 길을 걸어 갔다. 특히, 재학시절에는 종교부 활동에 앞장서서 적극적인 활동을 전개하였다. 광주학생 만세운동이 일어났을 때 교내는 물론 평양시위 주모자로 일제에 의하여 투옥되었다. 그것은 그가 시내 각 학교에서 격문을 배포한 사실이 드러남으로 애매한 고난만은 아니었다.

그는 체포되어 혹심한 고문에도 한사코 입을 열지 않은 탓에 다른 동지에게 가해지는 고난조차 도맡아 짊어져야 했다. 그는 나라 사랑만이 아니라 민족복음화의 뜻이 그 누구보다도 강하였던 바 신학공부의 뜻이 이루어져서 평양 장로회신학교에 입학하여서도 줄곧 일경은 그에게서 감사의 눈을 돌리지 아니하였다.

그가 열렬한 학구열로 얼마나 우수한 성적으로 졸업하였는가는 학교를 졸업하자 곧 목사로서 안수를 받고 모교였던 숭실학교 교목 청빙을 받아 재직하였던 것만 보아도 능히 알 수 있다. 면직된 그는 교회 목회길에 올라 용강읍교회를 담임하였고, 다음 송산교회 또 삼성리교회 등을 목회하게 되었는데 이와 같이 임지를 자주 바꾸게 된 것은 그 어디에도 그림자처럼 따라다니는 일제의 간섭 때문이었다.

이같이 전전하면서 송산교회를 시무하던 김 목사는 1938년, 대동경찰서에 검속되어 또 9개월간이나 옥고를 치루어야만 했다. 그는 어느날 경찰서장에게 날카로운 심문을 받으면서도 끝내 신사참배는 종교의식이며, 국가의식일 수 없다는 소신을 굽히지 않았다. 심한 고문에 몇 번이고 기절하자 물을 끼얹어 다시 고문하고 또 고통을 가하여 옷이 피부와 함께 찢겨지기까지 만신창이 되기도 하였다.

그 후 해방이 되자 동평양교회에 청빙되어 시무하다가 1948년 2월에 유계준 장로의 추천과 설득으로 평양 산정현교회에 부임하였다. 이때 산정현교회는 하나님의 영광을 가리는 화려한 건물보다 하나님께 영광돌림이 있는 삶을 택하자는 신앙중심적인 삶으로 모든 문제를 해결하려 했던 이기선 목사를 중심하여 다수의 6~7백여 명의 신앙의 주역들이 대지 967평에 건평 414평의 벽돌로 지은 건물을 뒤에 두고 양재연 집사의 3~4백 명을 수용할 수 있는 목초지로 예배처를 옮겨간 후였다.

김철훈 목사 유족.
맏사위 이금세 장로 연근봉 사모.
김명희 권사(맏딸)

이미 그때는 1946년 11월에 북한에 기독연맹이 만들어져 이북5도 노회가 공산당의 조종을 받을 때였다. 그로 인해 200여 명정도 성도들이 신사참배에 대한 회개(悔改)의 해결없이 이북5도 연합노회에 가입을 원하는 이들 중심으로 세운 평양 산정현교회에 김철훈 목사가 유계준 장로의 추천과 권유로 1948년 2월말에 부임하였다.

그러나 북한에 공산정권이 수립되자 또 한층 교회 탄압은 가중되고, 공산당의 어용단체인 기독교도연맹 가입이 강요되었다. 그는 북한 기독연맹에 가입하지 않고 오히려 공산주의를 신랄하게 비판하고 무신론자를 공박하는 날카로운 설교를 계속하여 성도들의 바른 신앙무장을 일깨웠다.

그로 인해 김철훈 목사는 부임한지 5개월 만인 6월 25일, 저들에게 연행되어 서평양역에서 행방불명되었다. 처형된 것은 공산당들만이 아는 사실이다. 그는 민족복음화와 나라사랑에 남다른 정열을 쏟아 오다가 순교의 제물이 되어 주 앞에서 영광스런 최후를 맞았다.

⑫ 정일선(丁一善, 1883~1950년, 평신 16기) 목사의 순교

정일선 목사는 1883년 2월 22일, 황해도 신천에서 태어났다. 그는 어머니의 신앙을 따라 교회에 열심하며 진학길을 열어 숭실중학을 고학으로 졸업하고, 숭실전문대에서 수학(修學)했다. 그때 쯤 그는 교역에 사명을 품고 평양신학교에 입학하여 40세인 1923년 평신 16회로 졸업했다.

그는 졸업 후 서문밖교회에서 황해도 안악읍교회로 전임하여 16년간 충실히 봉사하던 중 1938년 장로회 27차 총회가 신사참배를 결의한 것에 대하여 심사숙고하던 중, 1939년말 갑자기 동교회를 사면하고 떠났다. 이유는 신사참배를 반대하며 교역을 계속할 수 없었기 때문이다. 그리곤 안악읍에서 6km 떨어진 연동사 부근의 토굴에서 은신생활을 5년간 하였다. 해방 후 그는 장연읍 동부교회 재건에 힘쓰다가 수진자(守眞者)들에 의해 두고 나온 교회인 평양 산정현교회의 김철훈 목사가 순교를 당하자 그 후임으로 청빙되어 갔다.

정일선 목사

1950년 6·25가 터진 다음날 공산당들이 들이닥쳐 정 목사를 연행하여 평양감옥에 수감했다. UN군이 평양을 탈환할 때 후퇴하는 공산당에 의해 옥사가 불타면서 정 목사는 순교하였다.

안도명 목사

⑬ 안도명(安道明, 1920~2007년, 산정현교회 11대 목사) 목사

연세대학교 신학대학 졸업, 동대학원 1년 수료, 캐나다 크리스찬대학에서 석사과정과 박사과정을 끝내고 학위 취득.

아래 자료의 내용들은 필자가 안도명(安道明) 목사와 함께 생활하면서 녹취(錄取)한 것과 그의 저서와 직접 들은 이야기를 약술(略述)한 것이다.

1920년 안도명 목사는 황해도 황주에 200호 정도의 안씨들만 씨족을 이루고 살고 있는 긴골마을에서 태어났다. 가정형편은 넉넉하지 못 했고, 기독교를 모르는 가정이었다. 그러나 그 마을에는 일찍부터 기독교가 들어 와 주변이 기독교 환경에 접하고 있었다. 그리고 그 집안의 안씨 씨족들은 독립정신이 강한 씨족으로 안창호, 안중근 등과 무관하지 않는 계보를 가지고 긍정성의 삶을 살고 있었다.

특히, 그 마을에는 미국 북장로교 계통의 선교사가 세운 교회가 있어 일찍부터 신지식 문화가 각 가정에 보급되고 있는 가운데 안도명은 자라면서 전도를 받아 교회에 출석하면서 자랐다. 그는 황주에서 교회가 경영하는 학교에서 2년을 마치고 4년제의 황주공립보통학교로 편입했다. 졸업 후에는 5년 과정의 평양숭실중학교에 입학했다.

그에 의하면 숭실학교에 다니면서 마우리 선교사(E. M. Mowry: 애국가 작곡자인 안익태를 숭실학교에서 가르치고 도와 준 선교사이다. 우리나라에 서양음악을 보급하는데 크게 기여하기도 했다)의 특별한 사랑과 지도를 받으면서 학업생활을 했다 한다.

마우리 선교사가 안도명을 관심깊게 본 것은 그가 장차 민족주의 독립운동을 꿈꾸는 소년으로 애국애족 사상이 남달랐기 때문이었다는 것이다. 그래서 마우리(Mowry, 한국명 모의리) 선교사는 안도명을 물심양면으로 도우려 했다 한다. 그가 졸업을 하면 미국으로 보내 교육을 시키고 싶어했으며, 그렇게 하지 못 하면 중국 연경대학이나 남경중앙대학에 보내 공부시킨 후 미국으로 데려가겠다고 약속했다 한다.

도명(道明)은 그와 같은 약속에 용기를 가지고 열심히 공부하는 가운데 전교에서 1등을 할 정도였다. 그는 고학을 했고 왜놈하고 싸우려면 최고 학교에 진학해야 한다고 생각했기 때문에 공부를 열심히 하지 않을 수 없었다는 것이다. 일제가 외교관 양성을 위해 세운 만주국립대학교 활빈학원

(최남선 선생이 역사를 가르치던 곳)으로부터 무시험 입학허락증을 받아 놓기도 했다 한다.

그러나 안도명은 졸업식을 석 달 앞둔 1940년 12월에 졸업시험을 치루던 중 일본 경찰에 붙잡혀 갔다. 이유는 '기독교 민족주의 독립운동비밀결사대'에 가담했기 때문이었다. 이 결사대는 안도명 자신이 주선하여 만든 단체였는데 가담한 사람은 15명이었고, 그 중 두 명은 학생이었다 한다.

이 결사대를 만든 것은 일본이 망하는 것은 시간문제이므로 일본이 망하면 일본을 무장해제 시키고 외세가 쳐들어 오지 못 하게 하도록 자치적인 국가를 건설하는 계획의 한 단계였다는 것이다. 그가 꿈꾸는 자치국가란 기독교 정신으로 무장된 민족 결사대를 통하여 혼란을 막고 기독교 정신에 의한 통일 민족국가를 건설하자는 것이었다 한다.

그래서 그들은 평양 대성산 기슭에 있는 사동(寺洞)에서 밤중에 비밀리 태극기를 걸고 조선노동당(朝鮮勞動黨)을 창당하였는데, 이 사실이 일본 경찰에 정보가 들어가 일망타진(一網打盡)되었다 한다.

증언에 따르면 국내 책임자 고만무의 성급한 활동개시 때문에 경찰에 붙잡혀 간 안도명은 평양경찰서와 형무소를 오가면서 혼줄이 나는 취조를 받았다 한다. 그를 취조한 담당검사는 모리 검사였는데, 모리 검사는 사상범 검사로 예리하고 치밀한 자였는데, 당시 신사참배 반대로 붙잡힌 수진(守眞) 성도들 모두가 모리 검사에게 심문을 받았다 한다.

그가 경찰서와 형무소에 수감된 것은 모두 1년 남짓인데 형을 받지는 않았지만 옛 치안유지법으로는 15년, 새로운 법으로는 사형에 해당되었으나 모리는 안도명을 감옥에서 썩도록 만들고 싶지 않다는 것이었다.

한편, 안도명이 다니고 있는 학교 교장 선생님이 경찰서에 찾아 와 사정(事情)을 하기를 "도명(道明)이는 공부에도 전교에서 1등을 하고 학교의 마라톤 대표선수이기도 했고, 또 고학(苦學)으로 공부하였음"을 설명해 주는 구명운동을 하였다 한다.

평양감옥에 수감되어 신사참배에 반대하는 순교자, 수진자들과 함께 있으면서 그들의 신앙적 모습과 가르침에 감동을 받고 그가 보고 들은 사실을 객관적 입장에서 기록한 책 '신사참배 반대투쟁 정신사' 안도명

그리고 이 일로 붙잡혀 간 동료들도 안도명하고는 상관없다고들 경찰에 진술해 주었는데 그 이유는 "도명이를 빨리 감옥에서 내보내어 미국에 가서 공부하고 돌아 와 나라를 건지도록 하기 위해 이구동성으로 그렇게 말했다."는 것이다. 모리 검사는 안도명을 수차례 호되게 취조를 하여 혼줄을 내고는 마지막에는 도명에게 "제발 부탁을 한다."고 하면서 "자네의 타고난 재질을

가지고 대일본제국을 위해 노력해 달라."고 말했다 한다.

그러한 가운데 안도명은 평양경찰서와 평양형무소의 생활을 이렇게 증언하고 있다.

「나는 평양경찰서와 평양형무소를 포함하여 1년 남짓 감옥에 수감되어 있었다. 경찰서에서 신사참배 거부로 체포되어 들어온 수진 성도들을 처음 만났다. 경찰서에 붙잡혀 가기 전부터 신사참배를 반대한 이들이 구금되어 있다는 소식은 들었다. 선교리경찰서에서 오윤선(吳潤善) 장로와 한 감방에 들어갔다. 그곳에서 안이숙 성도를 처음 만났다. 취조가 끝나고 평양경찰서에 이감되었는데 4호실엔 주기철 목사가 그 유명한 공산주의자 주영하와 같이 있었다.

나는 6호 감방에서 방계성 장로와 같이 있었고, 8호실에는 최봉석 목사, 10호실에는 안이숙, 그리고 9호 감방에는 목소리가 예쁜 장혜경 전도사가 수감되어 있었다. 경찰이 장혜경에게 "본적(本籍)이 어디냐?"고 묻자 태연히 "하늘나라"라고 답했다. 또 "현주소가 어디냐?"고 하자 "이 세상"이라고 답했다. 구타를 당하지 않을 수 없었을 것이지만 하나님의 은혜로 그냥 넘어가는 것을 보았다. 그녀는 새벽 4시면 일어나서 홀로 새벽기도를 시작했다. 기도가 끝나고 "저 높은 곳을 향하여 날마다 나아갑니다"를 불렀다. 찬송가를 부른다고 야단치던 간수조차도 더 이상 관여하지 않았다.

경찰서와 형무소에서 신사참배를 거부하다가 체포된 수진 성도들을 만난 것은 나의 신앙을 다지는 계기가 되었다. 감옥 안에서는 어느 정도 갇혀 있는 자들끼리 간수 몰래 서로가 만나 대화할 수 있었다. 감옥에 들어가 보니, 예수 믿으려면 저렇게 진실되게 믿어야 하겠다는 생각이 들었다. 나도 신사참배를 철저히 거부해야 한다는 확신을 가졌다.

주기철 목사는 학교에서 만난 적이 있었다. 숭실학교에 와서 종종 설교를 했다. 학식 있는 똑똑한 분으로 보였다. 옥중의 주 목사를 보면서 예수를 믿으려면 주기철처럼 믿고, 민족운동을 하려면 안창호처럼 해야 한다는 생각을 하게 되었다. 출소 후 주기철 목사의 아내 오정모 사모를 찾아가 만나 뵈올 정도로 수진 성도들에 대한 나의 신앙적 감화는 컸다. 형무소에 들어가 보니 과연 그들이 성자며, 살아있는 순교자라는 것을 깨달았다.」

감방에서는 등을 대고 눕지도 못하고 가만히 앉아 있어야 했고, 복도 쪽 앞자리에 앉아 영하 20도의 추위를 이겨내야 했다. 한 번은 꾸벅꾸벅 졸고 있으니 간수가 물을 끼얹었다. 오한이 치미는 그곳에 난로가 있는 것도 아니고 안 목사는 그냥 그대로 젖은 옷을 입고 잠을 자면서 말렸다.

얼음이 얼어 붙는 추위에 물을 끼얹은 간수를 원망하는 안 목사를 향하여 같은 감방의 수진 성도 오윤선(吳潤善) 장로는 "이 사람, 간수를 고약하다고 욕하지 말게, 그는 자기 임무에 충실하고 있는 것이야." 라고 말했다.

죄수들은 간수들을 증오하고 있었다. 그러나 오 장로는 원수조차도 사랑하고 있었던 것이다. 안 목사는 예수님의 사랑이 과연 세상과 다르다는 것을 깨달았다. 자신이 붙잡혀 온 것은 민족주의 정신 때문이었는데 민족주의가 예수정신을 능가할 수 없다는 것을 비로소 깨달은 것이었다.

오윤선(吳潤善) 장로는 신사참배 반대 투쟁자들 가운데서 채정민 목사 다음으로 고령자였다. 오 장로는 황해도 곡산에 있는 작은 교회의 장로로, 전도사 생활을 하던 분이었다. 신사참배 문제가 없었으면 시골에서 조용히 전도하다가 세상을 떠났을 분이다.

그러나 신사참배 거부문제로 곡산경찰서에서 취조를 받다가 황해도 경찰국으로 이송되어 해주에서 또 장기간 취조를 받아야 했다. 취조를 받을 때 오 장로는 "천조대신과 하나님 중 누가 더 높으냐?"라는 질문을 받았다. 오 장로는 "그것을 묻는 당신이 어리석다. 하나님은 우주만물을 창조하신 창조주이시고, 천조대신은 하나님의 피조물인데 창조주와 피조물이 비교가 되느냐." 하고 "천조대신이고 무엇이고 다 피조물이니 참 신은 하나님 한 분뿐이시다."라고 했다 한다.

왜경은 "고노야로 빠가야로"(이 새끼야, 나쁜 새끼야) 하며 구둣발로 70세 노인의 정강이를 걸어 찼다. 큰 상처가 났고 계속적으로 얻어맞을 때 정말로 그 고통을 참아낼 수 없었다. 그래서 그는 큰 소리로 찬송가를 불러댔다. 노인을 구타하던 왜경은 찬송가 소리에 어이가 없다는 듯이 구타를 중단했다 한다.

그러나 오 장로는 그는 자신을 그토록 구타한 왜경조차도 미워하지 않은 성자였다. 왜경은 오직 자기 일에 충실하고 있을 뿐이라고 생각한 것이다. 참으로 그는 세상이 알지 못 하는 또다른 세계 속에 살고 있었다.

순교신앙은 세상이 감당치 못할 어떤 것이라고 생각한 것은 최봉석(최권능) 목사로부터도 알 수 있다. 사람들은 그를 사실인즉, 머리가 좀 돈 사람으로 취급했다. 그는 순교하기 얼마 전 두 손으로 깎는 기계로 머리를 깎고, 양말만을 신은 채 앉아 있었다. 이때 평양 고등계 류 부장이 다가 왔다. 한국인 악질 왜경이었던 그는 신사참배 항거자들을 잘 취조했다는 공로로 평안남도 경찰국 경부(경찰서 서장, 갑종)급으로 승진해 있었다. 최권능 목사는 그를 향해 싱글싱글 웃어 보였다. 그것은 결코 가식적인 웃음이 아니었다.

"이놈의 영감 뭐가 좋아서 웃어? 최 목사는 답했다. "류 부장을 보니 기뻐서 웃소이다. 류 부장만 보면 마음이 편하고 기분이 좋소이다." "또 그런 이야기야?"라고 류 부장은 핀잔을 주었다. "류 부장, 류 부장을 보면 늘 기쁘오이다. 그런데 한 가지 허전한 게 있소이다. 거참 야단났소이다. 저렇게 풍채도 좋은데 큰일났소이다."라고 했다. 류 부장은 "그게 뭐요?"라고 반문했다. "이제 죽으면 지옥에 갈 텐데 그걸 어떻게 하나, 그 참 어떻게 하나." 하고 말했다.

최권능 목사는 원수를 원수로 생각하지 않았다. 자기를 취조하고 고문한 자들, 자기 동족에게 그토록 악질 행위를 했던 원수를 만나면 기쁘고, 기분이 좋다고 하면서 웃을 수 있었던 것은 성자의 도량 그것이었다. 온갖 고초를 당하면서도 악질류 부장조차도 미워하지 않고 사랑한 그였다. 필자는 사람이 사람을 때리는 일을 직업으로 하는 인간만큼 비참한 인간이 없다고 생각한다. 인간이 가질 수 있는 직업 가운데 가장 말단직업인 것이다. 그 같은 인간 악질과 신사참배로 구금된 성자는 참으로 대조를 이룬다.

옥중에 있던 이들은 자주 구타를 당했다. "소x몽둥이"(황소의 고환 껍데기 안에 쇠줄을 넣은 것)는 때리면 아프지만 상처가 나지 않는 그야말로 흉기였다. 주기철 목사는 물 먹이기 고문을 수없이 당했다. 뒤로 뉘이고 이마를 눌러서 입에 물을 부어 들이키게 하고 배에 물이 차면 배를 눌러 물이 목으로 올라오게 하는 고문이었다. 주기철 목사는 고문하는 그 형사를 보고, "당신, 오늘날 이렇게 고문하고도 하나님이 무섭지 않느냐"고 말했다. 그러나 신앙의 승리자들은 악을 미워했으나 결코 사람은 미워하지 않았다.

안도명은 평양형무소에서 1년을 보내고 출감할 수 있었는데, 그 후는 일제의 '보호관찰소'의 보호를 받으며 3년을 지냈다. 그렇게 지내면서 그는 순교자, 수진자들과 교제의 가르침을 계속 받고 그들의 삶을 귀하게 여기면서 신앙을 배워나갔다 한다. 그는 사상범이었기 때문에 항상 감시를 당하고 사상동향을 보고해야 했다.

이 무렵 안도명은 종종 서울에 들렀는데 전차를 타고 서울역 앞을 통과할 때면 전차 안의 모든 사람은 남산의 일본 신궁을 향해 절을 해야 했다. 전차 운전사는 일본말로 "모든 사람은 신궁을 향해 차안에서 경례하라."고 지시했다. 명령을 어기는 자는 붙잡혀 경찰서로 끌려갔다. 고개를 들고 있으면 신분이 탄로나게 되어 있었다. 그래서 안도명은 그짓을 하지 않기 위해 서울역과 남대

문역 구간은 전차에서 내려서 걸어 다녔는데 이때는 1942~1943년경의 일이라고 말하고 있다.

미노사마 겐사부로(島鉉三郎)라는 보호사가 안도명의 '담임'이었는데 그의 일거수일투족 행동을 감시했다 한다. 종종 시국 감상문을 쓰고, 사상동향을 적어 내야 했다는 것이다.

안도명은 그 후 일본 전국(戰局)이 험악해지는 것을 보고, 또 젊은이를 특별지원병으로 강제로 전쟁에 내보내려 했기 때문에 만주로 도피했다. 일제에 끌려가 전선에서 개죽음을 당하고 싶지 않고 신사참배를 하고 싶지가 않았기 때문이라고 한다.

안도명은 만주 용봉툰이란 촌에 자리잡은 전택부 씨의 농장에 숨어 들었는데 우편배달부가 오지 않을 정도로 외진 곳이었다 한다. 그곳은 한국인 100여 가구와 중국인 200여 가구 총 300여 가구가 살고 있는 마을이었다. 중국인들은 조선 사람들이 "동해물과 백두산"을 부르는지 '기미가요'를 부르는지 알아 듣지 못 하니 마음 놓고 애국가를 부를 수 있었다 한다.

안도명은 학교를 세워 초등학교 과정 학생들을 가르쳐야겠다는 생각이 들어 학교를 개교했는데 6학년 나이에도 1학년에서 공부를 하는 아이도 있었는데, 고국(故國)의 각처에서 떠나 피난 온 사람들이어서 지방방언의 혼합은 액센트의 대하모니를 이룰 정도였다 한다. 사람들은 안도명을 "고 선생"이라고 불렀는데 안도명의 가명이 '다카기시게루(高木茂)'였기 때문이라 한다.

그리고 그는 교회를 세워 교회명은 '용봉툰교회'라고 불렀으며 교인은 20~30명, 때로는 50명 가까이 모였다 한다. 안도명은 만주에서 2~3년을 지내다가 해방직전에 조선으로 돌아와 평양에서 머물면서 채정민 목사 집에서 성경을 배웠다. 그렇게 지내는 가운데, 1945년 해방이 되어 산정현교회에 출석하여 감옥에서 만난 수진자(守眞者)들과 함께 예배를 드리면서 생활하였다 한다.

1946년 1월에는 오정모 사모와 수진자들의 후원 속에 담임 한상동(韓尙東) 목사가 감옥에서부터 안도명을 관심 있게 보아 온 지라 한상동 목사에 의해 산정현교회 전도사로 임명되어 봉사하게 되었다. 그러다가 1947년 2월 초에 월남했다 한다. 안도명은 "일본에서 신학을 공부하고 돌아 온 주기철 목사의 장남 주영진 전도사를 두고서 날 그 교회의 전도사로 임명한 것은 지금까지도 이해가 되지 않을 정도로 하나님의 특별한 은총의 섭리다."라고 고백하고 있다. 안도명은 월남해서는 6·25사변이 일어나기까지 연세대학교 신학과를 다녔는데 1948년에 입학했고, 졸업장은 부산 피난시절에 받았다 한다.

6·25사변이 일어났을 때 안도명은 부산에서 통역관으로 일하다가 유엔군과 함께 통역관의 명목으로 이북에 들어가 평양에서 민간인으로 사회운동, 정치운동을 시작하면서 그는 '북한자유

중년시대의 안도명 목사 모습

안도명 목사의 신앙적 사상인 정치 철학이 이 책에 담겨있다. '역사의 새방향 - 제3의 물결', 안도명 著

당'을 창당하고 고한규 장로(고범서 씨의 큰아버지)를 당수로 모시고 선전위원장에 취임한다. 그리고 남북이 통일되면 '북한'이라는 글자는 삭제하고 '자유당'으로 하여 정당활동을 하려고 했다는 것이다.

또, 그는 일간지 〈평양타임즈〉도 발행하였는데, 독일제 윤전기로 만들어 약 한 달간 몇 번 신문을 발행하다가 불행하게도 중공군의 개입으로 평양 입성 40일 만에 중단하고 1·4후퇴를 하고 말았다 한다. 후퇴할 때 그냥 후퇴하지 않고 피난민 8백여 명을 여러 대의 미군 트럭에 실어 부산으로 후송하여 부산에서도 그들이 밥벌이를 하고 살 수 있도록 도와주었다 한다.

이때 후송한 사람들 중에는 경희대학교 교수로 지내며 한국을 빛낸 무용가 김백봉 교수도 있었다고 한다. 안도명은 부산에서 초대 국무총리였던 이범석 장군의 비서실장을 역임하게 되었는데, 이범석 장군이 대만에서 돌아왔을 때 청년계의 추천을 받아 비서실장의 자리를 맡게 되었다 한다. 안도명의 삶에는 대한민국을 위한 기독교 정신에 의한 정치적 관심과 참여가 남다르게 나타나고 있는 것을 볼 수 있다.

그가 집필한 『역사의 새방향(歷史의 새方向)』이란 책에는 '제 삼의 선언'이라고 부제를 달면서 '가치관의 변혁과 역사의 새방향'을 제시하고 있으며, 복음주의 인문통치 체제를 강조하고 있다. 그리고 기독교와 유물사관의 차이점을 지적하면서 기독교 정신에 의한 복지사회 정책을 제시하고 있다.

또, 기독교와 민족주의를 구분시켜 일체화하면서 한국혁신 운동의 과거, 현재, 미래를 짚으면서 통일론을 제시하고 있다. 그는 언제나 십자가 복음만이 민족을 구원할 수 있는 힘의 연속성을 가지고 있다고 주장하여 왔다.

또, 안도명 목사는 그가 보고 느끼고 겪은 산정현교회와 순교자와 수진자들의 삶을 이렇게 증언하고 있다. "일제에 의해 폐쇄된 산정현교회는 해방 때까지 7년간 공적인 예배를 제대로 드리지 못 했다. 당회나 제직회도 마비되어 있었고 교회는 폐쇄된다. 다만 성도들은 오정모 사모와 백인숙 전도사의 노력으로 신사참배하지 않는 순결한 신앙을 개별적으로 유지하고 있었다. 두

분은 집집마다 다니며 교인들의 신앙이 동요하지 않도록 기도로 결속시켰다. 장로, 집사, 평교인 모두 우상숭배하는 기성 교회에는 가지 않았다. 경찰은 스파이를 파송해 산정현교회 교인들의 동태를 감시했다. 교인들이 그러한 가운데서도 헌금을 바쳤고 그 돈으로 주(朱) 목사 뒷바라지를 했다." 하면서 안도명은 오정모 사모를 이렇게 소개하고 있다.

"오정모 사모는 주기철 목사 못지 않게 훌륭했다. 가족을 데리고 셋집을 얻어 들면 경찰은 주인에게 압력을 가해 몰아 내게 했다. 이런 일을 해방이 될 때까지 13번이나 당했다. 한 번은 평양 고등보통학교(후에는 평양제2중학교)의 일본인 교장선생과 같은 구역 같은 반에서 살게 되었다. 그 교장은 주 목사 가족이 속한 반의 반장이었다. 매월 8일마다 하는 신사참배를 하지 않는 오부인과 신사참배 문제를 가지고 토론을 한 후에 대단히 감탄을 하면서, "조선 여성 중에 저렇게 훌륭한 분이 있느냐고." 말하면서 놀랬다고 한다.

산정현교회 교인들은 각각 자기 집에서 예배를 드렸다. 그러자 왜경은 교인들을 붙잡아 갔다. 똑똑한 사람만 잡아 가두었다. 오정모 사모도 몇 차례 붙잡혀 갔다. 악명으로 소문난 류 반장이 그를 취조하며 "이 여우 같은 년아, 신사참배를 반대하면 어떻게 되는 줄 아느냐."고 묻자 오 사모는 "어떻게 되긴, 어떻게 되느냐, 죽는 것보다 더 한 것이 있겠느냐."고 따졌다. 형사도 그를 어떻게 할 수 없었다. 그녀를 여우라고 말하던 그 류 부장은 해방직후 그 형무소에 끌려가 두들겨 맞고 완전 병신이 되어 얼마 후 죽고야 만다.

오정모 사모에 대한 이야기는 주기철 목사 전기에 잘 소개되어 있다 하면서 안도명 목사는 오정모 사모에 대해 이렇게 말하고 있다.

"내가 감옥에서 나와 오정모 사모의 집을 찾아가 문전에 이르니 은은한 기도소리가 들려왔다. 기도가 끝나기를 기다려 문을 노크하고 들어갔다. 이름을 말하고 나를 소개했더니 이름을 들어서 잘 알고 있었다고 하면서 나를 반겼다. 다니엘서를 읽고 있었는지 다니엘서를 펼쳐 놓고 다니엘과 세 청년, 사드락, 메삭, 아벳느고의 얘기를 하고 하나님을 섬기다가 사자 굴과 풀무 불에 들어간 다니엘의 이야기를 해주었다. 신사참배는 현대판 우상숭배인데 우리 목사님이 나와 결혼한 지 3년만에 잡혀갔다고 말했다. 그리고 목사님과 사모님은 서로가 참으로 사랑하고 있었다고 말했다. 그 애정의 표현은 정말 눈물겨울 정도였다. '그러나 내가 우리 목사님을 예수님보다 더 사랑하면 우리 목사님이 나에게 우상입니다. 또 우리 목사님도 나를 예수님보다 더 사랑하면 내가 우리 목사님에게 우상이 됩니다.'라고 했다.

그의 신앙은 이론이 아니고 체화된 것이었다. 순교자의 배후에는 산 순교자 부인이 있었다. 오정모 사모는 참으로 여성답고 온유하고 겸손하며 자상하고 인정이 많았던 분이다. 오정모 여사는 목사 사모의 표본이었다."

오정모 사모는 일제시 유방암으로 평양기독병원에서 수술을 받으려고 입원을 했다. 장기려 박사가 수술을 했다. 그는 오정모 사모의 신앙에 감화되어 해방 후 산정현교회의 교우가 되었고, 집사로 봉사했다. 병원에서 그를 간병하던 간호사들은 대부분 오정모 사모의 신앙제자들이 되었다. 주영진 전도사의 부인, 고려신학교 교수였던 박윤선 목사의 부인(이화주)도 오정모 사모로부터 감화를 받은 간호사이다 라고 증언하고 있다.

안도명 목사는 자신이 산정현교회 전도사로 임명받은 것은 출옥 성도들의 추천이 있기도 했지만, 오정모 사모가 배후에서 적극적으로 밀어주었기 때문이다 라고 말했다. 그러나 당시 그는 시골에 있는 진재교회의 전도사로 파송되어 있었다. 한편으론 신학교 문전에도 가보지 못한 그를 산정현교회의 전도사로 임명한 것이다. 그가 당시 대학교육을 받지 못한 것은 사상범 관리기관인 보호관찰소의 감시를 받고 있었기 때문이었다.

안도명 목사는 평양에 숭실대학교가 재건된다고 해서 기다렸으나 가망이 없음을 알고 만학이라도 하기 위해 서울로 가고자 했다. 이 사실을 알리기 위해 오정모 사모를 찾아 갔을 때 오정모 사모는 유방암이 재발하여 재차 수술을 받고 병석에 누워 있었다.

"일제의 방해로 하지 못 한 공부를 하기 위해 서울로 가겠다."는 인사를 드렸더니, 벌떡 일어나 앉으며 "안 선생, 그것이 무슨 말이오? 내가 안 선생을 산정현 제단에 세울 때 사람이 없어서 세운 줄 아시오? 안 선생을 우리 목사님의 뒤를 이으라고 세운 것이오. 산정현 제단을 버리고 어디로 간단 말이오? 못 갑니다. 안 됩니다." 라고 말하고는 "기도합시다." 하고 아픈 몸을 일으켜 안 목사와 가족을 위하여 30분 이상 기도를 해주었다. 오 사모는 그 다음 날 세상을 떠났다. 오정모 사모의 장례식을 끝내고 겨우 용기를 얻어 교회의 승낙을 어렵게 받고서 안 목사는 서울로 왔다.

그리고 출옥 성도 오윤선(吳潤善) 장로는 장기간 형무소에 구금되어 있다가 출옥 후 채정민 목사 댁에서 함께 모인 산정현 교인들을 대상으로 예배를 드렸다. 10명 정도 모일 때도 있었고, 한 두 명 예배를 드릴 때도 있었다. 찾아 오는 이들이 없으면 채정민 목사와 오윤선(吳潤善) 장로 두 사람이 예배를 드렸다. 서로 번갈아 가며 설교를 했다.

그러자 일본 경찰이 종종 그들을 찾아 왔다. 그리고는 예배드리는 것을 보고 고함을 질렀다. "사람 모아 놓고 예배하지 말라고 했는데 영감들은 왜 말을 듣지 않느냐."며 그들을 질책했다. 채 목사는 유머 감각이 있던 지라 "배급 쌀로 떡을 만들어 먹어도 혼자 먹지 않고 남과 나누어 먹는 법인데, 하나님 말씀의 떡을 나누어 먹지 않고 혼자 먹을 수 있느냐."고 답했다. 지하 교회는 조직을 가지지 아니했으나 초대 교회와도 같았다. 그곳에서 채정민 목사로부터 배운 성경지식은 안 목사의 일생의 신앙적 기초가 되었다. 그는 조용조용 성경의 진수를 가르쳤다. 성경에 나오는 인물들을 배우로 보며, 하나님을 연출자로 설명했다.

또, 안도명 목사는 재건파와 수진자들에 대해 이렇게 말하고 있다.

『죽으면 죽으리라』를 저술한 안이숙 씨는 옥중에서 재건파가 되어 나왔다. 이복 남자동생 둘과 동복 여자 형제(언니)가 있었는데 출옥 후, 신앙의 노선이 다르다는 이유로 절교했다. 인사도 하지 않고 찾아오지도 못 하게 했다. 결혼한 언니는 기성 교회에 출석하고 있었다. 그녀의 어머니도 안이숙과 마찬가지로 큰딸을 얼씬조차 못 하게 했다. 큰딸 사위를 맞이했으나 일체 교제를 끊었다. 1947년 서울에서 안이숙을 설득하여 자매간에 화해를 시켰다. 안이숙은 월남하여 자신의 방을 교회 집회 처소로 삼아 신촌교회를 시작했다. 그것은 재건파 교회였다. 연세대학 신학과를 다니던 나는 얼마간 주일마다 그곳에 가서 설교해 주었다.

안이숙은 일본에서 경도여자전문학교를 다녔다. 일본인을 좋아하고 심지어 일본인과 결혼하여 살려고 했다. 국적도 바꾸고자 했다. 신사참배를 반대한 것은 너무도 일본을 사랑했기 때문이었다. 일본이 우상숭배로 망하지 않도록 하기 위해 신사참배를 반대한 것이다. 애국적(일본)인 신사참배 반대자였다. 대구여자고등보통학교에서 교사생활을 하다가 어떤 일로 사직을 했다. 안이숙은 신사참배를 반대하는 기독교 신앙인이었으나 다른 수진자들과는 달랐다. 신학적인 기반을 가지고 있지 못했다.

재건파는 주기철 목사가 순교해도 지옥간다고 생각했다. 황거요배(일본 환궁을 향해 절하는 것)를 했기 때문이라는 것이다. 신사참배하는 자만이 아니라 황거요배하는 자와도 말도 하지 말고, 인사도 하지 말고, 음식도 함께 먹지 말라고 했다. 형무소 안에 있는 재건파는 면회온 자들을 통해 형무소 밖에 있는 자들과 연결이 되어 있었다. 밖에도 이미 재건파가 형성되어 있었던 것이다.

재건파는 기성 교회는 상대할 용의가 있어도 수진자들과는 상대하려고 하지 않았다. 재건파 입장을 갖지 않은 신사참배 항거로 구속된 주기철, 이기선, 채정민, 한상동, 주남선 등을 일컬어 마귀들이라고 하여 상대하기를 꺼려했다. 그러면서 산정현교회당을 '왕마귀당'이라고까지 했다. 성경적으로 재건파의 문제점을 조리 있게 반박하는 채정민 목사보고는 '왕마귀'라고 했다.

해방 후 재건파는 첫 예배를 평양의 화신(백화점) 뒤 윤원삼 장로 댁에서 드렸다. 윤 장로는 본래 장대현교회의 장로로서 평양 유지이며 돈이 많았다. 나중에 월남했다. 나는 안이숙을 찾아 뵙기 위해 윤 장로 댁으로 찾아가 인사를 했다. 윤 장로 댁에서 모인 재건 교회는 나중에 신양리재건교회라고 했다. 그들은 기성 교회만이 아니라 수진자들도 회개를 하면 그것으로 끝나는 것이 아니라 재건 교회로 돌아와야 한다고 주장했다. 재건파 아닌 교회는 모두 마귀당으로 보았다.

재건파의 과격함을 반대하는 수진자들은 출옥 후 별도의 교회를 세우려고 하지 않았다. 교단을 만들려고도 하지 않았다. 기성 교회가 회개하면 함께 하나의 한국 교회를 섬기고자 했다. 수진자들은 재건파가 너무 과하다고 하여 무시해 버렸다. 수진자들은 산정현교회에 모여 건강을 돌보며 주기철 목사가 순교한 노선에서 순교신앙을 계승하고자 했다.

수진자들은 자신들을 산순교자로 부르지 않았다. 처음에는 '출옥 성도'라고 부르다가 그 단어마저도 자화자찬이란 인상을 준다고 하여 '수진자(守眞者)'로 고쳐 불렀다. 진리를 지키느라고 좀 고생을 했을 뿐이라는 것이었다.

출옥 성도들은 재건파와 기성 교회 양 극단을 피하면서 한국 교회의 혁신과 복구의 방법을 제시했다. 수진(守眞) 신앙인은 싸움을 싫어하고 세상적인 재물이나 이권에 관심이 적었다. 이사야 선지자가 말한 메시아의 모습처럼 겸손하고 온유한 분들이었다. "마치 도수장으로 끌려 가는 어린양과 털 깎는 자 앞에서 잠잠한 양같이 그 입을 열지 아니하였도다"(사 53:1~9).

주기철 목사는 '수진자(守眞者)'로서 순교하신 분이고, 방계성 목사는 6·25사변 때 공산당에게 끌려가 순교를 하였으며, 어디에서 어떻게 죽었는지 시체조차 찾을 수 없었다. 산정현교회가 신앙노선을 결정하는 문제로 갈등을 겪을 때 한 번은 전체회의를 했다. 김경진 집사가 사회를 했다. 장로들이 있는데도 그 자신이 사회를 하게 된 것은 중립파의 한 사람이었기 때문이다.

장기려 박사도 그 자리에 있었다. 그는 양쪽 편에 모두 손을 들었다. 김경진 집사는 "장기려 박사님은 왜 양편 모두 손을 드느냐?"고 물었다. "양편 이야기를 들어보니 양편 모두 옳은 것 같아서 그랬다."고 했다. 그는 모가 나지 않는 사람이었지만 바로 그 모나지 않음이 종종 문제가 되기도 했다. 나중에 수진자 신앙노선에서 장로장립을 받게 되었다.

한국 기독교 모두는 신사참배에 대해 회개해야 한다고 외치는 안도명 목사
(1996년, 11월 78차 총회시 말씀 선포-독노회총회 복구총회장)

평양 산정현교회가 분열된 이후에 두고 나온 기성 교회 측 산정현교회는 김철훈 목사가 담임했다. 그는 훌륭한 인격을 가진 인물이었고 수진자들의 신앙을 흠모해 온 사람 중의 한 명이다.

1946년 9월, 산정현교회가 분열되기 전에 평양 시내의 온경락 목사는 수진자들을 초청하여 식사대접을 했다. 온 목사는 서평양의 어느 기성 교회를 담임하는 목회자였으나 수진자 노선을 항상 흠모하고 있었고, 그 입장에 동조했다. 수진자들은 재건파와는 달리 기성교회 목사를 이단시하지 않았기 때문에 초대에 기쁘게 응했다.

이 모임은 장차 조직될 독노회의 복구와 연관이 있다. 후계자를 키워야 신앙노선을 살릴 수 있고 그렇게 하자면 신학교를 세우고 노회를 조직할 필요가 있다는 점에 의견을 모았다. 독노회의 실제적인 조직은 1948년에 공의회를 거쳐 1949년 5월에 이루어졌다. 기성 교회가 회개하면 함께 하나의 교회를 섬기기 위해서 해방 후 무려 3년간 독자적인 교단을 조직하지 않았다. 수진자들은 교회 분열을 원치 않았다. 다만 기성 교회의 신사참배를 참회하는 것을 바라고 있었으므로 참회하기를 기다리고 있었다.

목사를 안수하기 위해서는 노회가 필요했다. 한국인 목사가 없었던 1907년의 독노회 조직상황과 같았다. 평양신학교생 7명이 졸업하자 그들을 목사로 안수하기 위해 선교사들이 비상노회를 조직하여 안수한 것이 바로 독노회였다. 이후 독노회를 기반으로 1912년에 조선예수교장로회 총회가 조직되었다.

복구 독노회는 신사참배를 하기 이전의 옛 장로 교회를 계승한다고 선포했다. 조선예수교장로회 독노회란 이름의 첫 노회는 방계성 장로, 심을철 전도사, 김의홍 전도사를 목사로 장립했다. 독노회는 기성 교회로부터 분리된 교단이 아니다. 다만 옛 장로 교회를 복구하여 정통적으로 계승한 것이다. 어떻게 해서든지 한국 교회를 복구시켜 하나가 되고자 애를 썼다. 한상동 목사가 이북5도 총회장 김진수 목사를 만나 복구의 필요성을 말한 것은 교회의 분리를 막고 하나됨을 갈망했기 때문이다.

채정민 목사가 일평생 한국 교회의 참회를 위해 기도한 것은 그가 얼마나 한국 교회를 사랑하고 하나되는 것을 갈망했는가를 말해 준다. 이기선 목사는 교회 문제로 어떤 시비가 생기면 곧 자신이 모든 것을 포기하고 그 시비에서 벗어나는 분이었다. 노회나 신사참배를 반대한다는 까닭으로 자신을 배척하면 조용히 그 자리를 떠났다. 모든 것을 은혜로 처리했다. 독노회가 분파주의 입장을 가지고 따로 교단을 세우려 했으면 재건파처럼 해방직후에 그렇게 했을 것이다.

수진자들을 향하여 독선이니, 분리주의자니 하는 것은 얼토당치 않다. 다만 참회를 요청한 것이지, 분리(分理)고 뭐고 없다. 기성 교회가 회개하지 않기 때문에 한국 교회에 분열이 일어난 것이다.

한상동 목사가 산정현교회를 담임하게 된 것은 감옥에서 나온 후 산정현교회 교인들이 합심하여 청했기 때문이기도 하지만 수진자들이 한상동 목사에게 적극 권했기 때문이다. 한 목사 자신도 거절하지 않고 기쁘게 그 청을 받아 들였다. 그는 교단을 만들거나 교파를 분립할 의사가 전혀 없었다. 그는 겸손했다. 수진자들끼리 무엇을 따로 하자고 앞장서지도 않았다. 아마도 신학교 세우는 것을 희망하여 남으로 갈 생각을 했던 것이 아닌가 싶지만, 잠깐 어머니 장례식에 참석하고 돌아올 것이라고 말했다. 한상동 목사는 굉장히 겸손한 인물이었다.

그리고 서울 후암동소재 산정현교회와 남한의 독노회는 6·25가 일어나자 산정현 교우들은 피난길에 올라 부산산정현교회를 세웠다. 처음 부산역 부근에 자리를 잡았다가 얼마 후 부평동으로 자리를 옮겼다.

서울이 수복되자 서울 회현동에 임시예배처를 마련하고 예배를 드렸는데 그 후 후암동에 예배처를 정식으로 정하고 예배를 드리면서 문교부에 1961년, 고신 출신의 정대신 목사에 의해 '朝鮮예수교長老會 獨老會 山亭峴敎會'란 이름으로 등록하였다.

앞에서 증언한 안도명 목사는 후암동 소재 산정현교회가 소속되어 있는 독노회에서 1972년에 목사안수를 받고 목회를 시작했다. 장로교 총회가 신사참배를 결의하기 이전의 구 헌법(1934년 개정판)의 절차를 따라 안수를 받았으며, 독노회의 신학적 입장은 칼뱅주의 노선을 천명하고 있었다. 1972년 8월에서 1981년까지 산정현교회에서 만 8년간 목회를 하고 미국으로 가서 뉴욕한인장로교를 설립하여 목회를 했다. 안도명 목사는 산정현교회와 그 맥을 이렇게 말하고 있다.

독노회 총회 복구 총회장으로 한국최초 교단적으로 1938년 27차 총회의 신사참배결의를 무효화하고 교단적으로 회개를 할 수 있게한 평양감옥의 산 증인으로 역할을 한 복구 총회장 안도명 목사와 신사참배회개에 대한 소식을 듣고 일본에서 통역관을 대동하고 본교회를 찾아와 감사와 함께 기념 촬영을 함. 왼쪽 두 번째 登家勝也 목사 세번째 안도명 목사이다.

「산정현교회는 순교자의 교회이다. 일제말기 교회 건물은 일제에 의해 빼앗겼고 교인들은 흩어졌다. 그러나 해방이 될 때까지 지조를 지키고 우상숭배를 하지 않았다. 평양에서 승리한 산정현교회를 존경한다면 그 교회가 가졌던 순교자의 신앙, 수진성도들의 신앙, 정통신앙을 따라야 한다. 주기철 목사처럼 '일사각오'를 가지고 그리스도의 십자가와 진리의 증인이 되는 것이 주기철 목사를 존경하는 것이다. 믿는 바가 순교자의 믿었던 것과 같고 행하는 바가 순교자의 행했던 것과 같을 때 비로소 순교자를 존경하는 것이 된다. 그렇지 않고 단순히 "주기철, 주기철", "산정현, 산정현" 하는 것은 주기철과 산정현교회를 상품화하고 영웅시하는 것이다.

하나님은 인간숭배나 영웅주의를 절대 기뻐하시지 않는다. 해방 후 평양신학교 교장을 역임했던 김인준 목사도 훌륭한 분이었다. 기성 교회 목사였지만 생각이 깊고 학식이 많은 분

안도명 목사 내외분

이었다. 그는 프린스톤신학교에서 공부를 하고 돌아 온 분이었다. 월남했다가 공산당의 박해 아래 있는 교회를 버리고 남하한 것이 후회가 되어 일사각오로 다시 평양으로 돌아가 공산치하에서 순교한 것으로 알려진다.

김인준 목사는 주기철 목사가 아직 순교하기 전에 옥중에서 고생하고 있는 주 목사를 두고서 다음과 같은 말을 했다.

"주기철 목사가 똑똑한 줄은 알았지만 저렇게 위대할 줄은 몰랐다. 일본이 망한 후에 주기철

신사참배한 죄 회개하고 축복받는 민족되자고 미국 뉴욕에서 호소하는 안도명 목사 (1997년 2월 14일 뉴욕 한국일보기사)

1997년 2월 16일 미국 뉴욕에서 신사참배회개를 호소하는 안도명 목사 (1997년 2월 17일 미국뉴욕 조선일보기사)

이 앞장서면 한국 교회가 회개하지 않을 까닭이 없다. 그리고 김선두 목사를 앞세우면 한국 교회를 어거(거느리어 바른 길로 나가게 함)하면서 참회하고 개혁하는 것은 문제가 없을 것이다."

김인준 목사는 기성 교회가 해방 후 신사참배 죄를 참회하는 문제로 어려움이 있을 것을 예견했고, 참회하는 것과 교회개혁의 필요성을 인식하고 있었다. 김선두 목사는 총회장을 몇 차례 지낸 분으로 무슨 회의든지, 무슨 조직이든지 그의 지도력에 당할 자가 없을 정도의 역량을 가진 분이다.

해방이 되자 이북5도 총회로부터 파송을 받았는지 모르지만 김인준 목사가 산정현교회를 찾아 왔다. 주일예배 시에 교회 앞에서 그가 말할 기회를 가졌으나 산정현교회는 그가 우상숭배를 하고도 참회하지 않은 자라고 하여 강대상에 올리지 않고, 아래의 마루에서 말을 하게 했다. 김인준 목사는 수진성도들을 신앙적으로 흠모하는 분이었다.

주기철 목사는 순교자로만 위대한 분이 아니라 목회자로서도 훌륭한 분이다. 우리가 기억할 것은 그가 순교자였기에 오늘날 "주기철, 주기철"하며 대접을 받지, 만약 살아서 출옥했으면 '이단'으로 배척당했을 것이란 사실이다.

이기선 목사가 '이단'이라고 하여 배척을 받고, 한상동 목사가 그를 지지하는 경남노회와 함께 총회로부터 잘려나가고, 또 독선주의자, 분리주의자라는 비난을 받은 것처럼 주기철도 마찬가지로 배척을 받았을 것이다.

출옥 후 산정현교회에 목회를 계속했더라면 공산당에 의해 순교당했을 것이고, 살아 나와서 남쪽으로 갔다면 고려신학교 설립을 돕고 고신계 교회에서 일을 했을 것이다.」

안도명 목사는 나는 "주기철 목사를 개인적으로 너무 높이는 것은 반대한다. 주기철 목사도 사람이다. 그도 순교하지 않고 출옥했으면 쓴뿌리를 지닌 인간이므로 약점을 드러낼 수도 있었다.

순교자 주기철 목사를 본받는 것은 주기철 목사답게 믿고 주기철 목사답게 사는 것이다. 순교정신으로 하루하루 살면 된다. 기념비, 기념패, 기념사업회니 하면서 신성한 순교신앙을 영리적으로 이용하고 상품화하는 것은 주기철을 잘못 이해한 것이다." 라고 말하면서 "주기철 목사가 오늘의 순교자 주기철 목사가 된 배후에는 이기선 목사와 채정민 목사가 있다. 주기철 목사는 그들에게서 성경에 있는 그대로 믿는 신앙을 배웠다. 나는 이것을 '몽땅신앙'이라고 한다. 주기철 목사의 몽땅신앙은 김해에서 이기선 목사로부터 받은 것이다. 채정민 목사는 주기철 목사로 하여금 성경적 신앙의 궤도를 설정해준 분이라고 할 수 있다."고 증언하고 있다.

안도명 목사는 신사참배의 참회와 과제를 이렇게 말하고 있다.

"채정민 목사가 내게 유언장을 써 주었다. 출옥 수진자 서정환 목사가 시무하는 대구중앙교회에서였다. 한지를 길게 잘라 붙여서 그 위에 철필(펜)로 잉크를 발라서 쓴 붓글씨 같은 유서는 다음과 같다.

"한국 교회 회개시키지 못한 것이 채정민의 죄요, 우리 민족을 회개시키지 못한 것이 채정민의 죄이다."

채 목사는 자신이 죽기 전(6·25전란 이전)에 한국 교회가 신사참배의 죄를 회개하고 크게 부흥하고 재건될 것이라고 생각했으나 그렇게 되지 않고 점점 더 세속화 되어가니 개탄스럽다고 했다. 밤낮 울며 기도했는데 하나님의 뜻이 어디 있는지 모르나 모세가 가나안에 못 들어가고, 우상숭배에 앞장선 괴수 아론의 후예가 대제사장이 되었듯이, 친일파가 한국 교회 지배를 하게 되어 있는 것이 하나님의 뜻인지는 몰랐다고 했다. 신사참배 반대투쟁을 한 순교자들은 한국 교회에 본을 보이고 모세가 가나안 복지를 바라만 보고 하나님께 가는 것같이 가는 것이라고 했다. 우리의 할 일을 다했으니 그 다음 일은 하나님의 섭리에 달렸다는 것이다."

안도명 목사는 "로마서 8장은 하나님의 아들들이 나타나기를 탄식하며 기다린다고 했듯이 사람이 죄를 짓고 회개하지 않으면 하나님은 그냥 두시지 않는다. 다니엘은 "내 백성의 죄와 나의 죄를 회개한다"고 했다. 교회는 제사장으로 민족이 지은 죄를 대신하여 회개해야 하거늘 하물며 교회가 직접 범한 죄에 대해서랴!

우상 앞에 절한 죄 참회하지 않고 있으니 38선이 무너지지 않고 한국 사회가 온갖 질병에 걸려 있다. 외형적인 모양만 갖추는 회개는 하나님이 받지 않는다. 회개는 마음의 중심으로 해야 한다. 회개운동을 할 것이 아니라 회개를 해야 한다. 신사참배 죄에 대한 공적인 참회는 민족 정기를 바로 세우는 일이다. 민족 정기가 바로 서지 않고는 통일이 되어도 북한을 다스릴 수 없다.

참회로 새로워지고 십자가로 나라를 다시 세워야 한다. 나는 옥에서 나와 독립운동을 하며 해방 후에는 정치적 구국운동에 대한 미련을 버리지 않았다. 기독교인으로서 이 민족과 나라를 구원하지 않으면 안 된다는 일념 때문이었다. 미국은 자유민주주의 수호에 있어서 우리에게 반드시 필요하다. 그러나 미국을 믿으면 안 된다. 미국 사람은 강한 자와 손잡지 정의, 의의 편에서는 자들이 아니다. 서양인은 냉정하다. 미국은 강자와 악수하지 정의와 악수하지 않는다."고 술회하였다.

안도명 목사에 대해 잊고 싶지 않은 몇 가지 사실을 살펴 보면 다음과 같다(필자가 직접 들은 사실을 역사속에 첨가 약술한 것이다).

첫째, 1948년 5월 9일 선거를 5월 10일로 바꾸는데 지팡이 역할을 하였다. 1945년 8월 15일에 우리나라는 일본의 군국주의에서 해방되었다.

'미국은 1947년 이전까지 연합했던 소련과 대립하기 시작하자 1947년 9월 한반도 문제를 유엔에 상정하였다. 유엔은 1947년 11월 총회에서 유엔 한국 임시위원단(유엔한위)을 구성하고 인구비례에 따른 남북한 총선거를 실시하기로 결정했다.

1948년 1월에 유엔 한국위원 대표단이 남한에 들어와서 활동하려 했으나 소련의 반대로 북한에는 들어가지 못 했다. 남북한 총선거가 불가능해지자 2월에 유엔소총회는 1948년 5월 1~10일 사이에 남한만의 총선거를 치르기로 결정했었다.

이 결정에 따라 미(美) 군정청은 5월 9일에 총선거 실시를 발표하게 된다. 이 소식을 들은 채정민(蔡廷敏) 목사는 5월 9일은 주일이기에 주일날 선거하는 것은 하나님 앞에서 안 된다는 결론을 내리고 안도명(安道明)을 불러 안내를 받으면서 남대문교회 김치선(金致善) 목사와 영락교회 한경직(韓景職)목사를 찾아 가 주일선거 반대 입장을 피력하게 된다.

김치선 목사는 1899년 10월 6일, 함경남도 함흥읍 서호리에서 출생했다. 그는 캐나다장로교 선교부 선교사인 영재형(Lither Lisger Young)선교사를 만나게 된다. 영재형 선교사의 주선으로 김치선은 미국 웨스트민스터신학교 Th.M 과정에 입학하게 된다. 그 후 텍사스 주 달라스에 있는 달라스신학교 박사과정에 입학했고, 여기서 구약학을 전공하여 1935년 한국인 처음으로 정식 신학박사 학위를 수여받게 된다. 그 후 그는 서울 남대문교회 담임목사로 취임하게 되었다.

한편, 한경직 목사(1902년 12월 29일~2000년 4월 19일)는 평안남도 평원에서 출생했으며 오산학교, 숭실전문학교, 켄사스 주의 장로교 계통의 임포리아주립대학교, 프린스턴신학교 신학박사 학위를 취득하고 고국으로 돌아와 신의주에서 목회를 하다가 남쪽으로 내려와 영락교회를 설립하고 담임목사로 시무하고 있었다.

이때 김치선(金致善)목사와 한경직(韓景職) 목사는 미국통으로 한국을 대표할 수 있는 젊은 목회자였다. 채정민(蔡廷敏) 목사는 은퇴하고 나이가 들었을 뿐만 아니라 미국 군정청을 움직일 수 있는 현실의 목사가 아니였기에 채정민 목사는 안도명을 앞세워 미 군정청을 상대할 수 있는 김치선 목사, 한경직 목사를 찾아 갔던 것이다. 채정민 목사의 이야기를 들은 두 목사는 "저희들이 미 군청청을 찾아 설득할 테니 목사님은 기도만 해주십시오." 라고 하였다.

두 목사는 군정청장에게 진정서(陳情書)도 올리고 직접 찾아가 주일선거 반대에 대한 성경적, 신앙적으로 설득을 하게 되어 이것이 성공하므로 5월 9일 선거일을 5월 10일로 바꾸게 되어 총선거를 실시하게 된 것이다. 5·10선거는 성별과 신앙을 묻지 않고 21세 이상의 성인에게 동등한 투표권이 주어진 남한 역사상 최초의 보통선거였다.

이런 상황에서도 처음 실시하는 선거라 선거인 등록이 시작되었는데, 선거인 등록률이 92%로 상당히 높게 나왔다. 제헌 국회의원 선거였다. 1948년 5월 10일 선거에서는 1948년 2월 6일 유엔 소총회에서 「가능지역 내의 선거실시에 관한 권한」을 유엔 한국위원단에 부여하는 결의의 채택에 따라, 5월 1일부터 5월 10일 이내에 가능지역인 남한에서 총선거를 실시한다는 선언문을 발표함으로써 제헌 국회의원 선거의 기틀이 마련되었다.

이에 유엔한국위원단은 5월 10일을 선거일로 정하고 선거의 자유로운 분위기를 보장하기 위하여 부당한 법령의 폐지와 정치범 석방을 점령군 당국에 건의하였다. 이와 같이 대한민국의 정부수립을 위하여 유엔의 결의를 얻어 3분의 2의 인구가 거주하고 또 선거가 가능한 남한지역에서 우선 총선거를 실시하게 된 이면에는 이승만의 눈부신 대내외 활동의 영향이 컸다. 그러나 한편으로는 좌익계는 물론이고, 중립계와 일부 민족진영의 불참운동도 만만치 않은 긴장된 분위기하에서 선거는 진행되었다.

즉, 좌익계의 파괴적 방해공작과 남북협상파 및 중립계 정치인의 공식적인 불참 아래 선거가 진행되었고, 결국 제주도가 투표방해로 일부지역이 제외된 가운데 선거가 치러졌다. 이승만을 중심으로 한 대한독립촉성국민회와 172개의 정당, 사회단체들로 구성된 중앙협의회 등 민족진영의 여러단체가 유엔의 결정을 적극 지지하는 가운데 한편에서는 한국독립당의 김구[13](金九, 독립운동가, 정치가, 1876~1949년)를 중심으로 이른바 남북협상이 시도되었다.

1948년 4월 19일부터 김구와 김규식은 민족자결주의원칙에 입각한 북한 공산주의자들과의 협상을 통한 통일방안을 모색하였으나, 그들의 전술에 이용당함으로써 완전 실패로 돌아갔다. 이러한 남북협상과는 관계없이 1948년 3월 17일, 미 군정법령 제175조로 공포된 전문 57조의 총선거법에 의하여 미 군정당국이 순조롭게 선거의 준비와 진행을 담당하였다. 제헌 국회의원 선거는 확실히 한국에 있어서 민주주의적 방식에 의한 자율적 정부수립을 위한 것으로 이것은 역사상 처음 경험하는 일이었다.

아울러 제헌국회의 구성을 위한 총선거는 국민적 의사를 자율적 방식에 의하며 표현하고 거기에 기초하여 민주주의적 정치질서를 건설할 수 있느냐를 결정하는 계기가 되었고, 특히 이러한 과제의 실현여부는 한국민에게 국가적 독립과 민족적 자유를 좌우하는 문제였기 때문에 그 의의는 매우 큰 것이었다.

선거를 감시하였던 유엔한국위원단의 보고서는 "주한미군 및 남한 임시정부는 선거절차에 대한 위원단의 제건의를 준수하였다. 선거관리는 대체적으로 선거법 및 제규칙에 따랐다."고 결론을 내리고 "선거를 위한 준비기간 중 그리고 선거 당일에 있어서 여론, 출판 및 집회의 민주주의적 자유권이 인정되고 존중되는 상당한 정도의 자유분위기가 존재하였다."고 논평하였다.

이와 같은 사실을 생각하면서 채정민 목사가 하나님 앞에서 우리 민족을 얼마나 사랑했는지를 그의 신앙에서 찾아볼 수 있다.

둘째, 우리나라 군목제도 설립의 안내자 역할을 한 안도명(安道明)!

군목제도(軍牧制度)는 1948년 8월 15일 대한민국 정부수립 후 당시 제1연대 부관이었던 강문봉(姜文奉) 씨가 미국의 군사제도를 도입하기 위해 궁리하던 중 군대에 교회의 필요성을 주장

---

13) 호는 白凡. 동학 농민운동을 지휘하다가 일본군에 쫓겨 만주로 피신하여 의병단에 가입하였고, 3·1 운동 후 중국의 임시 정부 조직에 참여하였다. 1928년 이시영 등과 함께 한국 독립당을 조직하여 이봉창, 윤봉길 등의 의거를 지휘하였다. 1944년 임시 정부 주석으로 선임되었고, 8·15 광복 이후에는 신탁 통치와 남한 단독 총선을 반대하며 남북 협상을 제창하다가 1949년 安斗熙에게 암살당하였다.

한 것이 시초였으나 설립은 하지 못 했다.

그 후 1950년, 6·25전쟁 중 한상동(韓尙東) 목사가 군목제도의 필요성을 느끼고 안도명(安道明)의 안내를 받아 안도명의 은사(恩師)인 당시 문교부 장관 백낙준(白樂濬)박사를 한상동 목사와 함께 만나 군목제도의 필요성을 부탁하였다.

백(白) 박사는 이 사실을 깊이 공감했을 뿐만 아니라 미국의 군목제도를 잘 알고 있었기에 그 후 이승만(李承晩) 대통령께 진언(盡言)하게 되고, 또 1950년 6·25전쟁이 치열할 때 미 제33사단 10공병 대대에 근무하던 무명의 카추사(Kathsa) 사병이 이승만 대통령에게 한 통의 진정서를 올렸는데 그 내용은 "성직자가 군에 들어와 전투에 임하는 장병들의 가슴에 신앙의 철판으로 무장시키고 기도로 죽음의 두려움을 없게 하여 주십시오."라는 요지의 글이었다.

이와 같은 것이 계기가 되어 이승만 대통령의 지시로 1950년 9월 12일에 장로교·감리교·성결교·구세군·천주교가 군종제도 창설을 위해 연합으로 모여 군종제도 추진위원회를 조직하게 된다. 추진위원회의 각 교단별 대표는 장로교의 한경직 목사, 감리교의 류형기 목사, 천주교의 캐롤 신부였다. 이들은 대통령을 방문하여 군종제도의 진행사항을 보고하게 된다. 마침내 1950년 12월 21일, 대통령 비서실은 "종군 목사가 각 군대에 들어가서 일하도록 하라"는 지시(국방신문 제29호)를 내렸다.

이에 따라 1951년 2월 7일, 육군본부 일반명령 제31호로 육군본부 인사국에 군종과를 설치하고, 당시 목사로서 일반장교로 복무하고 있던 대위 김득삼 목사가 초대 군종과장으로 임명받아 군종 임무가 본격적으로 시작되었다.

셋째, 산정현교우회 조직(지금은 주기철목사기념사업회로 발전)

안도명 목사는 독노회(One presbytery)에서 1972년에 목사안수를 받고 시무하면서, 노회를 발전시켜 총회로 승격시키는 귀한 작업을 하였다. 그리고 총회 이름은 '대한예수교장로회 총회(The General Assembly of Korea Presbyterian church)' 이다. 그리고 미국으로 이민하여 미주노회 설립과 뉴욕한인장로교회 설립을 하기도 하였다.

그리고 산정현교회에 시무하면서 1974년 '산정현교우회'를 조직하여 평양 산정현의 뜻을 계승려고 했는데, 이 모임이 발전하여 지금은 '주기철목사기념사업회'로 명칭을 고쳐 활동하고 있다. 사업회 본부는 서울 서초동 소재 산정현교회에 두고 있다. 본 사업회는 한국 교회와 성도들에게 하나님의 뜻을 향해 살아 온 주기철 목사의 '일사각오'의 신앙적 삶의 정신을 이어가게 하는 여러 가지 측면에서의 활동적 행사의 삶으로 발전되어 가고 있다.

 1974년도에 처음 교우회의 주역으로 후암동 소재 산정현교회에서 안도명 목사를 중심으로 김경진 장로, 조만식 장로의 따님인 조선부 권사, 양재연 장로 아들, 송리섭 장로, 오재길 집사, 오상조 장로, 주광조 장로 등이 모여 발기회를 가졌다.
 안도명 목사는 감옥에서 있었던 대화와 신앙과 순교자 수진자들의 뜻을 전하면서 주기철 목사는 신앙적, 역사적, 순결함을 가진, 하나님 앞에서 새롭게 만들어질 노회 목사임을 증언하고 있다. 그래서 주기철 목사는 대한예수교장로회 독노회 목사라고 말하고 있다. 민경배 교수는 안이숙, 안도명 목사가 평양감옥에서의 순교자와 수진자들에 대해 가장 정확하게 자세하게 알고 전하는 유일한 분들이라고 말하고 있다(『주기철』, 민경배 저, 동아일보사, p.180 참고)
 안도명 목사는 1년 남짓하게 평양감옥에서 수진자들과 함께하면서 일거수 일투족을 함께했고 감옥에서 나와 보호관찰을 받으면서도 감옥의 면회와 석방된 채정민 목사 댁에서 해방 전과 후에도 수년에 걸쳐 성경을 배우면서, 수진자들과 순교자들에 대한 세세한 삶의 이야기를 듣고 알고 있는 인물이다. 특히, 그가 젊었고 기억력이 남다른 사람이었기 때문에 민경배 교수가 연신(延世大學校神神學科) 동문으로 사귀면서 듣고 본 것을 사가(史家)로서 증언하고 있는 줄 안다.
 안도명 목사는 만주 용봉에서 돌아 와 1943년 초에 평양에서 문애자와 결혼하여 설하에 3남 2녀의 자녀를 두었다. 그는 초대 국무총리였던 이범석 장군의 비서실장과 초대 흥사단 사무총장직을 역임하였고 후암동 소재 산정현교회 목사로 재임할 때는 노회가 늘어남에 따라 총회로 승격 발전시켰는데 독노회 총회는 1912년 대한예수교장로회가 총회로 승격 발전했던 그 맥을 따라 총회를 복구하고 복구 초대 총회장을 역임하였다.

백인숙 전도사

 미국에 이민하여 뉴욕한인장로교회를 설립하였고, 캐나다 크리스찬대학(Canada Christian College-Toronto, Ontario, Canada)에서 석사과정과 박사과정의 학위를 취득한 후 뉴욕신학교 총장직을 역임하면서 뉴욕에 총회 산하 노회를 설립하기도 하였다.
 그 후 한국의 독노회가 임명 추대하는 후암동 산정현교회 원로목사와 뉴욕한인장로교회 원로목사로 시무하시다가 미국에서 2007년 12월에 하늘나라로 갔으며, 현재 미국 뉴욕 롱아일랜드에 있는 공원묘지에 잠들어 있다.

⑭ 백인숙(白仁淑) 전도사(1917~1950. 6.20일)

　백인숙 전도사는 1917년 평안북도 신의주에서 태어나 안동중학교를 다니면서 마전교회에서 믿음을 키웠다. 그가 출가할 나이가 되니까 혼인을 서두르는 가족들의 성화가 그를 힘들게 했다. "여자는 좋은 남자 만나야 해 시집 가거라." 과년한 딸이 시집가서 잘 살아 주기를 바라는 부모님의 간절함에 백인숙이 응낙하지 않자 그의 부모는 그에게 금족령을 내리고 학교를 중퇴까지 시켰다.
　금족령에 얽매여 집에 감금당해 있을 수밖에 없던 그는 그 길로 집을 나와 평양에 있는 평양여자성경학교에 입학하여 졸업한 후, 일본으로 건너가 일본 요꼬하마신학교를 졸업하고 한국으로 다시 돌아 와 주기철 목사가 시무하는 산정현교회 여전도사로 사역하게 된다.
　그가 평양성경학교 재학중 사귄 독실한 신앙의 세 친구와 서로 맹약하기를, 우리는 결혼을 일생 동안 하지 않고, 오직 예수님과 영적 결혼을 하고, 예수님을 위해서 헌신하며 예수 전하는 것을 사명으로 하자고 했다.
　세 친구 중 이(李) 모라는 친구는 이후 결혼을 했으나, 백(白) 권사(한국에 기독교가 전해진 초기에는 여전도사를 권사로 불렀다)와 장수은 전도사는 일생 동안 결혼을 하지 않고, 처녀 전도사로 교회에서 봉사하다가 공산당에 의해 순교의 길을 걷게 되었다.
　백 전도사가 평양 산정현교회에 여전도사로 시무할 때, 신사참배 반대 문제로 주기철 목사는 감옥에 갇히는 몸이 되었고, 교회당은 일본 당국에게 빼앗겼고, 교인들은 동서남북 사방으로 흩어지게 되었다.
　그러나 백 전도사는 주 목사의 사모인 오정모 집사와 둘이서 모든 교인들을 일일이 심방을 하며 보살펴서 한 사람의 교인도 동요하지 않게 했을 뿐 아니라 신사참배 반대투쟁을 합심하여 강력하게 수행하게 했고, 또 주 목사의 옥중생활을 뒷바라지할 수 있게 했다.
　주 목사의 가정이 열세 번이나 셋집을 옮겨 이사를 할 때에도 거의 백 전도사가 앞장서서 어려운 여건 속에서도 이사할 수 있도록 했다고 해도 과언이 아닐 정도로 앞장서서 일했다. 백 전도사는 몇 차례에 걸쳐 한두 달씩 신사참배 반대로 평양감옥에 수감되기도 했다.

그리고 백 전도사와 오정모 사모가 중심이 되어 마치 로마시대의 '카타콤(Catacomb)'에 숨어서 예배를 드린 그리스도인들과 같이, 평양 산정현교회의 교인들을 튼튼하게 보호했기 때문에 해방이 되자 평양 산정현교회 교인들은 교회당을 찾아 모이게 되었는데, 본래의 교인들이 가득히 모일 수가 있었던 것이다.

백 전도사는 해방 후에도 계속 평양 산정현교회의 전도사로 시무했다. 그러나 그는 신학 공부를 더 하기 위해서 1947년 잠시 서울에 와서 미국 유학을 구상하고 있었으나, 불행하게도 평양 산정현 교회에 내분이 생겼다는 소식을 듣고 많은 친구들이 만류하는 데도 불구하고 다시 평양으로 돌아가서 그 분쟁을 해결하려다 6·25 사변이 일어날 무렵, 공산당에게 끌려 가 순교를 하게 되었다. 어느 곳으로 어떻게 끌려가서 순교를 당했는지 알 길이 없게 되었고, 그의 시신조차 찾을 수 없었다.

일설에 의하면 공산당에 잡혀 간 백 전도사는 "죽어도 예수를 믿겠느냐?"는 공산당의 추상 같은 질문에 조용히 미소를 삼키며 "예수를 위해 죽을 수 있다면 오히려 영광이겠습니다"라고 말해 공산당은 백인숙을 흙구덩이 속에 집어넣고 흙으로 묻어버렸다 한다. 34세의 동정(童貞) 전도사 백인숙은 그렇게 예수를 위해 생매장되어 순교의 길을 걸었다. 백 전도사는 살아 생전 언제나 국산품만 사용하면서 생활했다 한다.

아쉬운 것은 평양 산정현교회가 내분에 힙싸였을 때 이북5도 연합노회에 가입하기를 바라는 편에 앞장서서 교회내분을 수습하려 했다. 평양 산정현교회의 내분에 앞장섰던 분들의 신앙은 순수했으나 공산당의 사주(使嗾)속에 움직이는 기독연맹에 의한 음모를 이북5도 연합노회의 일부도, 산정현교회도 몰랐다는 사실을 밝혀 둔다.

⑮ 조만식(曺晩植, 1883. 2. 1~1950. 10. 18일) 장로

고당(古堂) 조만식은 산정현교회가 낳은 위대한 기독교 민족주의자였다. 김동원(金東元) 장로와 더불어 산정현교회를 민족운동의 센터(Center)로 발전시킨 주인공이었다. 고당(高塘)은 1883년 2월 1일 평양 진향리에서 조경학(曹景澤)의 아들로 태어나 7세부터 평양 한학자 장정봉(張正鳳) 문하에서 김동원(金東元)과 함께 한학을 수학하였다. 이후 두 사람은 늘 같은 뜻을 품고 같은 교회를 섬기며 지냈다.

조만식은 1904년 21세 때, 한정교의 전도를 받고 기독교인이 된 후 숭실중학에 진학, 1908년에 졸업하고 일본 유학길에 올랐다. 세이소쿠(正則)영어학교에 진학하여 영어와 수학을 배운 후, 1911년 메이지대학 전문부 법학과에 진학하여 법학을 수학했다. 세이소쿠영어학교 재학시절 간디의 무저항주의와 민족주의를 배우고 일생 동안 이 정신에 투철하였다.

귀국 후, 조만식은 오산학교 교사, 교장으로 봉직하면서 학생들에게 민족의식을 고취시켰다. 평양 YMCA 초대총무로, 숭실전문학교 강사로, 조선물산장려회(朝鮮物産獎勵會)를 조직하여 민족운동을 전개했다. 1922년 산정현교회 장로로 장립받은 후 김동원, 오윤선과 더불어 산정현교회를 민족운동의 센터로 만들어 나갔다.

3·1운동 이후 조직된 물산장려운동은 3·1운동 이후 민족운동의 새로운 방향을 제시해 준 대표적인 민족운동으로 금주, 금연운동, 폐창운동(廢娼運動)을 포함한 절제운동을 수립하고 국산품 장려정책을 전국적으로 확산시켜 나가는 전기가 되었다. 조만식은 1925년 오산학교 교장, 1926년 9월 숭인중학교 교장, 신간회 조직, 조선일보 사장, 백선행기념사업회 등 일련의 교육, 사회사업, 문화활동을 통해 이 땅의 기독교 문화창달에 놀라운 기여를 하였다.

조만식 장로

1938년 3월 수양동우회(修養同友會)사건으로 검속된 안창호(安昌浩)가 갖은 고문과 악형 속에 세상을 떠나자 조 장로가 일제의 삼엄한 감시 가운데서도 장례위원장을 맡아 장례를 집행했다. 이때 교회에 대한 신사참배 강요가 더욱 노골화되었고, 이에 항거한 주기철 목사의 수차에 걸친 검속으로 산정현교회는 수난을 입게 되었다.

1937년 평양 산정현교회 제직일동
앞줄왼쪽 첫번째부터 조만식장로,
김동원장로, 박정익장로,
주기철목사, 유계준장로,
김봉순장로, 오윤선장로,
김찬두장로, 가운데 줄 오른쪽에서
다섯번째가 오정모사모이다.

고당 조만식
(古堂 曺晩植) 장로

연금상태의 고당 조만식
(古堂 曺晩植) 장로

이에 그는 오윤선, 방계성, 유계준 등 동료 장로들과 일심단결하여 교회를 이끌고 나갔으며, 끝까지 창씨개명을 거부하였다. 일제 말기 태평양전쟁 이후 학도병 지원유세를 강요하는 일제 측의 회유도 거부하였다. 교회가 강제 폐쇄되고 1944년 주기철 목사가 옥중에서 순교하자 조만식은 울분을 삼키며 1945년 봄, 식구를 이끌고 강서 고향으로 내려갔다가 그곳에서 해방을 맞았다.

1945년 해방이 되자 평양으로 나와 정치 일선에 뛰어들었다. 조만식은 민족을 살리기 위해 정치속에서 기독교 신앙을 구현하는 것이 자신에게 주어진 시대적 사명이라고 여겼다. 그는 오직 국가재건과 민족중흥을 가슴에 품고 정치에 자신의 생명을 걸었다. 해방이 되자 은둔생활을 청산하고 평양으로 나와 8월 17일 이윤영 등과 함께 조선건국준비위원회 평남위원회를 조직하고 자신이 위원장을 맡았다. 오윤선, 김동원, 조만식 세 사람이 늘 회동하던 오윤선 장로의 집에서 모여 모임을 결성한 후 좌장(座長) 조만식 위원장 명의로 "조선 동포 여러분에게"라는 포고문을 전국에 발표하였다. 이것은 민족정부 수립을 위한 준비작업이었다. 하지만 전혀 예기치 않은 상황이 발생했다. 8월 24~25일 평양에 진주한 소련군이 현준혁의 조선공산당과 평남위원회가 합동할 것을 강요한 것이다. 8월 26일 평남인민정치위원회가 결성되어 조만식이 위원장에 올랐다. 결국 이것은 조만식의 결정적인 실수가 되었다. 공산주의와 민주주의가 결코 공존할 수 없다는 사실을 잘 알고 있던 그가 정치적 타협을 수용한 것이다.

11월 3일, 이윤영, 한근조, 김병연, 김익진, 우제순, 조명식, 이종현 등 민족주의자들이 중심이 되어 조선민주당을 창당하였지만, 김일성이 추천한 최용건을 부위원장으로 끌어들이면서 수난이 시작되었다. 정치적 입지를 강화하기 위한 김일성에게 조만식이 이용당한 것이다. 그로부터 두 달도 채 되지 않아 김일성의 음모는 현실로 드러났고, 조선민주당은 종식을 고하고 말았다.

1945년 12월 28일, 모스크바삼상회의에서 신탁통치를 결정하자 대립은 더욱 심화되었다. 지금까지 조만식이 신탁통치를 강하게 반대했다는 주장과 다른 견해도 있다. 이정식 박사에 따르면 러시아 로마넨코(Romanenko) 장군은 조만식에게 만약 동의해 준다면 북한군 책임을 맡은 김일성의 지원을 받아 한국의 첫 번째 대통령이 될 수 있을 것이라며 모스크바 신탁통치 결정을 받아들일 것을 종용했고, 조만식은 이를 따랐다.

　김일성은 조만식을 제거하기 위해 용의주도하게 작업을 진행했다. 1946년 1월 5일, 평남인민정치위원회를 통해 위원장 조만식을 제거하고 그를 친일파, 반민족주의자로 매도했다. 김일성이 정치적 목적을 위해 역사청산을 이용한 것이었다. 1월 5일 회담 이후 조만식은 고려호텔에 감금되었고, 1950년에 세상을 떠났다. 그가 어떻게 세상을 떠났는지는 정확히 알려지지 않고 있다. 이윤영을 비롯한 남은 이들이 월남하여 서울에서 조선민주당을 재건하자 북녘의 민족주의 진영은 일순간에 무너져 내렸다.

　해방된 후 정치 일선에 뛰어들었던 조만식 장로의 말년은 참으로 고난의 연속이었다. 민족을 향한 뜨거운 정치적 비전이 결실로 이어지기 전에 그의 꿈은 김일성 공산정권에 의해 무참히 짓밟히고 말았다.

⑯ 유계준(劉啓俊, 1879~1950년 10월) 장로

　유계준 장로는 평남 안주군 청산면 유석덕 씨와 윤덕준 씨 사이에서 둘째아들로 태어났는데, 그는 선조(先祖) 때에는 그 지역에서는 알아줄 만한 부자였고 유력한 집안이었다.

　그러나 그의 부친이 그가 13세 때, 병명도 알 수 없는 병이 들었고 그 병을 치료하기 위해서 가산은 다 허비하였다. 그는 결국 평양으로 와서 점원 일을 하게 되었고, 자리가 잡혀 가자 술꾼과 어울리면서 주먹을 쓰는 사람으로 변모하였다.

　그렇게 지내던 중 마포삼열(Samuel Austin Moffett) 선교사의 조사였던 한석진과 홀(William James Hall) 의료선교사의 조사였던 김창식이 전도하는 것을 목격하고는 그들을 관가에 고발하여 수감되게 했다.

　그렇게 되자 마포삼열 선교사는 고종을 알현하여 허락을 받고, 그 자신이 직접 왕의 어명을 갖고 평양에 당도하여 순교 직전의 두 사람을 극적으로 구출하게 되었다. 사형 직전에서 풀려난 한석진과 김창식은 계속 전도를 하였고, 그들의 전도를 받고 유계준은 그가 저지른 잘못을 용서받고 예수를 믿게 되었다.

　그는 성격이 약간 거친 편이었으나 그 후로는 독실하게 믿음생활을 했으며, 얼마 안 가서 집사

유계준 장로

1937년 평양 산정현교회 제직일동
앞줄 왼쪽 다섯번째 유계준 장로

가 되었고 이어 45세에 장로가 되었다. 그는 매사에 부지런하여 상당한 재력도 있었으며, 민족정신이 투철하여 상해 임시정부에 많은 도움을 주기도 했다.

그리고 산정현교회 담임목사였던 주기철 목사가 신사참배 반대로 투옥되었지만 당회장이 옥중에 있는 가운데서도 5년 4개월 동안 교회 재정장로의 역할을 충실히 해왔으며 그 가운데 주기철 목사는 옥중 순교를 하게 된다. 그 당시 교회 재정을 보던 그는 사재를 털어 교회를 운영해 갔고, 주기철 목사가 순교를 당하자 성대한 장례식을 치루는데 주도적 역할을 하였다.

유(劉) 장로는 해방 후 북한에서 공산정권이 교회를 압수하자 그는 자기 집을 예배장소로 드리기도 했다. 유계준 장로는 탄압 속에서도 하나님 안에서 주님의 몸된 교회인 산정현교회와 신사참배로 고생하는 이들을 뒷바라지 하는데 온 힘을 쏟았다. 그리고 일제의 위협 속에서도 민족의 독립과 이웃을 끝까지 도우며 신앙의 삶을 살았다.

해방 후의 그의 행적을 보면 민족주의의 색채가 강하다 보니 신사참배의 회개를 뒤로 미루는 신앙 안에서 민족화합의 타협이 이북5도 연합노회와의 관계설정을 하려고 노력했다. 그렇지만 이북5도 연합노회도 미처 생각 못 했던 공산주의의 시녀역활을 할 기독연맹(1946년 11월 28일 강양욱이 주동이 되어 설립)의 괴물체가 나타나고 있었다는 것을 미처 모르고 있었던 것 같다. 그러나 하나님을 향한 신앙과 주님의 몸된 교회를 사랑했던 그의 신앙적 모습은 그의 삶이 증명해 주고 있다.

그 예가 공산당의 탄압이 점점 가혹해지자 유계준 장로 자신은 교회를 지키기 위하여 북한에 남기로 하고 부인 윤덕준 씨와 슬하의 6남 2녀 8남매를 월남시켰다. 그리고 그는 북한에 남아 많은 박해를 받다가 6·25 직전인 1950년 6월 24일 정치보위부에 연행되어 구금되었다가 9월 28일 패주하는 공산군에 의해 참살 순교한 것으로 알려지고 있다.

그는 평소 자식들에게 "종합병원을 세워 동포들에게 봉사하라."고 했다. 그 결과 8남매 중 7명이 의사나 약사가 되었디. 그의 장남 유기원은 대한민국 국립의료원 원장이 되었고, 차남 유기정은 기독의사회 회장이 되었으며, 장녀 유기옥은 누가병원 원장이 되었다.

특히, 그의 아들 유기천은 제9대 서울대 총장이 되었고, 그의 사위 이한빈은 부총리를 역임했다. 3대에 걸쳐 배출된 의사와 약사는 모두 26명인데 다 우리나라 의학계와 약학계의 지도자급 인사들이었다.

예수님을 믿는 사람들을 핍박하고, 괴롭히던 배교자 사울이 바울로 변화하여 세계선교에 큰 족적을 남긴 것처럼, 유계준 장로는 예수님을 믿지 않을 때는 전도자를 관가에 고발하는 등 사울처럼 살았지만, 예수님을 믿은 후로는 교회와 주의 종을 위하여 생명을 아낌없이 희생하셨으니, 한국판 바울에 비유할 수 있는 평신도 지도자라 할 수 있다.

그는 예수님을 위해 살다가 천국에 갔지만, 그의 후손들은 이 땅에 남아서 하나님의 강복(降福)으로 하나님 안에서 즐겁고 행복하게 살아가고 있다. 그러나 한 가지 지적하고 싶은 것은 그가 평양 산정현교회를 갈라 놓은 장본인 중의 한 사람이 되었다는 것이다. 복음에 의해 세워졌고, 신사참배라는 시련속에 끝까지 신앙의 정절을 지켜온 산정현교회였지만 신사참배에 대한 회개 없이 이북5도 연합회에 가입하자는 것과 생명을 걸고 감옥 속에서까지 신앙의 승리를 하고 우리 함께 한국 교회의 일치와 화합의 회개속에 하나가 되자는 수진자들의 마음을 아프게하고 교회를 갈라 놓는 우를 범한 것은 유계준 장로의 큰 잘못으로 지적하고 싶다.

양재연 장로 집사시절의 가족들
(부인 박덕술권사)

교회 건물이 그렇게 크고 아름답게 느꼈는지는 몰라도 하나님의 교회 안에서 5개월간 강대권을 두고 소란을 끼친 것 역시 큰 실수라 하겠다. 이러한 모습을 보고 이기선 목사는 "구원이 건물에 있는 것이 아니라 예수 그리스도를 향한 믿음에 있다."고 말하였다. 그러나 수진자들은 화려했다고 하는 교회 건물과 회개없는 조직을 버려 두고 오직 예수님만 바라보고 예수님이 베들레헴 마구간에서 태어났듯이 양제연 집사의 목초장 이층으로 산정현교회 이름만 가지고 예배처를 옮겼다는 사실을 믿음 안에서 생각해야 할 것이다.

이때 교인 80%(6~700명) 가까이가 수진자들을 따라 나갔으며 20%(약 200명) 정도만 화려하다고 생각했던 건물에 남아 있었다 한다(『그 사람 장기려』라는 책 및 각종 자료 인용). 그러나 화려했다던 그 건물마저 얼마 가지 못해서 공산당에게 적산건물로 압수되는 수모를 겪고 만다.

⑰ 양재연(梁在演) 장로

 양재연 장로는 경북 예천군 지보면 상락동 상락교회 양위환 장로의 장남으로 출생하여, 자수성가해 평양에서 가장 큰 평양목장을 경영하고 교회 봉사에서도 제일급에 속하는 인물로, 후에 순교한 순교자이기도 하다.
 양(梁) 장로는 일정시대 신사참배 문제로 산정현교회가 위기에 몰려 있을 때에 진리를 파수하기 위해 분연히 일어선 용사였다. 신사참배 강요 당시 평양노회에서는 신사참배를 한 장로나 목사를 강단에 세워 예배를 인도하여야 한다는 평양경찰서의 요구에 따라 주기철(朱基徹) 목사를 파면하고 노회에서 9인의 전권위원(全權委員)을 파견하여 예배를 인도하고자 했다.
 파송한 노회장 최지화 목사와 두 명의 장로가 강단에 올라가 예배를 인도하고자 할 때 양 장로는 일본 경찰의 협박적인 분위기에도 불구하고 그들보다 5분 먼저 강단에 올라가 찬송가를 부르기 시작하여 전교인이 호응하여 함께 찬송함으로 그들의 예배인도를 저지할 수 있게 했던 용사와 같은 집사였다.
 이로 인해 투옥되어 고초를 당하기도 했으나, 해방 후에는 줄곧 이기선(李基宣) 목사를 아버지처럼 모신 인물이다. 이기선(李基宣) 목사가 의산노회에서 제명당하여 신의주6교회에서 추방을 당했을 때 예배당을 포기하고 분립하여 새예배당을 건축하려 할 때 신의주6교회에서 분립한 교회에 건축헌금으로 10만 원을 자기 이름으로 보내지 않고 산정현교회 이름으로 보내기도 했다.
 이 일로 산정현교회 안에서 신사참배에 호의적이었던 장로들로부터 건방지다는 욕을 먹기도 했다. 그는 자기를 숨기면서 주님의 영광을 위해 헌신하기를 좋아하는 신앙인이었다. 평양 산정현교회가 "구원은 예배당 건물에 있는 것이 아니라 믿음에 있으니 건물 때문에 싸우지 말고 초막이나 궁궐이나 내 주 예수 모신 곳이 천국이라"는 이기선(李基宣) 목사의 교훈에 따라 불과 수십 명 때문에 수백 명이 신앙의 정절을 가지고 나왔을 때에도 자기의 사재를 거의 다 바쳐서 새로운 성전을 마련하는데 썼고 천국 진리운동에 모든 것을 투자하다가 공산당에 의하여 순교의 길에 이른 인물이다.
 특히, 그의 부인 박덕술(朴德述) 권사는 이기선(李基宣) 목사가 경남 울산읍교회에서 시무 할 때와 김해읍교회를 담임할 때 큰 감화를 받았던 믿음의 사람으로, 이 부부는 마치 브리스길라와 아굴라같이 이기선 목사를 잘 도와 진리운동에 물심양면으로 큰 봉사를 한 인물로 남아 있다.

양(梁) 장로가 순교한 후 어린 자녀를 거느리고 1·4후퇴 때 부산으로 피난온 박덕술 권사는 "자수성가하여 평양에서 잘 살다가 지금의 고향인 부산에 와서 판잣집에서 거주하지만 일가친족을 보거나 친척들을 대할 때에 전혀 부끄럽지 않다."고 말하면서 "만일 재산을 꽁꽁 묶어 두었다가 주님을 위하여 봉사하지도 못 하고 공산당에게 남편도 빼앗기고 재물도 빼앗겼다면 얼마나 부끄러웠을까!" 하고 말할 때의 모습은 듣는 이로 하여금 눈시울을 뜨겁게 했다 한다. 이것도 이기선(李基宣) 목사의 감화의 결정체라고 임석윤 목사는 그의 저서 『신사참배 반대운동의 선구자 이기선 목사와 동역자 김의홍 목사의 생애』에서 밝히고 있다.

필자는 1970년대 중반에 산정현교우회 모임이 후암동 소재 산정현교회에서 있을 때 양 장로 아들을 만나 여러 가지의 대화를 나누는 시간이 있었으나 그에게서 아버지가 순교하셨다는 이야기는 듣지 못했다. 그러다 얼마 전 순교자에 대한 자료를 뒤지다가 양 장로님이 순교하셨다는 사실을 알게 되었다.

그 자료를 보면서 왜 옛날에 필자와의 대화에서 아버님의 순교한 사실을 숨겼을까 하는 생각에 잠기다 보니 그 당시 그 가족들도 한국 기독교가 회개없이 강단에서 순교를 들먹이는 것을 좋게 보지 않고 있었을 거 같다는 느낌을 갖게 했다. 양 장로는 평신도로서 하나님께 영광돌림의 신앙으로 용감하게 신사참배 반대와 공산주의에 맞서 신앙을 지키시다가 순교한 귀한 분이었음을 결코 잊어서는 안 될 것이다.

제9장 장로교는 하나가 되어야 한다

I. 한국 장로 교회 분열(分裂)의 극복(克復)과 일치(一致)에 의한 선교(宣敎)

1. 장로 교회의 활동

한국의 장로 교회는 1907년 평양의 장로회신학교에서 제1회 졸업생 7명을 배출하였다. 그리고 그해 9월 17일, 선교사들과 36명의 한국인 장로들이 평양 장대현교회에 모여 한국 장로교 첫 노회를 창설하고, 그 자리에서 선교사, 목사들은 신학교 졸업생 7명에게 목사안수를 베풀었다. 7명의 목사는 다음과 같다. 길선주(吉善宙), 방기창(方基昌), 서경조(徐景祚), 송린서(宋麟瑞), 양전백(梁甸伯), 이기풍(李基豊), 한석진(韓錫晋) 목사.

이로써 한국 장로 교회는 '독노회(獨老會 = One Presbytery = We are one in Christ: 우리는 그리스도 안에서 하나이다)'라는 조직을 만들어 하나님께 영광돌리는 감격의 역사를 만들어 냈다.

1907년 장로회신학교 1회 졸업생
뒤에서부터 시계방향으로
방기창(方基昌) 서경조(徐景祚)
양전백(梁甸伯) 송인서(宋麟瑞)
길선주(吉善宙) 이기풍(李基豊)
한석진(韓錫晋) 7명 졸업

그리고 1907년, 한국 교회에 훈풍으로 불어 온 대부흥운동은 장로 교회가 그 중심체가 되었고, 그 신앙의 구현과 교세 성장에 결정적인 공헌을 하게 되었다. 일제의 국권찬탈이 눈 앞에 놓인 절망의 시점에서 갈피를 잡지 못 하던 한국 애국 교회는 심오한 기독교적 섭리에 인도되어 불붙은 내면의 신앙으로 현실적 절망을 극복하고 있었다.

사회적 관심과 현실적 기복, 국가적 안위에 목표를 둔 듯한 교회신앙의 생리가 개인의 죄를 절실히 통회하게 하고, 영혼의 구원을 향한 하나님의 신묘(神妙)한 섭리가 박동치는 역사속에서 뜨거운 부흥신앙으로 줄달음질쳤다.

평양의 장대현교회와 길선주 목사는 이 부흥의 한 핵이 되었고, 평양을 진원지로 전국의 장로 교회로 나아가 여타의 기독교파에까지 섬광처럼 번져나갔다. 교회의 현실적 무력감에 발을 돌리던 민중들이 되돌아 오고 신앙의 열정에 목말랐던 많은 한국인들이 교회로 몰려 들어 장로 교회의 교세는 크게 성장하였고, 특히 서북지역의 교회는 세계선교 사상 경의적인 일대 기록을 수립하게 되었다.

1907년 평양신학교 제일회졸업생 길선주(吉善宙) 목사의 졸업장 사본

그런데, 1920년대에 접어든 한국 장로 교회는 그 성숙의 모습은 드러내었으나 이미 역동의 기능이 현저히 줄었고, 급변하는 사회적 변화에 어두웠으며, 일제의 가공할 경제적 탄압에 기인한 곤궁(困窮), 유물사관(唯物史觀, historical materialism)에 입각한 사회주의의 도전 등으로 하나의 위기를 맞게 된다.

그러나 총회 조직 이전부터 왕성히 추진되어 왔던 해외선교와 국내 전도활동 등은 계속 추진되었고, 사회적 변화에

길선주 목사

적응하려는 광범위한 모든 노력, 농촌의 황폐와 농민의 좌절을 막아 보려는 농촌운동 등을 펴면서 지속적인 성장을 도모했다.

한편, 장로교가 발전해 가면서 장로교 내의 신학적인 갈등이 심화되어 가고 있었다. 그러나 장로 교회는 새로운 신학도전에 제압을 받았지만 표면적으로는 보수주의 신학을 고수하고 있었다.

2. 장로 교회의 분열

장로 교회의 분열은 우리나라에 있어 가장 큰 교단인 만큼 많은 분열의 아픔이 있었다. 분열의 큰 원인들을 살펴보면 첫째로 신사참배 문제로 인한 분열이 있었으며, 둘째로는 자유주의 신학사상 대두로 인한 보수주의와 자유주의의 분열이 있었다. 즉, N.A.E와 W.C.C의 문제인데 N.A.E는 The National Association of Evangelicals(복음주의협회, 福音主義協會)로 1942년 창설된 미국의 보수주의 교회협의체이다.

그리고 W.C.C는 The World Council of Churches라는 세계교회협의회로 "예수 그리스도를 신앙으로 하는 단일 교회를 목표로 하는 것이 아닌, 각자가 생각하는 교회들의 친교와 사업을 위해 협의체로 모인 단체이다. 그러나 이 단체에는 별의별 사상을 가진 자들이 다 모이다시피 한 협의체가 되고 말았다. 이로 인한 복음주의와의 갈등이 오늘에 이르고 있다.

그리고 셋째로는 성경에 의한 신학의 정체성에 의한 해석과 인간의 생각이 가미되는 인간해석법의 차이로 대립하게 된 사건들이다. 1945년 해방을 맞이하였을 때 한국 교회는 해방 이전의 교회가 내포했던 문제들을 극복하면서 부흥 재건하는 양상을 보였다. 그 하나는 주체성을 상실하고 교회로서의 정체성을 상실했던 그리스도의 공동체를 본래의 한국 교회의 모습으로 재건하는 일이었다.

교회의 정통이 일본 제국주의의 강요에 의해 신앙의 본질을 파괴하는 신사참배나 순수했던 신앙공동 조직체인 교회 교단들을 일본 귀신과 혼합된 기독교조선교단으로서의 통합 때문에 패멸되었다고 보고, 그 이전의 순수 정통에로 회귀(回歸)한다는 운동이었다.

이 운동이 1949년 5월, 독노회 복구(獨老會 復舊)와 그 후 고신파(高神派)의 설립으로 이어졌다. 그런데 소신파(所信派)라고 일컬어지는 자유신학의 등장으로 한국의 장로교는 대립에서 분립으로 표면화된다.

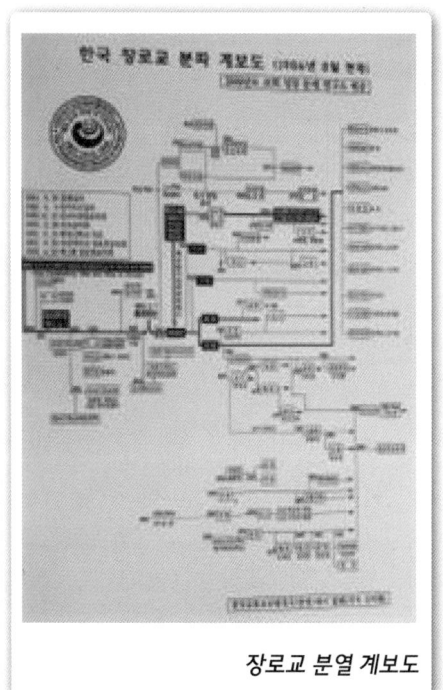

장로교 분열 계보도

즉, 1950년 4월에 소신파(所信派: 현재의 기독교장로회)는 신학적 사상에 대한 성경의 소위 고등비평과 역사적 비평 등을 들어 예수교장로회에서 분립하게 된다. 소신파(所信派)의 방법론들은 보수주의나 근본주의(fundamentalism, 根本主義: 본질적이고 절대적 진리인 성경을 성경의 무오성을 전제로 한 전통적인 신학이다) 일색으로 목회자 양성을 실시해 온 장로교에 큰 충격을 주게 된다.

박형룡 목사

그리하여 두 신학의 거목, 즉 보수적 근본주의의 거목인 박형룡 목사와 자유신학이라고 일컬어지는 소신파의 거목인 김재준 목사와의 신학적 사상이 크게 대립하게 되었다.

박형룡 목사는 김재준 교수가 한국 교회를 능욕한다고까지 힐책하였다. 이러한 문제로 한국 장로 교회는 보수 근본주의에 뿌리를 둔 평양신학교 계열과 자유신학에 뿌리를 가진 소신파(所信派) 계열인 조선신학교(현재 한국신학대학)와의 신학적 대립이 첨예해져 한국 장로교 전체를 뒤흔들게 된다.

김재준 목사

이렇게 되자 예수교장로회 총회는 "대한민국에는 예장 총회는 하나밖에 없다"고 성명서를 제출하게 되었고, 조선신학교 측은 1954년 새로운 '대한기독교장로회'라는 교단을 조직하게 되어 오늘에 이르게 된다.

1959년 예장은 다시 합동파와 통합파로 분립하게 되고 합동 측에서는 1960년 12월 비상사태 속에 고신파와 합동해서 '대한예수교장로회 합동 총회'를 조직하게 되나 일 년도 채 못 가 고신파와 합동파는 다시 분립하게 된다. 이때 충현교회(김창인 목사)나 동도교회(최훈 목사)를 위시하여 많은 교회가 고신으로 가지 않고 합동 측에 그대로 남는다. 이후 한국 장로교는 수없이 합동과 분열을 계속하면서 오늘에 이르고 있다.

3. 장로교는 하나의 교단 속에 다체제로 하나가 되어야 한다(The Presbyterian Church in Korea).

일치운동은 신학적 논의와 성경이 말하는 신앙의 확신속에 이루어져야 한다. 우리 주님도 분열을 원하지 않으신 것을 요한복음 17장 11절의 유언적 간절한 기도로 나타내고 있다. "아버지여 내게 주신 아버지의 이름으로 그들을 보전하사 우리와 같이 그들도 하나가 되게 하옵소서"

신학적으로 교회는 그리스도의 몸이다(엡 1:23). 교회분열의 원인 중의 하나는 독선주의인데 이것은 자기가 좀 많이 안다, 내가 누구보다 많이 배웠다, 내가 말하는 것이 참이다 라는 교만의 표현이라 말할 수 있다. 나쁘게 말해서 자신이 하나님의 자리를 차지하려는 욕심의 발로와 같은 것이다. 그리고 실제 탐욕의 집착에 빠진 현실적 권력 추구자들이 교단 분열을 만들고 있다.

그리스도안에서 하나의 교회로
산정현교회 설립100주년 기념 예배
(숭실대학교 한경직목사 기념관.
4곳의 산정현교회 연합. 김민희 기자)

예배 후 평양 산정현교회 교우들과
4곳 산정현교회 목사님과 장로님들

성경은 탐욕을 우상숭배와 같음을 말하고 있다. "그러므로 땅에 있는 지체를 죽이라 곧 음란과 부정과 사욕과 악한 정욕과 탐심이니 탐심은 우상 숭배니라"(골 3:5). 또 기회주의적 교권주의자들과 독선과 오만에 의한 교회지도자들에 의해 교단 분열이 되고 있는 모습을 10여 년간 일치운동을 이끌고 거기에 동참해 오면서 필자가 체험한 사실에 근거하여 이 말을 하게 된다.

우리는 말씀에서 이탈하여 그리스도를 빙자(憑藉)한 자기 수단에 의한 어떠한 교단이나 교회 분열은 안 된다. 그리고 그러한 일이 있었다면 철저한 회개가 있어야 함을 결코 잊어서는 안 된다.

회개는 하나님 앞에서 자기 생각이나 자기 말이 아닌, 하나님의 뜻을 이루어 드리는 것이다. 이러한 회개의 고백은 진정으로 깊은 내면적 영혼의 깊은 곳에서 우러나와야 하며, 하나님 앞과 교회와 인간 앞에서 또 상대방에게 삶의 행동으로 표출되는 연속성의 삶이 필요하다.

그리고는 이를 기념하기 위한 회개와 용서와 화해의 일치를 위한 상징을 만들어 두어 지금이나 후대에 표징물이 되게 하여 그날을 깨닫게 하는 것도 필요하다. 예를 들어 1996년 12월 1일에 신사참배를 교단적으로 회개하고 불법에 의해 파면된 주기철 목사를 성경적 권의와 교회법의 적법적 절차속에 복권시키고 감사예배를 드린 것을 기념하여 그 예배당을 "신사참배 회개발의 실천 및 주기철 목사 복권선언 기념교회(神社參拜悔改 發議,實踐 및 朱基徹牧師 復權宣言紀念敎會)"로 명명한 것과 같은 역사의 현장을 만들어 두어 지금도, 미래에도 이 일을 돌이켜 보면서 더 이상 잘못된 길을 걷지 말아야 한다는 깨달음을 갖게 하는 것이다.

그리고 앞에서 기술한 바와 같이 본 산정현교회와 독노회는 1996년 12월 이후 한국 장로교 일치운동에 주력해 오다가 2005년 5월 본 교회는 한국 기독교의 역사적 맥을 잇는 실천적 행동으로 독노회(獨老會)의 합의와 결의속에 대한예수교장로회 서울서노회(통합)에 연합(聯合) 가입하여 오늘에 이르고 있다(서울 서노회 40년사, 『성저십리 교회들의 이야기』 p.123~126).

대한예수교 장로회 서울西老會40年史 (성저십리교회들의 이야기속에 '연합가입 p123~126' 이란 신앙과 교회史적으로 큰 의미의 실천을 담고 있다.)

한편, 독노회는 '대한예수교장로회 개혁총회'라는 이름 속에 1996년 이후 오늘까지 교단연합의 일치운동에 온 힘을 쏟아 왔다. 그리고 2013년에는 백석총회와 연합하여 하나의 장로교를 향한 일치운동에 앞장서 오고 있다. 현재 백석총회에 속해 있는 4,500여 교회가 하나의 장로교를 향해 연합의 일치를 계속하고 있다.

감사한 것은 1996년 이후 지금까지 한국 기독교는 자기 성찰속에 교단 교파를 초월하여 회개 실천운동이 계속되고 있음을 감사와 희망으로 생각한다. 진정한 회개는 하나님을 기쁘게 하는 일이며, 자기가 사는 길이다. 아무쪼록 이 나라의 교회를 통하여 하나님이 기뻐하시는 뜻이 이루어졌으면 한다.

2014년 7월 10일, '제6회 장로교의 날' 행사가 서울 송파구에 있는 올림픽홀에서 열려 한국 장로교 분열의 죄를 가슴과 눈물로 회개하며 장로교가 하나된 날임을 고백하였다. "우리 교단이 잘못했습니다. 제가 먼저 잘못했습니다. 죄송합니다."라는 마음을 찢는 심정으로 고백하면서 장로교 각 교단장들이 분열의 책임을 자신에게 돌리며 손을 맞잡고 화해의 간절한 모습을 보였다.

기독교 선교 130년 역사 속에서 분열의 분열을 거듭한 장로 교회가 이제 '빛과 소금'으로 바로 서고, 연합으로 새로워지겠다는 희망의 모습을 결단하는 순간이었다. 오직 말씀만 따라 예수 그리스도의 십자가 희생을 기억하며 '하나됨'의 대장정에 나서기로 한 것이다.

우리는 그리스도안에서 하나입니다
(We are one Christ)

이날 행사의 초점은 한국 장로교 교단장들이 단상에서 무릎을 꿇고 다음 세대 한국 교회를 이끌어갈 청소년들과 5천여 성도들이 증인으로 지켜보는 가운데 하나님 앞에서 마음을 찢는 통렬한 회개속에 '장로교의 본질 회복'과 '한교단 다체제'로의 화해를 선포하는 다짐과 앞으로의 실천방향을 오직 "성경중심의 개혁, 십자가의 연합, 부활의 증인, 통일조국 건설의 비전(Vision)을 중심에 두고 연합과 일치를 다짐하며 개혁해 나가겠다."는 결단의 모습이었다.

"우리는 그리스도 안에서 하나이다(We are one in Christ)" 그러므로 우리 장로교는 '대한예수교장로회(The Presbyterian Church in Korea)'란 이름하에 주님의 뜻을 향한 하나의 장로교 연합일치가 이루어지기를 바란다. 그리고 성령님의 역사(役事)속에 한국 사회에 주님의 복음의 권위가 회복되어 다시는 인간 욕심에 의해 복음의 진리가 짓밟히거나 찢어지지 않고 우리나라뿐만 아니라 온 세계에 주님이 원하셨던 복음이 확장 전파되어 인류 모두가 구원의 잔치에 참여하는 놀라운 은총이 있기를 기도한다.

4. 고조선(古朝鮮)과 단군조선(檀君朝鮮)에 대한 이해

단군신화(檀君神話)로 인해 386개교 초·중·고 교정에 세워진 단군상(檀君像)을 염두에 두면서!

① 고조선(古朝鮮:檀君朝鮮)과 단군신화(檀君神話)가 말하는 우리 민족

우리 민족은 국가 시조로 고조선(古朝鮮:檀君朝鮮)의 첫 임금 천제(天帝)인 환인(桓因)의 손자이며, 환웅(桓雄)의 아들로, BC 2333년 아사달(阿斯達:평양)에 도읍을 정하고 단군조선을 개국하였다.

한국 역사에 처음으로 등장하는 고조선과 단군에 관한 기록으로 중국의 <위서, (緯書:중국의 고대사로, 그 내용중에 동이전(東夷傳)이란 말로 부여, 고구려 등 삼한의 역사를 간단히 수록하고 있는 책)>를 인용한 <삼국유사(三國遺事)>, 기이편(紀異篇)에 실려 있는 자료가 있을 뿐, 우리나라 정사(正史)인 <삼국사기(三國史記)>에는 기록되어 있지 않아 대조를 이룬다. 조선시대에 이르러 <세종실록(世宗實錄)>, <세종지리지(世宗地理志)>, 이승휴(李承休)의 <제왕운기(帝王韻紀)>, 권람(權擥)의 <응제시주(應製詩註)>에도 <三國遺事>와 비슷한 기술이 보이나, 단군에 관한 문제를 다룰 때에 우선 <삼국유사>의 기록을 사료(史料)로써 인용하고 있을 뿐이다.

삼국유사가 말하는 신화의 내용을 간추려 보면 "옛날 환인의 서자 환웅이 세상에 내려와 인간 세상을 구하고자 하므로, 아버지가 환웅의 뜻을 헤아려 천부인(天符印) 3개를 주어, 세상에 내려가 사람을 다스리게 하였다. 환웅이 무리 3,000명을 거느리고 태백산의 신단수(神檀樹)에 내려와 신시라 이르니, 그가 곧 환웅천왕이다. 그는 풍백(風伯), 우사(雨師), 운사(雲師)를 거느리고, 곡(穀), 명(命), 병(病), 형(刑), 선(善), 악(惡)등 무릇 인간의 360여 가지 일을 맡아서 세상을 다스렸다.

이때, 곰 한 마리와 범 한 마리가 같은 굴 속에 살면서 환웅에게 사람이 되게 해달라고 빌었다. 환웅은 이들에게 신령스러운 쑥 한 줌과 마늘 20쪽을 주면서 이것을 먹고 100일 동안 햇빛을 보

지 않으면 사람이 된다고 일렀다. 곰과 범은 이것을 먹고 기다렸다. 곰은 끝까지 참아 여자의 몸이 되었고, 범은 참지 못해 사람이 되지 못 하였다.

여자가 된 웅녀(熊女)는 그와 혼인해 주는 이가 없어 신단수 아래에서 아이를 배게 해달라고 축원하였다. 이에 환웅이 잠시 변하여 웅녀와 혼인하여 아이를 낳으니, 그가 곧 단군왕검(王儉)이다. 단군은 1500년 동안 나라를 다스리고, 주(周)나라 호왕(虎王)이 즉위하자 기묘년(己卯年)에 기자(箕子)를 조선의 임금으로 봉한 후 장당경(藏唐京:황해도 신천군 문화면)으로 옮겼다가 뒤에 아사달에 돌아와 숨어서 산신(山神)이 되니 나이가 1,908세였다"

이 개국신화는 이후 연구하는 학자들에 따라 많은 해석이 나오고 있다. 한 예로서 이 신화는 고조선의 한 부족(部族)신화였던 것이, 훗날 고려시대 대몽항쟁(對蒙抗爭) 등 민족의 단합이 요구되는 시대를 맞아서 민족의 시조로 받들게 되었다고 보는 견해가 있다. 그리고 단군에 관한 기사가 실려 있는 〈삼국유사〉의 편찬시기가 앞에서 언급한 시대와 거의 같다는 점도 유의할 만하다. 조선시대에 와서는 평양에 사당을 짓고, 단군과 고구려의 동명왕(東明王)을 함께 모시기도 하였다.

한편, 민족의 형성과정과 관련된 단군신화에서 중심이 되는 곰 숭배사상이 한국뿐만 아니라 시베리아 여러곳에도 널리 퍼져 있다. 이와 같은 신화들이 고(古) 아시아족들에 공통적으로 나타나는 조상신이라는 점에서 주의 깊게 보아야 한다.

단군신화가 왕조사(王朝史)인 것처럼 믿는 것은 오늘을 사는 우리에게 웃음을 자아내게 한다. 단군신화는 신화로써, 민족이 수난을 당하고 위기에 처할 때마다 민족단합을 요구하는 구심체적 역할에 지나지 않는다는 것을 우리는 기억해야 한다.

우리나라가 세워진 것은 BC 2333년에 해당하며, 고려시대 우왕(禑王)의 사부(師傅)로 있던 백문보(白文寶)가 처음으로 단군기원을 사용하였다. 그리고 조선시대 말기인 혼란시대에 대종교(大倧敎:단군사상과 신화를 기초로 하여 만들어진 종교)가 민족 종교라는 명목하에 세워져 이를 사용하였다.

그 뒤, 1948년 대한민국(大韓民國) 정부의 수립과 동시에 모든 공문서에 단군기원을 사용하기로 하여 10수 년 동안 사용하여 오다가 1961년 5·16혁명 후 정부가 단기력(檀紀曆) 사용을 폐기하고 서력기원(西曆紀元)을 사용하게 되어 오늘에 이르고 있다.

보통 고조선을 '단군조선', '기자조선', '위만조선'으로 구분하여 부르기도 하지만 학문적으로 정확한 용어는 아니다. 고조선, 기자조선, 위만조선으로 부르는 것이 역사적 맥을 이야기하는 것이 된다. 단군은 환인의 아들인 환웅이 인간세계로 내려와서 곰에서 사람으로 변한 웅녀와 결합하여 그 사이에서 태어났다고 전한다. 역사는 역사사실로 증명해야지, 신화가 역사로 변질되는 역사 없는 사관을 만들어서는 안 된다.

② 신격화된 단군의 유무?

단군을 종교화, 신격화하는 단체들로 인해 그동안 한국 교회와의 갈등이 많았다.『고조선 연구』(일지사)의 저자 윤내혁 박사와『잃어버린 역사를 찾아서』(고려원)의 저자 서희건 씨에 의하면 단군조선을 신화로 왜곡하는 데는 일제의 공이 컸다고 말한다. 고조선(古朝鮮)을 한국사에서 삭제시키려 했던 일제 식민지 사가(史家)들이 '고조선'을 '단군조선'으로 둔갑시켜 단군을 국조(國祖)로 둔갑시켜 역사화하면서 오늘에 이르른 것이다.

(1) 단군(檀君)의 본질(本質)과 그 역할(役割)

단군과 단군사를 연구했던 강태현 씨는 그의 홈페이지(http://www.dangoon21.net)에서 아래와 같은 견해를 제시한다. 그는 "단군이 단군조선을 통치했던 최고 통치자에 대한 칭호이다. 단군은 군주(君主)를 뜻하는 말로서, 오늘날의 대통령이라는 칭호와 비슷하다." 그리고 "단군은 각 지역의 거수(渠帥:무리의 우두머리)를 지칭한 말"이라고 하였다.

『아리랑 민족』의 저자 유석근 목사 역시 "고조선의 제사장이 곧 백성을 다스리는 제정일치(祭政一致)의 국가였기 때문에 단군(檀君)은 한 사람이 아니었다."고 말한다. 다시 말해서 단군(檀君)이란 이름은 개인, 즉 왕의 이름이 아니라 직책상의 이름이라는 것이다.

(2) 천신(天神)을 섬긴 제사장 천군(天君)

강태현 씨에 의하면 "단군조선(檀君朝鮮)인들은 '단군'이란 직책을 가진 지도자를 최고의 지도자로 하여 하나님을 믿는 믿음의 종교를 가지고 있었고, 동일한 언어와 풍습을 가지고 정치적 경제활동을 하였다."는 것이다. 이와 관련해 이은봉 박사는 「단군 신앙의 역사와 의미」(서울대 출판부)라는 논문에서 "한국인은 본래 천신(天神), 즉 하나님을 섬기던 민족이었으며, 이 천신에게 드리는 제사의 집행자를 천군(天君)이라 했는데, 후세의 사람들이 천군을 신격화하여 단군신앙이 시작됐다."고 발표했다.

즉, 단군(檀君)은 하나님께 드리는 제사를 주관하는 천군(天君)이었다는 것이다. 이것은 고대 한국이 왕권중심의 국가가 되기 전까지 제사장에 의해 나라가 다스려지는 제정일치(祭政一致)의 공동체였다는 것을 뜻한다.

(3) 제단(祭壇)과 박달나무의 차이

그렇다면 천신에게 제사드리는 제사장 단군은 어디에서 시작되었는가 그것은 '단(壇)'이라는 말에서부터 찾아 올라갈 수 있다. '단군(壇君)'이라는 이름에 의해 〈삼국유사〉는 '壇君'으로 제왕운기는 '檀君'으로 표기하고 있다. 여기서 〈삼국유사〉의 '壇'은 천신에게 제사드리는 '제단 단(壇)'을 사용하면서 제사를 위한 신단수(神壇樹)의 단(壇)과 관계가 있고, 〈제왕운기〉의 단(檀)은 '박달나무 단(檀)'으로 단군이 박달나무 밑에서 출생했다는 신화를 강조한 말이다.

이와 관련해 창조사학회 김영우 사무국장도 "단군은 국조(國祖)가 아닌 고조선의 제정일치를 담당했던 사람의 직책이었다."고 말한다. 곧, 단군의 단은 흙 토(土) 변의 단(壇:흙을 쌓아 올려 만든 제단)으로 단군(壇君)은 제단(祭壇)에서 하늘에 계신 절대자에게 제사를 지낸 제사장이었다는 것이다.

(4) 노아의 후손인 욕단과 제사장 단군(檀君)의 뿌리 이해?

그렇다면 하늘의 절대자에게 제사를 지낸 단군의 뿌리는 무엇일까? 『알이랑 민족』의 저자 유석근 목사에 의하면 "단군의 단(壇)이라는 이름은 원래 '욕단'(堯其壇)의 음가절약이다. 요크단(Joktan)은 하나님을 섬기는 천재단의 제사장이요, 나라의 임금이었기 때문에, 그 이름을 축약해 끝 글자인 제단 단(壇)자만을 사용해 단군(壇君)이라고 불렀다는 것이다.

이쯤 되면 욕단이라는 인물에 대해서 알아야 할 차례이다. 욕단은 노아의 아들 셈의 후손이다. 곧, 셈의 아들 아르박삿이 낳은 첫째아들 셀라의 아들이다(창 10:21~30, 대상 1:17~23) 이 욕단의 자손들이 "거하는 곳은 메사에서부터 스발로 가는 길의 동편 산이었다"고 성경은 기록하고 있다(창 10:30). 곧, 욕단 자손은 동방의 산악지대인 알타이산맥을 넘어 바이칼호수 동북쪽의 대평원 '스발(시베리아~만주)'까지 이동해 왔다. 이들이 노아 홍수 이후 동양으로 가장 먼저 이동해 스발과 극동 사이를 처음으로 개척 지배했다는 말이 된다.

(5) 하나님께 제사(祭祀)드린 민족

추론으로 정리를 해보면 욕단은 한(韓)민족의 조상일 가능성이 높다고 볼 수 있다. 이 욕단은 산에서 제단을 쌓고 하나님께 제사드린 노아의 아들 셈의 후손으로 볼 수도 있다. 곧, 단군은 하나님을 섬겼던 노아의 자손인 욕단의 후손으로 제사장과 임금의 역할을 동시에 감당했던 사람, 또는 직책명이라는 얘기다. 따라서 우리에게 신격화된 단군은 없다. 단지 있다면 하늘에 제사드렸던 제사장으로서의 단군(壇君)과 그 신앙의 맥을 엿볼 수 있을 뿐이다.

즉, 단군(壇君)은 셈의 자손으로 천신(天神:하나님)께 제사드리는 제사장의 맥을 갖고 있는데, 하나님을 향한 우리 민족의 신앙적 심성을 엿볼 수 있는 것이 아닌가 싶다. 그러므로 단군(壇君)은 제정일치(祭政一致)하에 천신(天神)에게 제사지내는 제사장이며, 고조선 왕조의 군왕의 조직적 명칭이지, 신화에 나오는 것과 같은 사람으로 둔갑시켜 우상화하는 것은 잘못임을 알 수 있다.

(6) 기독교(基督敎)가 단군상(檀君像) 건립(建立)을 반대하는 이유는 다음과 같다.

1) 역사적 실존성이 증명되지 않은 인물을 실존적 인물인양 동상을 세운다는 것은 국민을 기만하는 행동이다.
2) 실존적으로 희박한 인물의 동상을 어린아이들의 교육장인 초·중·고등학교 교정에 세운다는 것은 아이들에게 거짓을 가르치는 일이다.
3) 단군은 명목상의 이름으로 단군교의 교주가 되어 있으므로 정부가 특정 종교의 교주를 인정하고 동상을 세운다는 것은 정교분리의 대원칙에 모순되는 일이다.

그리고 연세대학교 명예교수 민경배 교수는 단군상 반대에 대하여 다음과 같이 말하고 있다.

① 단군상의 건립은 정확한 역사적 검증으로 실재와 사실의 체계화가 되어 있지 않다.
② 신화적 개국(開國)의 시조(始祖)를 국민적 참배의 대상으로 삼게 한다는 것은 일본이 그 시조(始祖)를 신(神)으로 만들어 신사(神社)에 앉혀 놓고 간악한 악정을 펴나가고 있는 것을 본다. 그러므로 우리는 우상을 국가의 종교로 만든다는 것은 어리석고 위험한 죄라는 것을 알아야 한다고 하였다.

이 말은 우리가 단군을 신격화하는 위험은 세계화 시대에 역행하는 일이요, 국수주의(國粹主義)의 편협(偏狹)에 빠질 위험의 표상이 되기 때문인 것이다. 그래서 단군상 반대에 대해 그 대안으로 산정현교회 원로였던 안도명(安道明) 목사는 <디아스포라(The Diaspra)>라는 월간지에 단군의 역사적 기록이 있다면 박물관이나 도서관 또는 미술관을 만들어 학문적, 역사적 연구의 장으로 하는 것이 최선의 길임을 밝히고 있다.

고조선(古朝鮮)에 대한 역사적 자료를 수집하여 전시하고 연구하게 하여 우리나라의 정사(正史)를 후손들에게 가르치고 전하는 것이 우선이지 "단군의 교조화 및 국조화" 행위는 분명히 민족에 대한 속임수라는 것이다. 그리고 아직 샤머니즘의 때를 못 벗은 단군 숭배사상을 성전 행사를 통해 종교적 제의로 미화시키게 되면, 단군사상은 결코 민족적 아이덴티티(Identity)의 기초가 될 수 없는 미신적 우상행위인 것임을 밝히고 있다.

1986년 이후 전국 각 초·중·고등학교 386개 교에 단군상이 세워져 있다 한다. 이와 같은 미시적 행위가 교육현장에서 교육의 재료로 사용된다는 것은 지극히 위험한 일이다. 그리고 각 학교에 세워진 단군상의 재질은 화학 플라스틱에 의해 만들어진 유해물질이라는데 경악을 금치 못한다. 홍문연(홍익문학운동연합)이나 단군교나 대종교 경내의 시설물이라면 우리가 탓할 이유가 없다. 신성한 학교 교육현장에 세워졌다는데 대해 강력히 반대하고 있는 것이다.

(7) 단군상(檀君像) 설치(設置)의 불법성

단군상을 세우는 것은 교육기본법 제6조 ①항에 위배되는 불법행위이다. 교육기본법 제6조(교육의 중립성) ①항은 "교육은 본래의 목적에 따라 그 기능을 다하도록 운영되어야 하며, 어떠한 정치적, 파당적 또는 개인적 편견의 전파를 위한 방편으로 이용되어서는 아니 된다."라고 했다.

그런데 교과서와는 달리 386개 초·중·고에 세워진 단군상은 개국년대를 비롯해서 신화를 실재인양 하는가 하면 단군상 옆에는 '통일기원 국조단군상'이란 이름으로 연대와 신화를 종교화한 국조의 이름으로 사실화하려는 잘못을 학생들에게 가르치게 하고 있다. 거짓과 잘못으로 역사적 사실로 규정짓는 현실을 만들고 있다.

뿐만 아니라 역사를 전문적으로 연구한 사람들을 '강단사학, 식민사학'으로 함부로 매도하고 있으며, 한국 고대사를 연구하는 사람들의 열정적 연구를 무시받게 하고 있다. 이들의 연구는 어디까지나 사실에 근거하여 민족의 정사를 연구해 보려고 혼신의 힘을 쏟고 있는 애국적 견지에서 노력하고 있는 사실을 왜곡시키는 일로 만들기 쉽다는데 우려를 갖게 한다.

한국 고대 연구 사학자들 중에는 임성국, 윤치도, 문정찬, 윤내혁, 최태영 박사 등등을 들 수 있다. 그렇지만 그 귀한 것을 이용·왜곡하여 민족을 우매한 곳으로 몰아 넣고 종교화 내지 사욕에 의한 미신행위를 자행하는 홍문연의 작태는 단호히 배격해야 함을 밝히는 바이다.

이것은 헌법을 위반하는 것과 역사적 사실의 왜곡도 발생하게 된다. 그리고 단군상 제작의 재료가 합성 프라스틱으로 만들어져 있어 이것을 만질 때 이곳에서 환경호르몬이 배출·오염된다는 것이다.

현재 전국 초·중·고에 세워진 '통일기원국조단군상'을 세우고 있는 단체는 '홍익문학운동연합(홍문연)'으로 대종교에 소속된 단체이다. 이 단체의 수장이라고 하는 이승현은 대종교의 대선사이다. 그는 홍문연을 앞세워 단군교를 전국화하려는 의도를 가지고 이러한 행각을 펼쳐 오고 있다. 역사적 사실로 미화하여 교육적 현장에 종교적 의미의 단군상을 설치하고 있는 것이다.

그 증거로 마산시 인곡초등학교에서 교장과 교사 그리고 학생대표가 단군상 앞에 참배하는 사건이 기사화되기도 했다. 이것은 역사적 사실이 아닌 미신 종교적 의미의 행사에 우리 국민들이 속고 있다는 일례인 것이다.

이것은 대한민국의 헌법정신에도 벗어난 것이다. 헌법 제20조 1항은 "모든 대한민국 시민은 종교적 자유를 가진다"라고 하였다. 그러므로 이러한 행위는 자유권을 침해하고 자유민주주의로부터 벗어난 것임을 볼 수 있다. 그리고 어린 학생들에 대한 위생·건강상의 문제가 불법성을 가지는 것이다.

<크리스찬투데이>에 의하면 단군상의 재질이 싸구려 합성수지로 만들어져 있어 이곳으로부터 환경호르몬이 배출되고 있다 한다. 이 사실을 알게 된 경기도 연천군에 소재한 전곡초등학교 이경범 교장은 교정에 세워진 단군상을 아이들을 유해환경에서 보호하기 위해 철거하기도 했다.

(8) "단군상(檀君像) 철거 관련 목사 2명 실형 선고"

장로교 모두는 단군상 문제가 발생하자 "헌법 20조 1항에 명시한 종교의 자유를 위해(危害)하는 불법적 행위이므로 즉각 철거할 것을 촉구한다"고 밝혀 왔다.

단군상이라는 성경적으로 우상이며, 역사적 사실도 확인되지 않은 허상이 대한민국의 미래를 짊어지고 자라나는 신성한 학교에 세워진다는 것은 미래의 재앙을 암시하는 것임을 알고 적극 대처하면서 기도회와 강단의 설교와 각종 집회 및 미디어를 이용하여 잘못을 지적해 온 것이다.

본 교단(통합) 역시 이에 적극 동참하면서 총회와 산하 노회는 단군상 문제 대책위원회를 두고 설치반대 및 철거에 앞장서 왔다. "단군신화는 말 그대로 신화인 것이다."라는 사실을 강력히 주장해 왔으나 국가를 등에 업은 주최(主催) 측은 단군상 건립을 계속하고 있다.

드디어, 기독교 목사들이 행동으로 단군상 철거에 나서게 되는데, 이 일에 참여했던 목사들이 수감의 고통을 겪게 되었다. 1999년 12월 23일, 경북 영주지역 목회자들의 공공장소인 영주 남산초등학교 단군상 철거를 행동화함으로 이들 목사들은 법정 구속되어 동년 11월 17일 (목) 오전 11시에 최종 재판을 받았다. 재판의 결과는 영주시민교회(고신) 최홍호 목사 실형 1년, 신영주교회(통합) 안수식 목사 실형 10개월을 받고 안동교도소에 수감되었다. 그들 외에 철거에 함께 가담했던 목사 5명은 집행유예 2년을 언도받는 일이 발생하였다.

(9) 서울서노회에서의 단군상(檀君像) 철거(撤去)

이와 같은 법적인 조치가 있었지만 장로교를 중심으로 단군상대책위원회는 계속 계도와 함께 단군상 철거의 정당성을 관계당국에 제기(提起)해 왔다. 그러다 놀라운 기적을 보게 되었다. 드디어 마찰없는 가장 안전한 방법으로 서울서노회(대한예수교 장로회 통합)는 큰 일을 만들어 하나님께 드릴 수 있었던 것이다.

서울서노회가 소속해 있는 지역은 서울 용산구, 서대문구, 마포구인데 본 노회가 소속해 있는 지역에서 유일하게 마포구 신석동 소재 신석초등학교에 단군상이 세워져 있다.

본 노회는 수 년간 단군상대책위원회를 통하여 이 학교의 단군상 철거를 위해 기도하고 협의하고 노력해 왔다. 일반적 논리로 단군상을 철거해야 할 당위성이 무엇이겠는가? 그것은 헌법상 문제와 역사적 사실의 왜곡과 학생들의 위생에 대한 건강상의 문제가 이슈가 되는 것이다.

이와 같은 이슈(issue)의 논리를 가지고 설득작업에 직·간접적으로 장시간을 가지고 노력하여 온 결과 교직원과 학부모들의 마음이 움직이게 되었다. 단군상(檀君像) 철거(撤去)를 위한 학부모회가 소집되어 투표에 이르게 되었는데, 4학년 이상 학부모와 교사 321명이 찬반투표를 실시해 절대다수인 98.4%(316명)가 철거해야 한다고 의견을 내었고, 존치(存置)하자는 의견(意見)은 5명에 불가했다(2010.05.31, dwkim@chtoday.co.kr 김대원 기자).

이에 본 노회 단군상대책위원회는 철거된 그 자리에 학교 측과의 논의를 하면서 교육자료로 조선시대 세종(16년)때 장영실, 이천, 김조 등에 의해 만들어진 해시계(앙부일구, 仰釜日晷)와 측우기(測雨器)를 세우기로 하였다. 그리고 그 자료의 설명과 함께 그 밑에 초대 교회의 전도지였으며 신앙고백의 상징이었던 물고기(익투스 = 'IXOUS' : 주 예수 그리스도는 하나님의 아들이요, 우리의 구원자이다)라는 로고(Logo)를 새겨 넣기로 하였다. 이것은 합법적 단군상 철거의 첫 번째 사례로 남을 것이다.

그러나 이것을 제작 설치하려면 비용이 2천만 원 이상이 될 것이라는 가상(假想) 견적(見積)이 나왔다. 우리가 이 학교에 교육자료를 설치하게 되는 목적과 그 과정의 설명을 들은 제작사 사장은 이 일의 전말에 감동을 받고 귀(貴) 회사(Bomul Korea)도 동참하는 입장에서 1천 2백만 원에 제작 설치해 주겠다는 확약을 우리에게 주었다. 그래서 본 노회 단군상대책위원회에 책정된 예산 1천만 원과 후암동 소재 산정현교회가 2백만 원을 헌금하여 주어 어려움 없이 은혜롭게 제작 설치를 마칠 수 있었다.

그리고 완공 기념 감사예배를 신석초등학교 교정(校庭)에서 교장 선생님을 비롯해 본 노회 단군상 대책위원들과 관계자들이 모인 가운데 은혜롭게 드릴 수 있었다. 이러한 과정을 거치면서 우리는 하나님께서 친히 역사하심을 깊이 느낄 수 있었다.

합성수지로 제작된 단군상을 흘어버린 자리에 무엇을 어떻게 할 것인가를 기도와 토의 중에 교육자료로서 역사성을 가르쳐 줄 해시계와 측우기가 좋겠다는 의견을 모았고, 교육자료만 만들어 놓고 끝난다면 우상만 제거(除去)했지, 복음(福音)을 나타내는 과정이 배제되는 것 같아 안타까움을 느낄 때 성령님의 인도로 상상도 못 했던 초대 교회 기독교의 상징인 익투스(IXOUS)가 생각이 나 대책위원들과 상의하니 모두들 기뻐하며 그렇게 하기로 결정하였다.

그 후 대책위원들은 앙부일구(仰釜日晷, 해시계:보물 845호, 조선시대 장영실, 이천, 김조 등이 만들었다.)가 설치되어 있는 박물관들과 광화문광장을 현장 방문하여 재료와 모양과 크기를 세밀히 실측(實測) 조사하였다. 실물을 확인한 후 우리는 청동 주물공장을 직접 방문하여 제작과정을 확

2012년 4월17일
교육기자재 기증
예배 순서지

단군상이 있던 자리에 교육자료로 보물 845호인
앙부일구(해시계)와 측우기를 설치 완료하고
하나님께 서울 서노회 단군상 제거 위원들과
본교 최인숙 교장선생님과 함께
감사 예배를 드리는 장면
(오른쪽 두 번째, 최인숙 교장선생님)

예배가 끝난후 기념 촬영
(사진 가운데 여자분이 신석초등학교 교장
최인숙 교장선생님이시고
나머지는 본 교단 서울 서노회
목사님들과 장로님들이시다.)

인하였다. 그리고 제작에 대한 설명도 세세히 들으면서 의심나는 부분에 대해 질문도 아끼지 않았다.

그 후 앞서 약속의 확약을 받은 보물코리아(Bomul Korea) 회사와 공장을 찾아 가 앙부일구(해시계)와 측우기를 제작 주문키로 계약을 하였다.

단군상이 서 있던 그 자리에 교육자료가 설치되어 교육적 학습효과의 설명과 함께 복음의 상징인 익투스 로고가 새겨지게 되었다는 것은 한없이 하나님의 영광이 드러난 일이었다. 이때 수고한 이들은 단군상 대책위원장으로 주태근 목사(연신중앙교회)가 전초 작업의 많은 수고를 하고 물러났다.

그 뒤를 이어 최상순 목사(필자, 산정현교회)가 위원장으로 취임하여 연속적 작업에 박차를 가하였다. 그리고 마무리 작업은 임기 후 단군상 대책 전문위원으로 있으면서 모든 작업을 끝마치고 2012년 봄 제86회 노회에 단군상 대책위원장 김호민 목사를 통하여 보고할 수 있게 되었다.

특히, 김호민 목사는 자녀들이 신석초등학교에 다니고 있어서 학교의 학부모로서, 그리고 노회에서의 단군상 대책위원으로 있으면서 단군상을 제거하는데 시종 함께하며, 실무의 안내자로 정보제공자로 역할을 잘 담당해 오면서 모든 헌신을 아끼지 않았음을 필자는 깊은 감사를 드린다.

그리고 단군상이 제거되고 그곳에 본 노회 단군상 대책위원회가 생각·추진해 왔던 교육자료를 설치 완성해 놓고 하나님께 감격속에 감사의 예배를 신석초등학교 교장이신 최인숙 교장님과 위원장 김호민 목사(예천교회), 위원으로 최양춘 목사(모래네교회), 김영호 목사(용산교회), 이원규 장로(북아현교회), 후원 교회인 산정현교회 김성제 장로, 허영기 부목사, 차금숙 전임전도사가 참석한 가운데 산정현교회 당회장인 최상순 목사의 집례와 설교속에 은혜의 시간을 가졌다.

특히, 본 노회의 남다른 지원과 관계자들의 뜨거운 헌신의 수고가 하나님이 제일 싫어하시는 우상을 제거하는 귀한 일을 행했다는 것은 커다란 기쁨의 열매라고 볼 수 있다. 다시 한번 감사를 드리고 싶은 것은 이 일에, 특별히 교육의 현장에서 오직 배움으로 자라나는 학생들에 대한 철저한 안전과 교육적 효과를 높이기 위해 헌신하고 있었고, 단군상 제거에 공직을 걸고 바른 일에 학교와 학생편에서 앞장서 주셨던 최인숙 교장 선생님(신석초등학교)의 교육철학의 실천을 볼 수 있어 대한민국의 희망을 보는 것 같아 기쁨의 찬사를 보내고 싶다.

(10) '익투스(IXΘYΣ)'?
"예수 그리스도는 하나님의 아들이며 구주이시다."

기원후 초기에, 즉 1세기 때에 그리스도교는 로마 정부로부터 불법임을 선고받았다. 그래서 그리스도 교도들은 심하게 박해를 받았고, 심지어 그들의 믿음 때문에 죽기까지 해야 했다. 그래서 공공장소에서 서로를 알아보는 방법 중 하나가 바로 이 물고기 모양이었다. 한 사람이 발로 땅위에 물고기 모양의 윗 부분의 반을 그리면 다른 사람이 다가와서 그 나머지 아래 부분의 반을 그렸으며 이런 약속을 통해 그들은 서로가 같은 믿음을 가진 그리스도인이라는 것을 확인했다.

이 물고기 모양의 아이디어는 고대 그리스어로 쓰여진 문자의 두문자어(頭文字語=acronym-몇 개 단어의 머리글자로 된 말)로부터 만들어졌다. '물고기'라는 단어의 고대 그리스어는 'ＩＸΘＹΣ)'로 쓰여지고, '익투스'로 발음되어졌다. 각각의 문자가 뜻하는 바는 다음과 같다.

    Ｉ : Iesus (예수스 : 예수)
    Ｘ : Christus (크리스투스 : 그리스도)
    Θ : Theos (떼오스 : 하나님)
    Ｕ : Huios (휘오스 : 아들)
    Σ : Sojomete (소조메테 : 구원자)

단순해 보이는 '물고기'라는 단어와 문양 속에는 거대한 신앙고백이 숨겨져 있다. "예수 그리스도는 하나님의 아들이시요, 우리의 구원자이십니다."라는 뜻이 담겨 있는 것이다.

한편, 단군신상이 있던 자리에 세워진 앙부일구(仰釜日晷, 해시계)는 백성들을 위해 만든 공중(公衆) 해시계이다. 앙부일구가 처음 만들어진 것은 1434년(세종 16년)이다. 이 앙부일구는 서울 혜정교(종로1가 광화문우체국 부근에 있던 다리)와 종묘 남쪽 거리에 설치되었다고 한다.

앙부일구(仰釜日晷,해시계)
1434년(세종16) 장영실, 이천,
김조 등에 의해 만들어졌다.
보물 845호이다.

혜정교와 종묘는 서울의 중심도로가 있는 곳으로 유동인구가 가장 많은 곳이었다. 세종은 앙부일구를 궁궐에만 설치하지 않고 백성들이 모두 볼 수 있게 했다. 세종 때 여러 가지 해시계가 있었지만, 그 가운데서 앙부일구(仰釜日晷)가 가장 널리 보급되었다. 그 이유는 간편성 때문이었다. 다른 어떤 해시계보다도 앙부일구가 시간을 쉽게 읽을 수 있었다. 세종은 시간을 모르는 우매한 백성들을 위해 앙부일구를 다 함께 볼 수 있는 시계로 활용하고자 했다.

1441년(세종 28년)
호조(戶曹)의 건의로
강우량을 재기 위해
측우기를 만들었다.

그래서 시계 위에는 글자 대신에 각 시간에 해당하는 12종류의 짐승 그림을 그려 넣어 글을 모르는 사람도 시간을 알 수 있도록 했다. 앙부일구는 백성들을 위한 시계였던 것이다. 12종류의 짐승이 그려져 있는 세종 때의 앙부일구는 현재 남아 있지 않다. 우리들이 박물관에서 볼 수 있는 것들은 숫자가 새겨져 있는 조선후기(17~18세기) 때의 앙부일구이다.

서울 신석초등학교에 세워진
해시계, 측우기의 설명서 밑에
새겨진 물고기 모양의 익투스란
문양은 "예수 그리스도는
하나님의 아들이시요, 우리의 구원
자이십니다" 라는 뜻이다.

세종 때에 제작된 앙부일구들은 임진왜란 때 모두 없어졌다가 17세기 후반 현종~숙종 때 다시 제작되었다. 이때 만들어진 것은 세종 때 만들어진 오목 해시계와는 조금 다르다. 세종 때의 해시계가 서민들을 위한 공중용 시계였다면, 이때의 해시계는 대궐이나 명문 대가집에 설치하기 위해 청동으로 만든 고급스런 오목 해시계였다. 역법도 시헌력(時憲曆)으로 바뀌었다.

시헌력(時憲曆)이란 태음력에 태양력의 원리를 적용하여 24

절기의 시각과 하루의 시각을 정밀하게 계산하여 만든 역법이다. 지금 신석초등학교에 설치한 앙부일구(仰釜日晷)가 시헌력에 의해 만들어진 앙부일구이다. 그리고 측우기는 세종 때 전국에 만들어져 있던 것이다.

II. 교단(敎團) 교파(敎派)를 초월(超越)한 연합운동(聯合運動)의 사례

1. 후암동교동협의회(厚岩洞敎洞協議會)

지역 복음화를 위해 후암동 소재 9교회중 8교회가 하나가 되어 성탄절 행사를 함께 하고 있다. (나를 낮추어 서로 섬기는 기쁨으로 뭉쳤다. 〈기독교신문〉)

왼쪽부터 권정희, 손상률, 김세진, 한영복, 성흥모, 문성남, 최상순, 유수인 목사. 후암동교회 8곳의 담임목사인 이들은 '교동협의회를 통해 교회는 하나임'을 실천해 보이고 있다. 각 교회 교인들간의 교류도 활발하다. (2002년, 10월 25일 〈중앙일보〉)

지구상에는 교단 교파를 초월한 연합단체가 수없이 존재하고 있다. 필자 역시 그동안 "그리스도 안에서"란 목표 속에 수많은 연합운동에 참여해 왔다. 그 일례(一例)로 본(本) 교회가 속해 있고 활동하고 있는 본 지역의 연합활동(후암동교동연합회)의 모습을 소개해 본다.

후암동교동협의회는 본 교회의 실천목표의 하나인 '지역의 성역화'의 일환에서 참여하여 활동하고 있다. 지적도상 대한민국 1번지에 위치하고 있는 후암동교동협의회는 서울특별시 용산구 후암동에 위치하고 있는데 이 지역의 교회들이 연합하여 지역 사회를 섬기는데 앞장서고 있다. 그리스도 안에서 교파와 교단을 초월하여 교회들이 하나님의 뜻을 같이 나타내고자 모인 신앙공동체이다.

각 교회가 가지고 있는 역사성과 전통이나 그 어떤것도 드러내지 않고 지역 주민들에게 부담없이 도움을 주고자 지역 목민관인 동장을 명예회원으로 하고 주민자치센터를 통해 그리스도의 사역을 펼쳐나가고 있다.

① 서울특별시 용산구 후암동교동협의회 역사

같은 지역에 있는 교회가 서로 협력하고 선교 공동체로서 연합사업을 펴는 것은 매우 바람직하고 유익된 일임에 틀림이 없다. 그러나 같은 지역에 교단 교파가 다른 교회로 나뉘어 있다는 사실은 더 설명이 필요없다.

그런가 하면 지역과 계층에 따라 그 수준이나 상황이 다르기 때문에 모든 교회와 목회자가 힘을 합친다 해도 똑같이 적용한다거나 똑같은 효과를 거둔다고 하기는 어렵다. 그러나 교회가 지향하는 목표나 목사가 의도하는 성공적인 목회의 이상은 거의 비슷하기 때문에 여러 사례를 참고하면서 지혜롭게 적용하므로 피차간에 유익이 될 수 있다고 본다.

여기 소개하는 후암동교동협의회는 지역 교회의 공동체로서 교회와 교회, 또는 교회와 지역민간에 공존과 협조의 정신으로 '지역 복음화'라는 공동목표를 효과적으로 이루어가면서 모든 교회가 건강하게 성장해 가는 모델이 되고 있다.

후암동 '9형제 교회' 목사들이 월례모임 후 환하게 웃고 있다. 왼쪽부터 한영복 목사 안중규 후암동 동장 손상률 성흥모 최상순 유수인 김세진 전두선 목사(권정희 조진현 목사는 월례회만 마치고 급한 교회업무로 함께 촬영에 참석치 못하였다.)
2006년 7월 27일 조선일보 주완중 기자

지적도상 대한민국의 1번지이며 용산의 1번지인 후암동(厚岩洞)

② 개요(概要)

지적도상으로 대한민국의 1번지요, 서울의 심장부인 남산을 배경으로 서울역과 용산 미군기지 사이에 인구 2만 5천 명이 사는 후암동이 자리잡고 있다. <후암동 교동협의회>는 이 마을에 있는 아홉 교회가 주민센터와 협력하

남산을 배경으로 하고있는 대한민국의 1번지 후암동교동협의회 연합전도지 앞면이다.

연합 전도지 뒷면

왼쪽부터 유수인, 성흥모, 손상률목사, 박장규용산구청장, 최상순, 한영복, 조진형, 권정희 목사 (제4회 성탄축하 연합 찬양 축제를 갖고 그날 드려진 헌금은 전액 이웃돕기하기로함) 2003년 12월 24일 〈국민일보〉

여 오랜 기간 공동목표를 추진하며 효과적으로 사역을 펴 나가는 모범적 교회의 협력체이다.

후암동은 서울의 한 복판에 있는 동네이지만 지역민의 수준이나 정서로 볼 때 교회 부흥이 매우 어려운 곳이다. 이곳에는 6개 교파의 9개 교회가 있는데 대부분 해방과 6·25를 전후로 세워졌으나 별로 크지 않고 중소 규모에 불가하지만 비교적 건강한 교회요, 건전한 목사들로 구성되어 있다.

1997년부터 시작된 협력 목회가 지역민들의 교회에 대한 인식과 정서에 좋은 변화를 가져왔고 교회들 또한 대단한 자부심을 가지게 되었다. 인구가 모이고 발전하는 지역일 경우 하루가 다르게 교회들이 들어서고 같은 건물 안에도 개척 교회가 난립하곤 하지만, 후암동은 낙후된 동네로 인구가 빠져 나가는 곳이기 때문에 수십 년 전에 세워진 교회들뿐 더 이상 개척 교회가 세워지지 않을 정도로 열악한 조건을 가지고 있다.

이런 상황에서 교회들이 지역과 협의체를 구성하고 서로 협력하여 교회의 위상을 높일 뿐만 아니라 연합사업의 새로운 패러다임(Paradigma)을 만들어 나가고 있는 것이다. 이 일이 성공적으로 정착하게 된 것은 무엇보다도 같은 목회 철학을 공유하는 목회자들의 비전(Vision)과 리더십(Leadership)이 결합된 증거라고 할 수 있다.

③ 동기(動機)와 목적(目的)

후암동에 있는 교회들은 대부분 두 교회씩 골목 하나를 사이에 두고 맞붙어 있어서 교인들도 서로 헐뜯거나 안 좋은 소문을 물어내는 사이가 될 수 있었고, 목회자들은 라이벌(Rival) 의식을 가지고 눈에 안 보이는 전쟁을 하면서 상종(相從)하기를 꺼리는 처지에 놓여 있었다.

이와 같은 문제점(問題點)을 가지고 몇 명의 목회자들이 지역의 정서(情緒)와 복음적인 토양을 가꾸기 위해서는 교회들의 협력이 절실하다는 것을 인식하여 이웃 교회 목회자들끼리 만나서 공감대(共感帶)를 형성해 나갔다.

후암동교동협의회 목사님들이 14박 15일간 독일, 프랑스, 스위스의 기념교회 탐방 및 유적지 답사차 제네바 WCC 본부를 찾아 한국풍의 도자기 성찬기를 기증했다.

후암동에는 장로교 합동인 후암교회, 후암제일교회, 금성교회가 있으며, 장로교 통합으로 영주교회, 산정현교회(이 교회는 일본 신사참배를 끝까지 반대하다가 투옥된 목사, 장로가 중심이 되어 해방 후 한국 기독교 정화를 위해 복구된 독노회의 뿌리를 갖고 있으며 주기철 목사 복권, 신사참배 회개를 노회와 총회적 차원에서 실천하여온 교회다)가 있다.

본부 사무실 앞에서 성찬기를 받아들고 있는 WCC 사무총장과 관계자 및 교동협의회 목사님들

그리고 일본 신사참배를 반대하고 해방 후 재건 교회의 한 갈래인 숭덕교회, 성결교인 후암백합교회, 감리교인 남산중앙교회, 루터교의 뿌리를 가지고 있는 중앙루터교회가 후암동에 소재하고 있다.

후암동은 9교회 7개 교단이 있는 독특한 지역인 것이다. 우선 성결교인 후암백합교회 류정길 목사, 통합 측인 영주교회 성흥모 목사, 합동 측인 손상률 목사 세 사람이 발기인이 되어 모든 합의를 도출해 내었고, 처음 얼마 동

마틴루터가 95개조의 항의문을 붙였던 독일 비텐베르크교회(기념교회)의 주일예배 현황

안 부부동반으로 친목을 다지는 모임도 가졌다.

교파가 다른 교회이다 보니 신학적인 간극(間隙)이나 신앙정서에 차이점이 있었지만 모두 다 똑같은 목회환경에서 "지역의 복음화"라는 공통명제(命題)와 "교회마다 지역을 섬긴다"는 명분을 공유하고 있었다.

그동안 각자가 주민센터와 지역민을 대상으로 구제와 봉사를 해오던 것을 공동사업으로 시행하여 시너지 효과도 거두게 되고, 교회의 위상도 재고하고 교인들의 공감대를 형성해 나가기로 하였다.

후암동교동협의회 연합전도지(앞면)

연합 전도지 뒷면

④ 공동으로 추진하는 사업

(1) 공동 전도지를 제작하여 사용하고 있는데, 9교회가 동일한 양식으로 목사의 사진과 교회 표어를 게재하여 매년 5만여 장을 제작하고 중앙 일간지에 넣어 각 가정으로 배포하고 있으며, 그 전도지를 9개 교회가 새전도지가 만들어지기까지 1년 동안 전도용으로도 사용하고 있다.

(2) 성탄절 연합예배를 통한 축하 음악회가 매년 행해지고 있다. 12월 셋째 주일 연합예배와 각 교회 찬양대가 총출연하는 찬양축제를 가지며, 이때 교역자 혼성합창단, 장로 합창단도 출연한다. 이날은 후암동 관내 기관과 온 동민이 초대를 받는 축제의 장으로 되어 있다.

12월 셋째 토요일은 후암동민과 교회가 함께하는 찬양축제일이다. 9교회 연합찬양단의 찬양으로 하나님께 영광돌린다.

(3) 아버지, 어머니 학교 운영을 하고 있다. 중부 아버지 학교 프로그램으로 1년에 한 번씩(1회에 100~120명) 3

회째 운영하고 있으며, 어머니 학교도 개설하여 많은 호응을 얻고 있다.

(4) 매년 10월중 각 교회 여전도회 연합으로 이웃사랑 나눔 바자회를 개설하여 수익금으로 약 50여 가정과 지역의 3~4개의 보육원, 모자원 등의 시설에 지원하고 있다.

성탄절 연합찬양 축제에는 각 교회교역자들과 사모들이 하나가 되어 찬양축제의 한팀으로 참가한다.

(5) 소년 소녀 가장을 비롯하여 틈새 가정(70~80%)을 주민센터에서 추천받아 매월 일정금액을 통장에 입금시켜주는 결연사업을 진행하고 있다.

(6) 매년 12월, 따뜻한 겨울 보내기 사업으로 10kg 쌀 600 부대를 구입하여 주민센터에서 선발한 어려운 가정에 전달하는 일을 하고 있다.

(7) 독거노인 생일잔치도 있다. 동 관내에 있는 어려운 노인들 중 주민센터에서 추천하는 생일자에게 매월 1회 생일잔치를 열어 주는 일로 각 교회가 순번에 따라 행하고 있다.

이웃을 위해 9교회가 1년에 한번식 바자회를 열어 이웃과 만나고 있으며 수익금 전액은 이웃을 위해 사용된다.

(8) 어르신들의 야유회를 위한 차량지원이 있다.
 초기에는 관내 3개 노인 회관을 중심으로 봄과 가을 두 차례 관광을 위한 차량지원을 하였으나, 지금은 일 년에 한 차례 하고 있다. 대형 관광버스 5대가 동원되고 있다.

(9) 동에서 추천한 노인들 가정에 주 1회씩 밑반찬을 공급하고 있다.

후암동교동협의회가 실시하는 관내 어르신들 식사대접에는 매달 150~200명의 어르신들이 참석한다.

겨울나기 이웃을 위해 사랑의 김장담그기에
연합으로 여전도회원들이 봉사하는 모습

(10) 2008년 1월부터 매월 150만 원씩 선교비를 적립하고, GP선교회 소속 선교사를 선임하여, 2008년 12월 21일 파송예배를 드리고, 2009년 초 베트남 하노이로 한 가정을 파송하여 오늘까지 이르고 있다.

(11) 그 외에도 여러 가지 사업을 9교회가 연합으로 행하고 있다. 이를 위해 월 1회 조찬기도회를 9교회 목사님과 동장 및 이에 관계된 이들이 함께 모여 기도하면서, 사업 내용을 숙의하여 실시하고 있다.

9교회가 돌아가면서 매달 한 번씩
독거노인을 위해 생일 잔치를 배풀어준다

⑤ 효과적(效果的)인 방법(方法)

후암동교동협의회는 연합사업을 통해 기독교의 원래의 정신인 예수님의 입장에서 상대의 자존심을 지켜주기에 기초를 둔 모임이다. 각 회원 교회의 정서와 특수성을 인정하고 거기에 손상을 주지 않도록 노력하며, 교회와 목회자의 자존심을 세워주는 일에 모든 것에서 세심히 배려하고 있다 보니 오늘의 열매가 있었다고 본다.

(1) 매년 제작하는 전도지와 연합예배 순서에는 위치와 역할을 균등하게 하기 위하여 시계바늘 방향으로 순서를 바꾸고 있으며, 담임목사라는 이름으로 목사님의 사진과 주소, 전화 외에 일체의 다른 프로필(Profile)을 게재하지 않는다.

(2) 주민들에게 제공하는 사랑의 쌀과 다른 구제사업에 9교회 공동 명의의 스티커를 제작하여 부착하는 등 교세에 따라 부담금은 차이가 있으나 외부에는 전혀 표가 나지 않게 하고 있다.

(3) 매월 1회 조찬 모임을 각 교회가 돌아가면서 하고 있다.

(4) 연 2회 부부동반 야유회(봄에는 1박 2일)를 가지고 있다.

(5) 평신도 중심의 각 부서별 운영시스템을 구축하고 그 임무를 그들에게 맡기고 있다.

이웃사랑 사랑의 쌀을 전달하고 있는 모습

a. 선교부는 선교위원장을 장로로 구성하며 해외선교 업무를 맡겼으며, b. 교육부는 청·장년 책임자로 구성하며 아버지학교, 어머니학교 등 교육사업을 실행시키고 있다. c. 여성부는 여전도회장으로 구성하였으며 매년 행해지는 세계여성기도일 행사 및 사랑 나눔 바자회 등을 실시하게 하고 있다. d. 봉사부는 장로 또는 안수집사로 구성하며 대외적인 봉사활동을 맡아 하게 하였다. e. 행사부는 부교역자들로 구성하며 각종행사 기획 및 지원업무를 담당하게 하였으며, f. 친교부는 협의회장 책임으로 목회자의 친교활동을 담당하게 하였다. 협의회 회장은 1년차로 돌아가면서 맡아 하고 있다 보니 모든 면에서 능동성과 긍정성을 나타내고 있다.

후암동교동협의회 목사님들 내외분들께서 베트남 선교사 파송후 격려차 베트남 방문 답사

교동협의회 연합으로 베트남선교사 파송예배를 드린 후 각 교회를 찾아 인사하려고 온 윤기봉 선교사 내외분

2006년 조찬모임을 가진 후 앞줄 왼쪽 첫 번째가 전안수 후암동장(국민일보기사)

⑥ 연합사업을 통한 성과

연합사업의 장점과 단점, 긍정적인 면과 부정적인 면은 다 있게 마련이지만 그동안 단점이나 부정적인 점은 미리 알고 대처하려고 노력해 왔으며, 순수한 동기와 목적을 살려 상호신뢰를 바탕으로 행해지고 있다. 여유 있는 쪽에서 먼저 양보하고 희생하는 겸양(謙讓)을 보여 왔으며, 연합사업의 효과를 거두기 위해, 오랜 시간 동안 신뢰를 구축한 가운데 본 교동협의회는 안정적 유익의 열매를 공유하는 자부심을 갖게 하고 있다.

이로 인해 목회자들의 신뢰와 협조가 잘 이루어지고 있으며, 평신도간의 교류를 통하여 서로가 편안하게 대하고 교회마다 자부심을 갖게 하는 효과를 누리게 하고 있다. 그리고 지역민들로부터 교회의 위상과 공신력이 인정되고 있으며, 기관(용산구청, 서울시청)으로부터 대단한 신뢰와 격려 속에 용산구봉사대상을 비롯하여 매년 표창과 다수의 수상을 하였다.

이러한 사실이 알려지자 용산구의 각 동과, 서울시의 여러 구청에서 교동협의회 조직을 벤치마킹(Benchmarking)하는 좋은 현상이 나타나고 있다.

⑦ 결론

연합사업의 속성상 누구든지 솔선수범하며 헌신하는 사람이 필요하다. 그렇지만 여기에 정치성이나 명예심 또는 개인적인 이해관계가 개입되는 것은 금물이다. 목회자의 자존심과 각 교회의 특수성을 인정하고 지혜롭게 대처하여야 하며, 무슨 일에나 1등 할 수 있는 사람이 2등, 3등으로 내려 앉는 자세로 임해야 된다고 생각한다.

상대방의 위치를 존중해 주고 모두가 다 같은 식구요, 동지적 관계라는 것을 인식할 수 있도록 서로가 노력하며 점차 신뢰가 쌓여지게 됨을 보아 왔다. 많은 연합사업들이 특정인을 중심으로 전개되거나 대외적인 선전효과에 치우치는 경우가 많고, 일회성 이벤트로 끝나는 경우가 많다. 하지만 후암동교동협의회는 특정인 중심도 아니고 특정인이 좌지우지하지 않는 것이 그 특징이다. 모두가 공유하는 비전과 책임을 인식하고 즐겁게 참여하는 것과 장기적이고 지속적인 활동으로 모든 교회와 성도들이 신뢰하며 협력한다는데 그 의의가 있다.

바람직한 연합운동은 광역단체나 대단위의 큰 기구보다 오히려 소규모라도 지역적인 특성과 목회토양이나 선교적 목표가 같은 단위에서 기초부터 튼튼히 해나가는 것이 효과적이라고 생각한다.

이벤트나 전시 효과성이 아니라 모두에게 유익이 되고 보람과 기쁨을 같이 나눌 수 있다는 확신이 주어질 때 건실한 협력사업이 이루어진다고 생각한다. 이것은 오직 그리스도 안에서 우리는 하나라는 소명의식 속에 나타난 그리스도 안에서의 열매적 조직의 활동이라 하겠다.

⑧ 역대 본 협의회의 회장단을 보면

제 1 대 회장 류종길 목사 (후암백합교회)
제 2 대 회장 류종길 목사 (후암백합교회)
제 3 대 회장 손상률 목사 (후암교회)
제 4 대 회장 손상률 목사 (후암교회)
제 5 대 회장 최상순 목사 (산정현교회)
제 6 대 회장 성홍모 목사 (영주교회)
제 7 대 회장 권정희 목사 (숭덕교회)
제 8 대 회장 한영복 목사 (중앙루터교회)
제 9 대 회장 유수인 목사 (남산중앙교회)
제 10 대 회장 김세진 목사 (후암백합교회)
제 11 대 회장 최상순 목사 (산정현교회)
제 12 대 회장 손상률 목사 (후암교회)
제 13 대 회장 성홍모 목사 (영주교회)
제 14 대 회장 권정희 목사 (숭덕교회)
제 15 대 회장 김세진 목사 (후암백합교회)
제 16 대 회장 유수인 목사 (남산중앙교회)

후암동 역대 교동협의회 회장단의 흐름을 보면서 교동협의회의 활동을 엿볼수 있다 하겠다. 예수 그리스도의 지상명령 안에서 "너희는 땅 끝까지 이르러 내 증인이 되라"는 부탁 속에 오직 믿음(Sola Fide), 오직 은혜(Sola Glatia), 오직 말씀(Sola Scriptura), 오직 그리스도(Solo Christo), 오직 하나님께 영광(Soli Deo Gloria)을 향한 그리스도 안에서의 하나님의 복음으로 '지역(地域)의 성역화(聖域化)'를 위한 열매를 향해 빛과 소금의 본질의 모습으로 행하려고 노력하며 지금까지 진행해 왔다.

　모임이 만들어진지 오래다 보니 은퇴(隱退)하는 목사님들이 생겨, 은퇴(隱退)목사의 친교를 목적으로 후목회(後牧會)가 만들어져 연(年) 2회 정도 부부동반(夫婦同伴) 친교적 모임을 갖고, 서로의 근황(近況)을 나누는 은퇴자(隱退者)들의 친목(親睦) 모임 또한 이루어지고 있다.

〈일치를 위한 한국 교회〉

I. 표어
1. 순교신앙의 전통 2. 역사의 사명 3. 신앙의 생활화

II. 실천목표
1. 한국 기독교의 역사적 맥을 잇는 교회
2. 지역을 복음화하는 교회
3. 일치운동에 앞장서는 교회

III. 실천내용
하나님의 생명과 사랑과 삶의 복을 나누어 주는 교회
(The Church That Shares Life. Love and Blessing for living)

갈 5:1
"그리스도께서 우리를 자유롭게 하려고 자유를 주셨으니
그러므로 굳건하게 서서 다시는 종의 멍에를 메지 말라
(For freedom Christ has set us free;
stand fast therefore, and do not submit again to a yoke of slavery)."

"우리가 만난 후 당신이 나를 잊는다 해도 당신은 잃는 것이 전혀 없습니다.
그러나 당신이 예수 그리스도를 만난 후 그분을 잊는다면 당신은 모든 것을 잃게 됩니다
(If we meet and you forget me, You have lost nothing
But if you meet Jesus Christ and forget Him you have lost everything)."

<참고문헌>

1. 박완, 『實錄 韓國基督敎 100年』(1~6권), 성서회, 1958년
2. 박이엽, 『대하실록 여명 200년』(1~24권), 신태양사
3. 『요세푸스 유대 및 기독교사』(1~8권), 도서출판
4. 『기독교 대백과 사전』(1~24권), 기독교문사
5. 『소양 주기철 목사 자료집』(상·하), 주기철목사기념사업회
6. 김성준, 『韓國基督敎 殉敎史』, 기독교문화사
7. 임도건, 『종교개혁의 역사와 신학』, 기독교문서선교회
8. 오덕교, 『장로교회사』, 합동신학교출판부, 문희석 외 21인
9. 오윤선(吳潤善) 장로(당 75세, 경남 함안 출신), 『한국 역사속의 기독교』, 한국기독교교회협의회
10. 곽안련, 함치영, 『장노교회사전집』, 서울:조선야소교서회, 1918년
11. 곽안전, 『한국교회사』, 대한기독교서회, 1973년
12. 기독교교문사, 『기독교새사전』, 기독교교문사, 1990년
13. 김광수, 『한국기독교성장사』, 기독교교문사, 1979년
14. 김덕환, 『한국교회교단형성사』, 임마누엘출판사, 1989년
15. 남영환, 『한국교회와교단』, 소망사, 1988년
16. 민경배, 『한국기독교회사』, 대한기독교출판사, 1981년
17. 백락준, 『한국개신교사』, 연세대학교출판사, 1973년
18. 송길섭, 『한국신학사상사』, 대한기독교출판사, 1987년
19. 이영헌, 『한국기독교사』, 컨콜디아사, 1978년
20. 한국기독교사연구회, 『한국기독교의역사』, 기독교문사, 1989년
21. 임석윤, 『이기선 목사와 동역자 김의홍 목사의 생애』, 마루믜, 2002년
22. 김정덕 지음, 김봉환 엮음, 『폭풍속의 별-이기선 목사의 생애』, 그리심, 2005년
23. 안도명, 『신사참배 반대투쟁 정신사』, 혜선출판, 1991년
24. 김요나, 『일사각오, 주기철 목사 순교일대기』, 한국교회뿌리찾기선교회, 1992년

25. 박용규, 『평양산정현교회사』, 생명의말씀사, 2006년

26. 최덕성, 『한국교회 친일파 전통』, 본문과 현장사이, 2000년

27. 안병무, 『사회학적 성서해석』, 한국신학연구소, 1983년

28. 대한예수교장로회 전국은퇴목사회, 『한국교회 개혁의 산을 넘어서』, 2013년

29. 이덕주, 『한국교회 처음 여성들』, 홍성사, 2007년

30. 이덕주, 『한국교회의 처음이야기』, 홍성사

31. 전영복, 『한국장로교회사』, 성광문화사, 1980년

32. 각종 신문자료 탐방 및 증언청취 녹취록

33. 각종 관계자료 열람 각 신학대학 도서관, 신문사 탐방 녹취 및 자료사진 촬영

34. 서정민, 『한국교회 논쟁사』, 이레서원, 1994년

35. 이만열, 『한국 기독교사 특강』, 성경읽기사, 1993년

36. 한영제, 『한국기독교 사진100년』, 기독교문화사, 1987년

37. 유동식, 민경배 외 4인, 『기독교와 한국역사』, 연세대학교출판부, 1997년

38. 민경배, 『주기철』, 동아일보사, 1992년

39. 김양선, 『한국기독교해방십년사』, 대한예수교장노회총회 종교교육부, 1956년

40. 오덕교, 『장로교회사』, 합동신학교출판부, 1995년

41. 한국상고사/ 고대사/ 주세사/ 근대사

42. 각종 성경 및 주석

43. 각종 월·주간지 및 각종 신문자료 스크랩

한국 장로교의 뿌리를 찾아서

초판 1쇄 인쇄   2019년 4월 10일
초판 1쇄 발행   2019년 4월 20일

지 은 이   최 상 순
펴 낸 이   정 원 철
펴 낸 곳   인카네이션

등록번호   제2016-000020호
주   소   서울시 금천구 독산로36길 107-2
              Tel. 070-8777-1430
E-mail   jwc072@naver.com

이 책은 저작권법에 의해 보호를 받는 저작물이므로 무단전재
및 복제를 금합니다. 잘못 만들어진 책은 구입하신 서점에서
바꾸어 드립니다.

ISBN 979-11-6133-035-8

값 14,800원